Hermann A. Schumacher

Die Stedinger

Verone

Hermann A. Schumacher

Die Stedinger

1st Edition | ISBN: 978-9-92500-033-3

Place of Publication: Nikosia, Cyprus

Erscheinungsjahr: 2015

TP Verone Publishing House Ltd.

Ein Beitrag zur Geschichte der Weser-Marschen, Nachdruck des Originals von 1865.

Die Stedingen.

Beitrag
zur Geschichte der Weser-Marschen

von **H. A. Schumacher**, Dr. jur.

Von der
Abtheilung des Künstlervereins für Bremische Geschichte und Alterthümer
gekrönte Preisschrift.

aldus namen de stedinge eren ende.

> Et haec est tertia crux data contra inobedientes quasi idololatras; nam prima fuit contra Saracenos, secunda contra haereticos Albigenses, tertia contra Stedingos.
> Abt Emo von Werum.

Vorwort.

Das Preisausschreiben, das im Juli verflossenen Jahres von der historischen Abtheilung des Künstlervereines zu Bremen erlassen wurde, war im Grunde nur eine formelle Aufforderung an die Mitglieder, bereits vollendete historische Arbeiten der Gesellschaft für den Zweck, den sie verfolgte, zur Verfügung zu stellen; die Frist bis zum Tage des Jubiläums, das der Hamburgische Geschichtsverein begehen wollte, war für Beginn und Abschluss einer neuen Arbeit zu kurz gemessen. Trotzdem ergriff der Verfasser dieser Schrift damals ein ihm bisher fern liegendes Thema, angezogen von der Bedeutung, die dasselbe für die Bremische Lokalgeschichte hat, und von dem weiteren Interesse, das ausserdem mit ihm sich verknüpft; beseelt von dem Wunsche, wenn auch nur durch eine Erstlingsarbeit auf ihm ziemlich fremdem Gebiete seine eigene Theilnahme an dem Feste des Hamburgischen Vereines zu bezeugen. Er sah am 24. October seine Arbeit, obwohl sie die Spuren ihrer raschen Entstehung noch an sich trug, durch die Herren Senator Dr. F. Donandt, Richter Dr. W. Focke, Pastor J. M. Kohlmann, Richter Dr. J. D. Noltenius und Dr. Fr. Pletzer gekrönt, von denen zwei den Dank nicht mehr entgegen nehmen können, der hier für die bereitwillige Mühewaltung der Preisrichter ausgesprochen werden muss. Herr Pastor Kohlmann und Herr Richter Dr. Focke sind in diesem Winter aus arbeitsvollem Leben abgerufen worden.

Jene Spuren der schnellen Verarbeitung möglichst zu verwischen, verstand sich der Verfasser hernach zu einer Umgestaltung der Schrift, besonders zu der Absonderung der Darstellung von der Untersuchung, die aus Rücksicht auf die grössere Zahl der Mitglieder des Hamburgischen, wie des Bremischen Vereines geboten zu sein schien.

So ist es gekommen, dass die am 27. October 1864 zu Hamburg im Manuscript überreichte Arbeit erst jetzt und in etwas veränderter Gestalt dem Publikum und den Mitgliedern der Vereine sich darbietet.

Die Schwierigkeiten, die mit einer Monographie dieser Art verbunden sind, werden jedem Sachkenner einleuchten.

An sich sollte ein Einzelbild aus reicher bedeutsamer Zeit nur von dem Meister gezeichnet werden, der diese im weitesten Umfange durchforscht und in allen Beziehungen durchdrungen hat; nur vom allgemeinen Standpunkte aus sind die sämmtlichen Fäden, die das Einzelne mit dem Ganzen verbinden, genau zu erkennen; nur dem scharfen und Alles umfassenden Blick zeigt sich die wirkliche Färbung und Beleuchtung. Dem Verfasser waren indess weit reichende Studien in der Geschichte des dreizehnten Jahrhunderts noch nicht gegönnt; er musste sich mit dem begnügen, was er von seinem Sitze aus erspähen konnte.

Aber auch das näher Liegende entzog sich vielfach seinem Auge. Ihm fehlten auf dem Gebiete der norddeutschen Geschichte, besonders der Geschichte des Erzstiftes Hamburg-Bremen, fast alle Vorarbeiten, durch die bereits der Schleier gelüftet, die Aussicht befreit wäre; es lag nur das Material vor, solche Vorbereitungen selbst zu machen, und dies nicht einmal in vollem Umfange, weil in einem der entscheidenden Jahre das Hamburgische Urkundenwerk seine zu Anfang weiten Kreise verengert, Ehmck's Urkundenbuch überhaupt nur stadtbremische Quellen zusammenstellt und die noch nicht veröffentlichten Schätze des Oldenburgischen Archives im Allgemeinen unzugänglich blieben. Unter solchen Umständen konnte Manches nur berührt und angedeutet, ja bisweilen bloss vermuthet werden; z. B. hatte der Verfasser darauf zu verzichten, die Verhältnisse zwischen den Friesen und Stedingern, die Geschichte der Edelherrn von Stotel, selbst die Sage vom Beichtgroschen bis ins Detail zu ergründen; er konnte die Geschicke der Stedingerlande nach der Schlacht bei Altenesch nicht ins Einzelne verfolgen, besonders z. B. nicht die Bedeutung ihrer Unterdrückung für die Ausbildung des Feudalwesens in den Weserlanden. Selbst auf anderem Gebiete der Forschung sah er sich beschränkt; er musste die Untersuchung über den Ursprung der meist völlig gleichlautenden Stedingernachrichten in den Chroniken Albert's von Stade und Eike's von Repgow, über die Quellen des Mönches Wilhelm von Egmond und ähnliche Punkte sich versagen; er fürchtet selbst, nicht alle dem dreizehnten Jahrhundert entstammenden Berichte über die Stedinger aufgefunden zu haben.

Obwohl die Schrift dem Verfasser selbst als verbesserungsfähig erscheint, bietet er sie getrosten Muthes dem grösseren Leserkreise, wie der wissenschaftlichen Welt; die Kritik nicht herausfordernd, erbittet er sich ihre Hülfe zur Förderung der historischen Forschung.

Die Eintheilung der Schrift bedarf wohl keiner Rechtfertigung. Ihr erster, Quellen- und Literatur-Verzeichniss enthaltender Abschnitt fasst das Material zusammen, aus dem die Darstellung der Hauptsache nach entstand; mit Vorliebe ist aus der Lokalhistorie das auf die Stedinger Bezügliche zusammengelesen. Der zweite Abschnitt war erforderlich, um die Irrthümer zu beseitigen, die wegen der Wohnsitze der Stedinger bei den Schriftstellern der norddeutschen Specialgeschichte, wie bei den Historikern sich finden; spricht doch Schirrmacher von Sitzen der Stedinger bei Stade und Winkelmann von ihrem Lande beim Jadebusen. Eine mehr ins Detail gehende Darstellung war zur Gewinnung fester Grundlagen für das Spätere nicht zu entbehren. Der dritte und vierte Abschnitt entwickeln dann die Kriegsthaten der Stedinger vor und nach ihrer Verketzerung; freilich konnte nur wenig Neues herbeigeschafft werden, aber manche bis jetzt als richtig angenommene Daten waren zu beseitigen, einige bekannte Vorgänge in anderer Weise, wie bisher, zu deuten und aufzufassen. Die Hervorhebung des politischen Gesichtspunktes gegenüber der kirchlichen Auffassung wird hoffentlich als richtig anerkannt werden. Als der Kern der Stedingischen Kämpfe erscheint das Ringen freier Bauern wider die emporwachsende Landesherrlichkeit, die Erhebung selbstständiger Männer gegen die Ansprüche der Fürstengewalt, die mit allen Mitteln ihr Herrschaftsziel zu erreichen suchte, selbst auf dem Wege des Religionskrieges. Der letzte Abschnitt der Darstellung kann bei rüstigem Fortgange der historischen Arbeiten in Bremen wohl schon bald Vervollständigung oder Berichtigung erhalten.

Der ununterbrochene Fortlauf der Erzählung, welche nur in den Details des zweiten Abschnitts die Färbung der Untersuchung empfangen hat, schien für viele Leser wünschenswerth zu sein, und desshalb sind alle der kritischen Rechtfertigung der Darstellung gewidmeten Ausführungen nebst einfachen Beweisstellen und anderen Belegen in besondere Noten verwiesen, welche durch die Excurse des Anhangs ergänzt werden. Diese sollen theils die Angaben der früheren Darstellungen beseitigen, welche als irrig erschienen und desshalb in der Darstellung keine Erwähnung gefunden haben, theils einzelne Detailfragen des Genaueren erörtern. Dass in die Noten, wie in die Excurse, die Quellencitate und auch die Stellen aus der Literatur wörtlich aufgenommen sind, erklärt sich aus der Zerstreutheit des Materials und der Rücksicht auf die Erleichterung, welche durch die Aufnahme der Kritik sich bietet. Es ist besonders zu beachten, dass einzelne Noten auch kleine Berichtigungen enthalten, die dem Verfasser während des Drucks noch möglich waren.

Die drei Stammtafeln werden zur Aufklärung mancher Einzelheit dienen; die beiden Karten sollen besonders die Ausführungen des zweiten Abschnitts und des sechsten Excurses illustriren. Die erste hat der Verfasser nach den Resultaten seiner Untersuchungen entworfen mit Benutzung der historischen Karten von der Wesermündung. die 1832 Lasius und 1841 Niebour veröffentlicht haben; die andere nennt ihren Ursprung selbst.

Der Titel der Schrift trägt einen beachtenswerthen Schmuck; der Holzschnitt ist ein getreuer Abriss der farbigen Miniatur, welche beim Berichte über die Schlacht von Altenesch in einer der wichtigsten, ältesten Handschriften der Sachsenchronik sich findet, in dem von Lappenberg und Massmann des Näheren besprochenen Bremischen Codex, der zwischen den Jahren 1238 und 1281 geschrieben ist. Somit erscheint das Bildchen, dem ein

Facsimile der Schrift dieses Codex beigefügt ist, als die älteste bekannte Abbildung der Stedingerkämpfe und verdient daher trotz seiner Einfachheit Aufnahme in dieser dem Andenken derselben gewidmeten Schrift.

Allen, welche hier und in Hannover, Stade, Göttingen, Oldenburg mit Rath und That die Arbeit gefördert haben, wärmsten Dank! Sie ist mit Liebe geschrieben, hoffentlich auch mit Geschick.

Bremen, im Juni 1865.

Der Verfasser.

Corrigenda.

Seite 26, Zeile 2 v. u. lies drei . . . . statt fünf.
„ 89 „ 3 v. o. „ im . . . . „ in.
„ 111 „ 15 v. n. „ linken . . . . . . „ rechten.
„ 132 „ 1 v. o. „ jenen . . . . . . „ enen.
„ „ „ 2 v. o. „ Juli . . . . „ Juni.
„ 137 „ 2 v. u. „ Schicksale . . . „ Schicksal.
„ 153 „ 8 v. u. „ S. Willehadi . . „ S.
„ 246 „ 1 v. u. „ 46 . . . . „ 43.
„ 248 „ 2 v. o. „ ihre . . . . „ ihrer.

Inhaltsverzeichniss.

	Seite
I. Das Gedächtniss der Stedingerkriege des dreizehnten Jahrhunderts	3

Kunstdarstellungen. Historische Quellen. Jüngere Chroniken. Erste wissenschaftliche Arbeiten. Monographien. Leistungen der norddeutschen Lokalgeschichtswerke. Neueste Schriften.

II. Land und Volk der Stedinger	21

Einleitung. Das Land der alten Stedinger. Vorgeschichte derselben. Gauverhältnisse. Alter Anbau und spätere Urbarmachung. Stellung der Bewohner. Benachbarte Grafen.

III. Die Stedinger vor ihrer Verketzerung	49

Die Bewegung der Stedinger gegen die Grafen. Hartwig der Zweite. Die Stedinger und die Waldemar'schen Wirren. Gerhard der Erste. Gerhard der Zweite. Der Zug Hermann's von der Lippe gegen die Stedinger.

IV. Der Religionskrieg gegen die Stedinger	77

Die Verketzerung der Stedinger auf der Synode zu Bremen. Die Vorbereitungen zum Kampf. Kaiser und Papst. Erste Stedingerbulle. Reichsacht. Die Kreuzzugsbulle. Erster Kreuzzug. Gerhard der Zweite und Bremen. Die drei Kreuzzüge des Jahres 1233. Neue Rüstungen. Der fünfte Kreuzzug. Die Altenescher Schlacht.

V. Die Stedinger nach der Schlacht bei Altenesch	123

Die ersten Jahre der Unterdrückung. Der Kampf um Niederstedingen. Die Stedinger und Simon von der Lippe. Die letzten Erhebungen im dreizehnten Jahrhundert.

Nachweise und Erläuterungen.

Noten zu Abschnitt I.	141
Noten zu Abschnitt II.	148
Noten zu Abschnitt III.	159
Noten zu Abschnitt IV.	175
Noten zu Abschnitt V.	196

Anhang.

I. Die ersten Bewegungen der Stedinger	211
II. Hartwig II. und die Stedinger	215
III. Gerhard des II. erster Kampf mit den Stedingern	219
IV. Die Ketzerei der Stedinger	223
V. Die Sage vom Beichtgroschen	231
VI. Die Verschanzungen der Stedinger	234
VII. Die Schlacht bei Altenesch	240
Stammtafeln	246
Karten.	

I.

DAS GEDÄCHTNISS DER STEDINGER.

Auf kleinem einsamen Hügel erhebt sich jetzt am Ufer der Unterweser ein eherner Obelisk im Kreise junger Eichen, vom Flusse aus kaum sichtbar; an einem bedeutungsvollen Tage, am 27. Mai 1834, ist die Stätte des einfachen Denkmals „Stedingsehre" getauft. Späten Nachkommen rief die Errichtung des Monumentes die mittelalterliche Vorgeschichte ins Gedächtnis zurück, welche lange Zeit an ihrem Schauplatz, in den Dörfern der Stedingischen Bauern und Seefahrer, ganz vergessen war und selbst in den weiteren Kreisen der Gebildeten Norddeutschlands nur geringe Beachtung fand.

Seit den dreissiger Jahren, seit jener Gedenkfeier der vor sechs Jahrhunderten durchgefochtenen Kämpfe, zu welcher Bürger und Bauer, Bremer, Hannoveraner und Oldenburger sich vereinigten, ist der Name der Stedinger in Vieler Mund lebendig geworden. Von der Poesie ist er gefeiert in einfacher Erzählung und in glänzendem Gewande. Bernd von Guseck schrieb sein Büchlein: „Die Stedinger, ein Volksbild aus dem Mittelalter"; Hermann Allmers, der Poet der Wesermarschen, theilte ein Bruchstück seines Heldengedichtes: „Die Stedinger" mit; Kinkel's Genius wählte denselben Stoff für seine erste dramatische Dichtung; Hermann Voget suchte ihn in anderer Weise tragisch zu gestalten, und in jüngster Zeit verarbeitete ihn Arnold Schloenbach in den schwungvollen Gesängen eines „vaterländischen Gedichtes". Schriften aller Art wurden über den Freiheitskampf der Stedinger verfasst; ihm war ein ähnliches Loos beschieden.

wie der Erhebung der Schweizer Eidgenossen; an die Werke der Dichtung schlossen sich Gemälde. Nicht bloss in solchen Werken der Kunst verschönerte frei schaffende Phantasie die Kunde der Nachwelt von vergangenem Ringen und Kämpfen; auch in den Darstellungen, denen solche Zuthat fremd bleiben sollte, wehte ein poetischer Hauch, äusserte sich eine rege Einbildungskraft. Die ursprünglichen Quellen wurden immer weniger beachtet; rasch bildete sich eine Tradition, der in vielen Punkten tiefere Begründung mangelt.

Noch gleichzeitig mit den Kriegen der Stedinger wurden Nachrichten von denselben aufgezeichnet, die uns erhalten sind. Fern von ihrem Schauplatze, in dem jetzt untergegangenen Friesischen Prämonstratenser Kloster Witt-Werum, schrieb damals ein verständiger Mann an einer Chronik, welche den späteren Generationen der Klosterbrüder von dem Drange früherer Zeiten berichten sollte[1]). Es war der am 24. April 1225 zum Abte geweihte Emo, der seine Geschichtsaufzeichnung bis in die dreissiger Jahre fortführte und wohl Anlass hatte, wenn auch nur kurz und in einigen allgemeinen Sätzen, der Stedinger zu gedenken, von deren Kämpfen man selbst in den Landen seines Klosters die Wirkungen gespürt hatte. Was er von diesen Kämpfen erfuhr, zeigte ihm, dass sie gleicher Art waren mit jenen oft blutigen, greuelvollen Kriegen, die seine Friesen seit mehreren Jahren gegen die Hierarchie führten; diesem Streite liess er in seiner Weise Gerechtigkeit widerfahren, und so findet sich die älteste Kunde von den Stedingern in einer der wenigen Aufzeichnungen, die nicht einseitig in die allgemein ausgesprengte Verurtheilung der Stedinger einstimmt.

Gleichzeitig mit diesem in Friesischen Landen geschriebenen Werke entstand in Sächsischen eine bedeutsame Arbeit. 1232 wurde der frühere Prior des Marienklosters vor Stade, der einige Jahrzehnte nach der Gründung desselben vom Mutterkloster zu Rosenfeld hinüber gewandert sein mag, Abt jenes Stader Klosters. Albert blieb nur kurze Zeit in dieser Würde; im August des Jahres 1240 trat er in das Minoritenkloster jener zweitwichtigsten Stadt der Bremischen Diöcese und begann die Aufzeichnung seiner Chronik[2]), mit der er bis zum Jahre 1256 fortdauernd sich beschäftigte. Unterstützt durch Mittheilungen des Scholasticus im Bremischen Domstifte, des Domherrn Heinrich (1205—1230), verzeichnete er Mancherlei aus früheren Jahrhunderten und fügte Nachrichten aus selbst durchlebter Zeit hinzu. Als er Abt wurde, waren die Bewegungen der Stedinger das Ereigniss, das in den Landen des Bremischen Erzstiftes Aller Blicke auf sich zog. Als er später in seinem Werke auf diese Zeit zu sprechen kam, konnte er von jenen Begebenheiten nicht schweigen. Bei mancher mag er selbst zugegen gewesen sein; wie er 1235 in Bremen weilte, so wird er auch in den früheren, für die Stedinger verhängnissvollen Jahren dem Schauplatz ihrer Kämpfe möglichst nahe gekommen sein. Zu den lebhaftesten Darstellungen unter seinen sonst trockenen Notizen gehört die Schilderung jenes Tages, dessen Andenken sechshundert Jahre später die Errichtung des Denkmals auf Stedingsehre wieder belebte. Albert von Stade ist bei seinen Angaben im Allgemeinen weder ausführlich, noch chronologisch genau; aber die Dinge, die in nächster Nähe seines Klosters vorgingen, werden ihm besser bekannt geworden sein, als manche andere Angelegenheit selbst von weiter reichender Bedeutung. Seine thatsächlichen Mittheilungen über die Stedinger bilden daher die Grundlage der historischen Arbeit; allein vom Geiste seiner Zeit befangen, schrieb der Mönch in einseitiger Auffassung der Begebenheiten, sodass aus seinen Worten, wenn sie nicht bloss Thatsachen melden, der wahre Sachverhalt erst zu folgern ist.

Aehnliches gilt von einem zweiten beachtenswerthen Werke, das der Schrift Albert's zur Seite steht, wenngleich dasselbe sonst einen ganz anderen Charakter trägt. Etwa zu gleicher Zeit mit ihr wurde nämlich in den Landen der Hamburg-Bremischen Diöcese ein wichtiges älteres Geschichtswerk umgearbeitet und bis in die Regierungszeit Kaiser Friedrich des Zweiten, bis in die für die Stedingerkriege entscheidungsvollen Jahre, fortgesetzt. Es entstand die Gestalt, in der uns jetzt die jüngst viel besprochene Sachsenchronik vorliegt, das älteste niederdeutsch geschriebene Zeitbuch, das dem **Eike von Repgow** zugesprochen wird, vielleicht demselben, der den Sachsenspiegel verfasste (1209—1233)³). Der Mann, der dieses bedeutende Werk der Nachwelt schenkte, richtete bei seiner einfachen, gut chronologischen, aber meist datenlosen Aufzeichnung seinen Blick besonders auf Norddeutschland und ganz vorzüglich auf die mit dem Hamburg-Bremischen Erzstift zusammenhängenden Begebenheiten. Da konnten ihm die Stedingischen Bewegungen nicht entgehen, und er zeichnete für das Andenken späterer Zeiten auf, was er erfuhr. Rasch verbreitete sich sein Werk; schon früh fand es eine Lateinische Uebersetzung und erhielt als solche den Titel der Historia imperatorum⁴).

Ausser diesen beiden Hauptarbeiten entstand in der nächsten Zeit nach dem Ausgange der Stedingerkämpfe noch manche andere Chronik, die ihrer Erwähnung thut. Die Parteilosigkeit, die Wahrheitsliebe und Freimüthigkeit des Verfassers der von 1220 bis 1254 reichenden Erfurter Annalen⁵) zeigt sich ganz besonders in dem kurzen Berichte über die Stedinger. Zu gleicher Zeit mit ihm suchte der Autor der grossen Kölner Jahrbücher⁶) das Gedächtniss der Stedingerkriege für spätere Zeiten festzuhalten. Aber nicht bloss in Thüringen und am Rheine achtete man auf sie; im Flandrischen Kloster Neuf Moutier bei Huy zeichnete der Mönch Alberich, dessen Chronik bis zum Jahre 1241 reicht, kurze Bemerkungen über sie auf⁷). Matthäus Paris, der Engländer, der schreibselige Benedictiner zu St. Albans, vergass ihrer nicht in seiner grossen Geschichte Englands, der Fortsetzung des Werkes von Roger de Wendover⁸); auch die Chronik der Benedictiner zu Tewkesbury gedachte des Kampfes der Christenheit gegen die Stedingischen Ketzer⁹).

So fand die Geschichte der Stedinger schon während des dreizehnten Jahrhunderts nicht bloss in norddeutschen Landen Aufmerksamkeit; auch ferner stehenden Männern schien sie besonderer Beachtung werth zu sein.

In diesen Chroniken wurden die Nachrichten über die Stedinger zuerst aus mündlicher Ueberlieferung, aus Berichten von Augenzeugen, aus officiellen Schreiben und ähnlichem Material in die dem historischen Gedächtniss derselben gewidmete Form gebracht: sie ist die der fortlaufenden Erzählung nur da, wo gelegentlich der Stedinger Erwähnung geschieht; abgerissene, zwischen andern Bemerkungen eingefügte Notizen finden wir, wenn Ausführlicheres über die Vorgänge der einzelnen Jahre mitgetheilt wird.

Der Kreis der den Stedingerkriegen gleichzeitigen Schriften, die das Gedächtniss derselben bewahren, ist hiernach ausserordentlich klein; indessen ist noch ein Werk unter die bedeutenderen Quellen zu rechnen: die im Beginn des vierzehnten Jahrhunderts aufgezeichneten Rasteder Jahrbücher, welche sehr eigenthümliche Angaben über die Stedinger bringen, deren Sitze in der unmittelbaren Nähe des Klosters zu Rastede lagen[10]). Der Verfasser dieser Annalen oder die Mehreren, die nach einander an ihnen schrieben, wussten manches Einzelne aus den früheren Zeiten zu erzählen, deren Vorgänge den viel mit der Vergangenheit sich beschäftigenden Mönchen länger erinnerlich geblieben waren, als Anderen. Freilich war die Chronologie von der Klostertradition nicht genau festgehalten; aber die einzelnen Thatsachen, die berichtet wurden, verloren durch ihre Versetzung in falsche Zeiten nichts von ihrem eigenthümlichen Werth und ihrer inneren Glaubwürdigkeit.

Eine Tradition über die Geschichte der Stedinger wird sich wohl im Kreis des Dominicanerordens erhalten haben, der mit einiger Vorliebe ihrer gedachte, da sie mit dem Märtyrerthum mehrerer seiner Genossen verbunden war und überhaupt seine Wirksamkeit in glänzendem Lichte zeigte; aber diese Tradition ist der Nachwelt nicht bewahrt. Die Dominicaner in Bremen stellten keine Chronik zusammen, die uns nützen könnte. Heinrich von Herford († 1370)[11]) redete nur ganz kurz von den Stedingern, und später schöpfte Hermann Korner, der Lübecker († 1438)[12]), grossentheils aus den früheren Schriften. In seiner leidigen Weise berief er sich auch bei seinen Angaben über die Stedinger auf Autoritäten, die von diesen mit keinem Worte reden, z. B. auf Ekkahard oder Vincentius von Beauvais; er bot nur in unbedeutenden Dingen andere Nachrichten, als die älteren

Quellen. Das Gleiche gilt von der Arbeit eines anderen Dominicaners, des Hermann von Lerbeke (1483), welcher eine Schauenburgische Chronik verfasste und ebenfalls der Stedinger Erwähnung that [13]).

Auch was hernach im Munde des Volkes über die Stedingerkriege lebte, wurde nur gelegentlich hier und da in verflogenen Notizen verzeichnet, so in der Chronik von Egmond, die dem Procurator Wilhelm zugeschrieben wird [14]), in den Bükener Annalen [15]), in der späteren Hodenbergischen Chronik [16]); es hat keine getreue Hand sich gefunden, solche alte Traditionen genau zu sammeln.

Die späteren Chroniken begnügen sich vielmehr, lediglich dem, was sie vorfinden, nachzuerzählen. Die Geschichte der Bremischen Erzbischöfe, die zu Anfang des vierzehnten Jahrhunderts wahrscheinlich im Wilhadistift zu Bremen aufgezeichnet wurde [17]), bietet neue Nachrichten über die Stedingerkriege nur hinsichtlich derjenigen Zeit, aus der Albert von Stade nicht mehr Mittheilungen machen konnte; für die früheren Jahre hat sie aber keine dem Werthe der Rasteder Jahrbücher ähnliche Bedeutung, da sie über diese Zeit nur das wiederholt, was vor mehr als einem halben Jahrhundert der Franciscaner in Stade schrieb. Dies Letzte gilt auch von den in derselben Zeit entstandenen Bremischen Annalen [18]). Die auf die Stedinger bezüglichen Bemerkungen der Sachsenchronik nahm fast sämmtlich ohne jeden Zusatz der Franciscaner Lesemeister Detmar in seine 1385 begonnene Lübecker Chronik auf [19]). Zur selbigen Zeit verfasste Gerhard Rynesberch, der Bremische Domvicar (1315—1406), die älteste Stadtchronik seines Heimathsortes [20]); er entlich jenem Zeitbuche die Nachrichten über die Stedinger. Durch seine Vermittlung werden die Angaben der Quellen in die Bremische Chronik gelangt sein, die Heinrich Wolter aus Oldenburg [21]), der Canonicus im Ansgariistifte zu Bremen und spätere Probst zu St. Wilhadi, nach langer Arbeit im Jahre 1451 schloss. Wolter nahm indessen die Nachrichten, die er vorfand, nicht ohne Abänderungen auf; er verschönerte sie, stellte sie in seiner Weise zusammen und suchte besonders die Angaben Albert's von Stade

mit denen der Sachsenchronik in Einklang zu bringen.
Solche Combination gelang ihm in der Bremischen Chronik
ziemlich gut, nicht so aber in dem andern Geschichtswerke, welches er gleichzeitig mit dieser oder bald nach
ihrer Vollendung verfasste. Er legte die Rasteder Jahrbücher
zum Grunde, schmückte Einiges aus, combinirte mit ihren
Angaben andere Nachrichten und brachte so eine neue
Rasteder Chronik zu Stande [22]. Seine Methode rief gerade
bei den die Stedinger betreffenden Mittheilungen der Jahrbücher wegen der schlechten Chronologie derselben eine
Menge von Irrthümern hervor [23]. An diese Rasteder Chronik
des Bremischen Chorherren schliesst sich eine ganze Reihe
von Werken, welche, sie copirend, der Stedinger Erwähnung thun. Die Angaben von Wolter nahm zunächst
Johann Schiphower [24], der Vicar des Oldenburgischen
Stiftes, in seine „Chronik der Oldenburger Erzgrafen" auf,
die mit Vater Noah's Zeiten beginnt und bis zum Jahre
1505 reicht; ein für die ältere Zeit und besonders für das
dreizehnte Jahrhundert bedeutungsloses Werk. In derselben
Verunstaltung, mit einigen Ungenauigkeiten vermehrt, kamen
dann die Nachrichten in die späteren Chroniken des sechszehnten Jahrhunderts, in Erdmann's Geschichte der
Bischöfe von Osnabrück [25], in den Katalog der Bremischen
Bischöfe, den Otto von Lüneburg zusammenstellte [26];
in Johann Renner's Bremische Chronik [27] und in ähnliche Arbeiten. Nur selten wurden die gleichzeitigen Quellen
nach anderen Umarbeitungen benutzt, wie z. B. in der
Chronik, die der Braunschweiger Bürger Conrad Bothe
zusammenstellte [28]. So bietet sich ein Kreis von Geschichtswerken, welche nur desshalb für das Gedächtniss der Stedinger
Bedeutung haben, weil in ihnen dasselbe aus Laune, Liebhaberei oder Ungenauigkeit ausserordentlich getrübt ist. In
allen diesen Schriften wiederholt sich jene einseitige Anschauung von den Stedingerkämpfen, welche in mönchischen
Chroniken des dreizehnten Jahrhunderts leicht erklärlich
ist, aber im Munde von Männern späterer Zeiten nur die
Befangenheit und Unselbstständigkeit bezeugt, welche den
Chronikanten des vierzehnten, fünfzehnten und sechszehnten

Jahrhunderts bei Angaben von früheren Vorgängen eigen zu sein pflegt. Einen freieren Standpunkt bewahren sich höchstens die Friesischen Arbeiter, die Emo's Vorbild vor Augen haben. Eggerik Beninga, der Häuptling von Grimersum (1490 bis 1562)[29], der älteste und bedeutendste Ostfriesische Chronist, der sein Werk im hohen Alter schrieb, meldet von den Stedingerkämpfen freilich nur kurz und das Bekannte wiederholend, aber in seiner energischen, kraftvollen Weise.

Gleichzeitig mit den letzten Chronikanten beginnen die Anfänge wissenschaftlicher Geschichtsforschung. Ihnen haftet noch viel von dem Wesen der alten Chronikenschreibart an; allein es treten doch schon Spuren selbstständiger Auffassung hervor. So enthalten die Werke von Albert Krantz, dem Hamburger Domdechanten, sowohl die erste, Saxonia betitelte Arbeit, die 1500 fertig war, als auch die Metropolis, die 1548 zuerst gedruckt wurde[30]), Bemerkungen über die Stedinger Kriege, welche mit Auswahl zusammengestellt sind und ein kritisches Urtheil verrathen. In höchst unglücklicher Weise emancipirte sich aber von der alten Art der Chronikanten die Oldenburgische Chronik[31]), die Hermann Hamelmann am 25. April 1595 den gräflichen Brüdern von Oldenburg überreichte, eine Arbeit, die unter dem Scheine der Wissenschaftlichkeit von Fabeln und Vermuthungen, Fälschungen und Unrichtigkeiten voll ist. Durch diese Chronik hat das Gedächtniss der Stedinger am Schwersten gelitten. Ihr stellte Ubbo Emmius, der Rector zu Gröningen, in den ersten Jahren des siebenzehnten Jahrhunderts seine Friesische Geschichte[32]) gegenüber und suchte im zehnten Buche dieses Werkes auch die Angaben Hamelmann's über die Stedingerkriege auf wissenschaftlichem Wege zu rectificiren. Freilich gelang ihm dies nur in geringem Maasse, aber auch das Bessere, das er bot, fand keinen Eingang in weiteren Kreisen. Dies bezeugt vor Allem ein Werk, dessen Titel sehr viel verspricht, da er lautet: die „Stedinger Chronika, das ist Beschreibung etzlicher vieler alten Geschichten, Thaten und denkwürdigen Sachen in Kriegsläuften und sonstigen merkwürdigen Fällen u. s. w.; Alles aus dem besten Grunde, so man gekonnt, mit Fleiss zusammen getragen durch Heinrich Vollers, Organista und wohnhaftig zu Berna. Anno 1618 den 8. Februar."³³) Vergebens hofft man durch alte Traditionen das Gedächtniss der Stedinger bereichert zu finden: der biedere Verfasser dieser Chronik erklärt selbst am Schluss der Vorrede, die allein Brauchbares enthält, er habe sich nicht geschämt, „die eigentlichen Worte, so L. Hermannus Hamelmann in der Oldenburgischen Chronica gebrauchet, hineinzusetzen". Seine Leistung besteht fast allein darin, dass er Hamelmann's Angaben einige neue Irrthümer hinzufügt.

Es lohnt sich nicht, die historischen Arbeiten des siebenzehnten Jahrhunderts, in denen der Stedingerkriege gedacht wird, zusammenzustellen. Sie leiden sämmtlich daran, dass trotz des Scheines wissenschaftlicher Behandlungsweise die Quellenkritik fehlt und allmälig entstandene Fabeln und Unrichtigkeiten wiederholt und vermehrt werden.

Dies gilt auch zum grossen Theil von den späteren Schriften, die speciell mit den Stedingerkriegen sich beschäftigen und als eigene Gedächtnissschriften gelten können.

An der Spitze aller den Stedingerkämpfen gewidmeten Monographien steht eine Arbeit von Johann Hermann Schmincke, der 1712—22 Professor der Geschichte in Marburg war und in jüngster Zeit bei Gelegenheit der neuen Biographien Conrad's von Marburg mehrfach erwähnt ward.³⁴) Seine Schrift war eine der Vorarbeiten zu der weitschichtig angelegten Abhandlung über jenen Ketzermeister, der mit den Stedingern in Verbindung gebracht ward. Sie beschäftigte sich daher besonders mit der Bedeutung jener Kämpfe als Religionskriege, und gleich in dieser ersten besonderen Schrift über dieselben waren Irrthümer in grosser Menge zusammengetragen worden. Die Darstellung des Hessischen Professors nahm ein Bremischer College ohne Scrupel an: Theodor Hase († 1731), ordentlicher, öffentlicher Lehrer am Gymnasium zu Bremen, besprach 1725 in seiner „philologisch-theologisch-historischen Bibliothek" die Geschichte der Stedinger nach dem Vorgange Schmincke's³⁵). Selbstständig von der Marburger Dissertation scheint dagegen eine Abhandlung zu sein, welche 1751 der Sächsische Hofrath zu Wittenberg Johann Daniel Ritter abfasste[36]). In umfassenderer Weise strebte diese Arbeit, der Geschichte der Stedinger gerecht zu werden: der Darstellung der Stedingerkämpfe ward durch die Besprechung der Verhältnisse des Landes und Volkes ein geeigneter Hintergrund zu geben versucht; der ganze damalige Apparat der Geschichtswissenschaft wurde in Bewegung gesetzt, um nach allen Seiten die einzelnen Thatsachen vom ersten Anbeginn der Stedingerkriege bis zum Jahre 1234, um ihre Reihenfolge und ihren Zusammenhang festzustellen; aber allgemeine Gesichtspunkte zur Würdigung der einzelnen Thatsachen fehlten; umsonst war die Anstrengung aus den Irrwegen, die zuerst Wolter eingeschlagen, herauszukommen. Auch diese Schrift ward in norddeutschen Landen nur oberflächlich beachtet; Joh. Fr. Falke veröffentlichte noch 1751 einige Worte über sie[37]), und dreissig Jahre später glaubte P. Berg, Professor zu Duisburg, sie sei würdig im Museum Duisburgense ohne Aenderung abgedruckt zu werden.[38])

Damals lagen bereits andere Monographien vor. Die erste besondere Schrift, welche in norddeutschen Landen für das Gedächtniss der Stedinger entstand, verfasste der verdienstvolle Erforscher der Geschichte des Erzstiftes Bremen, der Pastor Samuel Christian Lappenberg. Dieser gab 1755 als Glückwunschschreiben an einen Amtsbruder im jetzigen Stedingerlande eine Schrift „von dem Kreuzzuge gegen die Stedinger, als Ketzer des dreizehnten Jahrhunderts", in den Druck[39]). Lappenberg selbst erklärt in der Einleitung des Schriftchens, dass er auf jene beiden Monographien sich stütze und einige Anmerkungen ausgenommen, nicht sehr viel Neues vortragen könne; er fügt aber auch hinzu, dass nicht unterlassen sei, alle erwähnte Geschichtsschreiber selbst nachzuschlagen und zu vergleichen. Freilich hat dieses nicht dazu geführt, dass die einmal angenommenen Irrthümer beseitigt wurden; für die Geschichtsforschung war durch diese Arbeit wenig gewonnen; aber das Andenken der alten Stedinger ein Wenig wieder zu beleben, vermochte jene Schrift, welche statt der leidigen Manier der alten Lateinischen Dissertationen, frei von fremdem Beiwerk, in Deutscher Sprache und einfacher lebendiger Darstellung den Stoff behandelte. In ihr wurde der Nachdruck darauf gelegt, dass die Stedinger gleich anderen Ketzern als Vorläufer der Reformation zu betrachten seien und bei ihnen „wenn auch nur schwache Spuren von dem Bekenntnisse der Wahrheit" hervorträten.

Bei dem, was diese Schrift Lappenberg's bot, blieb zunächst für einige Zeit die Geschichtsforschung stehen. 1762 fügte der Verfasser seinem Grundrisse zu einer Geschichte des Herzogthums Bremen ihren Inhalt ohne bedeutende Veränderungen ein[40]; er versuchte nur etwas zu kürzen und einige specielle Noten anzuschliessen. Die Lokalhistorie, die am Ende des 18ten Jahrhunderts ziemlich lebhaft sich regte, acceptirte überhaupt mit Freuden, was Lappenberg bot und verstand sich nur zu einigen Umgestaltungen in Stil und Anordnung der Erzählung. So nahm von Halem in seine „Geschichte Oldenburgs", zwei Abschnitte über die Stedinger auf: den „Stedinger Aufruhr" und die „Bezwingung der Stedinger"[41], nicht ungeschickte Ueberarbeitungen der Lappenbergschen Arbeit, denen aber Selbstständigkeit der Forschung abgeht. Sechs Jahre später fanden dieselben Aufnahme in der „Geschichte des Grossherzogthums Oldenburg", nachdem sie ihres aphoristischen Gewandes entkleidet, durch einige Zusätze aus der Wolterschen Chronik und aus Hamelmann bereichert und mit einem Schluss versehen waren, der die Geschichte der Stedinger bis zum Jahre 1257 fortführte: das einzig Neue, das diese Darstellung bot, aber der erste Hinweis auf die Geschicke der Stedinger nach dem 27. Mai 1234. Wenig Einfluss hatte auf das Gedächtniss der Stedingerkriege die kurze, einige Irrthümer beseitigende Darstellung in jenem Werke Wiarda's[42], welches 1791 die Friesische Geschichtsschreibung aus langem Todesschlaf erweckte. Als Visbeck 1798 seine Schrift über die Niederweser und über Osterstade abfasste, nahm er aus Lappenberg's Arbeiten und aus v. Halem's Zusätzen seine Nachrichten über die Stedinger.

So wurde während der letzten Jahre des 18ten Jahrhunderts in Schriften, welche für die Specialgeschichte der Wesermarschen bestimmt waren, in Werken für Ostfriesische, Oldenburgische und Hannoversche Lokalhistorie das Andenken der alten Stedinger freilich bewahrt, aber doch durch Fabeln und Unrichtigkeiten getrübt.

Im zweiten Jahrzehnt des folgenden Jahrhunderts erschien dann das Werk, welches für die mittelalterliche Geschichte Norddeutschlands zu einer bedeutenden Fundgrube wurde. A. v. Wersebe schrieb 1800—1815 zu Meienburg im Stedingischen sein Buch „über die niederländischen Colonien, welche im nördlichen Teutschlande im zwölften Jahrhundert gestiftet wurden"[43]) und gab für die Geschichte des Stedingerkrieges eine grosse Menge von Notizen, die neue Gesichtspunkte eröffneten; aber trotzdem gingen die Arbeiten über die Stedinger zunächst auf dem früheren Wege weiter. In den Nachrichten, die von Kobbe über Osterstade herausgab[44]), trägt freilich ein eigener Abschnitt den Titel „Stedinger Krieg"; in diesem sind aber die Angaben Lappenberg's bloss wiederholt.

Auch aus der Darstellung der Stedingerkriege, die in den damals erscheinenden, für die deutsche Historiographie hoch bedeutsamen Werken sich fanden, liess wenig Neues sich entnehmen. Trotz des Abschnittes, den Schlosser über „die Stedinger und was damit zusammenhängt", in sein grosses Werk aufnahm, trotz der Besprechung, die Raumer in seiner Geschichte der Hohenstaufen diesem Gegenstande widmete, druckte v. Kobbe 1824 ohne wichtige Aenderung den vorhin erwähnten Abschnitt in seinem Werke über die Herzogthümer Bremen und Verden[45]) auf's Neue wieder ab. Die alten Resultate wurden auch nicht revidirt oder vermehrt durch die Nachrichten über die alten Stedinger, die Kohli zur selbigen Zeit, wie v. Kobbe, in seiner Arbeit über das Herzogthum Oldenburg zusammenstellte.[46])

Während so die Lokalhistorie der norddeutschen Lande an dem Begonnenen nicht weiter arbeitete, entstand fern von dem Schauplatz der Stedingerkriege eine Arbeit, die ihrem Gedächtnisse besonders gewidmet war und einen Fortschritt der Forschung bezeichnete. 1828 schrieb K. J. Scharling in Kopenhagen eine Abhandlung über die Stedinger[47], welche in einundzwanzig Kapiteln die Geschichte derselben bis zum Jahre 1257 darstellte und zwar in der Absicht, die Angaben Ritter's genau zu controlliren und die Lücken der früheren Arbeiten auszufüllen. Hier fanden sich zuerst in Anschluss an v. Wersebe's Werk bedeutendere Erörterungen über den Anbau der Stedingerlande, über die grundrechtlichen Verhältnisse in diesen; die einzelnen Kriege wurden von einander gesondert; die Kreuzzüge gegen die Stedinger erschienen nur als besonderer Theil der Geschichte derselben. Freilich würde eine höheren Ansprüchen genügende Arbeit geliefert sein, wenn den Verfasser eine genauere Kenntniss der Lokalität unterstützt, wenn er die norddeutsche Geschichte, die mit seinem Stoffe zusammenhing, mehr berücksichtigt und wenn er endlich eine schärfere Quellenkritik geübt hätte; allein ein wirklicher Fortschritt war nicht zu verkennen. In jeder Zeile sprach sich ernste Forschung aus, deren Resultat zwar nicht von der gelehrten Emballage befreit wurde und desshalb nicht dazu diente, in weiten Kreisen das Gedächtniss der Stedinger neu zu beleben. Eine Zeit lang blieb dieses Werk in den Gegenden, die besonders berufen waren, das Andenken der Stedingerkriege wach zu erhalten, unbenutzt. 1829 wiederholte noch Carsten Miesegaes in seiner Bremischen Chronik[48] die Angaben von Lappenberg und dessen Nachfolgern; Scharling's Arbeit blieb sogar v. Wersebe unbekannt, als er 1830 die Resultate seiner umfassenden Studien für die Geschichte der Wesermarschen selbst auszubeuten versuchte und eine Abhandlung[49] schrieb, in welcher für die Geschichte der Stedinger nicht bloss die gerade sie betreffenden Ausführungen von Bedeutung waren, sondern auch die auf alle Marschgebiete bezüglichen Darstellungen, welche die Verhältnisse von Grund und Boden, von Freiheit und Leibeigenschaft, die Stellung des Adels und die Verfassungszustände in den Marschländern behandelten. Hier wurden die allein aus Wolter's Rasteder Chronik, aus Schiphower's und Hamelmann's Geschichtswerken entnommenen Erzählungen über die Stedingerkriege als Fabeln verworfen, die seit Schmincke's Arbeit durch die Literatur und auch von Scharling wiederholten Irrthümer mit Stillschweigen übergangen, und so entstand ein Bild, dessen Farben ganz andere waren, als die der früher entworfenen. Allein auch dieses Bild war getrübt; denn v. Wersebe ging im Eifer gegen die Irrthümer und Fabeln, die fort und fort nachgesprochen wurden, viel zu weit und fand leider keinen Nachfolger, der einen Mittelweg zwischen den Extremen suchte und in richtiger Methode Quellenkritik übte.

Gleichzeitig mit der Entstehung dieser Schrift, wurden indessen Specialforschungen abgeschlossen, deren Bedeutung für das Gedächtniss der Stedingerkriege darin lag, dass sie als Vorarbeiten für eine gründliche und umfassende Behandlung des fraglichen Stoffes dienen konnten. Anfangs 1830 beendigte Bulling, Amtmann im Stedingischen Orte Berne, ein Werk, welches die allgemeinen Verhältnisse des Stedingerlandes zur Zeit jener Kämpfe genau beleuchtete. In seiner „Geschichte des Stedinger Deichverbandes"[50]) behandelte er die Entwickelung der Bedeichung und Entwässerung in denjenigen Marschgebieten, die einen bedeutenden Theil der alten Stedingerlande ausmachten. Ohne diese Arbeit zu kennen, schrieb Muhle, der geschichtskundige Pastor in Hude, angeregt durch Scharling's Schrift, in derselben Zeit eine Abhandlung über den Anbau des Stedingerlandes im Mittelalter[51]), welche des Näheren jene Verhältnisse besprach, die als Hintergrund der Stedingerkriege zuerst Ritter angedeutet, dann Scharling auszuführen versucht hatte. Genaue Lokalkenntniss kam beiden, Bulling wie Muhle, vielfach zu Statten; allein jener verband seine Bemerkungen nicht zu einer zusammenhängenden Darstellung, und dieser vermochte es nicht, jene Frage in abschliessender Weise zu behandeln. Es ward aber rüstig weiter gearbeitet; neue Steine zum Aufbau einer Geschichte der Stedinger wurden im Jahre 1831 herbeigeschafft. Derselbe Muhle veröffentlichte einen Aufsatz über die Verfassung des Stedingerlandes im Mittelalter[52]) und Steinfeld, Pastor in dem für die Stedinger-

kriege besonders wichtigen Orte Altenesch, verfasste über
die Verschanzungen, die in jenen Kämpfen eine bedeutende Rolle gespielt haben sollten, einen ausführlichen
Bericht[53], der von Bulling eingehender Recension unterzogen wurde.

Somit zeigt sich im Oldenburgischen in den Jahren,
die der Errichtung des Denkmals auf Stedingsehre kurz
vorangehen, eine lebendige Detailforschung, welche freilich
in den Händen von Gelegenheitshistorikern blieb, aber
doch sehr viel Gutes ans Licht brachte, da sie von den
früheren Darstellungen sich zu emancipiren suchte. Sie
belebte das Gedächtniss der Stedingerkämpfe und das Interesse für dieselben ausserordentlich und führte dann zu
der ersten ihnen gewidmeten Monographie, die das Gewand
der gelehrten Untersuchung völlig abstreifte. Der genannte
Steinfeld verfasste kurz vor dem Gedenkfeste eine
Schrift über den Freiheitskampf der Stedinger von 1187
bis 1234[54]), welche als Festgabe die Resultate der bisherigen Forschungen zusammenfassen und den Theilnehmern
der Feier vor die Seele führen sollte. Allein die Arbeiten,
die vorlagen, genügten zur Lösung einer solchen Aufgabe
nicht; die anspruchslose Festschrift bot kein richtiges Bild
aus der Vergangenheit; neue Forschungen mussten das
Begonnene zu vollenden suchen. Sofort nach dem Gedenkfeste von 1834 erschien eine Arbeit über die Stedinger,
welche den Weg wenigstens andeutete, auf dem die historische Forschung weiter gehen musste. W. Wachsmuth
theilte 1834 seine Studien mit über Aufstände und Kriege
der Bauern im Mittelalter[55]), besprach neben den Stellingern, den Bauern des Thur- und Aargaues, neben dem
Landvolk in der Normandie, in Jütland und Schonen und
neben den Bauernbewegungen späterer Zeiten auch die
Stedinger. Er war der erste, welcher einen Fortschritt in
der Quellenarbeit machte, indem er Detmar's Werk,
also eine Bearbeitung der Sachsenchronik, heranzog
und nicht, wie v. Wersebe, ohne nähere Untersuchung, über
ächte, wie unächte Quellen absprach, nicht wie andere
Schriftsteller, gleichzeitige Berichte und spätere Erzählungen

beliebiger Fabulanten zusammenwarf. Allein auch jetzt blieb man bei der alten Methode; 1837 erschien in Havemann's Geschichte der Lande Braunschweig und Lüneburg eine kurze Skizze der Stedingerkriege, die voll war von alten und neuen Fehlern [56]). Muhle veröffentlichte in demselben Jahre eine Arbeit „über den langjährigen Kampf der Stedinger um ihre Verfassung bis gegen die Mitte des achtzehnten Jahrhunderts" [57]), die freilich zu den ausführlichsten Monographien über die Stedinger gehörte, aber nicht zu jenen, die durch eine wissenschaftliche Benutzung der Quellen neue Resultate an's Licht förderten oder durch Verbindung ihres besonderen Stoffes mit den anderen gleichzeitigen Begebenheiten neue Gesichtspunkte eröffneten. Trotz ihrer Mängel waren die in den dreissiger Jahren entstandenen Specialschriften über die Stedinger die letzten ihrer Art, denen einiger Werth beizulegen ist.

Aus den vierziger Jahren wäre, abgesehen von den Bemerkungen, die in Gieseler's grossartigem Lehrbuche der Kirchengeschichte über die Stedinger sich finden, nur die äusserst fehlerhaften und schwachen Darstellungen zu nennen, welche in Duntze's Geschichte der freien Hansestadt Bremen und in der zweiten Auflage der vorhin erwähnten Schrift von Havemann enthalten sind. In Moehlmann's [58]) Bemerkungen „zur Geschichte der Stedinger" war freilich ausgesprochen, dass die Acten über die Stedingische Geschichte noch nicht geschlossen seien, aber Neues ward in ihnen nicht geboten. Die späteren Specialarbeiten über die norddeutschen Marschen lieferten nichts von irgend einer Bedeutung. In Klopp's Geschichte von Ostfriesland [59]) findet sich freilich ein eigener Abschnitt über die Stedingerkriege; aber auch in ihm wird des Verfassers Wort an die Stelle der Quellen gesetzt und in reichem Maasse seine vollständige Unglaubwürdigkeit bewiesen. Die einzige Quelle, die Klopp eingesehen zu haben scheint, ist die werthlose Chronik von Bardewick; die Ungründlichkeit seines Quellenstudiums zeigt schon der eine Umstand, dass er von einer den Stedingerkriegen gleichzeitigen Chronik von Rastede redet. Vier Jahre nach der

Klopp'schen Arbeit erschien das Marschenbuch von Allmers[60], das nicht bloss die Natur, sondern auch die Geschichte der Marschen zu seinem Gegenstande hat. So ist denn auch bei der „Revue der einzelnen Marschstriche" nicht allein Thun und Treiben der jetzigen Stedinger, vielmehr auch die frühere Geschichte derselben mit Wärme und Begeisterung geschildert. Keine der Schriften, die dem Gedächtniss der Stedingerkriege gelten, gleicht hierin der Allmers'schen Darstellung; allein ihr fehlt die Kenntniss der Literatur und die Durchforschung der Quellen so sehr, dass sie an Mängeln jenen Arbeiten gleich steht.

Obwohl die Untersuchungen Wilhelm's von Hodenberg, des unermüdlichen Forschers auf dem Gebiete norddeutscher Geschichte, an den Stedingern nicht vorübergingen, obwohl vier Jahre nach dem Allmers'schen Buche aus von Hodenberg's grossem Werke über die Diöcese Bremen ein Separatabdruck unter dem Titel „Stedingia. Ober- und Unter-Stedingerland", erschien, obwohl bisher unbekannte Quellen der Stedingischen Geschichte ans Licht gezogen wurden, (die Rasteder Jahrbücher 1854 durch J. M. Lappenberg, die sogenannte Repgowische Chronik 1857 durch H. D. Massmann) sind bis jetzt die neuen Vorarbeiten von der Lokalhistorie nicht berücksichtigt, geschweige denn ausgebeutet worden. Das Gedächtniss der Stedinger wurde durch die Darstellung, welche ihre Thaten und Leiden von Wiedemann erfuhren, nicht gefördert. Umsonst fügte Krause der in monographischem Gewande veröffentlichten Arbeit[61] Noten und Regesten hinzu; Ehmck wies vergeblich auf Verkehrtheiten und Mängel hin: der Verfasser verstand sich nicht dazu, seine Darstellung umzuarbeiten, als er 1864 die Geschichte der Herzogthümer Bremen und Verden herausgab[62]. Trotz ihrer Ungründlichkeit hat diese letzte Monographie für das Gedächtniss der Stedinger eine eigenthümliche Bedeutung. Die Grundauffassung aller Lappenberg folgenden Arbeiten und aller später erschienenen Schriften ging dahin, dass in den Stedingerkriegen ein glorreicher, der Erhebung der Eidgenossen gleichstehender Freiheitskampf sich zeige, ein heldenmüthiges Streiten gesunder Bauern mit Adel und mit Priesterschaft. In den dreissiger Jahren war freilich der Gesichtspunkt des Religionskrieges wieder in den Vordergrund gestellt; die Verketzerung der Stedinger war besonders betont, um jede Opposition zu beseitigen, die gegen die Gedenkfeier von 1834 sich hätte erheben können. Später trat aber diese den kirchengeschichtlichen Standpunkt einnehmende Betrachtung wieder zurück; die politische Seite der Ereignisse wurde hervorgehoben, und dieser widerfuhr freilich nicht vollständige Würdigung, aber doch wohlmeinende Gerechtigkeit. Wiedemann unternahm es, der bisherigen Auffassung in herber Weise zu widersprechen, den Stedingern ihre „Glorie" zu nehmen, die Berechtigung ihrer Kämpfe zu leugnen, das Ringen zwischen dem Landvolk und den herrschaftslustigen Gewalten als einen Aufruhr widerspenstiger Gesellen gegen das mildeste Regiment vorzustellen und die Gedenkfeier vom 27. Mai 1834 zu tadeln. „Als das Denkmal errichtet wurde, war der Grossherzog von Oldenburg, Paul Friedrich August selbst zugegen. Wir begreifen es nicht, wie man den alten Mann in diese falsche Stellung gebracht und bewogen hat, aufrührerische Unterthanen zu verherrlichen, unter deren Streichen zwei seiner Vorfahren gefallen waren. Wir leben in einer wunderlichen Zeit." (!!) — —

Bis zu diesem Punkte ist das Gedächtniss der Stedingerkämpfe des dreizehnten Jahrhunderts gelangt. Die Anschauung, welche durch fast alle mönchische Schriften der frühesten Zeit hindurchgeht, erhebt sich in neuer Form; ein Hinweis auf die gelegentlichen Besprechungen der Stedingerkämpfe in grösseren, während unseres Jahrzehnts entstandenen Werken[63] genügt zum Beweise, dass die Schmähung rasch verklingen wird. Ein geläutertes Andenken möge den Vorgängen längst verschwundener Jahre bereitet werden.

II.

LAND UND VOLK DER STEDINGER.

In Deutschen Landen ist die mittelalterliche Geschichte jenes Standes, der Hauptkraft und Kern eines gesunden Volkes sein muss, traurig und düster. Jahrhunderte hindurch hat der Deutsche Bauersmann sein mühevoll erarbeitetes Brod in Unehren, in Schimpf und Kummer gegessen; schon in altersgrauer Zeit, schon damals, als das Deutsche Reich sich bildete, war die Herrlichkeit des freien und stolzen Bauernstandes, der ehedem die besten Kräfte der Nation umfasste, im Verschwinden begriffen. Der Kreis der freien Männer, welche, auf eigenen Gehöften sitzend, den Ersten des Volkes ebenbürtig waren an Ehre und Kraft, wurde rasch von den neuen Gewalten erdrückt, von Priesterschaft und von Herrenstand. Aus der Menge des Landvolkes verlor sich die Waffenlust und die Kriegsbereitschaft; in den engen Kreisen des Broderwerbs bewegten sich die, von deren Arbeit der Nationalwohlstand abhing, und die Trennung von den höheren Interessen, die enge Begrenzung des Strebens und Schaffens stellte sich dar in Hörigkeit und Knechtschaft. Während im Bürgerthume eine neue Freiheit mächtig sich hob, während die Städte, mit Wall und Gemäuer umgürtet, das stolze Bewusstsein der Gleichberechtigung nährten, lebten auf dem platten Lande Bevorrechtete und Belastete neben einander, standen sich hier Ueberfreiheit und Unfreiheit gegenüber.

Nur selten rangen die Verachteten mit den Waffen in der Hand wider die Vornehmen, die sie bedrückten; nur hier und dort konnten die Reste alter Selbstständigkeit gegen die zahlreichen Angriffe vertheidigt werden.

Fast einzig in ihrer Art stehen die Friesischen Stämme da, welche, von frühen Zeiten her in den Seemarschen des Deutschen Meeres wohnend, die alte Freiheit und die alte Deutsche Bauernkraft bewahrten. Hier melden die Bücher der Geschichte Jahrhunderte hindurch von glücklichen Erfolgen der bäuerlichen Waffen; aber sonst endete nur selten ein Kampf, den der Bauernstand gegen andere Stände führte, mit dem Ergebniss, dass die Zustände bewahrt oder neu begründet wurden, in denen das Landvolk als gesundes, kraftvolles Glied der Nation sich regen konnte. Die mittelalterliche Geschichte kennt indessen eine Zeit des mächtigen Aufschwungs der bäuerlichen Kreise. Sie schienen sich gerade damals aus ihrem Verfall aufrichten zu wollen, als die Städte zuerst kühner ihr Haupt erhoben. In der zweiten Hälfte des zwölften und in den ersten Decennien des dreizehnten Jahrhunderts erblühte auf dem platten Lande eine neue Freiheit, die schöne Früchte versprach, aber nicht zeitigte. Nach den Tagen schweren Druckes durchzog eine mächtige Bewegung das deutsche Landvolk; die alten Sitze wurden verlassen; die Bande, die den Einzelnen an die Scholle fesselten, rechtliche wie sittliche, zeigten sich kraftlos. Der freie Friese wanderte, wie der Hörige der Rheinischen Klöster, der Holländer wie der Flandrer, der Landmann weit und breit aus Westphälischen, Sächsischen und Fränkischen Landen. Die grossen Kapitalmächte jener Zeit, die schon emporgewachsenen Handelsstädte und die Kirche, sie unterstützten solche Wanderung, die nicht zu hindern war. In Böhmen und Mähren rief man nach dem Deutschen Pflug; in Nordalbingien schuf Deutsche Arbeit aus Haide Hufenland, aus Wald und Sumpf fruchttragendes Gefild; die Germanisirung der Ostseelande gründete sich auf das mächtige Vordringen des Deutschen Bauern, welcher der Befestigung der Kirche den einzig sichern Halt, der Hebung der Deutschen Fürstenmacht die beste Förderung bot. Unwirthliche Striche wurden an der ganzen Ostseite des Reiches der Cultur gewonnen, bald Lande, die ehedem von anderen Stämmen bevölkert gewesen und, dann durch den Krieg verwüstet, öde dalagen, bald Gegenden, in denen die Natur noch nicht dem Menschen dienstbar geworden war. Diese Bewegung rief Gründungen hervor, in denen der immer wahre Satz verwirklicht werden sollte: dass nur des Freien und besonders des freien Landmanns Arbeit ein Volk kräftig und gesund erhalten könne. Allein es kam keine Besserung. Wie der freie Bauernstand der alten Zeit den anderen Gewalten rasch erlag, so auch dieser neugeschaffene, welcher die feindseligen Mächte nicht erst neben sich empor wachsen, sondern schon in voller Kraft sich gegenüber stehen sah.

In den Jahren, da jene Bewegung unter dem Deutschen Landvolke herrschte, wurden auch die Gestade der Unterweser bevölkert, die späteren Wohnsitze der Stedinger.

Zwischen dem Einflusse der Ochtum und der Mündung der Hunte zieht sich jetzt das „Stedingerland" an der Weser hin, eine der niedrigsten Flussmarschen, derjenige District des Grossherzogthums Oldenburg, welcher auf der Uferkarte der Weser unmittelbar an die auf der linken Seite des Stromes liegenden Gebietstheile der freien Hansestadt Bremen sich anschliesst. Nicht bloss dieser Theil des ehemaligen Stedingen hat seinen alten, bedeutungsvollen Namen bewahrt; dasselbe gilt auch von dem Uferstriche, welcher unterhalb jenes Landes an der entgegengesetzten Seite des Flusses sich zeigt und von da, wo die Geest das Ufer verlässt bis zum Einfluss der Drepte sich ausbreitet. Auch in diesem jetzt Hannoverschen Gebiete treffen wir noch den alten Namen der Stedinger in der Bezeichnung „Osterstade"; denn Stade und Stedingen sind Wörter gleichen Sinnes und Stammes, Bezeichnungen von Uferland, abzuleiten von dem Gothischen status, Altsächsischen stath, Althochdeutschen stad[1]). Für das Stedingerland am linken Ufer des Stromes findet sich früh die Bezeichnung: occidentalis Stedingia, Weststedingen[2]) und das jetzige Osterstade trug den Namen Stedingia orientalis, Oststedingen[3]).

Diese beiden Striche, die noch heute den alten Namen führen, bildeten auf der rechten, wie auf der linken Seite des Flusses Kern und Haupttheil desjenigen Gebietes, welches früher unter jenem Namen von allgemeiner Bedeutung zusammengefasst wurde. Vormals endete Oststedingen nicht an der Drepte, umfasste vielmehr den ganzen Marschstrich, der zwischen Weser und Geestland sich ausbreitet und bis an die Lüne reicht. Ebenso war Weststedingen nicht auf den Uferstreifen zwischen Ochtum und Hunte beschränkt, und noch Vollers wusste von der grossen ehemaligen Ausdehnung der Stedingerlande am linken Weserufer. Er sagt: „Wie die Schlachtung unter dem Bischofe von Bremen und den Stedingern geschehen, seynd der Norder-Stedinger an jener Seite der Hunte, als Elsfleth, Line, Hammelwarden und was der Dörffer mehr, so daselbst bis vor Ovelgönne belegen sein, nebenst Huntorffe und Wüstenland mit dazu behörige gewesen".

Dass das alte Weststedingen, wie hier angegeben ist, nach Norden zu die Hunte überschritt, kann nicht bezweifelt werden; urkundlich sind als Theile desselben die in der späteren Vogtei Moorriem gelegenen Kirchspiele Bardenfleth, Neuenbrok und Oldenbrok erwähnt [4]; jüngere Documente verlegen die Ortschaften Dalsper und Moordorf ins Stedingische Land [5] und das Gleiche gilt von dem Orte Buten-Line [6]. So erklärt es sich, dass die Rasteder Jahrbücher die Stedinger diesseits und die jenseits der Hunte einander gegenüber stellen, Nieder- und Ober-Stedingen oder Nord- und Süd-Stedingen unterscheiden, sodass das jetzige Stedingerland als Rest von Ober- oder Süd-Stedingen erscheint [7]. Im Bremischen Kirchenregister von 1420 werden einestheils die südlich von der Hunte belegenen Kirchspiele von Bardewisch und Berne, anderntheils die von Elsfleth, Altenhuntorf und Hammelwarden, die nördlich vom Huntefluss liegen, unter der Ueberschrift „In Stadlande" den drei Parrochien von Rodenkirchen, Golzwarden und Esenshann gegenüber gestellt, die unter der Rubrik „In Frisia" aufgeführt sind, so dass die Benennungen: Friesland und Stadlande (oder Stedingerland) Gegensätze bilden [8].

Die Sprengel jener fünf Kirchen lagen freilich nördlich von der Hunte; aber sie zählten nicht zu dem Friesischen

Gebiete[3]), dem die letzterwähnten Kirchspiele angehörten. Nordstedingen umfasste ganz die beiden ehemaligen Vogteien Oldenbrok und Moorriem, aber auch nur diese, kein nördlicher gelegenes Land. In ähnlicher Weise gehörten zu Stedingen die beiden früheren Vogteien Altenesch und Berne in ihrem vollen Umfange. Zu ihnen kamen noch weitere Striche gegen Westen: Alles Tiefland, welches zwischen Ochtum und Hunte von der natürlichen Grenze umschlossen wird, die Geest und Düne zwischen Hasbergen und Oldenburg bilden, ist Stedingisches Land gewesen. So lag das Kloster Hude an der Mark der Stedinger, wie auch noch heute die Bezeichnung „Stedinger Huth" dies beweist[10]); so ist das alte Wüsteland zum früheren Oberstedingen zu ziehen, der Marschstrich an der Hunte, der ehemals den Namen „Stedinger Wüste" trug[11]). Aber weiter nach Süden erstreckte sich das Stedingerland zu keiner Zeit[12]).

Diese Gebiete an der rechten und an der linken Seite der Niederweser wurden in der Zeit, da jene mächtige Bewegung das Deutsche Landvolk durchzuckte, aus Sumpf- und Flussbett, Röhricht und Moor durch Fleiss und Ausdauer Vieler zu wohnbaren Stätten umgeschaffen. Die unteren Flussmarschen der norddeutschen Ströme sind erst später bebaut, erst später durch die Bebauung entstanden, als die ähnlichen Striche an den oberen Ufern; sie sind auch später bewohnbar geworden, als die Seemarschen an den Mündungen der Flüsse.

Die Vorgeschichte der Stedingerlande lässt sich in wenigen Worten zusammenfassen. Wir sehen in ihnen Theile der grossen Thalebene des Weserstromes, in der allmälig ein Inseldelta sich bildete. Es gab eine Zeit, in welcher die Stedinger Gebiete unter den Wellen des Meeres lagen, das mit weitem Busen ins norddeutsche Land sich hineinzog, begrenzt von der steil abfallenden, ehedem stossweise empor gehobenen Geest und von den Dünenzügen, die noch jetzt das Walten des Meeres verkünden. Dann kam eine andere Zeit, in welcher der Boden jenes Busens mächtig sich hob und weit höher emporstieg, als seine jetzige Lage zeigt. Von dieser Periode zeugen die Stämme der Tannen,

Erlen und Eichen, die Reste von Haselnussgesträuch, die überall unter seiner jetzigen Erdrinde, besonders auch im heutigen Stedingerlande, gefunden werden. In der Folgezeit sanken die Lande wieder, nach Norden zu weniger, als in den südlichen Theilen. Während die Seeufer bewohnbar blieben, wurden die Striche, welche an die hohe Geest und an die alten Dünenzüge grenzten, weite Oeden, in denen Moore entstanden, hie und da Sümpfe sich bildeten, Mitteldinge zwischen Wasser und Land, die höheren Punkte mit fester Erdschicht bedeckt wurden und in den Untiefen die Fluthen langsam ihren Weg nach dem Meere suchten. Diese letzte Formung bildet die Gestalt der niederen Weserflussmarschen, die bis in die historische Zeit hinein reicht, und gerade bei den Stedingischen Landen lässt sie sich noch ziemlich deutlich aus der jetzigen Bodenbildung, wie auch aus schriftlichen Quellen erkennen.

Zunächst zeigen die hohe Geest und die Dünen, die Flüsse und die Moore die Conturen der früheren Gestaltung dieses Gebiets.

Der Dünenzug, auf dem später Bremen entstand, durchschnitten von einer Reihe von Wasserzügen, begrenzet an der einen Seite das Thal der Weser, welches andererseits bis an jene Dünen sich hinzieht, auf denen hernach Heiligenrode und Hasbergen erbaut sind. Dieses Thalgebiet ward nicht von der Weser allein durchströmt. Von dieser zweigte sich oberhalb Bremens die Ochtum ab, die wieder eine Anzahl von Nebenflüssen in sich aufnahm: die Stuhr, den Varlebach, die Delme und andere.

Bremen gegenüber bildete sich eine Insel [13]), der erste Landstrich, welcher in der für die Hauptzüge der früheren Terraingestaltung massgebenden Urkunde vom 27. Juni 1062 erwähnt wird [14]), die insula bremensis, die man grundlos früher für das am rechten Ufer zwischen jener Dünenreihe der Weser und der Lesum sich ausbreitende Werderland gehalten hat [15]). Das spätere Vieland, zu dem das Huchtingerland nicht gerechnet wurde, war ehedem ein Eiland. Da wo hernach Altenesch entstand, vereinigten sich die beiden Arme des Stromes, welche diese Insel bildeten, aber nur um sich sofort auf's Neue zu trennen. Der neue Arm, der sich abzweigte, führte nicht mehr den schwer zu erklärenden Namen Ochtum; er hiess vielmehr Aldena, d. h. altes Wasser, eine weit verbreitete Benennung von Flussarmen, welche ehemals die Hauptläufe des Stromes waren, hernach aber zu Nebenläufen wurden. Dieses Wasser, dessen Name noch jetzt als „Ollen" sich erhalten hat, schloss mit der Weser eine zweite Insel ein, die in jenem Diplome erwähnte insula Lechter dicta, jetzt die „Lechterseite" des Stedingerlandes. In dieser Bezeichnung hat sich der alte, von lechter, links liegend, herstammende Name erhalten, wie denn auch Lechtern und Lechterland vielfach erwähnt wird: Beweis genug, dass alle anderen Erklärungen jener insula Lechter irrig sind[16]. Neben dieser zog sich ein Landstrich hin, der ebenfalls in Wirklichkeit eine Insel bildete, aber nicht als Insel erschien, da die Wasserzüge, die ihn umgaben, nicht so bedeutend waren, wie die Ströme, von denen die beiden genannten Gebiete umschlossen waren. Der wichtigste Nebenfluss der Ollen war die Hunte[17], und jener parallel lief ein Gewässer, das die Ochtum mit diesem Nebenflusse verband, die Lintow[18], welche mit diesen beiden Gewässern und mit der Ollen das Ollener Bruchland umgab, den Aldenebroch jenes Diplomes[19], die jetzige „Brokseite" des Stedingerlandes. Die Eigenthümlichkeit dieses Terrains characterisirt es, dass andere Gewässer, wie die Hörspe und Berne, quer durch diesen Lintowbach liefen und von der Geest herabkommend, bis in die Ollen ihren Lauf fortsetzten. Die Hunte nahm ausser der Lintow noch die Tweelbäke als Nebenfluss auf, die ebenfalls auf der Geest entsprang.

Diese schloss sich unmittelbar an die Düne von Hasbergen; wo sie zurückwich, schoben sich neue Dünen vor, die dann an der Hunte sich entlang zogen und jenseits derselben in gerader Richtung nordwärts liefen. Am Fusse dieser höheren Striche breiteten sich Moore aus: das Schönemoor, das jetzt fast ganz verschwunden ist, das Gruppenbührer, Hiddigwardener, Wüstenländer Moor und wie die späteren Bezeichnungen sonst lauten. Das Tiefland, das an diese Moore sich anschloss, wird den Namen des Ascbroches geführt haben; wie ein ganz schmaler Streifen scheint dieser auf der linken Seite der Lintow sich hingezogen und erst am Ufer der Hunte sich ausgedehnt zu haben[20]). Die Ollen führte das Wasser ihrer Nebenflüsse, die Lechterinsel umströmend, der Weser zu. Da, wo der Hauptlauf des Stromes von ihr getroffen wurde, verliess ihn auf seinem rechten Ufer die hohe Geest, welche seit dem Einflusse der Lesum ihn begleitet hatte, der Lechterinsel gegenüber steil ins Wasser abfallend. Die Geest zog sich von jenem Punkte mit einigen Vordünen in weitem Bogen nordwärts und sandte erst jenseits der Lüne ihre Ausläufer wieder an das Gestade der Weser. Auch hier stiess an ihren Rand eine Kette von Mooren, die erst später abgegraben wurden. Auch hier war das Gebiet, das zwischen diesen und der Weser sich ausbreitete, von zahlreichen Gewässern durchzogen, von der Ahe, der Drepte und anderen jetzt zu Flethen gewordenen Bächen. Da, wo die Ollen mit der Weser sich vereinigte und diese Trennung der Geest von dem Ufer stattfand, schied sich dann von der Weser der erste Arm, welcher nicht wieder mit dem Hauptstrome sich vereinigte, sondern auf eigenem Wege das Meer suchte; es war die Line oder Wester-Weser[21]), vormals der Haupt-Wasserzug, der Arm im Delta, welcher den eigentlichen Mündungsstrom bildete und in gerader Linie die Richtung fortsetzte, die der Fluss meilenweit in seinem früheren Laufe eingeschlagen hatte.

Am linken Ufer dieses Stromes zertheilte kein bedeutenderes Gewässer das tiefe Land, welches an die auch hier das Hochland begleitenden Moore sich anschloss; das Gebiet, das hernach die Vogtei Moorriem bildete, war ein zusammenhängender Sumpfstrich. Das wasserdurchzogene Land am rechten Ufer der Line, die Gegend zwischen diesem Sumpfstriche und den Brüchen am rechten Ufer der Oster-Weser, war wieder als eine Art Insel zu betrachten. Als solche erscheint der Linebroch, der grössere Theil des Gebietes der späteren Vogtei Oldenbrok, der erste der Bruchstriche, die das mehr erwähnte Diplom namhaft macht. Als eine Insel konnte dieser Strich betrachtet werden, weil er rings von grösseren Flüssen umschlossen war, hier von der Wester-, dort von der Osterweser, gegen Norden von einem dritten Gewässer, das diese beiden Ströme verband. Wo später Hammelwarden erbaut wurde, verliess dieser Arm die Weser, und dort, wo Namen, wie Meerkirchen, Grossenmeer noch an eine bedeutende Wassermenge erinnern, vereinigte er sich mit der Line, die von hier an „Jade" hiess. Auch nördlich von diesem Weserarme, dessen Name verschollen ist, auch jenseits der Line-Jade breitete sich das Moor aus, die gemeinsame Grenze zwischen allen diesen Theilen des Flussdeltas und den Dünen oder der hohen Geest. Dort erscheint das heutige Bollenhagener Moor. Dieses umströmend, verbanden den westlichen und östlichen Mündungsstrom der Weser, das Lockfleth, das unterhalb des späteren Brake die Weser verliess und die Dornebbe, die nach Osten laufende Fortsetzung dieses Armes. Lockfleth und Dornebbe bildeten die Grenze des Landes, das hier zu besprechen ist[22]); stromabwärts liegen das Friesische Budjadingen mit dem Friesischen Stade- oder Stedinger-Land, Gebiete, die schon zu den Seemarschen zählen, obwohl sie von der Weser begrenzt, von Weserarmen, wie die Heete, durchschnitten wurden. So durch viele Ströme und Arme zerstückelt, von breiten Morästen durchzogen, bot der bedeutendste Theil des ehemaligen Weserdeltas ein seltsames Bild; kaum können wir uns jetzt noch diese Gestalt vorstellen, welche den späteren Marschen vor der Zeit, da mächtige Deiche und kunstvolle Siele die Fluthen zügelten, eigen gewesen ist; kaum kann sich die Gegenwart einen richtigen Begriff machen von den Stedinger Landen vor ihrer Entstehung, vor ihrer Bewohnung durch Stedinger.

Jene Urkunde, deren Angaben mit den dem Erdboden entnommenen Zeugnissen die Topographie der Wesergegenden erklären, bietet indessen noch anderweitigen Aufschluss. Sie lässt die allgemeinen politischen Verhältnisse erkennen, welche für diese Uferlande im elften Jahrhundert bestanden. In ihr wird eine der wichtigsten Erwerbungen Erzbischof Adalbert's documentirt. Der gewaltige Kirchenfürst, der im nordischen Patriarchat seine geistliche Macht über ganze Reiche ausbreiten wollte, suchte in seinem Kirchensprengel die von Alters her bestehenden Grafengewalten zu vernichten. Er unternahm es, die Grafenämter mit dem erzbischöflichen Stuhle zu verbinden, und unter den drei Grafschaften, die er erwarb, ist die wichtigste die des Grafen Udo II. von Stade, des Salzwedler Markgrafen (1057—1082)[23]. In dieser waren alte Erbgüter und Hausbesitzungen mit Grafenrechten vereinigt, die über mehrere Gaue sich ausbreiteten. Die Theile dieser Grafschaft lagen sämmtlich in Engern[24]. Besonders gehörten zu ihr zwei an das Wesergebiet stossende Gaue: der Ammergau, wie solches in einer den Wildbann dieses Gaues betreffenden Urkunde vom 26. October 1063 bestimmt gesagt wird[25] und dann der Largau, was sich aus dem Diplom von 1049 ergiebt, in welchem Kaiser Heinrich III. nur mit Zustimmung des Grafen Udo I., des ersten Markgrafen dieses Stader Geschlechtes († 1057, 6. Nov.) den Wildbann dieses Gaues verleiht[26]. Die Hunte bildete mit ihrem oberen Lauf die Grenze zwischen Largau und Ammergau; es fragt sich nur, was von jenem Tieflande galt, das die Hunte in ihrem unteren Laufe durchschnitt.

In dem auf jene Gegenden bezüglichen Documente vom 27. Juni 1062 verfügt der Kaiser über Theile der alten Grafschaft Udo's von Stade: zunächst über die Herrschaft Lesum, deren Zugehörigkeit zu derselben besonders erwähnt wird, sodann über die genannten Inseln und Bruchlande, bei denen dieses nicht geschieht[27]. Sie gehörten aber auch zu der genannten Stadischen Grafschaft; der Linenbruch, der Kern des späteren Niederstedingens als Theil des Ammergaues, die Lechterinsel, das Ollener Bruchland und jener fragliche Aschbroch, das Hauptgebiet des späteren Oberstedingen sammt den anderen Brüchen, welche das Diplom nennt, als Theile des Largaues. Die Quellen ergeben dieses deutlich. Dass der Linenbruch zum Ammergaue gehörte, ergiebt sich aus einem Güterverzeichnisse von 1158, in welchem die in diesem Bruchlande liegenden

Besitzungen des Rasteder Klosters unter der Rubrik „in Ambria" aufgeführt werden; dass das Gleiche bei den näher der Hunte zugekehrten Landstrichen der Fall ist, lehrt das Güterregister von 1124, das die Güter in Genlide, d. h. in Gellen, zu den Besitzungen im Ammerlande rechnet[28]). Auch die jüngeren Güterregister des Bremischen Domstiftes zählen zum pagus Ammeri die im späteren Unterstedingen entstandenen Ortschaften Hammelwarden und Elsfleth, die an den Grenzen des Linenbruchs nach der Weser zu begründet wurden, sowie Olden- und Neuenbrok, Grossenmeer und Bardenfleth, die an seinen übrigen Rändern entstanden[29]).

Ebenso bestimmt steht es fest, dass die anderen Bruchlande sammt der Lechterinsel dem Largaue beizuzählen sind. Dies folgt aus der Beschreibung, welche in der Urkunde von 1049 von den Grenzen des Wildbannes in diesem Gaue gegeben wird. Die Grenzen desselben erstrecken sich nämlich an dem Hunteflusse entlang bis zu dessen Verbindung mit der Ollen, gehen von dort bis zur Mündung in die Weser und laufen sodann im Flussbette dieses Stromes südwärts; sie umschliessen also die Lechterinsel und die westlich von ihr liegenden Brüche, besonders das Ollener Bruchland[30]).

So lässt die urkundliche Geschichte die beiden genannten Gaue als Theile jener Grafschaft und die fraglichen Landstriche als Theile dieser Gaue erscheinen. Aehnliche Angaben fehlen über das Gebiet des späteren Oststedingens; aber analoge Verhältnisse sind nicht zu bezweifeln.

Die Uferlande der Unterweser bildeten hiernach vormals keine selbstständige Landschaft[31]), weder allein, noch mit den wirklichen Inseln, weder alle insgesammt, noch die an jedem Ufer liegenden Gebiete je für sich. „Das Stedingerland konnte keinen eigenen Gau bilden, weil dieses Land als solches erst dann entstanden ist, als die Gauverfassung in ihrer politischen Bedeutung aufgehört hatte, zu bestehen"[32]). Die Lande, die später den Namen Stedingen tragen, gehören zu den benachbarten Gauen; indessen ergiebt sich schon daraus, dass jene Urkunde dieses Verhältniss nicht scharf und genau ausspricht, obwohl sie die Gauverfassung berücksichtigt, die geringe Bedeutung, welche dieser Zugehörigkeit beizulegen ist. „Unterstedingen bildete keinen besonderen Untergau des Largaues, Niederstedingen keinen Untergau des Ammergaues, weil die Bezirke dieser beiden Gaue keine Gauverfassung mehr hatten, als das Stedingerland durch Colonisirung entstand, d. h. nutzbar gemacht wurde. Hieraus folgt von selbst, dass die beiden unbebauten Uferlandstriche, welche nach ihrer Colonisirung Stedingerland genannt wurden, ursprünglich in den Umkreis des Largaues und Ammergaues hineinzurechnen sind, oder mit anderen Worten, dass wir die Grenzen des Largaues und Ammergaues, wenn wir sie für die Zeit der Gauverfassung beschreiben wollen, bis zum linken Weserufer vorschieben müssen, obschon diese Ausdehnung ohne politische Bedeutung bleibt, eben weil das Stedingerland damals noch nicht bebaut war." Nur in solcher unbestimmten Weise kann von einer Zugehörigkeit zu diesem oder jenem Gaue die Rede sein, und das Nämliche gilt von Oststedingen. „Es ist in der Hauptsache sicher erst nach dem Untergange der Gauverfassung bebaut worden und musste in seinem unbebauten Zustande zum Wummegau gerechnet werden" [33]).

Lange Zeit blieben die Ufer der Unterweser in solchem unbebauten Zustande; freilich waren sie nicht menschenleer, aber nur sporadisch zeigte sich in ihnen spärliche Bevölkerung.

Wie auf der „Bremischen Insel" seit uralter Zeit der Ort Ledense lag [34]), wie Weihe eine früh erwähnte villa publica ist [35]), wie die Bruchlande von Brinkum und Huchtingen von Alters her bewohnten Lokalitäten ihre Namen verdanken, so wird es auch in dem benachbarten Tieflande schon frühe einzelne Stätten menschlicher Cultur gegeben haben. Auf der Lechterinsel, auf der schon im 11. Jahrhundert Hiddigwarden erscheint und das Domstift Besitzungen hatte [36]), wird ein äusserst früher Anbau sich befunden haben; denn er war so bedeutend, dass ihn eine spätere Urbarmachung nicht wieder verdrängte; Warfleth erscheint als ein sehr alter Ort; Barschlüte, auf einem Hügel eng zusammengebaut, zeigt noch den Typus der ersten Dörfer, und die Reste alter Bauten sind noch auf der Lechterinsel zu finden. Auch an einigen Stellen der übrigen Uferstriche haben wir eine frühe Bebauung anzunehmen. Dort wo die Ollen mit der Hunte sich verbindet, ist ein Begräbnissplatz entdeckt, welcher Aschenkrüge enthielt, die mit den Urnen aus Gräbern der hohen Geest von gleicher Form und gleichem Stoffe waren; bei Schlüte sind Münzen gefunden, die aus der letzten Zeit der Imperatoren stammen[37]). Wenn es auch sehr zweifelhaft ist, ob die Kirche zu Berne vom Erzbischof Ansgar gestiftet ist, so wird doch in der Umgegend des späteren Berne ein früher Anbau anzunehmen sein[38]). Am Rande der Moore zeigen sich auf einem Terrain, das unstreitig schon vor der Eindeichung wasserfrei war, die Spuren verlassener Dörfer und die Reste der Knüppeldämme, welche sie unter einander und mit den höheren Strichen verbanden; solche Zeugnisse sind nicht selten. Besonders war zwischen Neuenkoop und Schoenemoor der Moorrand bebaut; noch sind an der Moorstrasse die alten Plätze sichtbar, auf denen ehedem die Häuser von Neuenhuntdorf standen und eine Reihe von Ortschaften liegt noch heute an jenen frühe bewohnbaren Stellen, so Oberhausen, Holle, Bake, Buttel[39]). Aehnliche Verhältnisse sind in Niederstedingen anzunehmen, dessen frühe Bewohnung freilich ebenfalls nicht mit einer von Ansgar vollzogenen Kirchengründung zu Elsfleth in Verbindung gebracht werden darf[40]). Eine alte Bebauung Oststedingens ist gewiss. Rechtenfleth gehört zu den ältesten Ortschaften der Gegend der Unterweser[41]). Die Kapelle zu Sandstedt soll zur Zeit des Erzbischofs Adalbert gebaut und die zu Dedesdorf schon 1059 durch Herzog Bernhard II. von Sachsen angelegt sein, „weil ihm die Mühseligkeiten, die das Volk beim Kirchgange auszustehen hatte und die Verlassenheit der sumpfigen Lande Leid that"[42]).

Wie bedeutend dieser erste Anbau gewesen, ist freilich nicht zu ermitteln; aber die Umwandlung, die ihn an den meisten Orten später traf, scheint darauf hinzuweisen, dass er im Allgemeinen nur dürftig war.

Die Urbarmachung, die Entwässerung und Eindeichung der Uferlande der Unterweser geschah nicht allmälig von den alten Stätten des Anbaues an; sie begann unter eigenthümlichen Verhältnissen im Anfange des zwölften Jahrhunderts[43]). Es ist ebenso verkehrt, das Stedingerland für die erste Wesermarsch zu erklären, die eingedeicht wurde, als sie für die zuletzt cultivirte zu halten[44]). In derselben Zeit, da in ganz Norddeutschland jene grosse Wanderung im Landvolke ausbrach, da in den Marken, an der Ostseeküste, in Holstein, an beiden Ufern der Elbe, in der nächsten Nähe von Bremen weite Striche aus wilder Wurzel bebaut wurden, fanden die Stedingerlande ihre Entstehung.

Die urkundliche Geschichte kann über diese Verhältnisse nur vereinzelte Daten geben; aber in Verbindung mit der Gestalt des Landes sind die verschiedenen Angaben deutlich genug.

Am rechten Weserufer hat sich schon früh den älteren Oertern Dedesdorf und Rechtenfleth ein bedeutender Anbau des Tieflandes angeschlossen. Unter jenem Erzbischofe Friedrich, der die ersten Holländischen Colonisten in Bremens Nähe gezogen hat[45]), erscheinen die Marschörter Wurtfleth, Rechtebe, Wersebe, Offenwarden dicht neben einander; bei Sandstedt lag ein jetzt untergegangener Ort Büttel, bei Rechtenfleth ein eingegangenes Dorf Brakhusen; nicht weit davon zeigten sich Nigelande, Aligwerfen, Crennesse, Ortschaften, welche ebenfalls nicht mehr zu finden sind, da die Fluthen der Weser, die nach und nach, besonders 1546, sie zerstörten, ihre Stätten bedecken. Um Dedesdorf herum treffen wir schon Neuenland, Oldendorf, Eydwarden, Wiemesdorf, Halbbüttel und Schwingenfeld; es sind also bereits die Hauptorte da, die später im nördlichsten Theile von Oststedingen hervortreten[46]), und zu Anfang des dreizehnten Jahrhunderts erscheinen ausser Wurtflet Fleeste und Lanhausen[47]). Ein Theil dieser Ortschaften mag allmälig entstanden sein, ohne planmässige Colonisation, bebaut durch Männer, die von der angrenzenden Geest an den Fluss zogen, oder durch die Bewohner vereinsamter alter Ortschaften; dass aber auch die gewöhnliche Art planmässiger Bodencultur nicht fehlte, dass bei Offenwarden und Aligwerfen das Land zu Hollerrecht vergeben und in Hollerweise gebaut, nach grösserem Maassstabe in Cultur genommen wurde, ergiebt sich aus einzelnen urkundlichen Spuren[48]), und der hierin hervortretende Oststedingische Holleranbau, auf den auch die stromabwärts von Rechtebe hervortretende Regelmässigkeit der Ackervertheilung hindeutet, muss in die Normalzeit der Hollercolonisation, in die Mitte des zwölften Jahrhunderts, verlegt werden, in dieselbe Zeit, da auch in Weststedingen der Anbau nach grösserem Maassstabe begonnen wurde.

Auch hier ist die verschiedene Art der Bebauung zu erkennen. Da, wo sich die höheren Plätze finden und wo zugleich die Ländereien vereinzelt liegen, ist der erste Anbau anzunehmen. Vereinzelt finden sich Grundstücke, sowohl in Ober- wie in Niederstedingen; hier in der Umgegend von Elsfleth, Neuenfelde, Fünfhausen und in der Wattkenstrasse; dort zu Neuenhuntorf, in der Umgegend von Berne auf der ganzen Lechterseite und an der südlichsten Ecke des Landes, in der Nähe von Hasbergen; also an der Weserseite des Linenbruchs, in dem nördlichsten Striche des Ollener Bruchlandes, auf der Lechterinsel und in dem Theile, wo Südstedingen an die Geest stösst. Im Jahre 1139 erfahren wir, dass sich schon in der erstgenannten Gegend cultivirtes Land befindet. Wie in Rustringen bereits Boitwarden erscheint, so in jenem äussersten Theile von Niederstedingen Orte, wie Hammelwarden, Harrien und Uthharrien; auf der Lechterinsel findet sich in jenem Jahre Warfleth und am Ochtumflusse Sannau[49]); 1142 zeigt sich Ochtum, sodann ein jetzt verschwundener, ehemals bei Süderbrok belegener Ort Strobeling[50]). Aus demselben Jahre haben wir auch Kunde über planmässige Ansiedelung in einem grösseren Striche von Oberstedingen. Sie ging vom Erzbischof Adalbero aus, der auch in Nordalbingischen Landen die Colonisation beförderte, und umfasste ein Gebiet, dessen Grenzen durch die letztgenannten drei Orte und Hasbergen bestimmt wird. Hierin zeigt sich deutlich der Strich, welcher von den Ausläufern der Geest bis zur Ollen reicht, die äusserste Ecke Südstedingens. Diesem Anbau folgten andere. Einige Jahre nachdem der erwähnte Theil des früheren Ollener Bruchlandes in Angriff genommen war, schritt man zur Bebauung jenes mittleren Striches. Das Gebiet zwischen den Flüssen Ollen, Berne und Hörspe ward im Jahre 1149 [51]) in Cultur gezogen; in Südwesten sollte der neue Anbau an das Hursibbermoor stossen, das ist das Stedinger und Gruppenbührer Moor oder „das Moor von Neumühlen (Kirchspiels Hude) bis Schiffstädt, das sich damals weiter nach Osten wird gezogen haben, wo die Hörspe es dann durchfloss und ihm den Namen gab" [52]). In diesem Theile von Südstedingen hatte schon vor dem Beginne grossartiger Urbarmachung die Propstei zu Bremen Besitzungen, zu denen besonders die Buschwerk tragenden Moorstriche gehörten; auch Dienstmänner des Stiftes hatten dort Güter. Dieser frühe Anbau ward aufgegeben, als man zur umfassenden Entwässerung und Bedeichung sich entschloss. Die Hörsper Helmer war unstreitig der Deich, durch den man an das Moor anschloss, weil man dabei den Vortheil hatte, dass der Hörspefluss ausserhalb der Bedeichung blieb, so dass man ihn nicht abzudämmen brauchte und ihn noch ferner bis Schippstedt befahren konnte. [53])

Diese Colonisation begann also in dem Haupttheile der späteren Brokseite von Oberstedingen während der Mitte des zwölften Jahrhunderts. Vollers erzählt nun: „Es ist auch unter den Alten gesaget und eine gemeine Rede, dass die Brokseith des Stedingerlandes solle erst eingeteichet und die Teiche da jetzt die Landstrasse in der Brokseith hergehet, hergangen seyn, daher die Brokseith nicht so hoch aufgeworfen, sondern so niedrig geblieben, weil dieselbe so viel früher eingeteichet worden. Nach etlichen vielen Jahren soll hernacher die Lechterseite auch eingeteichet und der Teich auf der Weserkante her verleget worden seyn, welche Teiche aber zuerst gar geringe gewesen" [54]). In der That gab es vormals für die Brokseite ein eigenes Entwässerungssystem; jede Bauerschaft hatte in dem Ollendeich ihre eigene Höhle und bildete eine eigene Sielacht; hernach ward auch die Lechterinsel gleichmässig entwässert; auf ihr ward längst der Ollen ebenfalls ein Deich gezogen, und ihre einzelnen Bauernschaften erhielten eigene Höhlen im

Deiche, der am Hauptarme der Weser hinlief. Wann diese Eindeichung und Entwässerung der Lechterinsel geschah, wissen wir nicht. In den Zeiten der Stedingerkriege haben wir uns diesen Theil Südstedingens wohl noch nicht umdeicht zu denken.

Der Anbau ergriff auch die Marschländereien an der Hunte. „Die ersten Anbauer siedelten sich hier an der Grenze zwischen Moor und Marsch an; das Moor lag hoch genug um sie vor Ueberschwemmungen zu schützen; die vorliegenden Wiesen reichten hin, das nöthige Vieh zu ernähren. Kleine Deiche, welche sich an den Helmern und Wegen noch jetzt erhalten haben und auf der Karte am Umfange der Moore aufgesucht werden können, dienten zum Schutze gegen gewöhnliche Fluthen. Allmälig verstärkte man die Dämme und suchte durch Eindeichungen zu gewinnen"[55]). Dass auch hier eine planmässige Colonisation eintrat, beweist das Entstehen der Ortschaft Holle, welche ihren Namen von den Hollern trägt, die sich dort ansiedelten[56]). Ueber diesen Anbau fehlen uns sichere Daten; solche ergeben sich aber wohl aus denjenigen, welche die gegenüberliegende Seite der Hunte betreffen. Da erscheinen 1158 Gellen und Moorhausen als schon bewohnte Ortschaften[57]), während der Linenbruch noch 1190 nur dem Namen nach angeführt wird[58]). Bald nach 1190 finden wir aber, und zwar in dem Documente, das zuerst den Namen „Stedingia" erwähnt[59]), diesen Linenbruch als eine bebaute Gegend; denn es heisst von ihm, er zerfalle in die Ortschaften Nordbrok (Nordermeer), Neuenbrok, Oldenbrok und Coldewurde (Coldeway) und hierzu gehöre eine Kirche, sowie der Weg, der von Neuenbrok zur Kirche führe und Kerkweg heisse. Noch kennt die Tradition eine südlich vom Oldenbroker Tief gelegene Stätte, auf der dieses einsame Gotteshaus sich erhoben haben soll[60]). Ausser jenen Orten ist auch ein bebauter Landstrich „uppen Menen" erwähnt, der sich nicht nachweisen lässt; es zeigt sich hier eine rasch entstandene, die Line überschreitende und fast bis zur Dornebbe vordringende Ansiedlung, die dem Beginn des dreizehnten Jahrhunderts angehört.

In dieser Zeit erscheinen dann in Niederstedingen längs der Ollen urkundlich mehrere Ortschaften: so Süderbrok, wohl der Mittelpunkt der Ansiedlung von 1142 [61]), ferner Hekeln und Hiddigwarden [62]), dem der Ort gleichen Namens an dem rechten Ufer der Ollen als „Hilligwerde Legtersit" gegenüber gestellt wird, dann Krögerdorf [63]), und endlich auch Berne; Oerter, welche wohl als Ergebnisse des Anbaues von 1149 anzusehen sind. Damals werden die ältesten Theile der noch stehenden Kirche von Berne erbaut sein, die an einem altgeheiligten Platze sich zu erheben scheint [64]). In den ersten Jahren dieses Jahrhunderts treffen wir dann auch Hörspe als bebaute Ortschaft [65]); in Niederstedingen erscheint Huntdorf [66]); sodann ist ein Bardenfleth erwähnt, das entweder zu jener jüngsten Ansiedlung im Linebruchlande gehörte oder nicht weit von Warfleth auf der Lechterinsel lag [67]). Dies sind vereinzelte, aber redende urkundliche Daten.

Seit dem Anfange des dreizehnten Jahrhunderts zeigen sich also die Gegenden an der Unterweser, die vormals nur sporadisch bewohnt wurden, als bevölkert und bebaut. Wie die Ansiedler ihre Wohnsitze aufschlugen, erzählen die Rasteder Jahrbücher, welche uns berichten, dass „alle Dörfer der Stedinger, die jetzt im Bruchlande angelegt sind, einst in Weise von Städten auf dem Deiche sich erhoben" [68]). Dieser Ausspruch ist vielfach missverstanden worden, indem man an eine völlige Zerstörung der alten Deichörter jener Lande gedacht hat; die Worte des Rasteder Mönchs erklären sich aber einfach dahin, dass auf den ersten, den Nebenflüssen und Armen der Weser entlang laufenden Deichen die aus Lehm und Fachwerk erbauten kleinen Häuser der Anbauer dicht bei einander standen, wie in den Städten, dass hernach als die Eindeichung fortschritt, die ehemaligen Dämme von geringerer Bedeutung wurden, zu gewöhnlichen erhöhten Strassen herabsanken, sodass wer auf den neuen Deichen seinen Standpunkt wählte, die Ortschaften mitten im Marschlande liegen sah.

In wenigen Jahrzehnten hat diese Bebauung stattgefunden. Ein Theil der Ansiedler mochte sich ungerufen einstellen, die Mehrzahl derselben kam aber wohl auf Grund von Aufforderungen. Die Hollercolonisation wird in der gewöhnlichen Weise vor sich gegangen sein: der Eigenthümer der Brüche verlieh dieselben an einzelne Unternehmer, welche die Bauleute heranzogen und ihnen das Bruchland abgetheilt zu Hollerrecht überwiesen. Als Eigenthümer fast des ganzen Gebietes des späteren Weststedingens konnte sich der Erzbischof von Bremen betrachten, sofern keine frühere Cultur existirte; ihm gehörte zu eigen die Lechterinsel, das Liner und Ollener Bruchland, sowie der Ascbroch; ähnliche Ansprüche wird er auf das Ufergebiet der Hunte und auf das spätere Oststedingen gemacht haben. Das Eigenthumsrecht an Sumpf und Morast war nur von geringem Werthe; er vergab es daher, sowie sich eine Gelegenheit bot, werthvolle Rechte anstatt des öden Besitzthums zu erlangen. So erwarben die eifrigen Mönche zu Rastede in der Zeit zwischen 1124 und 1158 den grössten Theil des Linebruchs[69], und der frühere Eigenthümer desselben erhielt dafür besondere Befugnisse im Kloster. Ein grosser Theil des Ollener Bruchlandes hörte 1149 auf, im wirklichen Eigenthum des Erzbischofs zu stehen; es ward von diesem denjenigen zu Lehn übertragen, welche für Holleranbau zu sorgen versprachen und als Führer der Colonisation aufgetreten sein werden. Hier werden zwei Männer, Simon und Johannes, als Unternehmer genannt. Eine ähnliche Stelle wird in Oststedingen der Vogt Hermann eingenommen haben, der über Quoten des Zehnten von Offenwarden verfügte, in Weststedingen der Subdiacon Sivico (c. 1143), dem der Zehnte von Berne zustand[70]. Die ersten Grundbesitzer nahmen auch selbst eine solche Stellung an; so der Erzbischof und der Herzog von Sachsen in jenem Districte des späteren Oberstedingens, der an Hasbergen grenzt: sie erwarben 1142 die einzelnen Hofstellen, die sich dort fanden von den bisherigen Besitzern, theilten das ganze Gebiet und riefen selbst Anbauer herbei, dasselbe in Cultur zu nehmen.

Welcher Art das Volk war, das, sei es herbeigerufen, sei

es auf eigene Hand herzugekommen, die Urbarmachung der Weserlande unternahm, sagen uns die Quellen nicht. Manchmal hat man die neuen Bewohner der Stedingerlande kurzweg für Rustringer erklärt[71]; aber „wenn auch die Bewohner einiger benachbarten Marschdistricte dem Sprachgebrauche nach zu den Friesen gerechnet worden sind, so ist dies doch nur im uneigentlichen Sinne geschehen, indem sie, soweit die Geschichte hinaufreicht, mit jenen eigentlichen Friesen in keiner staatsrechtlichen Verbindung gestanden haben; dahin gehören namentlich die Stedinger"[72]. Bei diesen fehlt nicht bloss die staatsrechtliche Verbindung mit den Friesen, sondern auch das verwandtschaftliche Band. Dass die Ansiedler, welche die Weserbrüche aus wilder Wurzel cultivirten, der grösseren Zahl nach Rustringer gewesen, ist nicht im Geringsten wahrscheinlich, da die Ortschaften, welche von den neuen Bewohnern geschaffen wurden, in ihren Namen keine Spuren der Friesischen Sprache, sondern Sächsische Bildungen zeigen. Auch an eine besonders aus Holland kommende Einwanderung ist nicht zu denken[73]. Bei der grossen Beweglichkeit, die in der Holländischen und Friesischen Bevölkerung während des zwölften Jahrhunderts sich zeigt, ist freilich die Annahme nicht gerechtfertigt, dass die Gegenden der Unterweser von ihnen gemieden sein sollten, während sie es nicht verschmähten bis in die Marken und die Nordalbingischen Gebiete vorzudringen; aber die Bevölkerung der Stedingerlande stellt sich nicht als überwiegend Friesisch und nicht als vorherrschend Holländisch heraus. Wie der Friese aus seiner Seemarsch herankam und der Holländer von Osten herzuzog, so auch der Engrische Bauer aus den benachbarten Landen, der Sachse und der Westphale. Besonderen Antheil an der neuen Bebauung mag auch die von Alters her an der Weser ansässige Bevölkerung gehabt haben, die jetzt durch die neuen, von den verschiedensten Seiten herbeiströmenden Elemente sich verjüngte. Zugleich mit der Entstehung der Stedingerlande entstand ein Sammelvolk, aus dem sich in nächster Generation ein Mischvolk entwickelte. Durch gleiche Bildung und gleiche Interessen waren die Ansiedler beider Weserufer verbunden; der Strom selbst bot keine besonders hindernde Scheidung; denn das Wasser verband die Ansiedler leichter, als die noch nicht bebauten Sümpfe und Moräste; die Bewohner der rechten und der linken Weserseite, die nördlich und die südlich von der Hunte hatten das natürliche Gefühl der Zusammengehörigkeit und trugen den gleichen Namen der „Gestadebewohner". In dieser Verbindung ist die alte Sage von Interesse, dass vormals die Weststedinger ohne Schiffe die Ansiedelungen der Oststedinger besuchen konnten, dass der spätere Hauptarm der Weser auf Brettern und Stegen zu überschreiten gewesen sei; eine Tradition, die auf die Zeit vor der Eindeichung des Hauptmündungslaufes der Weser, vor der Austrocknung der Line verweist und schwerlich als Fabel erscheint[74]).

Den Kern der ursprünglich bunten Bevölkerung der Flussmarschen des Weserstromes bildete ein freier Bauernstand. Wo sich Holleranbau findet, ist dieses gewiss; denn der nach Hollerrecht Lebende war ein freier Mann. Er sass auf eigenem Grund und Boden und schuldete dem, der früher diesen besass oder den Anbau betrieb, nur den Hollerzins und den Hollerzehnten[75]). Jenes war ein einfacher Grundzins, der dem Zinsberechtigten nur eine Zinsgewere, aber keine Gewere am Hollergute gab, ein äusserst niedriger Geldzins. Dieses war der gewöhnliche, aber um 1 Procent ermässigte Rottzehnte: ein Fruchtzehnten, der in Natur zu liefern war und bei der Art des Bodens nur von geringer Bedeutung sein musste, und ein Zuchtzehnten, der bei Pferden und Rindern durch niedrige Geldzahlung vertreten werden konnte. In der Holleransiedlung an der Ollen waren diese Abgaben dem Erzbischofe zu zahlen, sodass in das Recht auf diesen Zins und diesen Zehnten das frühere Eigenthumsrecht desselben sich verwandelt hatte. Das Zehntrecht ward vielfach über einzelne Gebiete an besondere kirchliche Institute verwiesen. Das Domkapitel beanspruchte den Zehnten in Krögerdorf von fünf Höfen, in Hilligwarden von sechs, in Berne ohne nähere Bestimmung und ebenso in Harrien; das Kloster Osterholz forderte ihn von Warfleth und Hörspe, das Paulskloster vor Bremen von Huntdorf; die einzelnen Ortschaften und selbst die einzelnen Höfe hatten ihre Zehntherren [76]).

Etwas ungünstiger, als die Holler, waren andere Ansiedler gestellt. Die Höfe in Oberstedingen, die der Geest von Hasbergen nahe lagen, blieben im Eigenthum der früheren Grundherren, des Erzbischofs und des Herzogs von Sachsen. Die Anbauer sassen hier nicht auf eigenem Gute; sie sollten den Zins als Anerkennung des fremden Obereigenthums zahlen, genossen auch nicht die Zehntermässigung, die den Hollern zu Theil ward und waren bei Veräusserungen der Höfe beschränkt; aber dieses Grundrecht des Erzbischofs oder des Herzogs hatte nur geringe practische Bedeutung; die Anbauer, die dasselbe anerkennen mussten, galten als freie Männer, wie denn besondere Bestimmungen über den Zuzug von Hörigen und Leibeigenen und über die Freiheitsersitzung aufgestellt wurden [77]). Dies sind zwei Beispiele von der Stellung der meisten Stedinger; aber sie sind doch nur in beschränkter Weise massgebend. In den Stedingerlanden zeigen die grundrechtlichen Verhältnisse dieselbe Mannigfaltigkeit, wie an anderen Orten. Jedenfalls bestand ihre Bevölkerung nicht allein aus solchen freien Bauern, welche, den Pfleghaften des Sachsenspiegels [78]) an Rechten ähnlich, zu keinem Herrendienst und keinen Frohnden verpflichtet waren.

Ungünstiger werden die Bedingungen beim Anbau für die Männer gewesen sein, die zu Niederstedingen in den Ortschaften sassen, welche das Kloster Rastede beanspruchte. Das Kloster sah die Güter, die sie bebauten, als Feudalgüter, als Leihegüter an. Im Rasteder Verzeichniss heisst es von einem Stedingischen Halbbau, Hermann Brawe habe ihn von der Klosterkirche zu Lehn. [79]). Solche lehnrechtliche Verhältnisse waren noch günstiger, als die meierrechtlichen, von denen sich auch Beispiele zeigen. Wir erfahren, dass die Einwohner von Neuenbrok jährlich vier Scheffel Korn zu zahlen haben [80]); und auf sehr vielen einzelnen Höfen sassen Meier, welche den verschiedenen kirchlichen Instituten Abgaben schuldeten. Dem Paulskloster vor Bremen gehörte 1139 in Warfleth ein Hof, in Hammelwarden und Harrien besass es je acht Baue, in Uthharrien sechs [81]; 1216 hatte das Kloster Osterholz Baue in Hilligwarden und Süderbrok [82]. Das Domkapitel in Bremen hatte Güter zu Krögerdorf in seinem Besitz [83], gebot in Hilligwarden-Lechtersit über geldzinspflichtige, in Süderbrok über kornzinspflichtige Meier und über ausgedehnte Besitzungen, die es vom Dechanten Obert erworben hatte [84].

Wie vor der planmässigen Colonisation Güter dieser Gegenden in den Händen erzbischöflicher Ministerialen sich befanden, so auch hernach. Freilich sind uns nur wenige Namen bekannt, aber die erhaltenen sind bezeichnend genug. Als Oststedingischer Ministerial tritt zu Anfang des dreizehnten Jahrhunderts ein Ludolf von Hassel auf [86], und auch die von Wersebe wollen zu solchen alten Geschlechtern gehört haben [87]. Es lässt sich muthmassen, dass früher auch in anderen Osterstader Dörfern Edelleute (d. h. selbstverständlich nicht nobiles, sondern ministeriales) sich befunden haben mögen, die nach der Besiegung der Stedinger ihre Ansprüche nicht ferner behaupten konnten [87]. Nachweislich gab in Weststedingen der Linefluss schon im Anfange des dreizehnten Jahrhunderts einem bedeutenden Geschlechte den Namen; 1219 tritt ein Thetburic von Line auf [88]; 1222 erscheint mit seinen Brüdern Johann und Friedrich, ein Albert von Line, welcher nicht blos in Stedingen, sondern auch in der benachbarten Huchtingermarsch Ländereien besass [89]. Schwerlich war der Stedinger Meinard, der 1180 bis 1230 die Würde eines Abtes von Rastede bekleidete [90], ein schlichter Bauernsohn. Der junge Ort Hörspe gab erzbischöflichen Dienstmannen ihren Beinamen [91]; auch die von Bardenfleth finden sich unter der Ministerialität des Stiftes; ein Reinald und ein Heinrich dieses Geschlechtes werden urkundlich erwähnt [92]. Es ist wahrscheinlich, dass die drei berühmten Anführer der Stedinger in der unglücklichen Schlacht bei Altenesch: Bolke von Bardenfleth — vermuthlich ein Sohn oder Abkömmling jenes Reinald von Bardenfleth, des erzbischöflichen Ministerialen — Tammo von Huntdorf und Dietrich vom Dieke Edelleute gewesen sind, d. h. sich für vornehm haltende Dienstmannen [93]).

Dass hervorragende Personen, die an dem Anbau sich betheiligten, dass einige der leitenden Unternehmer grösserer Ansiedlungen, und schon am früheren Wohnsitze der Ministerialität Angehörende bei der Nähe der anlockenden erzbischöflichen Residenz und bei dem grossen Einflusse, den der Kirchenfürst auf die Colonisation ausübte, auch in den Stedingerlanden die bevorzugte Stellung der stiftischen Dienstmannen einzunehmen suchten, erklärt sich leicht.

Diese Ministerialen befanden sich in engster Beziehung zur Bremischen Kirche, in persönlicher, wie in grundrechtlicher: die Hintersassen auf den Gütern der Klöster und Stifte standen zu ihr in äusserer Verbindung, bloss in Abhängigkeit; viele Ansiedler mussten das ziemlich inhaltlose Obereigenthum der Kirche anerkennen; der Kern des Volkes stand ihr frei gegenüber und war ihr nur zehnt- und zinspflichtig.

Diese Verhältnisse, die mit der Art der Colonisation aufs Engste zusammenhängen, mögen für die Bevölkerung der Stedingerlande im Einzelnen fest geregelt gewesen sein; schwerlich aber galt das Gleiche hinsichtlich der eigentlich politischen Dinge. Die Eigenthümlichkeit der Verhältnisse im Stedingerlande bestand darin, dass die Ansiedler ihren Anbau ohne politische Verfassung beginnen mussten; denn in ihrem neuen Vaterlande fanden sie keine Verfassung vor, eben weil sie die ersten Stedinger waren. Die Verträge, welche sie mit dem Bremer Erzbischof eingegangen waren, handelten nur von ihren Abgaben [94]). Eine gemeinsame Verfassung aller Stedingerlande, eine staatsrechtliche Vereinigung der ganzen neuen Bevölkerung existirte nicht, ebensowenig eine Organisation der einzelnen Landschaften, welche die gewöhnliche Ordnung der Bauerschaften überstieg; ja selbst über das Gerichtswesen war meistens nichts bestimmt; nur da, wo der Erzbischof das Obereigenthum sich vorbehielt, bedang er sich auch das Recht aus, den Heger des Gerichtes zu ernennen.

Ganz eigenartige Zustände konnten sich daher unter

den Anbauern der Weserflussmarschen ausbilden; es musste eine Weise des Selbstregierens aufkommen, wie sie an anderen Orten längst aus bäuerlichen Kreisen verschwunden war.

Auch die allgemeinsten politischen Beziehungen standen nicht fest. Freilich hatte in Vorzeiten Erzbischof Adalbert jene Grafenrechte Udo des Zweiten von Stade erworben und mit den Grafenrechten über Ammergau und Largau auch oberherrliche Befugnisse über die zu seiner Zeit noch öden und unwirthlichen Inseln und Brüche erhalten; freilich hatte sich der Erzbischof gleiche Befugnisse in dem Gau beigelegt, welchem seine Residenz angehörte, im Wummegau, zu dem das Tiefland am rechten Ufer der Weser unterhalb seines Gutes Lesum zu rechnen war; solche Grafenrechte hörten nicht auf, als statt der Sümpfe und Moräste bebaute Landstriche an die Weser grenzten; sie dauerten auch fort, als das Eigenthumsrecht an den fraglichen Gebieten veräussert war, und so liess sich der Erzbischof gerade während der Zeit, in welcher der Anbau derselben rasch vorschritt, die entscheidende Verleihung von 1062 durch Kaiser Friedrich I. zu Frankfurt am 16. März 1158 bestätigen [95]); seitdem konnte mit Recht behauptet werden, „dass dem Erzbischofe das ganze Stedingerland und was jenseits der Hunte bis an das Stadland grenze, verliehen sei" [96]); dass ihm die Grafenrechte in allen Stedingischen Bereichen zuständen. Allein Beanspruchung und Ausübung von Herrschaftsrechten fiel im zwölften Jahrhunderte selten zusammen. Der Kirchenfürst konnte die gräfliche Stellung nicht selbst einnehmen, wie schon in früherer Zeit sich gezeigt hatte. „Erzbischof Adalbert muss die Verwaltung der vielen von ihm für eine kurze Zeit erworbenen Länder an Männer verliehen haben, welche ihm zuverlässig erschienen, wenngleich sie bisher einflusslos waren und mit seinem Tode oder schon vor demselben in die alte Stellung zurücksanken [97])." Zu solchen Persönlichkeiten gehörte jener Graf Huno, dessen Stamm allmälig eine feste Stellung im Ammergau und Largau erlangte. Die älteren Oldenburgischen Grafen, die bald für Herren des Ammerlandes galten, erscheinen als vicecomites des

Bremischen Erzbischofs [98]). Schon im Jahre 1091 trat der erste dieser Grafen auf [99]), welche in der Nachbarschaft der Stedingerlande ihre Macht begründeten. Sie erhoben sich auf dem Dünenlande und dem Gebiete der hohen Geest, als bereits die alten Gauverhältnisse sich lockerten und auflösten. Es war natürlich, dass sie die Grenzen ihrer Herrschaft so weit ausdehnten, wie nur eben möglich. Als sie bald auch im Largau Grafenrechte ausübten, war die Bebauung der Ufergebiete, welche sie zu diesem Gau und zum Ammerlande rechnen konnten, für ihre Stellung nicht gleichgültig. So war denn bei Ausstellung des auf den Anbau des östlichen Theils der Stedingerlande bezüglichen Diplomes Graf Egilmar II. der erste der weltlichen Zeugen.

Neben ihm stand bei den fraglichen Verhandlungen der Vertreter einer anderen Grafschaft, die durch noch engere Verhältnisse mit den Stedingern verbunden wurde. Graf Gerbert von Warfleth [100]) mochte wegen der Nähe der Lechterinsel, auf der sein Grafensitz lag, bei dem Anbau von Südstedingen eine ebenso wichtige Rolle spielen, wie der Oldenburger wegen der Nachbarschaft der Geest. Die Entstehung der Warflether Grafschaft erklärt sich ebenso, wie die der Oldenburger. Warfleth hatte eine Lage, die zum Sitze eines Vicegrafen sehr wohl sich eignete; von diesem alten Weserorte aus sollten die Grafenrechte, die dem Erzbischofe von Bremen zustanden, im Tieflande der Weser aufrecht erhalten werden. Der Graf mochte seinen Rückhalt haben an den gegenüberliegenden Gebieten der hohen Geest oder an dem erzbischöflichen Hofe Lesum; allein vor der neuen Colonisation in den Stedingischen Landen konnte seine Aufgabe von nur geringer Bedeutung sein, und als die Bereiche, die seinen Grafensitz umgaben, zu Blüthe und Macht sich erhoben hatten, war sein Ansehen dahin und sein Geschlecht dem Aussterben nahe.

III.

DIE STEDINGER VOR IHRER VERKETZERUNG.

Seit dem Beginn des Anbaues in den Uferlanden der Unterweser verflossen nur wenige Jahrzehnte, bis dieselben zum Schauplatz bedeutsamer Ereignisse wurden. Die zweite oder dritte Generation der Männer, die sich Stedinger nannten, verband bereits den friedlichen Landbau mit dem Tragen der Waffen.

Im dreizehnten Jahrhundert finden wir in jenen neuentstandenen Flussmarschen ein streitbares Bauernvolk, welches an Muth und Kraft sich messen konnte mit allen anderen Landbewohnern, die damals auf die engen Gesichtskreise der Ackerwirthschaft und der Viehzucht noch nicht beschränkt und den allgemeineren Interessen, besonders den politischen Dingen, noch nicht entfremdet waren. Freilich hatte sich auch in Norddeutschland auf den hochgelegenen Gebieten zu Anfang des dreizehnten Jahrhunderts der alte gesunde Bauernstand verloren. Auch hier war ein Theil desselben herabgesunken in Hörigkeit und Meierstellung; ein anderer hatte sich in die Ministerialität begeben, war Herren dienstbar geworden, welche bisweilen von gleicher, bisweilen von geringerer Geburt waren. Die Bevölkerung der alten Engerischen Gebiete glich wenig dem neuen Sammelvolke; in den Neubruchslanden, welche damals Arbeit und Fleiss des Deutschen Landmanns der Cultur eröffnete, lebte ein neugeborenes Geschlecht im Gefühle freien Berufes, mit dem trotzigen Bewusstsein einer selbstgegründeten Existenz.

Den Stolz der Selbstständigkeit zu erhöhen, kam bei den Männern an der Unterweser noch das Vorbild der benachbarten, seit altersgrauer Zeit freien Friesen hinzu, welche in ihren Seemarschen zwischen Ems und Weser jeden Versuch einer Unterwerfung siegreich zurückgewiesen hatten. Bei der Nähe der erzbischöflichen Residenz bot sich leicht mancher Anlass, mit den politischen Angelegenheiten, die das norddeutsche Erzstift betrafen, in Verbindung zu kommen. Die unklaren Verhältnisse des öffentlichen Rechtes mussten vielfach zu Zwiespalt mit den Gewalten führen, die an den Grenzen des Tieflands sich festgesetzt hatten.

So ist es denn erklärlich, dass schon bald Ruhe und Frieden in den Stedingischen Landen gestört wurden*). Die frühesten Bewegungen der Bauern geschahen in den ersten Jahren des dreizehnten Jahrhunderts[1]); sie fielen also in eine Zeit, da freilich die wildesten Stürme, die unter Hartwig des Zweiten Regierung die Lande des Bremischen Hochstiftes heimgesucht hatten, beendet waren, aber neue Wirren hereinbrachen. Hartwig des Zweiten Fehde mit der Stadt war zu Gunsten der Letzteren geschlossen; der Erzbischof war längst aus dem Morgenlande auf die erschütternde Nachricht vom Tode des thatkräftigen Königs Heinrich des Sechsten zurückgekehrt. Der Sohn des einst von ihm unterstützten Welfenherzogs, Otto, Graf von Poitou, war zum Deutschen Könige erhoben wenige Monate, nachdem des Verstorbenen Bruder, Philipp, Herzog zu Schwaben, von der Mehrzahl der Fürsten zum Könige erwählt war. Auch in norddeutschen Landen erhoben sich zwei Parteien: Hartwig, wie der Schauenburger Adolf von Holstein-Stade, stand auf Seite des Letzteren; die Grafen von Oldenburg, der Graf Bernhard von Wölpe waren dagegen in die Reihen der Gegner getreten. Am 19. Januar 1200 schien der Streit wegen Stade durch König Philipp geschlichtet zu sein; allein die Welfen erhoben ihre alten Ansprüche; am 6. März 1202 war König Otto im Besitz

---

*) Vergl. Anhang I. Ueber die ersten Bewegungen der Stedinger.

des Platzes²) und damit Herr des Erzstiftes. Hartwig fiel in die Hände der Gegenpartei: seine Residenz öffnete ihr die Thore: sein Vasall, Graf Adolf, hatte Holstein und Dithmarschen gegen die mit den Welfen verbündeten Dänen verloren. Rings von Anhängern dieser Partei umgeben, musste der Erzbischof ihren Forderungen sich fügen und des Königs Otto älteren Bruder, den Pfalzgrafen Heinrich bei Rhein, mit der Grafschaft Stade belehnen, deren Verbindung mit Dithmarschen schwerlich von den Dänen anerkannt wurde. Hartwig hielt sich neutral zwischen den beiden Parteien im Reich: aber Ruhe und Frieden trat damit nicht ein. Wegen des Umfangs der Belehnung mit der Grafschaft Stade brachen neue Feindseligkeiten aus, die im Herbste 1204 fürs Erste damit schlossen, dass Hartwig die Burg Stade in Besitz nahm.

Dies sind die Vorgänge jener Zeit, in welcher die ersten Stedingerunruhen sich ereigneten. Es zeigt sich zwischen diesen und jenen keinerlei Zusammenhang: vielmehr handelt es sich einzig und allein um eine innere Angelegenheit der Stedinger. Albert von Stade redet von einer Erhebung derselben gegen den Oldenburger Grafen Moritz, der von 1167 bis 1211 vorkommt und der Sohn Christian's des Zweiten ist, des Begründers der jüngeren, besonders im Ammerlande herrschenden und in der Feste Oldenburg sitzhaltenden Linie. Die niederdeutschen Chroniken sagen nicht, wer nach ihrer Ansicht über Stedingen „de rechte herscap", der sich die Bauern widersetzten, gehabt habe; aber mit einem Oldenburger Grafen, mit Otto dem Dritten (1209—1251), verbinden auch die Erfurter Annalen die Erzählung von der ersten Stedingerbewegung³).

Es waren zwei Burgen in Nordstedingen, welche zuerst zur Waffenerhebung den Anlass boten. Die Wester- und Oster-Weser beherrschend, erhob sich da, wo jetzt die Ortschaft Linen steht, das feste Haus gleichen Namens⁴). Die andere Feste hiess der Lechtenberg, und noch heute führt ein Platz an bedeutsamer Stelle diese Bezeichnung: da wo Ollen und Hunte sich vereinigen, liegt jetzt ein vorspringendes, nicht eingedeichtes Stück Land am linken Ufer des

Hunteflusses, das den Namen „Lichtenberg" trägt, und an dieser Stelle ist die alte Feste zu suchen [5]).

Wem diese beiden Burgen gehörten, sagen uns die Quellen nicht; aber sie standen in dem Lande, das zum Ammergau gerechnet werden konnte; es sassen hinter ihren Erdwällen und Holzschanzen Vögte mit ihrem Gesinde, und Alles weiset darauf hin, dass von diesen beiden Punkten aus die gräfliche Macht über die Flussmarschen sich auszubreiten gedachte. Gelang es trotz der Moore diese Festen in Verbindung zu bringen mit dem Hochlande, auf dem die Grafenherrschaft in anerkannter Kraft bestand, so konnte daran gedacht werden, das gräfliche Territorium bis an die Weserufer zu erweitern, die Nordmarsch der Weststedinger zu erwerben, den Ausgangspunkt für eine spätere Ausdehnung der Botmässigkeit nach Norden und Süden, über die Friesischen Lande, wie über Südstedingen. Aber die Pläne, die bei der Gründung jener Festen maassgebend gewesen waren, gingen nicht in Erfüllung. Die Burgvögte begannen in ihnen dasselbe Treiben, das so vielfach in Deutschen Landen die Geduld der Bauern auf das Höchste anspannte; ihre Mannen benahmen sich gegen das Landvolk, als hätten sie es mit Hörigen und Knechten zu thun; der Uebermuth der gräflichen Diener steigerte sich bis zu Gewaltthaten wider die Weiber der neuen Ansiedler[6]). Wenn die Frauen und Töchter derselben an den Festtagen zu den einsamen Kirchen fuhren oder gingen, besonders wohl zur Elsflether Kirche, so brach aus jenen festen Häusern das rohe Volk hervor, beleidigte die Wehrlosen, misshandelte die Ueberraschten und schleppte gar höhnend seine Beute fort, Lösegeld zu erpressen oder seine Gelüste zu kühlen. Die zweite oder dritte Generation der Anbauer Niederstedingens ward durch solch freches Benehmen aufs Höchste gereizt. Als der Druck immer unerträglicher ward, kamen die Nordstedinger ausserhalb ihrer Grenzen zusammen, um zu berathen, wie den Ungebürlichkeiten zu begegnen sei; die aufgebrachten Bauern versammelten sich am Brokdeich auf dem südlichen Ufer der Hunte an einem damals noch bewaldeten Platze, welcher zu dem Gebiete gehörte, das mit vollem Rechte den Namen der Stedingischen Wüste trug[7]). Im aufgeregten Bauernthinge ward beschlossen, unter dem Schein der Beschwerdeerhebung Einlass zu den Burgen zu suchen und dann die Besatzung derselben zu überwältigen[8]). Die Männer theilten sich in zwei Rotten: die Moorriemer übernahmen es, die Weserfeste, die Oldenbroker die Huntefeste zu überrumpeln, und der Plan gelang.

Die erste That der Bauern an der Unterweser war keine Empörung; es jagten keine Unterthanen ihre rechtmässigen Landesherrn aus ihren Sitzen. Mochte auch in den lang bewohnten Gegenden Niedersachsens die Landesherrlichkeit schon mehr und mehr sich ausgebildet haben; in den Flussmarschen handelte es sich darum, ob die Keime, aus welchen sie sich entwickeln konnte, empor wuchsen oder nicht. Sie wurden zerstört von den Bauern, welche keine Lust verspürten, Unterthanen zu werden, deren Stellung damals von Hörigkeit und Knechtschaft kaum zu unterscheiden war.

Der Schlag gegen die verhassten Burgen übte seine Wirkung. Freilich blieben die Stedinger am rechten Ufer der Oster-Weser ruhig; in ihren Landen erhob sich keine Zwingfeste, wollten keine Herren mit gräflicher Macht gebieten; indessen folgten die Südstedinger dem Beispiele ihrer Nachbarn im Norden[9]). Die Grafschaft Warfleth brach zusammen; das Geschlecht des Grafen Gerbert war in der Männerlinie erloschen, und die Frauenseite vermochte nicht den ererbten Besitz gegen die sich erhebenden Bauern zu schützen.

So waren die Stedingerlande am linken Ufer der Weser von den Burgen befreit, welche die gesunde freiheitliche Fortentwicklung der Bevölkerung bedrohten; nicht bloss der augenblickliche Erfolg, sondern auch die spätere Wirkung rechtfertigte ihr Beginnen.

Dem Sturz der Festen, der Vertreibung der Vögte und gräflichen Knechte[10]) folgte kein Widerstoss von den Gewalten, welchen das Landvolk den Kampf geboten hatte. Die Oldenburger Grafen versuchten nicht die Scharte auszuwetzen[11]), und auch die Interessen der Warflether riefen Niemanden ins Feld.

Freilich sahen die Stedinger bei ihrer ersten Erhebung von Feinden sich umgeben; aber die Feinde versuchten keinen Angriff. Weststedingen hatte zwar im Norden eine befreundete Macht, das Friesenvolk; die Flussmarschen an dem linken Weserufer waren auf dieser Seite nicht bedroht, die für Oststedingen im Fall eines Krieges, wegen der Burg der Edlen von Stotel, sowie der Häuser der Herren von Bexhövede, Apeler und Lüneberg[12]) ganz besonders gefährdet war; allein im Uebrigen waren die Weststedingischen Lande, ebenso wie die östlichen Flussmarschen, rings von befestigten Plätzen der Ministerialität umgeben. Am rechten Weserufer sassen auf den letzten Ausläufern der Geest die Herren von Bramstedt, Schwanewede und Uthlede[13]); ähnliche Geschlechter hatten auf dem Hochland an der linken Seite des Stromes ihre Sitze. Da konnten die Ammerländischen Grafen über die Mittel des Rasteder Klosters verfügen, dessen Land hart an die Stedingischen Gebiete stiess; um Oldenburg herum lag ein Kranz von Sitzen gräflicher Dienstmannen[14]); dann besass der Oldenburger Graf zu Hatten ein festes Haus, nach dem ein ritterliches Geschlecht sich nannte[15]); in der Zeit der ersten Stedingerbewegung erscheinen ausserdem Herren von Habbrügge, Ohe und Schlütter[16]); Winand von Schoenemoor war Truchsess der Oldenburger Grafen[17]); ein Alexander, ein Heinrich von Hasbergen gehörten zur Ministerialität[18]); ja selbst im Tieflande sassen dicht an den Stedingischen Grenzen, auf „der Bremischen Insel", Ministerialen, unter denen die von Seehausen, die von Stelle und von Malswarden genannt werden[19]). Ritterliche Männer, welche den Grafen Dienstpflicht und Heerfolge schuldeten, waren also zur Genüge da; aber schwerlich war auf sie bei einem Kampfe wider das Volk der Flussmarschen zu rechnen, welches manchen angesehenen Ministerial zu den Seinen zählte und wegen der Natur des Landes nur mit grossen Mitteln bekriegt werden konnte.

Auch der Erzbischof rührte zunächst sich nicht. Freilich war der erste Angriff der Stedinger nicht direct gegen die erzbischöflichen Rechte gerichtet; allein es lag in der unklaren Natur der politischen Verhältnisse, dass der Kirchenfürst den Schlag, welcher die Herren, die er als seine Vizgrafen betrachtete, getroffen hatte, wie gegen sich selbst geführt, ansehen konnte. Die Stedingerlande waren für die erzbischöfliche Macht äusserst wichtig. Bedeutende Einkünfte hatte aus ihnen die Kirche zu beziehen, grosse Summen sowohl an Zehnten und Zinsen der Holler, als auch an Abgaben der Meier und Dienstmannen; die Leistungen und Lieferungen konnten durch die Waffenerhebung leicht gefährdet werden; die Besitzungen der Stifter und Klöster waren in Zeiten der Aufregung und Widerspänstigkeit nur schwer zu verwalten.

Hartwig hatte in seinem Kampfe mit den Bremischen Bürgern die Kraft der unteren Elemente der Bevölkerung kennen lernen; er musste durch die entschlossene Stellung, durch die drohende Haltung der Marschländer seine Residenz gefährdet, seine Macht überhaupt beeinträchtigt sehen; allein, wie er nicht den Namen eines voraussichtigen Staatsmannes verdiente, sondern nach augenblicklichem Bedürfniss handelte, so griff er auch hier zu Maassregeln, die nur fürs Erste Aushülfe zu gewähren schienen*). Etwa drei Jahre waren seit der Erhebung der Stedinger verflossen; da erst rüstete er wider die Bauern und zog mit Heeresmacht gegen ihre Lande; als aber die rückständigen Zehnten und Zinse ihm eingeliefert waren, eilte er, ohne Sicherungsmaassregeln für die Zukunft zu ergreifen, nach Bremen zurück. Er machte einen Versuch, die geschwächten Finanzen des Erzstiftes durch die Stedingischen Einkünfte, die dann und wann gar nicht oder nicht gehörig gezahlt worden waren, zu zu heben und zu bessern. So war es nicht eigentlich ein politisches Moment, das Hartwig zum Einschreiten trieb: ihn bestimmte nicht die tiefere Bedeutung der Bauernerhebung; die Oldenburger Interessen wurden nicht beachtet, und eine Beseitigung der von der wachsenden Macht der

---

*) Vergl. Anhang II. Ueber Hartwig II. und die Stedinger.

Weserflussmarschen drohenden Gefahr war nicht beabsichtigt. Hartwig's Verhalten in der Sache der Stedinger trug denselben Charakter, wie sein sonstiges Auftreten in grossen, wie kleinen Angelegenheiten. Seine Unentschiedenheit, oder sein zu spät gefasster Entschluss brachte dem Stifte viel Unglück; seine verschwendende Prachtliebe machte Finanzoperationen zu den wichtigsten seiner Handlungen, und in den Bremischen Landen geschahen die bedeutsamsten Dinge, ohne dass er von ihnen Notiz nahm; es war, als sei die Bremische Kirche ohne Haupt. König Philipp hatte Recht, wenn er sagte, unter Hartwig's Regierung sei der Stuhl des Erzstiftes wie erledigt gewesen [20]).

Bald nach seinem Executionszuge gegen die Stedinger starb der Kirchenfürst, und unter dem Einflusse des Streites der Welfen und Staufer brach für die Bremischen Lande eine wilde, friedlose Zeit herein, die der Entwickelung der Stedingischen Kräfte günstig werden sollte.

Von grössester Bedeutung war die im Winter 1207 vorzunehmende Erzbischofswahl, sowohl wegen des Kampfes zwischen den beiden Gegenkönigen Philipp und Otto, als auch wegen der drohenden Macht Waldemar's, des Dänischen Herrschers, der die Grenzen seines Reiches bis an die Elbe vorgeschoben hatte [21]).

Als zur Wahl geschritten werden sollte, war Hamburg eine Dänische Stadt; über die Einkünfte der dort residirenden Mitglieder des Domstiftes gebot der Dänenkönig; die Stimmen der Hamburger waren in seiner Gewalt, und er hatte das lebhafteste Interesse daran, Hamburg wieder zur Metropole des norddeutschen Erzstiftes zu erheben, das Investiturrecht über den Hamburg-Bremischen Stuhl sich zu verschaffen.

Die Welfische Partei war mit der Dänischen alliirt; als in Bremen das Capitel zur Wahl zusammentreten wollte, verliessen die Anhänger König Otto's die Stadt; an ihrer Spitze stand der Dompropst Burchard. Es waren nur Wenige, die mit ihm nach Hamburg sich begaben, sodass zu Bremen im Einverständniss mit den einflussreichsten Ministerialen des Stiftes und den Bürgern der Stadt Waldemar von

Schleswig gewählt werden konnte, welcher schon einmal vor siebzehn Jahren als Feind der Welfischen Partei auf den Bremischen Stuhl gerufen war, jetzt mit seinem Vetter, dem Könige, seit längerer Zeit in Zwist und ein eifriger Anhänger König Philipps [22]). Im Frühjahr 1208 zog Waldemar unter ehrenvollem Geleit des Königs in Bremen ein, von Geistlichkeit, Ministerialität und Bürgerschaft mit Jubel empfangen. Da wurde ihm der erste Gegenbischof entgegengestellt. Wie in Mainz und in Köln, gab es jetzt auch im Bremischen Stifte zwei Erzbischöfe; aber hier war die Parteistellung wegen des Eingreifens der Dänischen Frage schroffer und bedeutsamer, als in irgend einem anderen Theile des zerrütteten Reiches [23]). Im Februar wählte man zu Hamburg jenen Dompropsten Burchard [24]) zum Erzbischof, und dieser suchte schleunigst beim Dänenkönige um die Investitur nach [25]). Der Kampf zwischen ihm und Waldemar war nicht zu vermeiden. Als jener, ein Stumpenhauser Graf, sich anschickte, die zwischen Weser und Elbe gelegenen Lande des von ihm prätendirten Erzstiftes in Besitz zu nehmen, konnten zwar seine nächsten Blutsverwandten ihm nicht mehr hülfreiche Hand leisten; denn sein Bruder Heinrich von Hoya-Stumpenhausen war, wie sein Oheim, der Oldenburger Graf Heinrich II., bereits verstorben. Allein Burchard stützte sich auf den Feind seines Gegners, auf König Waldemar und mochte nun ausserdem noch auf den Beistand seiner Vettern von Oldenburg, der Grafen Heinrich III. und Burchard I., sowie seines Neffen des Hoyer Grafen Heinrich II. rechnen. Der Dänenkönig griff für Burchard zu den Waffen. In Burchard's Interesse geschah die erste Ueberschreitung der Elbe durch die Dänen. Wie König Philipp seinen Erzbischof Waldemar nach Bremen geleitet hatte, so führte der Dänische König seinen Erzbischof nach Stade, und es war Dänisches Kriegsvolk, das dem Prätendenten der Staufischen Partei, dem Erzbischof Waldemar, im Frühsommer 1208 den Einzug in Stade verweigerte.

Kaum heimgekehrt von der Fahrt durch die Lande des Erzstiftes, bei der er die nächst Bremen wichtigste

Stadt derselben in der Gewalt des Gegners fand, erfuhr Waldemar den Tod seines mächtigen Schutzherrn König Philipp's. Am 21. Juni 1208 war dieser zu Bamberg vom Wittelsbacher Grafen ermordet, und blitzschnell durchlief die Schreckenskunde die Deutschen Lande. Auch in Bremen schien der vom König Philipp gehaltene Erzbischof mit dessen Tode fallen zu müssen; Waldemar's Stellung wurde äusserst unsicher; aber er hielt aus und legte trotz des päpstlichen Bannes und trotz der Drohungen seines königlichen Vetters, den erzbischöflichen Krummstab nicht nieder. So begann denn der Krieg [26]).

Waldemar hatte nur geringe Mittel, um den Kampf zu führen; sein Erzstift war zerrüttet; seine ganze Lage war misslich; ein rascher Abfall der Ministerialen von der Staufischen Partei zeigte sich überall: sein Sturz schien gewiss zu sein: da gewann er die Stedinger für sich, und sie errangen ihm den ersten Sieg, der für lange Zeit sein einziger bleiben sollte. Er eroberte am 3. August 1208, besonders durch die Stedinger unterstützt, Stade, die feste Position seines Gegners [27]). Diese Waffenthat der Bauern von der Niederweser schien der erste Schlag in einem grossen Kampfe sein zu sollen. Ihr folgte die Ueberbrückung der Elbe durch die Dänen und die Anlegung des festen Brückenkopfes Harburg, das grosse Werk des Dänenkönigs, das seine Heere in die Sächsischen und Engrischen Lande hinübertragen sollte. Allein die Stellung der Parteien änderte sich nach Philipp's Tode äusserst schnell. Der Papst bestätigte den Dänischen Prätendenten nicht; seine Blutsverwandten ergriffen zu seinen Gunsten nicht die Waffen; König Otto trat für ihn nicht ein. Immer drohender wurde des Königs Verhältniss zu Dänemark, und die Freundschaft, welche der Führer der fürstlichen Partei im Reiche genossen hatte, wandelte sich in Feindschaft, als er anerkanntes Oberhaupt des Reiches, Vertreter des Königthums geworden war. Indessen trat Otto ebensowenig auf Waldemar's Seite, obwohl er diesem günstige Schreiben nach Rom sandte. Der Papst forderte den Rücktritt desselben vom Bremischen Stuhle; 1209 ward seine Excommunication wiederholt[28], und der König erhielt vom Papste die Aufforderung, den Gebannten aus der Stadt zu entfernen. Gegen Rom, den König und die Dänen versuchte Waldemar nicht sich zu vertheidigen[29]; Bischof Gerhard von Osnabrück wurde zum Erzbischof erwählt[30], ein Oldenburger Graf, ein bisheriger Anhänger König Philipp's. Es stand zu hoffen, dass er den Bremern und den Stedingern ebenso gefallen werde, wie Waldemar, der zum Papste sich begab, um sein Bisthum Schleswig zu retten, oder mindestens Lösung vom Banne zu erlangen[31].

Aber mit Einem Schlage änderte sich abermals die Stellung der Parteien. Der 18. November 1210 war der für Otto entscheidungsvolle Tag. Er ward gebannt; die Gunst des Papstes hatte den König gefördert, die Feindschaft desselben sollte den Kaiser stürzen. Auf alle Verhältnisse des Reiches wirkte jener Schlag zurück. Was dem Papste feindlich war, stand zu Otto. Zu jenem begaben sich die Feinde von Waldemar, und der 1207 gegen die Welfischen Interessen gewählte Praetendent des Bremischen Stuhles trat jetzt auf die Seite des Welfenkaisers. Gerhard von Osnabrück erschien nunmehr als Vertreter der päpstlichen Partei. Im Jahre 1211 wurde Waldemar mit bewaffneter Hand durch seinen neuen Gönner, durch des Kaisers Schwager, Herzog Bernhard von Sachsen, nach Bremen zurückgeführt[32]. Die Stadt jauchzte ihm abermals zu, ebenso die Geistlichkeit, an deren Spitze der Domdechant stand, da Burchard, der die Propstei wieder übernommen hatte, zu seinem Oheime, Gerhard von Osnabrück, sich begeben hatte.

„Die Parteien bildeten sich jetzt in Bremen ganz anders, als sie bisher bestanden. Auch für sie war offenbar, wie für ganz Deutschland von Einfluss, dass Otto jetzt in vollem Maasse den Willen hatte — wie hätte er anders können — die königlichen Ansprüche geltend zu machen, dass er nicht mehr das Haupt einer fürstlichen Partei war, die dem Königthum überhaupt widerstrebte. Es war daher sicher kein Schwanken in der Parteistellung, wenn die kaiserlich gesinnte Stadt Bremen jetzt treu zu Waldemar hielt, obwohl sich dieser nunmehr auf seinen früheren Feind, den Kaiser Otto, stützen musste"[33]). Ganz dasselbe gilt von den Stedingern. Sie traten ebenfalls sofort wieder auf Waldemar's Seite, auf welche sodann noch der Pfalzgraf Heinrich sich stellte, der ältere Bruder des Kaisers, der Stade in Besitz genommen hatte und bereit war für die Interessen der Welfen sein tapferes Schwert zu ziehen. Er sollte neben den Bauern der Unterweser die Hauptstütze Waldemar's werden.

Mit dem Jahre 1211 beginnt der zweite Act der Waldemar'schen Wirren, welcher freilich nicht eine allgemeine Bedeutung gleicher Art in Anspruch nehmen kann, wie der erste, bei dem der Dänenkönig sich einmengte, indessen für die Geschichte der Stedinger um so wichtiger ist. Die Stedinger trieb nichts zu einer Bundesgenossenschaft mit dem auf den erzbischöflichen Stuhl erhobenen Oldenburger Grafen, dessen Anhang unter den Ministerialen des Hochstiftes rasch sich mehrte. Besonders seit dem Ausgange des Jahres 1211 nahm dieser Anhang zu, seitdem in Friedrich dem Zweiten der päpstlichen Partei ein Haupt gegeben war. „Die Verhältnisse waren der Zeit unklar; denn auch von dem jungen Staufer war sicher nicht zu erwarten, dass er die Ansprüche des Königthums den Fürsten opfern würde. Daher kann man auch den Ministerialen des Erzstiftes keine Gesinnungslosigkeit vorwerfen, wenn sie sich jetzt überwiegend zu Gerhard, dem Anhänger Friedrich's, hielten und ihm die Alleinherrschaft in der Diöcese zu verschaffen suchten"[34]). Allein wie in den nächsten Jahren die Stadt trotz des Interdictes an Waldemar festhielt, so auch die Stedinger, obwohl sie mit jenen Ministerialen, mit all den Grossen der Nachbarschaft dadurch in Fehden und Streitigkeiten verwickelt wurden; vielleicht reizten auch gerade diese den streitlustigen Sinn der Bauern, welche vor Stade ihre Kraft erprobt hatten[35]). Der Kampf zwischen Gerhard und Waldemar wurde in nächster Nähe der erzbischöflichen Residenz ausgefochten. Die Stedinger schützten dieselbe vor Ueberrumpelung und hielten die feindlich gesinnten Ministerialen im Zaum.

Dicht an den Marken ihres Landes lag das feste Haus Seehausen auf der „Bremischen Insel", wie erwähnt, einer der vielen Sitze kleiner Herren, die im Kreise die Stedingerlande umgaben, und zwar einer der wenigen im Tieflande. Dort sass wohl Bernhard von Seehausen, der Ritter, welcher 1202 mit Bischof Albrecht nach Liefland gezogen, aber schon im folgenden Jahre, da die unruhigen Stedinger die Gegenwart mancher Ritter in ihrer Heimath erforderten [36]), heimgekehrt war.

Wegen seiner Lage an der Weser und an der Heerstrasse, die von Bremen ins Weststedingische Land führte [37]), konnte Seehausen den gegen Gerhard Verbündeten gefährlich werden; seine Erdwälle und Holzbefestigungen wurden daher von den Bauern niedergerissen, völlig dem Erdboden gleich gemacht, so dass Niemand hernach an Wiederaufbau dachte [38]). Diese That ward wohl besonders von den Weststedingern vollbracht; aber die Bauern der Flussmarsch am rechten Weserufer feierten nicht. Auch sie brachen ein festes Haus, das an der Nordgrenze ihres Landes, am Ufer der Lüne lag [39]); dann umlagerten sie die Burg Hagen, eine von Mooren umgebene, sehr starke Feste, deren Wälle ihren Angriffen trotzten [40]): in den Landen der Niederweser drängten sich die verschiedenen Kriegszüge gegen einzelne Herrn.

Die Heerfahrten der Bauern beschränkten sich im Jahre 1212 noch auf die Gegenden unterhalb Bremens; sie verwüsteten nur die nächste Nachbarschaft von Stedingen; die hier wohnenden, Waldemar abgeneigten Ministerialen wurden mit Raub und Brand heimgesucht und von einem gemeinsamen Unternehmen für den Oldenburger Grafen abgehalten. Allein das Jahr 1213 sah die Stedinger auch oberhalb Bremens ihr Waffenglück erproben. Sie griffen das feste Haus Rhiensberg an, das dicht vor den Thoren der Stadt sich erhob; ein Weserarm, die Geete, machte den Bau besonders stark und die Nähe der erzbischöflichen Residenz äusserst gefährlich. Die Stedinger brachen die Feste [41]); dann zogen sie über die Weser und trafen bei Hilgermissen im Kirchspiel Wechold, nördlich von der Stätte der ehemaligen Burg Hoya, auf die Mannen des Grafen Heinrich II. von Hoya-Stumpenhausen, der auf der Seite seines Oheims Burchard stand und für die Sache seines Grossoheims, des Bischofs von Osnabrück, sein Schwert zu ziehen bereit war. Die Stedinger wurden aufs Haupt geschlagen und zersprengt; einige geriethen in die Gewalt des Grafen, und das von ihnen gezahlte Lösegeld war so bedeutend, dass für die Summe die neue Feste Hoya am rechten Weserufer mit steinernen Bauten verstärkt werden konnte [42]).

Diese erste Niederlage der Stedinger war ein wichtiges Ereigniss für die Fehden am Weserflusse; nicht bloss dass die Ministerialität am Erzstifte noch zahlreicher von Waldemar abfiel und der Stadt Bremen, wie den Stedingern, noch feindlicher wurde: Bischof Gerhard setzte nun, des Grossneffen Sieg benutzend, die Vertreibung seines Widersachers mit Energie ins Werk. Unterstützt von seinen Anverwandten, den Grafen von Oldenburg, erbaute Gerhard bei dem uralten Orte Schlütter ein festes Haus und schuf sich so eine zugleich gegen die Stedinger und gegen die Stadt gerichtete Position an einem strategisch sehr bedeutsamen Punkte [43]). Die neue Burg, der Schlütterberg geheissen, beherrschte das wichtige Flussgebiet der Delme: von ihr aus konnte ein Angriff auf die Residenz im Stillen vorbereitet und dann plötzlich ausgeführt werden. Pfalzgraf Heinrich, der bisher die Vertheidigung Waldemar's den Stedingern überlassen hatte, bot jetzt schleunigst Hülfe; er begegnete dem Vordringen Gerhard's durch den Bau einer Gegenfeste [44]); bei dem Orte Falkenburg errichtete er ein festes Haus, von dessen Besatzung dem Schlütterberge der Zuzug sowohl von Hoya, wie von Oldenburg her abzuschneiden und das Treiben der Feinde zu überwachen war.

Von Fortschritten Gerhard's ist nun nun nicht mehr die Rede: aber im folgenden Jahre ward auch der Schlütterberg von den Stedingern nicht angegriffen, erfolgte keine Kriegshandlung von der Seite des Osnabrückers und seiner Parteigenossen; der Krieg zog sich wieder in die Weserlande unterhalb Bremens. Die Bauern rüsteten sich gegen das feste Haus Stotel, das an der Nordgrenze Oststedingens lag [45]: wider den Sitz des Edelherrn Rudolf, des Schwagers von Bischof Gerhard's Neffen, von den Oldenburger Grafen Burchard I. und Heinrich III. [46]. Die Feste ward genommen. Die Zerstörung Stotel's sollte die letzte Waffenthat der Stedinger sein, die von ihnen für Waldemar ausgeführt wurde, und die Kunde vom Falle der Burg die letzte Nachricht, die den unglücklichen Kirchenfürsten erfreute.

Die Vorgänge im Reiche während des Jahres 1215 waren nicht der Art, dass die Bauern bei ihrer früheren Partei ferner noch aushalten konnten, und dass Waldemar gegen Gerhard von Osnabrück sich zu behaupten vermochte.

Im Jahre 1215 trat für das Haupt seiner Partei, für Kaiser Otto, die entscheidungsvolle Wendung ein. Die päpstliche Sache siegte, und Friedrich pflückte die Früchte des Sieges von Bouvines. Im Frühlinge 1215 gingen alle die Sächsischen Fürsten, für die sein Bündniss mit dem Dänenkönige, Waldemar's altem Feinde, nicht gefahrbringend zu sein schien, zum Staufer über. Auf Otto's Seiten standen allein noch der Anhalter Graf, die beiden Albrechte von Brandenburg und von Sachsen, endlich Waldemar von Bremen und dessen Hort, der kampfbereite Bruder des Kaisers in Stade, der noch siegreich die Angriffe der Dänen zurückwies. Am 25. Juli ward dann der Staufer in Aachen gekrönt, und unter den geistlichen Fürsten des Reichs, die den Aachener Hoftag verherrlichten, befand sich auch Gerhard. Am 6. Mai 1215 nannte dieser sich zum ersten Male, so viel wir sehen können, „von Gottes Gnaden Bremischer Erzbischof" [47]. Damals war er wegen des Kampfes gegen die Stedinger und die Stadt Bremen noch zu Wildeshausen beim Grafen Burchard von Oldenburg; vom Sitze seines Neffen eilte er zum Krönungsfeste, bei dem er noch unter die Bischöfe gerechnet wurde und nicht als Erzbischof galt [48]. Als er die Weserlande wieder sah, hatten die Dinge ohne sein Zuthun die für ihn günstigste Wendung genommen.

Bald nach der Krönung Friedrich's gab Otto den Rhein auf und beschränkte sich auf seine Erblande; Köln, die in Sachen der Reichspolitik für Norddeutschland maassgebende

Stadt, öffnete dem Gekrönten die Thore, und wenn auch der Welfenkaiser im Herbste 1215 keineswegs unthätig auf die einsame Harzburg sich zurückzog, so war doch seine Macht seit dem Verlust von Köln dahin. Es gelang ihm nicht, in den Kämpfen gegen die Dänen Erfolge zu erringen; seine Grafschaft Stade ward von dem Könige derselben furchtbar gebrandschatzt; Hamburg ging ihm bald darnach verloren; der Papst suchte die letzten Anhänger seines Feindes zu vernichten. So ward im November 1215 abermals der Bann über Otto ausgesprochen; unter den Gründen der Excommunication war auch die Hegung eines von der Kirche verfluchten Bischofs aufgeführt, und dieser Passus bezog sich auf Waldemar von Bremen, welcher durch jede Niederlage des Kaisers mehr entkräftet ward. „Am 14. März 1216 schrieb der heilige Vater den Friesen im Bremer Sprengel, sie möchten doch nicht leiden, dass Waldemar unter ihnen weile, möchten ihn aus ihren Grenzen vertreiben. Vielleicht war dieses Schreiben an die Stedinger gerichtet, und dann würde es wohl damit zusammenhangen, dass diese noch in demselben Jahre von der Sache Waldemar's abfielen, sich der Partei Gerhard's und der Ministerialen der Kirche zugesellten" [49]).

Entscheidend für den Schritt der Bauern waren jedenfalls die allgemeinen politischen Verhältnisse im Jahre 1216 [50]). So lange Otto als Haupt des Reiches gelten konnte, hatten die Stedinger zu seiner Partei gehalten; trotz des päpstlichen Bannes waren sie für Waldemar, den vom Kaiser geschützten Erzbischof, unter die Waffen getreten. Nun hatte aber Otto seine kaiserliche Macht verscherzt; mit Mühe hielt er sich in seinen Erblanden; nun fiel Heinrich von Anhalt von ihm ab; der jüngere Bruder desselben, Albrecht von Sachsen, liess die Dinge gehen, ohne zum Schwert zu greifen, und fast alle Fürsten des Reichs hatten dem Staufer, dem sie vor Jahren schon Treue gelobt, feierlichst gehuldigt. Seinem glänzenden Sterne folgten auch die Bauern der Unterweser, und dies war eine neue entscheidende Niederlage der Welfischen Partei. „Die Stadt Bremen wurde so in ihrer Unterstützung Waldemar's immer isolirter; sie vertraute ihrer eigenen Waffenkraft und ihren Mauern nicht mehr, sondern forderte den Pfalzgrafen Heinrich auf, sie durch Besitznahme der Stadt gegen Gerhard und seine Anhänger zu vertheidigen" [51]). Der Pfalzgraf war die letzte Stütze seines kaiserlichen Bruders, Bremen der wichtigste Punkt der Lande, in denen noch Otto's Einfluss galt, und diese letzte bedeutsame Position gefährdeten die Stedinger durch ihren Uebertritt auf das Aeusserste. Der Welfe hatte also zunächst gegen sie den Kampf für den Bruder zu fechten. Allein Gerhard zog gegen Stade; die Stedinger rüsteten für ihn; Albert von Orlamünde, der Holsteiner Graf, leistete ihm Zuzug, und die Burg wurde berannt. Zwar trotzte sie den vereinigten Heeren, zwar vernichtete der tapfere Pfalzgraf bald darauf die Feste, die dicht vor den Mauern derselben von seinen Feinden aufgeführt war; aber diese Ereignisse hemmten den Fall der Welfen nicht. Sie lehrten bloss, dass Bremen, wenn der Pfalzgraf es vertheidigte, selbst unter Beihülfe der Stedinger, nur mühevoll zu bezwingen sein werde. Die Stadt vermied den äussersten Kampf; es war der Abfall Bremens der letzte Schlag, der Otto's Macht zertrümmerte. „Trat die Stadt, welche von den Stedingern bedrängt war, von der kaiserlichen Freundschaft zurück, so war die Kette geschlossen, welche den Kaiser von dem Meere trennte, das seinen Verkehr mit England vermittelte. Im Jahre 1217 geschah dieses gefürchtete Ereigniss, als die Bürger nach dem Beispiel der niederrheinischen Städte ihre Partei wechselnd, den Erzbischof Waldemar und seinen Anhang vertrieben und seinen Gegner Gerhard anerkannten. Mochte der Kaiser nun auch zur Vergeltung das Land umher verwüsten: er konnte die Küste seinen Feinden nicht mehr abgewinnen[52])." Gegen den Willen der Bürger, gegen die drohende Macht der Stedinger vermochten der Pfalzgraf und Waldemar die Stadt nicht zu behaupten.

Gerhard zog in Bremen ein. Ihn begleiteten sein Grossneffe, der Graf von Hoya-Stumpenhausen, der Sieger bei Hilgermissen, sodann sein Vetter, Graf Christian von Oldenburg, der Sohn des vor einigen Jahren (1211) gestorbenen Grafen Moritz, ferner seine Neffen, die Oldenburger Grafen Heinrich und Burchard, sowie deren Schwager Rudolf von Stotel, der die Waffen der Stedinger erst vor Kurzem gefühlt hatte; dazu kam der Tross der Ministerialen, unter denen Wilhelm von Bederkesa besonders ausgezeichnet war. Die Bauern der Wesermarschen und die Bürger der erzbischöflichen Residenz standen einmüthig neben ihren geborenen Feinden. Es ward eine Eintracht geschlossen, ein Vertrag zwischen der Stadt und ihrem neuen Herrn, dem gemäss die alte Fehde vergeben und vergessen sein sollte; jeglicher Theil sollte bei seinem alten Rechte bleiben, besonders die Stadt bei den Befugnissen, welche sie ehemals schon von Hartwig sich errungen hatte, als dessen unmittelbaren Nachfolger der Oldenburger Graf sich betrachtete. Zwei Bürger der Stadt sollten das Urtheil finden, wenn wegen derselben Zweifel und Streit entstehen würde. Für den Erzbischof schwur jener Wilhelm von Bederkesa den Urfehdeeid; wie alle Dienstmannen des Stiftes gelobte auch dieser eidlich, die Stadt zu schirmen und zu schützen, sobald Gerhard seinen Schwur vergessen sollte; dasselbe versprachen seine Anverwandten von Oldenburg und die Hauptstützen seiner Macht an der Weser, der Graf von Hoya und der Edelherr von Stotel [53]).

Seit die Stadt in solcher Weise Gerhard von Osnabrück aufgenommen hatte, war der für die Stedinger so bedeutsame Kampf wegen des erzbischöflichen Stuhles entschieden. Waldemar suchte umsonst bei den Welfen Schutz, welche vergebens die Lande zwischen Elbe und Weser von Stade und von Braunschweig aus verheerten; bald hernach legte er das weisse Cistercienserkleid an und ward Mönch im Loccumer Kloster an der Weser [54]).

In dem besprochenen, so wild bewegten Jahrzehnte, das auf Hartwig's Tod folgte, änderte sich Vieles für das neuentstandene Bauernvolk; nicht bloss dass die Bewohner beider Ufer der Weser zu gleicher Zeit kriegerisch aufgetreten waren, nicht bloss dass die Gemeinsamkeit ihrer Thaten und Leiden das Bewusstsein der Zusammengehörigkeit stärkte: die Theilnahme an den entscheidenden Fehden der Bremischen Lande erhöhte das Selbstvertrauen der Landleute; ihr entschlossenes Eingreifen machte sie zu einem politisch bedeutenden Gliede des Erzstiftes. An der Unterweser war schnell eine Macht entstanden, die bei der Mittellosigkeit der Erzbischöfe von Hamburg-Bremen für ganz Norddeutschland wichtig werden konnte. Es offenbarte sich in dem ersten Auftreten der Stedinger ausserhalb ihrer Lande eine sich selbst bestimmende Kraft. Die Bauern hatten mit richtiger Würdigung der jedesmaligen Verhältnisse des Reichs zuerst auf Seiten der Staufischen Partei gestanden: auf Seiten des Königthums, gegen das eine Fürstenaristokratie sich erhob; dann hatten sie für den Vertreter des Kaiserthums gefochten trotz der Anfeindungen der Kirche; und als dieses als illegitim sich darstellte, waren sie zu der Reichspartei übergetreten, auf deren Seite das Recht und die Macht war. Nicht die Stedinger sind dafür verantwortlich zu machen, dass sie in jenen zehn Jahren drei Mal andere Feinde und andere Freunde hatten: die Schlag auf Schlag folgenden Wechsel in den Angelegenheiten des Reiches während des Kampfes zwischen Welfen und Staufer äusserten ihre Wirkungen auch in dem Beginnen und Handeln der Bauern. In den Zeiten, da dieser Bürgerkrieg das Deutsche Reich aus den Fugen zu rütteln schien, waren die Stedinger in geschlossener, Achtung gebietender Haltung aus dem Dunkel hervorgetreten, welches damals das Loos der ländlichen Bevölkerung zu sein pflegte; als jener Ringkampf beendigt war, kamen für die Bremischen Lande Jahre der Ruhe, eine nur durch seltene Fehden unterbrochene Zeit des Friedens, ein längst ungewohnter Segen, der auch den Stedingern nicht vorenthalten blieb.

Der Erzbischof, der den Bauern der Weserflussmarschen Dank schuldete, sass nur wenige Jahre auf dem Bremischen Stuhle, und in dieser Zeit fanden sie keinen Anlass das zu bereuen, was sie für ihn, einen Grafen von Oldenburg, gethan hatten[53]). Der Kampf, der zwischen Gerhard und dem Pfalzgrafen zu entbrennen drohte, war noch nicht ausgebrochen, als der Erzbischof fern von seiner Heimath und von seinem Bischofssitze am 14. August 1219 auf dem

Reichstage zu Frankfurt verschied. Ihm folgte einer der bedeutendsten Männer, die im dreizehnten Jahrhundert das erzbischöfliche Amt von Hamburg-Bremen bekleideten: Gerhard, Edelherr von der Lippe, bisher Propst zu Paderborn [56]). Obwohl er am 1. September jenes Jahres nur einseitig von den Bremischen Domherrn erwählt war, wusste er offenen Kampf wegen des Erzstiftes zu vermeiden; erst wenige Wochen auf dem Stuhle Ansgar's verstand er es, den Zwist mit den Welfen beizulegen. Energisch arbeitete er daran, die unter seinen Vorgängern in der Bremischen Kirche eingerissenen Missstände zu beseitigen: den Unfug, der aus Hartwig's Regierung sich herschrieb, Waldemar's Gewaltmaassregeln und Verschleuderungen, alle die Uebel, die Gerhard's kurze Regierung nicht abgestellt hatte [57]).

Freilich vermied der Edelherr von der Lippe auf die Dauer den Kampf nicht; aber die Stedinger griffen in die Ereignisse seiner ersten Jahre nicht ein*). Die Finanzen des Stiftes zu heben und die Selbstständigkeit seiner Stadt Bremen zu hemmen, errichtete er an der Weser eine Zollfeste; allein er hütete sich wohl, sie in den Stedingischen Gebieten anzulegen; er baute nicht die alte Feste Warfleth wieder auf, nicht das Haus Linen, er wählte vielmehr einen anderen Platz, der zwischen diesen beiden Orten gelegen war, aber ausserhalb der Lande der Stedinger. In den Kampf, den die Bremer 1221 wegen der Witteborg führten, mischten sich die Stedinger nicht ein [58]). Auch der Friede mit den Welfen dauerte nicht lange; aber der Streit ward zum grössten Theile in Gegenden ausgefochten, die den Wohnsitzen der Bauern fern lagen, in Nordalbingien, wo gegen Waldemar von Dänemark zu kämpfen war [59]). Selbst als der Pfalzgraf in den Bremischen Landen zu den Waffen griff, als nach seinem Tode durch seinen Neffen und Erben, durch Otto von Lüneburg der Streit wider den Erzbischof aufgenommen wurde [60]), blieben die Stedinger diesen Feindseligkeiten fern. Wahrschein-

---

*) Vergl. Anhang III. Gerhard des Zweiten erster Kampf mit den Stedingern.

lich war es in den zwanziger Jahren eine ganz andere Angelegenheit, zu der sie ihre Kräfte verwendeten. 1227 war die Agitation für einen Zug zum gelobten Lande sehr lebendig; die erzbischöfliche Residenz und die ihr benachbarten Lande blieben von den Aufforderungen zur Kreuzfahrt nicht verschont; im Mai segelte eine Friesische Flotte von der Insel Borkum ab, und an diesem Unternehmen ihrer Nachbarn mögen die Stedinger sich betheiligt haben: denn kurze Zeit hernach belobt sie der Kaiser, durch Hermann von Salza, den Hochmeister des Deutschen Ordens aufgefordert, wegen ihrer Thaten für die Ritter des Spitalhauses der Maria in Jerusalem[61]).

Die Stedinger gingen somit in den ersten Jahren der Regierung Gerhard des Zweiten ihre eigenen Wege; aber die Ruhe, der sie sich erfreuten, hing nicht allein von ihnen ab. Seit sie ihre Waffenkraft gezeigt, seit ihre Lande reich und blühend geworden, blieben sie am erzbischöflichen Hofe nicht unbeachtet.

Der Lippische Edelherr auf dem erzbischöflichen Stuhle hatte keinen Grund, den Stedingern dankbar zu sein, wohl aber Anlass, ihnen zu zürnen. In der Zeit jener Fehden, die vor seinem Regierungsantritt ausgefochten wurden, hatte sich das Selbstständigkeitsgefühl der Bauern der Niederweser mächtig gehoben. Dem Erzbischofe, den ihre Waffen schützten, hatten sie nicht mehr die Abgaben entrichtet, die vormals ihre Väter übernommen hatten. Die Männer, welche ihrer Unterstützung den erzbischöflichen Stuhl verdankten, hatten von denen, die ihnen wichtigere Dienste geleistet, jene grundrechtlichen Leistungen nicht gefordert. Die Stedinger waren zu mächtig geworden, als dass man es hätte wagen können, ihre Hülfe und Gunst zu verscherzen durch die Mahnung an Dinge, die schon unter Hartwig dem Zweiten beinahe zu blutiger Fehde geführt hätten. Bei Gerhard's Regiment kamen nun aber andere Rücksichten zur Herrschaft. Der thatenkräftige Mann hob mit Eifer und Glück das Erzstift aus dem tiefen Verfall, in den es unter der Regierung jenes Hartwig und während der **Kämpfe der Gegenbischöfe** gerathen war, wieder empor.

Unermüdlich war er in Reformen der kirchlichen Angelegenheiten; das geistliche Regiment sollte in der ganzen grossartigen Strenge geführt werden, der Innocenz der Dritte die Wege gezeichnet hatte; den weltlichen Ansprüchen des Bremischen Stiftes wollte er keinen Titel vergeben; nicht bloss zur Unterstützung seines Neffen, des Grafen von Schauenburg, auch zur Erlangung der von der Bremischen Kirche beanspruchten Grafschaft in Dithmarschen hatte er seine Nordalbingischen Kriegsfahrten unternommen; die Grafschaft Stade zu behaupten, war die Fehde mit den Welfen nicht gescheut. Seit vielen Jahren hatte kein Kirchenfürst zwischen Weser und Elbe residirt, der mit solcher Energie, wie Gerhard der Zweite, die Interessen der Kirche durchführte.

Vor Allem musste er seinem Erzstifte Geldmittel schaffen; nur ausserordentliche Maassregeln konnten den Zustand der Finanzen desselben bessern; denn das Kirchengut war verschleudert und das Land verarmt. Vergebens hatte er versucht, das der Kirche zustehende Zollrecht zu Ungunsten seiner Hauptstadt Bremen auszunutzen; er hatte gespürt, dass die Bürgerschaft seiner Residenz zur Stärkung der kirchlichen Kräfte nicht zu gebrauchen war. Ausser ihr gab es noch einen anderen Stand in den Bremischen Landen, der als leistungsfähig erschien: der freie Bauer, welcher nicht für Andere arbeitete, sondern für sich selbst und für die Seinen.

Wo immer die Kirche ihrer dominirenden Kraft sich bewusst war, forderte sie rücksichtslos den Zehnten; in den Nordalbingischen Landen war es dem Erzbischof gelungen, das kirchliche Zehntrecht zur Geltung zu bringen, und das Gleiche sollte in der Diöcese Bremen geschehen; aber nur wenige Striche boten Aussicht auf eine bedeutende Einnahme. Da lagen dicht vor den Thoren seiner Residenz die kaum ein Jahrhundert alten, aber schon blühenden, in den letzten Friedensjahren reich gewordenen Flussmarschen der Weser; sie bewohnte jenes Mischvolk der Stedinger, das zum grössten Theile der Kirche seine Entstehung verdankte, zum grössten Theile Zehnten und Zinse vertragsmässig übernommen hatte. Gerhard, der durch die beschworenen Verheissungen seines Vorgängers sich nicht hatte hindern lassen, auf der Weser das Zollrecht zum Nachtheil der Bremer geltend zu machen, wie sollte er den Zustand respectiren, der seit einiger Zeit in den Stedingerlanden herrschte, selbst wenn er sich auf Zugeständnisse gründete, welche Erzbischöfe in Zeiten der Noth ihren treuen Helfern gemacht hatten! Die Abgabenfreiheit des Kernes der Stedinger musste aufhören, wenn der Schade des Erzstiftes gründlich gebessert werden sollte; die Zehnten und Zinse waren einzutreiben, ihre Leistung war für die Zukunft zu sichern.

Möglich ist es, dass Gerhard der Zweite, als er nach der Beendigung der Nordalbingischen Kriegszüge seine Blicke auf die Wesermarschen richtete, nichts beabsichtigte, als dieselben privaten Rechte geltend zu machen, die Hartwig den Zweiten zu Rüstungen bewogen hatten; möglich ist es ferner, dass der Titel des Rechtes ihm bei solchem Plane zur Seite stand, dass von seinem Vorgänger kein Verzicht auf die Abgaben geleistet war, als die Stedinger auf dessen Seite übertraten; aber der Geist der Zeit, in der Gerhard der Zweite lebte, der Geist, der ihn bei seinem Wirken für das Erzstift beseelte, führt auf weitere Pläne.

Es war etwas Unerhörtes, dass dicht vor seiner Hauptstadt ein Volk von Bauern sass, das in weltlichen Dingen keiner der bestehenden Gewalten sich unterordnete, sondern einen selbstständigen politischen Factor im Erzstifte bilden wollte, frei von den Banden des Lehnwesens, die alles Uebrige umstrickten, trotzend den Ansprüchen der Landesherrlichkeit, die sonst allenthalben zur Geltung kamen. Es war etwas Unerhörtes, dass auf dem platten Lande ein eigenartiges Gemeinwesen sich bilden wollte, ähnlich den städtischen, gegen deren Emporkommen das Fürstenthum fort und fort anzukämpfen hatte. Es war etwas Unerhörtes, wenn die Kirche es duldete, dass auf die Geschicke des Erzstiftes eine Macht den entscheidenden Einfluss haben konnte, über welche sie nicht vollständig gebot, obwohl der Mittelpunkt der Diöcese von ihr abhängig wurde, sobald sie zu voller Ausbildung ihrer Kräfte gelangt war.

Alles musste den scharfsichtigen Kirchenfürsten dazu führen, wenn er gegen die Stedinger seine Forderungen wegen der Zehnten und Zinse mit bewaffneter Hand geltend machen wollte, bei diesen Ansprüchen nicht stehen zu bleiben, sondern dafür zu sorgen, dass die Uferlande der Weser unter seine Botmässigkeit kamen, und für solch ein Unternehmen fehlte ihm jedenfalls der Titel des Rechtes.

Auf gütlichem Wege war indessen von den Stedingern die Leistung der Zehnten und der Zinse nicht zu erlangen; nur in einzelnen Punkten wurden die Abgaben bezahlt, wie z. B. in Hörspe [62]); die Boten, welche mahnten, wurden abgewiesen; traten sie trotzig auf, so drohten ihnen Misshandlungen [63]), und leicht bot sich dem Kirchenfürsten der Anlass, mit Heeresmacht gegen die Stedinger zu ziehen, um die Leistung der grundrechtlichen Abgaben zu erzwingen. Erreichte er dies, so war es möglich, landesherrliche Ansprüche gegen die Besiegten durchzuführen.

Der streitbare Bruder des Erzbischofs, das Haupt seines Hauses, Hermann von der Lippe, sammelte zu diesem Unternehmen die Schaaren; bald strömten die dem Erzbischof getreuen Ministerialen herbei; es kamen Dienstmannen des Lippischen Hauses, und die ritterliche Mannschaft des diesem verschwägerten und auf das Engste verbundenen Schauenburger Geschlechtes wird ihnen sich angeschlossen haben. Mit den Kräften des Erzstiftes und mit Gerhard's Hausmacht sollte der Zug gegen die Stedinger ins Werk gesetzt werden [64]).

Das Heer brach gegen die Lande der Bauern auf; aber es zeigte sich, dass Gerhard einem zähen, unerschrockenen Gegner den Fehdehandschuh hingeworfen. Dem Heere des Erzbischofes standen nicht mehr jene Stedinger gegenüber, die vor zwei Jahrzenten, gleich nach der Erhebung gegen die Grafengewalt, einen Kampf mit der Kirche scheuten; eine neue Generation war gross geworden und hatte sich bei bedeutenden Kämpfen in den Waffen bewährt. Dem

Bauernheere schlossen sich nun auch ritterliche Mannen an; Ministerialen, deren Stammsitze in den bedrohten Marschen lagen. Besonders werden die von Huntdorf, von Hörspe, von Line, von Bardenfleth dem Rufe des Erzbischofs nicht gefolgt und ihren Landsleuten nicht entgegen getreten sein; selbst von der hohen Geest stiegen Einzelne in das Tiefland hinab, um mit den Stedingern zu fechten; so erschienen die von Kaihausen, deren Sitz beim Zwischenahner See sich befand, in den Reihen der Feinde Gerhard's [65]).

Die Stedinger mochten wohl hoffen, noch manchen Bundesgenossen zu finden. Die Forderung der Zehnten konnte ihren Nachbarn im Norden, den Friesen in den Seemarschen, gefährlich werden; aber diese, seit Alters zehntfrei, rührten sich nicht. Die Bauern blickten wohl auf die streitbare Bürgerschaft von Bremen, welche in dem Kriege gegen Gerhard's Vorgänger zuerst in Bundesgenossenschaft mit ihnen, dann im Kampfe wider sie, erfahren hatte, dass ein kühnes, freies Volk vor den Thoren der Stadt sich angebaut habe; allein, obwohl die Bürger Gerhard's Pläne errathen konnten, da sie selbst schon für ihre eigene Selbstständigkeit gegen ihn gefochten hatten, leisteten sie den Stedingern keine Hülfe, liessen ihre geborenen Bundesgenossen in schwerer Bedrängniss ohne Zuzug. Wie jene beim Kampf um die Witteborg nicht für die Städter gekämpft hatten, so griffen diese nicht in den ersten Feindseligkeiten zwischen den Bauern und Gerhard dem Zweiten mit Entschiedenheit für die ersteren ein. Endlich mochten diese an Gerhard's alten Gegner denken, an Otto von Lüneburg, der, erst kürzlich aus der Gefangenschaft in Schwerin gelöst, auf Rache an seinen Widersachern brütete; allein den Welfen beschäftigten andere Dinge; er hatte vollauf mit der Unterwerfung seiner aufsätzigen Dienstmannen zu schaffen und musste vor Allem einen Kampf scheuen, der sich wider einen treuen Anhänger der Staufischen Partei richtete, wollte er sich nicht Friedrich dem Zweiten gegenüber den Anschein geben, als seien die Umtriebe des Papstes, die ihn zum Gegenkönig machen wollten, nicht ohne Erfolg geblieben [66]).

Eine bedeutende Bundesgenossenschaft verstärkte also die Kräfte der Stedinger nicht. Sie standen allein der erzbischöflichen Heeresmacht gegenüber; aber sie fühlten und zeigten sich derselben gewachsen. Das Erscheinen der Schaaren Hermann's von der Lippe an den Marken ihres Landes genügte nicht, wie vormals, die Bauern zum Nachgeben zu bewegen; auch die Stedinger mochten fühlen, dass es im Kampfe gegen Gerhard nicht bloss um Weigerung und Forderung von grundrechtlichen Abgaben sich handelte, sondern um die Begründung von Ansprüchen weit höherer Art.

Am Weihnachtsabend 1229 kam es zum entscheidenden Zusammentreffen; dem ritterlichen Volke standen kampfbereite Bauern gegenüber; als die Stedinger zum ersten Male wider die Kirche stritten, als sie zum ersten Male für sich selbst und gegen ihre Bedränger die Waffen führten, krönte sie der Sieg. Es war wie ein Gottesurtheil. Des Erzbischofs Bruder ward erschlagen; die Schaaren, die er geführt, wurden zersprengt. Die Kraft der Bauern war am Hofe des Kirchenfürsten unterschätzt, wie vor einigen Jahren die Kraft der Bürger; die gewöhnlichen Mittel, über die Gerhard gebieten konnte, zeigten sich als unzureichend; wollte er seine Absicht durchsetzen, so musste er mit stärkeren Waffen wider die Bauern der Weserflussmarschen vorgehen und vor Allem die Isolirung derselben aufrecht erhalten.

Seit dem 25. December 1229 kamen bei Gerhard von der Lippe die verschiedensten Motive zusammen, das Begonnene mit aller Kraft zu vollenden: der Zorn über den Tod des Bruders, die Kränkung von bäuerlichen Waffen besiegt zu sein, und die grossen Pläne zur Hebung des Erzstiftes und zur Befestigung erzbischöflicher Landesherrlichkeit.

IV.

DER RELIGIONSKRIEG GEGEN DIE STEDINGER.

Zwei Mal erlitt Gerhard des Zweiten Politik an der Unterweser empfindliche Niederlagen. Zunächst brachen ihm die Bremer 1221 die Witteborg, seine stattliche Weserfeste, und dann erschlugen ihm die Stedinger acht Jahre später den Bruder, den treuen Gefährten früherer Waffenthaten.

Gerhard war nicht der Mann, der durch Unglücksfälle sich davon abschrecken liess, seine hohen Ziele zu verfolgen: er war ein Charakter, der immer entschlossener wurde, je mehr Hindernisse seinem Entschlusse sich entgegenstellten. Wohl hatte es sich gezeigt, dass die Macht des Erzstiftes und die Mittel des Lippischen Geschlechtes zur Bewältigung der Stedinger nicht ausreichten; allein daraus folgte nur, dass weitere Kräfte für das Unternehmen gewonnen werden mussten. Ein allgemein politisches Interesse, an dessen Verfolgung grosse Kreise sich hätten betheiligen können, war an sich mit dem Kampf gegen die Bauern nicht verknüpft; aber demungeachtet war ein Weg zu finden, auf dem umfassendere Mittel herangezogen werden konnten, und es gab eine Maassregel, die sehr leicht zu ergreifen war und Aussicht auf Erfolg bot.

Gerhard stand in seinem Unternehmen gegen die Bauern der Unterweser nicht völlig allein; ähnliche Kriege wurden zu seiner Zeit in den westlicheren Strichen Norddeutschlands ausgefochten. Die Bisthümer, welche Friesen zu ihren Untergebenen hatten, führten mit diesen im zweiten Decennium des dreizehnten Jahrhunderts manchen heissen Kampf. Bischof Ludolph von Münster hatte schweren Stand gegen die Fivelgoer, welche Klöster zerstört und Priester erschlagen hatten; am 16. Mai 1227 hatte er das Interdict gegen die Aufsätzigen verkündet und entschloss sich zu immer schärferm Vorgehen [1]). Wilbrand, der Bruder der Oldenburger Grafen Heinrich und Burchard, die durch manchen Feldzug mit Erzbischof Gerhard in nahe Verbindung gekommen waren, focht sofort nach seiner Einsetzung in Utrecht wider die Drenther [2]). 1227 war Gerhard's erster Bruder, Bischof Otto, auf dem Moore von Coevorden verblutet, und zur selbigen Zeit hatte ein anderer Bruder des Erzbischofs, Dietrich, Propst zu Deventer, in schwerer Gefangenschaft die Kampfeskraft freier Bauern gefühlt [3]). Wider die Drenther war dann 1228 das Kreuz gepredigt worden; die wilden Bauern hatten das geweihte Haupt von Gerhard's Bruder scalpirt und wurden deshalb als Ketzer gebrandmarkt. Gerade im Jahre 1229 hatte die Kreuzpredigt ein mächtiges Heer wider sie vereint [4]). Zur selbigen Zeit als Hermann von der Lippe seine Schaaren gegen die Stedinger führte, war wegen seines Bruders ein Rachezug wider die Friesen unternommen worden.

Nun hatte das Geschlecht der Edelherrn von der Lippe ein zweites Opfer in diesem Kampfe gegen die Bauern bringen müssen! Wie der Oldenburger Graf Wilbrand für den erschlagenen Otto den Kampf ausfocht, so wollte ihn Gerhard selbst für seinen Bruder Hermann ausfechten; wohl mochte er dabei auf die Hülfe der ihm benachbarten Brüder Wilbrand's rechnen.

Auch dieselbe Waffe, die dieser Kirchenfürst geführt hatte, stand ihm an. Schmerz und Zorn über den Tod des Bruders beseitigten jedes Bedenken; es galt die Stedinger als Ketzer zu brandmarken; dann war mit erhöhter Kraft gegen sie zu verfahren. So berief der Erzbischof wenige Monate nach dem Tode seines Bruders eine Diöcesansynode nach Bremen. Sie wurde am 17. März 1230 gehalten [5]). Alle hervorragenden Persönlichkeiten des Erzstiftes werden zu der Residenz Gerhard's beschieden sein, die Prälaten der Bremischen Lande, sowie die Würdenträger der Bremischen Kirche jenseits der Elbe, in deren Landen der Erzbischof noch in jüngster Zeit sich aufgehalten hatte [5]). Was den frommen Vätern in der Kathedrale zu Bremen vorgestellt wurde, zeigt uns deutlich die folgende Urkunde [6]).

„Gerhard, von Gottes Gnaden der heiligen Bremischen „Kirche Erzbischof, Allen, die diese Schrift vernehmen wer„den, Heil in Christo!

„Bekannt sei sämmtlichen Christgläubigen, dass unter „unserem Vorsitz auf der Synode der Bremischen Kirche „öffentlich und feierlich in folgender Weise das Urtheil ist „gefragt worden. Dieweil es offenkundig, dass die Stedinger „der Kirche Schlüssel und die kirchlichen Sacramente völlig „verachten, dass sie die Lehre unserer heiligen Mutter, der „Kirche für Tand achten, dass sie überall Geistliche jeder „Regel und jeden Ordens anfallen und tödten, dass „sie Klöster, wie Kirchen durch Brand und Raub ver„wüsten, dass sie ohne Scheu sich erlauben, Schwüre zu „brechen, dass sie mit des Herrn Leib abscheulicher ver„fahren, als der Mund aussprechen darf, dass sie von „bösen Geistern Auskunft begehren, von ihnen wächserne „Bilder bereiten, bei wahrsagerischen Frauen sich Raths „erholen und ähnliche verabscheuungswürdige Werke der „Finsterniss üben, dass sie, darob oft und öfters erinnert, „der Busse verschlossen, sich nicht scheuen, jede Mah„nung zu verlachen — dieweil solches offenkundig, sind „sie derwegen für Ketzer zu erachten und zu verdammen? „Hierauf erging das Urtheil folgenden Inhalts: Dieweil „zweifellos feststeht, dass das wider die Stedinger Vorge„brachte gemäss ist der Wahrheit, so sind diese für Ketzer „zu erachten, und als solche zu verdammen. Und da dies „Urtheil von allen Prälaten, von allen Geistlichen welt„lichen wie klösterlichen Standes, gebilligt worden, so „haben wir beschlossen, die Stedinger für Ketzer zu er„klären.

„So geschehen zu Bremen auf der Synode am Tage „Laetare Jerusalem".

So wurde also wider das Bauernvolk der Weserflussmarschen die Beschuldigung wegen Ketzerei erhoben. Die ehrwürdigen Väter, die in der Peterskirche zu Bremen versammelt waren, wussten, welche Bedeutung solche Anklage habe. Wider Ketzer waren die furchtbarsten Waffen zu ergreifen, waren die wirksamsten Kräfte in den Kampf zu führen, waren alle Mittel erlaubt. Es war in den Kreisen der Klerisei nichts Neues, dass man ein ganzes Volk eines Verbrechens beschuldigte, das an und für sich nur der Einzelne begehen konnte; man hatte längst daran sich gewöhnt, nicht bloss diejenigen für Ketzer zu halten, welche Ansichten vortrugen und verbreiteten, die der christlichen Lehre widersprachen, sondern vielmehr Alles, was den Forderungen der Kirche widerstritt, unter Ketzerei zu bringen gewusst. „Ungehorsam ist gleich Götzendienst!" so lautete der Spruch Samuel's, der damals bei der Priesterschaft vom besten Klange war[7]; der bewaffnete Widerstand gegen die Ansprüche der Kirche auf Zehnten und Zinse galt in ihren Augen als ketzerisch, verdiente nach ihrer Meinung Interdict und Bann.

Leicht gelang es noch andere Haeresien bei den Stedingern zu entdecken*). Zunächst war das Landvolk noch voll von altem, heidnischem Aberglauben[8]; sein Leben kannte manchen Gebrauch, der der Kirche ein Greuel war; der Bauer dachte sich noch Haus und Hof, Flur und Feld von guten, wie von bösen Geistern bevölkert, von Wesen, mit denen er Zwiesprach führen konnte, die ihm führend und prophezeiend zur Seite standen; er fragte noch weise Frauen bei wichtigen Angelegenheiten um Rath; bei der Aussaat und beim Austreiben des Viehes gab es allerlei Zeichen zu erforschen; auch Wachsbildchen mochte er in die Winkel seiner Stuben setzen, neben die Hausthüre und auf den Hahnebalken. Dieses und manches Andere bot den ersten Anlass, einen Vorwurf wegen wirklicher Ketzerei zu erheben. Dazu kam die allgemeine Anklage eines unkirchlichen Lebens, das bei der Armuth der Flussmarschen an Gotteshäusern leicht erklärlich war[9]. Dann bot der

---

*) Vergl. Anhang IV. Die Ketzerei der Stedinger.

letzte Kampf vielfache Gelegenheit von Misshandlungen gegen Geistliche zu reden, die auch wohl schon früher vorgekommen sein mochten, als die Spannung der Gemüther bereits den Ausbruch des Krieges verkündete; während desselben waren wohl Ermordungen von Mönchen und Priestern, Zerstörungen von Klöstern und Kirchen geschehen; denn seit die Stedinger gegen den Erzbischof in Waffen standen, liessen sie es nicht an Kriegshandlungen fehlen. Das Cistercienserkloster Hude, das unmittelbar an der Grenze ihrer Lande lag und leicht zu einer festen Position gegen sie hätte gemacht werden können, war von ihnen zerstört [10]); die aufgebrachten Schaaren übten manche Gewaltthat gegen Boten, die sie zur Unterwerfung aufforderten, wie gegen missliebige Priester oder Mönche, die Spione werden konnten [11]). Endlich bot jene Zeit, in der zahllose Ketzeranklagen überall im Abendlande erhoben wurden, eine reiche Auswahl von Beschuldigungen, die solchen Vorwürfen angereiht werden konnten; unter diesen war besonders eine von furchtbarem Klang: der Unfug mit dem Leibe des Herrn, das Aufbewahren der Hostie im Munde und das spätere Ausspeien derselben in Latrinen*). Auch diese Klage ward gegen die Bauern vorgebracht. Unter der hohen Klerisei, die um Erzbischof Gerhard sich versammelt hatte, wird kein Vertheidiger der Stedinger sich erhoben haben. Der Beweis der Anklage ward auf Notorietät und Evidenz gestützt; unter dem Drucke der jüngsten Vorgänge wurden, wie der Erzbischof es verlangte, sämmtliche Beschuldigungen für erwiesen angenommen; als das Urtheil gefragt ward, stimmten alle Anwesende in die Verdammung ein, und der Verdammung wird Bann wie Interdict entsprochen haben.

Allein das Anathem versprach nur geringen Erfolg bei den Bauern, die noch vor einem Jahrzehnte unter dem Interdicte auf der Seite eines gebannten Kaisers für einen gebannten Erzbischof gefochten hatten. Auf Grund der Verurtheilung wegen Ketzerei mussten weit wirksamere

---

*) Vergl. Anhang V. Die Sage vom Beichtgroschen.

Mittel in Bewegung gesetzt werden; auf Grund des Anathems war die Kreuzpredigt zu erheben und die weltliche Macht wider die Gebannten in die Schranken zu rufen.

Zunächst galt es daher in der Römischen Curie ebenso, wie in der Bremischen Synode, gegen die Stedinger zu wirken; denn nur der Papst konnte die Vollmacht zur Kreuzpredigt ertheilen.

Gregor der Neunte, der Greis, der mit hartnäckigem Sinn in die Fussstapfen Innocenz des Dritten trat, hatte die Ketzerverfolgungen in Deutschen Landen in's Leben gerufen. An seinen Namen knüpft sich ein schaudervolles Stück Deutscher Geschichte; in seinem Namen wüthete im Herzen Deutschlands Konrad von Marburg, der furchtbare Inquisitor; in seinem Namen war das Kreuz gegen die Friesen gepredigt worden. Wie leicht musste es scheinen, von ihm die Genehmigung der Kreuzpredigt wider die Stedinger zu erlangen!

Allein es ging nicht so rasch; im Jahre 1230 konnten keine weiteren kriegerischen Schritte gegen die Stedinger geschehen.

Die Bauern wurden durch die Verurtheilung wegen Haeresie nicht geschreckt; sie waren entschlossen dem Erzbischofe die Spitze zu bieten und den Kampf mit allen den furchtbaren Mächten aufzunehmen, welche die Ketzer verfolgten. Seit dem Tode Hermann's von der Lippe war ihrem Beginnen mit Waffengewalt nicht entgegengetreten; sie beherrschten das ganze Tiefland an der Weser[12]), und, wenn auch frühere Genossen ihrer Kämpfe seit der Verdammung von ihnen abfielen, wenn auch Männer, wie die Herren von Kaihausen, jetzt von ihnen sich zurückzogen, so mehrte sich doch ihre Macht; von allen Seiten strömten kampfbereite Männer herbei, und mancher Bauersmann sah ein, dass der Ausgang des Krieges gegen die Stedinger zum grössten Theil die künftigen Geschicke des Landvolkes in den Wesergebieten entscheiden werde[13]).

Der Hauptschauplatz des drohenden Kampfes musste Oberstedingen werden. Die schmalen Stedingischen Lande am rechten Ufer der Oster-Weser waren nicht wohl zu

vertheidigen; Nordstedingen war völlig gesichert; es galt
die Südmarsch am linken Ufer des Stromes besonders zu
schützen. Freilich war auch sie, wie das Land im Norden
der Hunte, nach Osten und Westen durch die Natur völlig
abgesperrt; dort bildete der Fluss ihre Grenze und an ihm
zogen sich die Deiche als starke Schutzwälle hin; hier
breiteten die unwegsamen Moore sich aus. Allein es gab
einen Punkt, an dem dieses Gebiet offen lag. Da wo der
Anbau von 1142 an die Dünen stiess, wo die Herren von
Schoenemoor und Hasbergen auf den letzten Ausläufern
des Hochlandes ihre Stammsitze hatten, fehlte das Moor.
Hier zog sich als die einzige natürliche Schutzwehr der
Hemmelskamper Wald hin. War er durchschritten, so öffnete sich den Angreifenden sofort die Marsch. Allein der
Pass war schmal und leicht zu schirmen; ihn sicher zu
stellen war die erste Hauptsorge der des Angriffs gewär-
tigen Bauern.

Zwischen dem Hemmelskamper Walde und dem Weserarme der Ollen, zeigte sich noch das seit dem Anbau verschlammte Bett der Lintow, deren Lauf bereits abgedämmt
war [14]). Dieses Flussbett wurde wieder ausgetieft; es entstand ein Graben, welcher die Ochtum mit dem Theile der
Lintow verband, der noch nicht durch die Bebauung seines
Wassers beraubt war, sondern den cultivirten Feldern als
Abwässerungsfleth diente; es ward eine Landwehr hergestellt, die den Pass der Breite nach durchschnitt und den
Namen des Steingrabens erhielt*). Neben ihr lief ein
mächtiger Wall hin, den die Rasteder Jahrbücher haushoch
nennen, ein starker Erdbau. So ward das Land zunächst
durch Damm und Graben gegen plötzliche Ueberrumpelung
geschirmt. Allein die Befestigung des Passes erforderte
noch weitere Vorrichtungen, falls die Stedinger ihn nicht
völlig abschliessen, sondern die Möglichkeit zu Ausfällen
sich erhalten wollten. Die Heerstrasse, die von Bremen
kam [15]), überschritt unterhalb jener Landwehr den Och-
tumfluss, und den Uebergang über das Wasser wird schon

---

*) Vergl. Anhang VI. Die Verschanzungen der Stedinger.

früh eine Brücke erleichtert haben. Diese Brücke ward jetzt stark befestigt, so dass sie wie eine Schanze der Stedinger Marsch vertheidigt werden konnte. Die Strasse lief dann vom Orte Ochtum an jenem Flusse hinauf, dem Hemmelskamper Walde zu, und da, wo sie den Steingraben überschritt, ward aus Findlingsblöcken und anderem Gestein ein festes Thor erbaut, so dass auch hier den Bauern ein Ausweg sich bot, aber den Feinden nur ein schwer zu erkämpfender Zugang.

Noch andere Werke mögen von den eifrig rüstenden Bauern errichtet sein, Verhacke im Hemmelskamper Walde, Schanzen an der Ochtum und dergleichen mehr. Die Befestigung des Steingrabens und die der Ochtumbrücke waren jedenfalls die wichtigsten Stücke ihrer Fortification.

Entschlossen sahen die Bauern hinter diesen Verschanzungen der Zukunft entgegen, bereit, ihre Freiheit gegen jeden Angriff zu vertheidigen; der glückliche Erfolg der Schlacht vom letzten Weihnachtstage musste ihre Hoffnungen stärken. Auf die Dauer konnten doch die streitbaren Männer der Friesischen Lande dem Beginnen Gerhard's nicht theilnahmlos zuschauen; die Stadt Bremen musste ihm doch im entscheidenden Augenblicke entgegentreten, wenn sie den Weserstrom nicht in die Hand ihres Feindes fallen lassen wollte; Otto der Welfe brauchte nicht immer zu zögern, seine Pläne gegen den Erzbischof auszuführen. Auch trotz der Erfahrungen des verflossenen Jahres war für die Stedinger zu hoffen, dass sie in dem Kampfe, zu dem sie sich vorbereiteten, nicht ganz allein stehen würden.

Gerhard sah ihren Ausrüstungen nicht unthätig zu; er begegnete denselben freilich nicht sofort mit Anstrengungen gleicher Art; er bereitete aber auf andere Weise sein Unternehmen vor. Wenige Tage nach der Synode gründete er ein Cistercienser Nonnenkloster in der Nähe seiner Residenz jenseits der Wumme beim Orte Trupe, das spätere Kloster zu Lilienthal. „Grossentheils lag bei dieser Stiftung eine Finanzoperation zum Grunde, weil der Erzbischof, von dem sie ausging, für seine Rüstungen Geld nöthig hatte, welches ihm für die Concession zur Anlage des Klosters und für die Ueberlassung der demselben gewidmeten Grundstücke bezahlt werden musste" [16]). Den Worten nach geschah die Gründung für das Seelenheil seines erschlagenen Bruders: aber schwerlich dachte er zur Zeit des Ketzerconcils bloss an religiöse Dinge. Die Cistercienser hatten Grund genug, den Stedingern zu zürnen; ihr Kloster zu Hude war zerstört. Es lag ihnen nahe, bei Bremen, wo ehedem schon ein Nonnenkloster ihres Ordens sich befunden hatte [17]), aufs Neue eine Niederlassung zu gründen, und leicht trafen die Interessen des Ordens und des Erzbischofs zusammen.

Für die Stiftung dieses Klosters traten zuerst die Dominicanermönche in besonderer Weise hervor, die seit Kurzem in Bremen einen Convent eröffnet hatten [18]). Auf ihre Macht über die Geister der Massen mochte der Erzbischof besonders rechnen; die Glieder des Predigerordens, die vom Papste bestellten Verfolger der Ketzer, hatten sich, seitdem ein Norddeutscher, Jordan von Padberg, der Westfale, zum Haupte ihrer jungen Genossenschaft gewählt war, mit beispielloser Schnelligkeit über die Lande zwischen Rhein und Elbe verbreitet. Ueberall hatte dieser Orden die unteren Schichten der Bevölkerung für sich gewonnen, und Bremen machte keine Ausnahme. Eine eigene Bulle des Papstes hatte die Bettelmönche, die Jesuiten des Mittelalters, der Bremischen Bürgerschaft empfohlen [19]); ihr Prior Berthold zählte zu den einflussreichsten Prälaten in der Hauptstadt des Stiftes und wird beim Ketzerconcil nicht unthätig gewesen sein; die Mönche des schwarzen Klosters der heiligen Katharina zu Bremen, das schnell emporwuchs, waren die Visitatoren aller Klöster der Bremischen und Verdischen Diöcese [20]). Im Jahre 1230 sollte der Einfluss, den die Dominicaner schon besassen, noch wachsen; denn es erschien in der erzbischöflichen Residenz ein Glied ihres Ordens, ein Beichtiger des heiligen Vaters, der zu den Vertrauten Gregor's des Neunten gehörte. Dieser Predigerbruder war mit jenem Cardinal Otto von St. Nicolaus in carcere Tulliano, dem

Legaten für Dänemark, der mit Otto von Lüneburg wegen Annahme der Königskrone unterhandeln sollte, nach Norddeutschland gekommen; es war Johann von Vicenza, jener Fanatiker, welcher einige Jahre später der seltsame Apostel des Lombardischen Bundes werden sollte und als die Verfolgung der Stedinger im Schwunge war, in Norditalien die Scheiterhaufen gegen die Ketzer anzündete [21].

Dies war ein Mann, wie ihn Gerhard für seine Zwecke gebrauchen konnte; der Erzbischof erreichte nicht bloss, dass die Capitelgeistlichkeit und die Klerisei aus der Diöcese, über die Stedinger klagend, sich nach Rom wandten; auch Männer weltlichen Standes bekannten sich zu seinen Plänen, Ministerialen des Stiftes, die dem Bauernvolke niemals hold gewesen, und gar manche Angesehene unter den Bürgern Bremens.

Auf Rüstungen Gerhard's waren die Stedinger bereit, mit gleichen Anstrengungen zu antworten; der Agitation der Pfaffheit gegenüber fehlten ihnen die Waffen.

Weit wichtiger, als alle Vorbereitungen, die Gerhard daheim treffen mochte, waren diejenigen Operationen, die er fern von Bremen gegen die Stedinger begann; trug er seinen Zorn gegen die Bauern in weitere Kreise hinaus, so war es seinen Feinden unmöglich, ein Gegengewicht gegen seinen Einfluss zu schaffen. Gerhard ging einen für diese verhängnissvollen Weg, indem er in Italien Hülfe suchte. Der besten Aufnahme seiner Botschafter konnte er am kaiserlichen, wie am päpstlichen Hofe gewiss sein. Die Unterhandlungen, die der Papst mit seinem Feinde, Otto dem Welfen, im Jahre des ersten Kampfes gegen die Stedinger geführt hatte, waren vergessen; der Staufer hatte dem heiligen Vater Mässigung abgenöthigt, und seit Beginn des Congresses von San Germano, seit den ersten Friedensworten zwischen den heftigen Feinden, war jeder Fürst des Reiches in Italien willkommen, der als Vermittler und Bürge auftreten konnte. Für Gerhard's Zwecke war dies neue freundliche Verhältniss zwischen Kaiser und Papst äusserst bedeutsam; dauerte dasselbe fort, so konnte er hoffen, geistliche und weltliche Macht zur Genehmigung und Förderung seiner gegen die Stedinger gerichteten Pläne zu gewinnen. Es galt Sicherungen für den neuen Vertrag zwischen Friedrich und Gregor zu finden, und Gerhard stellte sich unter die Reihen der Bürgen; auch sein Name ward genannt, als der Papst in Lateran feierlichst am 16. Januar 1231 den Frieden verkündete [22]).

Schon im Deutsch-dänischen Kriege hatte Gerhard gezeigt, dass er es meisterhaft verstehe, seine besonderen Pläne mit grossen Unterhandlungen, sein specielles Interesse mit Fragen von allgemeiner Bedeutung in Verbindung zu setzen. Wie er dort einer der Führer der nationalen Partei war, um sich die Grafschaft von Dithmarschen und seinem Neffen die Grafschaft in Holstein zu erobern, so wird auch in Anagni und Rom seine Thätigkeit für die grossen, zwischen Reich und Papstthum schwebenden Fragen nicht von dem getrennt gewesen sein, was gegen die Stedinger durchzusetzen war.

Indessen war es nicht allein die Stedingische Angelegenheit, die der Erzbischof durch seine Botschafter in Italien verfolgte; wohl noch wichtiger, wie diese, war der Streit wegen des bischöflichen Stuhles zu Riga, der beim Tode von Bischof Albert im Jahre 1229 ausgebrochen war [23]). Gerhard hatte den Domscholaster zu Bremen, Albert Sauerbeer, zum Bischofe von Livland ernannt; die Domherrn in Riga aber nebst den Bischöfen von Dorpat und Oesel einen anderen Prälaten erwählt, und es war von der grössten Bedeutung für das Erzstift, wie diese Frage entschieden wurde. Gerhard versuchte es umsonst das ursprüngliche aber längst schon erloschene Recht in dieser Angelegenheit geltend zu machen, und auch in der Stedingerfrage war sein Erfolg nur gering. In Italien geschahen zunächst keine Schritte wegen dieser Angelegenheit.

Unter den Versprechungen, die Friedrich der Zweite 1213 dem Papste gegeben hatte, befand sich freilich auch die Zusage der Hülfsleistung bei Ausrottung der Ketzerei. Damals, fast zwanzig Jahre vor dem für die Stedinger bedeutsamen Zeitpunkte, war zu Eger dies Gelübde geleistet; sieben Jahre später war es bei der Kaiserkrönung wiederholt, und seit dieser Zeit hatte das Reichsoberhaupt dem geistlichen Herrn der Christenheit willige Hand zur Verübung entsetzlichster Grausamkeiten geliehen[24]). Indessen gelang es Gerhard's Agenten noch nicht, den Kaiser für die Stedingische Angelegenheit zu interessiren[25]).

Bereitwilliger zeigte sich der päpstliche Hof; allein auch das, was hier geschah, blieb hinter den Zielen des Erzbischofs noch zurück.

In den ersten Monaten des Jahres 1231 entschloss sich der apostolische Vater zwar zu dem ersten Schritte gegen die Bauern; aber dieser war sehr schüchtern. Er zeigte, mit welchen Schwierigkeiten der Edelherr von der Lippe zu ringen hatte, da seine eifrigsten Bemühungen und die Anstrengungen der Dominicaner, die Verwendungen seiner Capitelgeistlichkeit und seiner Ministerialität, bei einem Papste, der sich zum Grossinquisitorenamte in Ketzersachen berufen glaubte, zunächst nicht mehr erreichten, als dass an den Propst Rembold von Münster und einige andere Prälaten geschrieben wurde, sie sollten dafür sorgen, dass die vom Bremischen Erzbischofe ausgesprochene Excommunication der Stedinger in Kraft bleibe[26]), sie sollten einer Pflicht nachkommen, die nach canonischem Rechte auch ohne Auftrag bestand, und von Zeit zu Zeit die Verfluchung an heiliger Stätte wiederholen[27]). Erst am 26. Juli 1231 verstand sich Gregor zu bedeutsameren Maassregeln. An diesem Tage unterzeichnete er zu Rieti eine Bulle, welche er an Bischof Johannes von Lübeck, an den Prior der Dominicaner in Bremen und an jenen Johann von Vicenza richtete[28]).

Es heisst in diesem Schreiben:

„Enthalten die Berichte Wahrheit, welche über Die, „so Stedinger heissen, uns zugegangen sind, so haben sie „sich völlig Gott zum Feinde gemacht und sich zu Feinden „Gottes, so sind sie zu rechnen unter die Zahl Jener, „welche, wie der Prophet Jesaias sagt, zu Gott selber „sprachen: Kehre Dich von uns, da wir nicht wollen Deine „Wege! Von Seiten unseres ehrwürdigen Bruders, des „Erzbischofs, unserer theuren Söhne im Capitel und der

„gesammten Geistlichkeit, sowie der Edlen der Stadt und
„der Kirchenprovinz Bremen ist uns vor Kurzem gemeldet.
„— und nicht ohne Entsetzen haben wir es vernommen,
„nicht ohne Schaudern — dass jene Menschen, Kirchen-
„schändung nicht scheuend, die Gotteshäuser mit Raub und
„Brand verwüsten und nicht bloss keines Alters schonen
„und keines Geschlechtes, sondern selbst Priester und
„Geistliche anzufallen sich herausnehmen, dass sie so-
„gar — was noch greuelvoller ist — an Leib und Leben
„sie schädigen, bei der Plünderung der Kirchen des Herrn
„Leib aus den heiligen Gefässen verschütten und mit Füs-
„sen treten, dass sie, aller Gottesfurcht sich entledigend,
„abfallen zur Verehrung böser Geister. Obgleich sie we-
„gen solcher und anderer zahlloser Greuel, so sie verüben,
„von dem genannten Erzbischofe mit dem Urtel der Ver-
„fluchung belegt sind, obgleich der Propst von Münster,
„sowie seine Mitverordneten in Vollmacht des apostolischen
„Stuhles anbefohlen haben, dass dieses Urtel bis zur völ-
„ligen Busse in Kraft bleiben solle, verachten sie es nicht
„nur, in die kirchliche Gemeinschaft zurückzukehren; sie
„scheuen sich sogar nicht, gegen die Bremische Kirche,
„an die sie durch das Joch der Dienstbarkeit gefesselt
„sind, ihre früheren Thaten durch ärgere zu überbieten.
„Da nun solche Verhöhnung Gottes nicht mit Gleichmuth
„geduldet werden darf, so geben wir, auf eure Einsicht
„volles Vertrauen in dem Herrn setzend, eurer Einsicht den
„Auftrag des apostolischen Stuhles, dass ihr Sorge traget,
„an unserer Statt Jene von solchen Verruchtheiten abzu-
„bringen, in welcher Weise es euch angemessen erscheinen
„mag, indem ihr die Edlen und Mächtigen aus ihrer Nach-
„barschaft aufruft, ihre Ungläubigkeit auszurotten, auf dass
„Jene durch euer Bemühen von ihren Irrwegen wieder zum
„Herrn geleitet werden, und auf dass wir euch, denen
„himmlischer Lohn zu Theil werden wird, ob eurer Weis-
„heit gebührend vor dem Herrn zu rühmen vermögen."

So gestattete der apostolische Vater, welchem gegen
die Stedinger dieselben Anklagepunkte vorgetragen waren,
die auf dem Concil zu Bremen zur Verurtheilung wegen

Ketzerei geführt hatten, die Eröffnung des Religionskrieges. Er legte dieselbe in Hände, die wohl befähigt waren, den Auftrag zu erfüllen. Der Prior der Dominicaner in Bremen konnte die Agitation durch seine Mönche betreiben; der Abgesandte des päpstlichen Stuhles gebot über die Mittel der Klerisei, und Bischof Johann war der erst kürzlich von Gerhard bestätigte Bischof von Lübeck, welcher nach dem Tode Berthold's (15. April 1230) das Bisthum erhalten hatte, das von allen Nordalbingischen in der engsten Verbindung mit dem Metropoliten gehalten ward[29]). Hatte der Bischof auch nicht den weitgreifenden Einfluss seiner beiden Mitverordneten, so fehlte ihm doch sicher nicht der gleiche Eifer, Gerhard's Zwecken zu dienen.

Die Thätigkeit der drei Männer blieb indessen bei den Grossen und Mächtigen zunächst noch ohne Erfolg; die den Stedingern benachbarten Edelherrn und Grafen rührten sich nicht. Die vier Vettern von Oldenburg wagten keinen Angriff und ihre Verwandten, der Edelherr von Stotel, die Grafen von Hallermund, von Wunstorf und Brunkhorst fühlten sich eben so wenig berufen, den Kampf zu beginnen. Graf Heinrich von Hoya-Stumpenhausen hatte kein Interesse daran, ein weit aussehendes Unternehmen zu eröffnen, durch das die Macht seiner Oldenburgischen Nachbarn sich mehren oder die Herrschaft des Erzbischofs über den Weserstrom sich befestigen musste; sein Schwager von Wölpe, die ihm verwandten Edelherrn von Diepholz und Grafen von Dassel hielten sich ebenfalls ruhig, sogar die mit dem Erzbischofe selbst verschwägerten Ravensberger. Auch Gerhard begann noch nicht entscheidend vorzugehen.

Trotz der Bulle des heiligen Vaters verfloss auch dieser Winter, ohne dass die Stedinger von ihren Feinden in bedeutsamer Weise beunruhigt wurden. Das Einzige, was der Erzbischof unternahm, war der Wiederaufbau des Schlütterberges, der wohl unter Beihülfe der Oldenburger Grafen geschah, die Wiederherstellung jener in den letzten Jahrzehnten verfallenen Feste im Flussgebiete der Delme, die nicht fern vom Hemmelskamper Walde, ehedem unter ganz anderen Verhältnissen von Gerhard's Vorgänger wider die Bauern errichtet war³⁰). Da die Stedinger die festen Häuser auf der Geest seit 1229 gebrochen hatten, so war es von Wichtigkeit, dass eine sichere Position geschafft wurde, von welcher der Angriff gegen die Befestigungen des Hasberger Passes ausgehen konnte.

Zu grösseren Thaten mangelten dem Erzbischofe noch die Mittel. In Italien hatte er für seine Zwecke zunächst nur wenig erreicht; denn noch immer fehlte die Erlaubniss, gegen die Stedinger das Kreuz predigen zu lassen; noch immer fehlte das thätige Eingreifen der Reichsgewalt. Obwohl der apostolische Vater bereits in Rieti gegen die Stedinger sich erklärt hatte, ordnete er noch eine formelle Untersuchung über Ketzerei an. Er beauftragte mit derselben jenen Johann von Lübeck, ausserdem noch den Bischof Gottschalk von Ratzeburg, welcher, gleich dem Letzteren, in Gerhard seinen Metropoliten anerkannte und der Bestätigung durch Gerhard den Krummstab verdankte, den er seit 1229 führte³¹), und den greisen Bischof Konrad von Minden, einen Diepholzer Edelherrn³²). Mehrere Monate vergingen, ehe der Bericht dieser Prälaten in Rom eintraf und der Papst auf Grund desselben in der Stedingischen Angelegenheit weitere Schritte that.

In dieser Zeit gelang es indessen den Bestrebungen Gerhard's, die Reichsgewalt für sich zu gewinnen; der Kaiser rührte sich. Seit Friedrich seinen Frieden mit Gregor geschlossen hatte und aufs Neue versuchte, wie im Anfange seines Regiments, mit der Römischen Curie Hand in Hand zu gehen, war die Verfolgung der Ketzerei eine der vielen Handlungen, welche der Papst von ihm forderte. Mit Heftigkeit ward die Erfüllung früherer Verheissungen von Gregor verlangt, der die Dämpfung der unruhigen, gegen die Hierarchie gerichteten Bewegungen der Massen für eine der grössten Aufgaben seines Lebensabends hielt. Friedrich ging auf seine Anforderungen ein; er schrieb ihm: „Wir Beide, die eins genannt werden und sicher dasselbige fühlen, wir wollen einmüthig für das Heil des gemeinen Glaubens Sorge tragen. Lass uns die unterdrückte Freiheit der Kirche retten und, indem wir die Rechte sowohl der Kirche, als des Kaiserthums herstellen, die uns anvertrauten Schwerter gegen die Revolutionäre des Glaubens, wie gegen die Rebellen des Reiches schärfen [33]."

In solchem Sinne wurden im März 1232 auf dem Reichstage zu Ravenna mit besonderer Rücksicht auf die Deutschen Lande Ketzergesetze erlassen, welche an Härte und Grausamkeit alle früheren übertrafen, schreckliche Ausgeburten eines der officiellen Kirche dienenden Abschreckungseifers und jener Kurzsichtigkeit, die im dreizehnten Jahrhunderte für Rechtgläubigkeit galt [34]).

Dieser Erlass gegen die Ketzer hatte keine besondere Beziehung auf die Stedinger; er zeigte indessen Friedrich's Bereitwilligkeit den Forderungen der Hierarchie Folge zu geben. Der Kaiser beschäftigte sich auf jenem Reichstage auch mit den Angelegenheiten Gerhard's. Im März jenes Jahres unterzeichnete er die Urkunde, in welcher er den Vergleich wegen Stade bestätigte, der von Gerhard bei seiner Erhebung auf den erzbischöflichen Stuhl geschlossen war, und bald darauf stellte er den Schutzbrief für die Dominicaner in Bremen aus [35]). Das weltliche Oberhaupt der Christenheit, das noch vor Kurzem seine Krieger gegen die Schlüsselsoldaten geführt hatte, beauftragte die bloss dem Papste untergebenen Predigerbrüder, wie an einigen anderen Orten, so besonders in Bremen, im Namen der Reichsgewalt die Ketzer aufzuspüren und zu verfolgen. „So verkünden wir Allen, schrieb der Kaiser, dass Prior und Brüder des Predigerordens in Bremen, die für die Sache des Glaubens in den Deutschen Landen wider die Ketzer bestellt sind, unsere Getreue, unter unserem und des Reiches besonderem Schutze stehen und dass sie unter Hülfsleistung und Empfehlung der Gläubigen im Reiche bei Jedermann ungefährdet bleiben sollen."

Gerhard der Zweite war selbst nicht in Ravenna; unter den bekannten Fürsten und Herrn Norddeutschlands, die auf diesem Fürstentage bei Friedrich sich einstellten, findet sich nur einer, der zum Erzbischofe in näheren Verhältnissen stand. Im Jahre 1231 erscheint Adolf der Vierte, Graf von Schauenburg, Gerhard's mehr erwähnter Neffe, der

Gemahl seiner Nichte Heilwig, der Schwiegersohn des von
Stedingern erschlagenen Hermann, in den Sächsischen und
Westfälischen Erblanden[36]: von da begab er sich nach
Italien; im December desselben Jahres war er bereits in
Ravenna, zugleich mit dem Grafen von Hallermund, dem
Verwandten der Oldenburger, und mit Albrecht von Sachsen;
den Kaiser, der umsonst seinen auf Empörung sinnenden
Sohn Heinrich, den Reichsverweser in Deutschen Landen,
erwartete, begleitete Graf Adolf von Ravenna nach Friaul;
noch im Mai war er zu Portnaon; den Sommer über scheint
er in Italien geblieben zu sein, wo er wegen der Regelung
der Nordalbingischen Dinge manche Verhandlung zu führen
hatte[37]. Als er im September 1232 in Bremen seinen
Oheim wieder begrüsste[38], konnte er ihm auch wegen der
Stedinger gute Nachricht bringen. Nicht bloss dass an
die Dominicaner jenes kaiserliche Schreiben erlassen war;
auch wegen der Stedinger hatte der Kaiser Briefe erlassen
und besonders die Stadt Bremen ermahnt, eifrigst mitzu-
wirken bei der Verfolgung der Gebannten, die zugleich die
Acht des Reiches auf sich geladen hätten[39].

Erst als der Schauenburger Graf Bremen längst wieder
verlassen hatte, traf die viel ersehnte Bulle ein, welche die
Kreuzpredigt gegen die Stedinger gestattete. Fünfzehn Monate nach dem Schreiben an die Dominicaner und an Johann von Lübeck stellte sie Gregor auf Grund der Berichte dieses Bischofs und seiner Amtsgenossen von Ratzeburg und Minden aus. Es geschah am 29. October 1232
in Anagni[40]. In dieser Bulle hiess es:

„Sinnend auf Trug, hat Satans Tücke, die niemals
„müssig erfunden wird bei Versuchungen, Die, so Stedinger
„heissen und im Gebiete der Bremischen Kirche wohnen,
„wie wir mit Schmerz vernommen und mit Schaudern mel-
„den, so sehr von der Erkenntniss des Höchsten entfrem-
„det, so der Vernunft beraubt und so mit Wahnwitz erfüllt,
„dass sie die Pfade der Wahrheit verlassen haben und
„auf Abwege gelockt worden sind, sodass sie, nicht Gott,
„nicht Menschen scheuend, die Lehre unserer heiligen Mutter,
„der Kirche für Tand achten, der Kirche Freiheit antasten und,

„ihrer Blutgier fröhnend, wie an wilder Thiere Brüsten „genährt, keines Geschlechtes schonen und keines Alters. „Mehr noch! Blut wie Wasser vergiessend, zerreissen „sie, gleich Raubthieren, Priester, wie Mönche, nageln sie „in der Weise der Kreuzigung an die Wand zum Hohn „des Gekreuzigten, und, auf dass sie in noch stärkerem Aus„drucke ihren Unglauben bekunden und ihre Verachtung „der göttlichen Allmacht, verfahren sie mit dem Leibe des „Herrn, dem Weggelde zu unserer Seligkeit, durch das uns „Leben verliehen und dem Tod seine Macht über die Sün„der genommen ist, abscheulicher, als der Mund ausspre„chen darf; begehren von bösen Geistern Auskunft, bereiten „von ihnen wächserne Bildnisse, erholen sich Raths von „wahrsagerischen Frauen in schändlichen Zusammenkünften „und treiben andere Werke der Verruchtheit, welche zu „denken uns mit Entsetzen erfüllt und mehr zur Wehklage „treibt, als zur Anklage."

Die Beschuldigungen, die auf der Synode zu Bremen ausgesprochen waren, wurden in dieser Bulle lediglich wiederholt; der Bericht der drei zur Untersuchung verordneten Prälaten hatte also nichts Neues ergeben. Die vor schon mehr als zwei Jahren ausgesprochenen und von der Bremischen Klerisei für erwiesen erklärten Anklagen schienen dem Stellvertreter Christi stark genug zu sein, um die Kreuzpredigt zu gestatten und jene Waffe seinem ehrwürdigen Bruder von Bremen in die Hand zu geben, deren Wirksamkeit in den Rheinlanden wie in Italien, in Südfrankreich wie in Holland, sich bewährt hatte. Die frommen Väter von Lübeck, von Ratzeburg und von Minden sollten die Vollmachten zur Kreuzpredigt ausstellen. An Männern, die bereit waren, in den norddeutschen Landen sie auszuführen, fehlte es nicht; aber der Papst verhiess Denen, die das Kreuz gegen die Stedinger nehmen würden, nicht den vollen Ablass, der den Kreuzträgern gegen die Heiden verheissen zu werden pflegte[41]); der eigensinnige Greis geizte noch mit dem Preise, obwohl er, seitdem jener officielle Bericht ihm zu Händen gekommen war, mit der ihm eigenen Hartnäckigkeit das Begonnene verfolgte.

Während durch den päpstlichen Erlass vom 29. October nicht an Gerhard selber besondere Befugnisse ertheilt wurden, ward durch eine Bulle, die wenige Tage später Anagni verliess, sein eigener Einfluss auf die Ketzerverfolgung bedeutend erhöht, vorzüglich seine Gewalt über die Klerisei, die gegen die Stedinger wirken sollte. Am 12. November unterzeichnete der apostolische Vater ein Schreiben⁴²), in dem sein ehrwürdiger Bruder von Bremen das Recht erhielt, gegen alle der „Ketzerei verdächtige Geistliche" ohne Rücksicht auf die bestehenden Gesetze einzuschreiten, besonders auch ohne Beirath der Prälaten, nur nach Rücksprache mit Ordensgenossen, also besonders mit Zustimmung von Dominicanern. Die der Kreuzpredigt noch widerstrebenden Elemente unter der Geistlichkeit waren hierdurch in des Erzbischofs Hände gegeben, und, da bei den Laien der verheissene Ablass Aussicht auf Erfolg zu sichern schien, konnte nun das Werk mit grösstem Nachdruck begonnen werden.

So erhob sich denn im Winter von 1232 auf 1233 die Agitation mit erhöhter Macht. Freilich beschränkte sie sich zunächst noch auf die Lande des Erzstiftes Bremen-Hamburg und den Sprengel von Minden⁴³); aber sie erhob sich doch nicht mehr in der einfachen Form der Ketzerverfolgung, sondern in dem bestechenden Gewande der besonders geheiligten Kreuzpredigt.

Die drei vom Papste für dieses Unternehmen verordneten Bischöfe brachten durch die Bemühungen der Bettelmönche eine nicht unbeträchtliche Zahl von Kreuzfahrern zusammen, welche, gegen die Bauern ziehend, ihr Heil sich erstreiten wollten. Raublustige Junker gab es in Menge; an den gewöhnlichen Kreuzsoldaten, die bald hier, bald dort im Heere der Kirche dienten, fehlte es nicht. Die Mitglieder des Domstiftes, welche, wie der Dompropst Heinrich von Bexhövede, wie Bernhard von Seehausen, der Thesaurar, zu den dicht bei den Stedingerlanden ansässigen Geschlechtern gehörten, werden nicht gefeiert haben⁴⁴): ähnlich standen Männer, wie der Edelherr Johann von Diepholz, Propst im Stephanscapitel zu Bremen, und Johann von Beverstedt, der neue Propst zu Lilienthal, wie der Verwandte des Erzbischofs, der Abt Conrad von Rastede, und Bernhard, Graf von Hoya, der die Propstei von Bücken verwaltete⁴⁵). Auch die Mitglieder des Deutschen Ritter-Ordens, die unter dem Komthur Gebhard und dem Ordenspriester Dietrich im Heiligengeistspitale zu Bremen gerade jetzt sich niederliessen, werden in die Bewegung hineingezogen sein⁴⁶); selbst einzelne Stedingische Ministerialen, z. B. ein Herr von Süderbrok, stehen jetzt auf der Seite Gerhard's⁴⁷). So wuchs die Gefahr für die Bauern. Allein ihren Feinden fehlte ein hervorragender Führer. Die zusammengeströmte Masse richtete gegen die Stedinger nichts aus; die Bauern waren die Angreifenden; sie zerstörten den kaum vollendeten Bau des Schlütterberges⁴⁸); sie zogen mit Heeresmacht gegen den Sitz der Oldenburger Grafen im Ammerlande und bedrohten Oldenburg so sehr, dass die Feste verloren gewesen wäre, wenn nicht Verrätherei unter den Stedingern sie gerettet hätte⁴⁹). Die Wesergegenden blieben völlig in der Hand der Verketzerten; jedes Kloster, jede Kirche, jedes feste Haus der Edeln hatte ihren Grimm zu fürchten.

Die Stedinger erlangten solche Erfolge gegen das erste Kreuzheer, mit dem Gerhard sie vernichten zu können glaubte, obwohl sie nicht die Unterstützung fanden, auf die sie gehofft haben mochten. Ihre natürlichen Bundesgenossen, die Friesen, rührten sich nicht. Die Hauptstadt des Erzstiftes wurde von den Bauern auf das Aergste bedrängt⁵⁰); allein, wenngleich der Erzbischof wohl in Stade residirte, griffen die Bürger nicht zu den Waffen, um mit den Bauern gemeinsame Sache zu machen. Nur im Welfen von Lüneburg fanden diese einen Bundesgenossen. Otto's Feindseligkeit gegen Gerhard dauerte noch fort; eine Vereinigung seiner Fehde mit dem Kampfe der Stedinger lag nahe; denn ausser dem Erzbischofe hatte der Enkel Heinrich's des Löwen noch andere Feinde mit ihnen gemein. Er war noch immer gespannt mit dem Kaiser, dem er im Jahre des Ketzerconcils zu Bremen als Gegenkönig gegenüber gestellt werden sollte und im ersten Jahre der Kreuzpredigt wegen der in Ravenna ausgefertigten Bestätigung des alten Stader Vertrages besonders zürnte. Sodann war Otto mit König Heinrich verfeindet, welcher dem Erzbischofe wegen mancher Unterstützung Dank schuldete, desshalb den Stedingern nicht wohl gesinnt war und gegen Otto noch immer der Rechte sich rühmte, die er durch Kauf von Irmgard, Hermann's von Baden Gemahlin, auf Braunschweig-Lüneburg erworben haben wollte. Seit 1228 betrat Otto von Lüneburg den königlichen Hof nicht mehr, und seit derselben Zeit befehdete er den Erzbischof[51]).

Somit war es natürlich, dass der Welfe den Kampf der Stedinger unterstützte: im Winter von 1232 auf 1233, besonders in den ersten Monaten dieses letzteren Jahres, zog Otto selbst mit seinem Kriegsvolke gegen die Residenz Gerhard's. Er brachte diesen dadurch in nicht geringe Bedrängniss[52]); denn noch immer gab es manchen Grossen in den Bremischen Landen, der das Vorgehen des Kirchenfürsten nicht billigte. Die Grafen von Hoya, die von Danneberg und Andere traten dem Welfen nicht entgegen und hinderten sein Einschreiten für die Stedinger keineswegs.

Papst Gregor mochte es ahnen, dass die Waffen der Kirche gegen die Stedinger nicht vom Siege gekrönt sein würden. Noch ehe er Kunde haben konnte, dass der erste Kreuzzug missglückt sei, erliess er neue Schreiben gegen die Stedinger.

Zunächst suchte er der Kreuzpredigt grössere Wirksamkeit zu geben; er erweiterte die Vollmacht der Bischöfe von Lübeck, Ratzeburg und Minden, wie in der folgenden Bulle angegeben ist[53]).

„Bischof Gregor, Knecht der Knechte Gottes, seinen „ehrwürdigen Brüdern, den Bischöfen von Paderborn, Hil„desheim, Verden, Münster und Osnabrück Heil und apo„stolischen Segen!

„Da schon lange die Bremische Kirche zu uns schreiet „wegen des Unglaubens jener Ketzer, so Stedinger heissen „und das Volk der Gläubigen in Bremischen Landen, wil„den Thieren gleich, zerreissen und vernichten, haben wir „unseren ehrwürdigen Brüdern, den Bischöfen von Ratze-

„burg, Minden und Lübeck, denen das Amt der Predigt
„in euren Sprengeln vom apostolischen Stuhle verliehen
„ist, den Auftrag gegeben, dass sie, den Gläubigen im Um-
„kreise jener Sprengel Vergebung der Sünden verheissend,
„alle Getreuen wider jene Ketzer zur Erhebung aufrufen,
„auf dass dieselben mit deren Hülfe durch Gottes Kraft
„entweder rasch der Bekehrung gewonnen, oder in die Grube
„der Verdammniss gestürzet werden. Damit aber die ge-
„nannten Bischöfe um so kräftiger und völliger unseren
„Auftrag erledigen können, so gebieten wir euch durch
„Schrift des apostolischen Stuhles, dass ihr in dieser Sache
„des Glaubens, die allen Christen und insonderheit allen
„Prälaten am Herzen liegen muss, mit Bereitwilligkeit je-
„nen Bischöfen zur Seite gehet, nützlichen Rath ihnen
„leistend und günstige Unterstützung.

„Gegeben zu Anagni am 19. Januar im sechsten Jahre
„unseres päpstlichen Amtes."

Die Aufforderung zur Unterstützung der Kreuzpredigt fand sicher bei den genannten Prälaten guten Boden. Bischof Bernhard von Paderborn war Gerhard's Bruder und musste, wie dieser, den Bauern der Unterweser wegen des Weihnachtsabendes 1229 zürnen[54]); Ludolf von Holte, der auf dem Stuhle von Münster sass, hatte, wie schon angedeutet, ähnliche Fehden gegen bäuerliche Waffen zu bestehen, wie der Bremische Erzbischof; die Mitglieder seines Capitels waren bereits gegen die Stedinger thätig geworden und vielfach bei anderen Angelegenheiten Gerhard's betheiligt[55]). Iso von Verden, der Graf von Wölpe[56]), war sicher nicht ungeeignet, die noch zögernden edlen Herren der Weserlande zur thätigen Theilnahme an dem Unternehmen anzuspornen; der Bischof von Osnabrück war mit Adolf von Schauenburg auf der Heerfahrt nach Italien gewesen[57]), und Konrad von Hildesheim gehörte zu den ersten Prälaten im Deutschen Reiche, die mit rastlosem Eifer die Ketzerjagden organisirten[58]). Der Einfluss solcher Prälaten und die Wirksamkeit der Predigerbrüder, die in ihren Sprengeln bereits sich niedergelassen hatten, schienen einen glücklichen Erfolg des Unternehmens zu verbürgen.

Gregor agitirte indessen nicht bloss bei der hohen Geistlichkeit gegen die Bauern: im Frühlinge 1233 lief auch in der Stadt Bremen ein päpstliches Schreiben ein, welches die Bürger dringend ermahnte, für den Erzbischof einzutreten[39]). Je schwieriger der Kampf mit den Stedingern sich gestaltete, von desto entscheidungsvollerer Bedeutung war die Haltung der Stadt. Schon die Anstrengungen, welche die Hierarchie machte, um die Bürger für sich zu gewinnen, legten an den Tag, wie es keineswegs unmöglich schien, dass von der Stadt im bedeutsamsten Momente die Hoffnungen der Stedinger erfüllt werden könnten.

Bremen war erst in den Kämpfen gegen Hartwig den Zweiten zu grösserer Selbstständigkeit gelangt. Damals hatte die Gemeinde der Bürger im Stadtrathe ihre Vertretung gefunden; der Erzbischof hatte ihr gewisse Rechte zugestehen, auch wohl den Rath als solchen gelten lassen müssen. Die Macht der Bürger war dann in der Zeit der Waldemar'schen Wirren bedeutend gewachsen. Gerhard der Zweite hatte sie selbst bereits gespürt; während der Fehde mit dem Pfalzgrafen musste er sich beeilen, die Bürger bei gutem Willen zu erhalten. Bremen hatte lange Zeit dem Interdicte getrotzt, war es fast gewohnt worden, gegen den Vertreter der Kirche mit den Waffen in der Hand sich zu erheben. Es lag nahe, dass die Stadt nicht so gern erzbischöfliche oder gräfliche Burgen an den Ufern der Weser sehen mochte, als die freien Stedinger, mit denen sicherlich noch günstigere Verträge über den Landfrieden zu schliessen waren, als vor Kurzem mit den räuberischen Rustringern in den Seemarschen. Somit war es nicht unmöglich, dass die Bürger die Partei der Verketzerten und Gebannten ergriffen, selbst wenn sie bloss auf ihren eigenen und unmittelbaren Vortheil bedacht waren. Der Erfolg der Kreuzpredigt wäre durch solche Parteinahme sehr beeinträchtigt; der Fortgang der Kreuzzüge wäre äusserst bedenklich geworden; die Feinde der Hierarchie hätten einen festen Waffenplatz erhalten, aus dem sie schwer zu vertreiben gewesen wären.

Die Bundesgenossenschaft der Stedinger mit den Bremern war noch mehr zu fürchten, als die mit den Rustringern. Somit musste Gerhard auf alle Fälle den Rath von Bremen für seine Pläne zu gewinnen suchen. Schon 1231 hatte er einige Erfolge bei den „Edlen der Stadt" erzielt: die Dominicaner, die auch in der erzbischöflichen Residenz rasch bedeutenden Einfluss gewannen, bearbeiteten rastlos die Bürger für den heiligen Kampf: viele unter diesen glaubten noch ihre Interessen mit denen der stiftischen Dienstmannschaft auf das Engste verwachsen, und selbst die Stadt als solche hatte einigen Grund auf Gerhard's Pläne einzugehen.

Die Macht der Kirchenfürsten war damals für alle Bischofsstädte, selbst für die mächtigen alten Städte am Rheine, eine sehr drohende; die Räthe derselben konnten mit Grund und Fug um ihre selbstständige Stellung besorgt sein. Im Frühling 1232 war auch nach Bremen das Reichsgesetz gekommen, welches im Januar zu Ravenna vom Kaiser erlassen war und unter andern drückenden Bestimmungen die besonders bedenkliche Vorschrift enthielt, dass in allen Städten des Deutschen Reiches die Rathsverfassung aufgehoben werden sollte, die ohne ausdrückliche Genehmigung des geistlichen Stadtherrn eingeführt sei [60]). In manchen Orten waren schon schwere Kämpfe wegen dieses kaiserlichen Machtgebotes ausgebrochen; in Bremen konnte es leicht gefährlich werden, da hier der Stadtrath in stürmischen Zeiten sich gebildet hatte und sicherlich nie förmlich anerkannt war. Dass die Fürsten fest zusammen hielten, wenn es galt jene Vorschrift des Reichsgesetzes mit Waffengewalt durchzuführen, daran war nicht zu zweifeln. So lag es bei ängstlicher Politik der Stadt nahe, Gerhard in keiner Weise zum Aeussersten zu reizen. Trat sie auf die Seite der Stedinger, so griff sie in einen Kampf ein, dessen Schluss und Ergebniss nicht abzusehen war; that sie solchen Schritt nicht, so konnte sie auf Gerhard's Gunst rechnen und von derselben Vortheile erlangen.

Die Verhandlungen über diese Fragen schwebten lange; erst im Frühlinge 1233 näherten sie sich dem Abschluss, gerade in der Zeit, da die Züge der Stedinger und Otto's von Lüneburg die Stadt bedrängten. Damals ward vom Erzbischofe ein Brief ausgestellt, in welchem er den Bürgern Bremens das für die Handelsstadt wichtige Gelöbniss ertheilte, alle ungerechtfertigten Auflagen, besonders sämmtliche nicht herkömmliche Zollabgaben, die in der Diöcese in Folge der Geldnoth des Stiftes gefordert seien, aufzuheben und in Zukunft niemals, weder in der Stadt, noch in der Ferne, von den Bürgern wieder zu verlangen. Der Stadtrath drängte aber auf grössere Sicherstellung; das verbriefte Wort des Erzbischofs genügte ihm nicht. Er forderte vom Könige Heinrich eine Bestätigung und Befestigung desselben, die ihm auch am 9. März zu Oberwesel gewährt wurde [61]). Die Bürger wandten sich also nicht erfolglos an den Römischen König, der nach seiner Rückkehr vom Reichstage in Friaul manches Document zu Gunsten Deutscher Städte ausfertigte, weil er, immer noch auf Abfall von dem kaiserlichen Vater sinnend, seine ganze Thätigkeit darauf wendete, jetzt die Städte eben so sehr an sich zu fesseln und empor zu heben, als er sie vordem unterdrückt hatte. Den Bremern kam es zu Gute, dass vom Könige erkannt war, wie bei seinem Unternehmen auf die Fürsten, welche nur an sich selbst dachten, kein Verlassen sei, dass er aber, wenn die Städte ihm ergeben seien, Kaiser und Fürsten zugleich die Spitze bieten könne.

Kurze Zeit nach dem ersten Vertrage, der zwischen Gerhard und der Stadt zu Stande kam, wurde ein zweiter, noch bedeutenderer abgeschlossen. Im März 1233 ward eine Urkunde ausgestellt, in welcher es hiess [62]):

„Im Namen der heiligen und untheilbaren Dreieinig-
„keit! Amen!

„Gerhard, von Gottes Gnaden der Bremischen Kirche
„Erzbischof, Allen, die gegenwärtige Schrift einsehen, Heil
„in Ewigkeit!

„Dieweil die schon lange währende Vermessenheit der
„Stedinger so arg geworden, dass sie nicht nur die Acht

„von kaiserlicher Gewalt verdient haben, sondern auch der
„Strafe unserer heiligen Mutter, der Kirche, verfallen sind,
„und da unser Herr, der Papst, nach reiflichem Rathschluss
„in Folge ihrer unverbesserlichen Frevelthaten sie hat für
„Ketzer erklären müssen und gegen sie zu ihrer Ausrottung
„das Kreuz hat predigen lassen unter Zusicherung höchsten
„Ablasses, indem er auch namentlich die Bremischen Bürger
„durch besonderen Erlass aufgefordert hat, ihrer Sünden
„Vergebung zu erlangen, und desshalb zu diesem Werke
„mit gebührendem Eifer sich zu rüsten: so haben diese,
„von uns um Hülfe angerufen, zumal sie auf solche Weise,
„sowohl dem Gebote des apostolischen Stuhls, als dem
„kaiserlichen Befehl am Besten gehorchen konnten, die
„erforderliche Hülfe für diese Angelegenheit uns gewährt
„und dadurch neben himmlischem Lohne auch gerechten
„Anspruch erworben, dass wir ihr uns bewiesenes Wohl-
„wollen ehren, wie nachfolgend geschieht.

„Alle ungerechten Zölle oder Weggelder, die im Bre-
„mischen Hochstifte bisher bestanden oder künftig bestehen
„könnten, von dieser Seite der Elbe bis zur Weser und
„von der Weser bis zur Nordsee und vom Meere aufwärts
„bis zur Hunte und von der Weser aufwärts bis zu den
„Grenzen des Bremischen Hochstiftes, sie alle sollen von
„dieser Stunde an gänzlich aufhören und in Zukunft nicht
„wieder erhoben werden . . . . .

„Auch von der Burg Hoya bis zur Nordsee soll keine
„Feste ohne Einwilligung der Bürger erbaut werden, und
„wenn zur Bewältigung oder Behauptung des Landes der
„Stedinger feste Plätze zu errichten sind, so sollen die
„Bürger von Bremen, falls es ihnen beliebt, die zuerst
„erbaute Feste zu ihrem Besitz erhalten; auch den dritten
„Theil von Hab und Gut der ketzerischen Stedinger, das
„dem Rechte nach als herrenlos in Besitz genommen werden
„könnte, sollen die Bürger von Bremen empfangen, und
„auch wenn Land oder Werder in Stedingen mit Kriegs-
„steuer belegt wird, soll der dritte Theil des Geldes den
„Bürgern von Bremen zufallen. Wenn von einer der Festen,
„die errichtet werden könnten, irgend Jemand den Erz-

„bischof oder die edlen Herren dieses Landes, das Bremische
„Capitel oder ein Mitglied desselben, Dienstmannen der
„Kirche oder Bürger von Bremen oder irgend Jemanden
„auf dem Wege von oder nach Bremen an seinem Gute
„räuberisch schädigen sollte, so ist der Räuber, wenn er
„ergriffen werden kann, nach Urtel und Recht zu richten;
„wenn er durch Flucht dem Ergreifen sich entzieht, hat
„der Herr der Feste, auf der der Räuber sich befand, oder
„wenn der Herr ausserhalb des Landes sich aufhält, der
„Vogt der Feste, oder wer die Stelle des Herrn vertritt,
„nach öffentlich geschehener Mahnung binnen dreier Wochen
„wegen des Raubes dem Verletzten Genüge für den Schaden zu
„leisten, dessen Schätzung der Verletzte bloss durch allei-
„nigen Eid vorzunehmen und nur mit eigener Hand zu be-
„kräftigen braucht; nach erfolglosem Ablauf jener drei
„Wochen soll aber die Feste, von der aus die Raubthat
„vollbracht ist, dem Erdboden gleich gemacht werden.

„Auf dass alles dieses um so treuer und auf ewige
„Zeit gehalten werde, ist der Vertrag von den Oldenbur-
„gischen Grafen Heinrich und Burchard, Christian und Otto,
„von Gerbert, Edelherrn von Stotel, sowie von den Dienst-
„mannen der Kirche durch Treugelübde und durch Schwüre
„gefestiget. Wenn irgend einer von ihnen das Vorstehende
„brechen sollte, so werden alle Uebrigen, die dieser Ver-
„trag begreift, bis zu genügender Sühne der Stadt Bremen
„getreulich anhangen."

Mehr als neunzig Dienstmannen des Erzbischofs oder
der genannten edlen Herrn fügten ihren Namen dem Schrift-
stücke bei, unter ihnen die von der Hude, von Aumund,
von Gröplingen und Marssel, die von Büren, von Apen und
Rastede, mehrere Herren von Stelle, jener Wilhelm von
Bederkesa, der schon für Gerhard's Vorgänger den Vertrag
mit der Stadt beschworen hatte, ein Johann von Süderbrok und ein Martin von Hatten. Die Grafen von Oldenburg, der Wildeshauser Burchard und sein Bruder Heinrich von Bruchhausen, hängten, wie ihre Vettern Christian IV.
und Otto III, ihre Siegel an die Urkunde; der Erzbischof
selber liess sein Siegel mitten unter das Document heften.

bei dessen Ausstellung die Predigerbrüder des Katharinenklosters anwesend waren.

Die zwölf Rathmannen, die im Amte sassen, nahmen das Diplom entgegen; aber zu grösserer Sicherheit musste das Domcapitel am 22. März dem Vertrage beitreten; diejenigen unter seinen Mitgliedern, die Archidiaconate bekleideten, sollten im Fall eines Vertragsbruches mit Bann und Interdict gegen Dienstmannen, wie Edle vorgehen. Obwohl in jenem Aktenstücke dem Wortlaute nach keine bestimmte Verpflichtung vom Rathe übernommen war, obwohl dieser in ihm nicht etwa versprach, an der Spitze der Bürger das Kreuz zu nehmen oder Schiffe zu stellen oder besondere Punkte zu besetzen oder für die Verpflegung des Kreuzheeres zu sorgen, schrieben die Herren des Domstiftes, der Vertrag sei geschlossen „wegen der wechselseitigen Unterstützung beim Kampfe gegen die Stedinger." Die Dominicaner und die Brüder des Deutschen Hauses in Bremen, die den abgeschlossenen Vertrag an demselben Tage feierlichst beglaubigten, nahmen jene Worte ebenfalls in ihre Urkunden auf. An eine Neutralität der Stadt wurde nicht gedacht.

Nur wenige ruhige Monate verflossen seit Abschluss dieses Paktes, den die Aristokratie gegen das Bauernvolk einging. Die Ausdehnung der Kreuzpredigt über fast ganz Norddeutschland hatte die beabsichtigte Wirkung; der Frühling führte aus Westfalen, Engern und den benachbarten Gauen immer neue Schaaren nach Bremen, und im Juni konnte die zweite Kreuzfahrt gegen die Stedinger begonnen werden; sie musste die Schmach der ersten wieder tilgen.

Der Zug sollte gegen Oststedingen sich richten, gegen jenes Gebiet der Weserflussmarschen, das nicht besonders geschützt war. Ein Theil der Kreuzfahrer zog zu Lande gegen Norden; andere Schaaren bestiegen die Schiffe, die in Bremen zur Verfügung waren. Die Weststedinger wurden von der Theilnahme am Kampfe fern gehalten; ihre Genossen an der rechten Seite der Oster-Weser standen allein dem Feinde gegenüber, der zu gleicher Zeit über die Deiche stieg und die nur schmalen Moore durchschritt. Am 26. Juni 1233 brach das Kreuzheer in das Land, das die ganze Wucht des lang verhaltenen Grimmes fühlen sollte. Raub und Plünderung wütheten weit und breit; nicht bloss die Männer, die sich zur Wehre setzten, auch Weiber und Kinder wurden erschlagen. Wie die Erde blutig sich färbte, so auch der Himmel; aber nicht bloss der Brand der Ortschaften zeigte die Wuth der Sieger: auch die Lohe der Scheiterhaufen, auf denen die Gefangenen verbrannt wurden, verkündete die Grausamkeit, die im Namen der christlichen Kirche verübt ward [63]).

Durch das furchtbare Gericht, das über Oststedingen erging, sollten die Bauern am rechten Ufer von weiterem Widerstande abgeschreckt werden; aber sie dauerten aus. Sie liessen die Waffen nicht fallen, obwohl Otto von Lüneburg nur in der Ferne gegen den Erzbischof focht [64]), obwohl die streitbaren Schaaren der Friesen nicht zur Hülfe herbeieilten, obwohl die Macht der Feinde immer mehr wuchs.

Wenige Tage, bevor an der Weser die zweite Heerfahrt gegen die Stedinger geschah, stellte in der Tiberstadt Gregor der Neunte im Zorn über das Misslingen des ersten Kreuzzuges die Bulle aus, welche allen gegen die Stedinger ziehenden Christen den vollen Ablass verhiess. Am 17. Juni 1233 ward dieses Schreiben im Lateran untersiegelt [65]), wo in derselben Woche furchtbare Bullen wegen der Ketzer in Mitteldeutschland erlassen wurden. Der Papst sandte den Bischöfen von Lübeck, von Minden und von Ratzeburg denkwürdige Zeilen.

„Eure uns zu Händen gekommenen Briefe haben gemeldet, „was wir schon lange durch die Stimme vielfachen Unwillens „vernommen, dass nämlich gewaltthätige und gottlose „Menschen, die Stedinger heissen, in der Bremischen Kir„chenprovinz vom Teufel sind aufgestachelt worden, so „dass sie den Glanz des ewigen Lichtes verlassen haben „und bedeckt sind von der Finsterniss schmachvoller Blind„heit, dass sie, nicht Gott, nicht Menschen scheuend, die „Lehre unserer heiligen Mutter, der Kirche, fürTand achten, der

„Kirche Freiheit antasten, und, ihrer Blutgier fröhnend,
„wie an wilder Thiere Brüsten genährt, keines Geschlechtes
„schonen und keines Alters; dass sie, Blut wie Wasser
„vergiessend, Priester, wie Mönche, gleich Raubthieren, in
„Stücke zerreissen, in der Weise der Kreuzigung sie an
„die Wand nageln zum Hohn des Gekreuzigten und dass
„sie, um alle Freveltaten, die bisher von Einzelnen ge-
„schehen, durch ihre Freveltaten zu überbieten und um
„alle ungläubigen Verächter göttlicher Barmherzigkeit durch
„ihren Unglauben zu übertreffen, mit dem Leibe des Herrn,
„dem Weggelde zu unserer Seligkeit, abscheulicher, als
„der Mund aussprechen darf, verfahren, von bösen Geistern
„Auskunft begehren, von ihnen wächserne Bildnisse be-
„reiten, sich Raths erholen von wahrsagerischen Frauen in
„schändlichen Zusammenkünften und andere Werke der
„Verruchtheit treiben, welche den Erzähler, wie den Hörer
„mit Schaudern erfüllen und mit Grausen. Da wir erach-
„teten, dass mit mächtiger Hand so ruchlosem Beginnen
„schleunig begegnet werden müsste, so hatten wir euch
„durch unsere Briefe bei Vergebung der Sünden den Auf-
„trag eingeschärft, dass ihr, da auf euch das Amt der hei-
„ligen Predigt ruhet, die Christgläubigen in den Sprengeln
„von Paderborn, Hildesheim, Verden, Münster, Osnabrück,
„Minden und Bremen zur Vertilgung des gottlosen Volkes
„eifrig und nachdrücklich aufzubieten euch bemühen solltet,
„unter Bewilligung solchen Ablasses für die Gläubigen, wie
„wir in eben jenen Briefen euch angegeben haben. Nach-
„dem aber von euch unsere Briefe ehrfurchtsvoll empfangen
„und die gottesfürchtigen Männer vom Predigerorden, so-
„wie Geistliche und vertrauenswürdige Laien aufgerufen
„waren, habt ihr, mit allen Kräften an der Ausführung
„unseres Auftrages arbeitend, durch häufige Mahnungen
„und durch Verheissung von Belohnungen, nämlich von
„Ablässen und Sündenvergebungen, die Gläubigen gegen
„jene Gottlosen emsig aufgeboten. Aber als nun, nachdem
„die Stimmen der Predigerbrüder gegen ihren Unglauben
„erschollen, Viele, von himmlischer Begeisterung erfüllt,
„so macht- und kraftvoll für den katholischen Glauben

„eingetreten waren, dass Jene, von Zittern und Zagen durch-
„schaudert, ihre gewohnten Stätten verliessen, in der Flucht
„ihr Heil suchten und, obgleich sie in einem äusserst
„festen und fast uneinnehmbaren Lande hausten, geschützt
„durch grosse Flüsse und Wasserläufe, nicht hofften, sol-
„cher Menge von Kreuzfahrern widerstehen zu können:
„da haben diese, als sie plötzlich entdeckten, dass sie
„nicht so reichen Ablasses sich erfreueten, wie den Heer-
„fahrern zum heiligen Lande verheissen wird, sich umge-
„wandt und sind gar lau geworden in der Erfüllung ihrer
„Gelöbnisse. In Folge davon haben jene Gottlosen, welche
„nun, in ihrer Frechheit alles Maass überschreitend, mit
„steigender Verstocktheit Gott für ihren Feind erachteten
„und sich als Feinde Gottes, noch wilder ihre Waffen
„gegen den katholischen Glauben erhoben und, die Stadt
„Bremen mit feindlicher Macht überziehend, Kirchen, Klöster
„und alle benachbarten Orte ringsum verwüstet, ja sogar
„eine stark verwahrte Feste der Bremischen Kirche von
„Grund aus zerstört. Daraus entstand ein so grosser
„Abfall in Deutschen Landen, dass jetzt nicht nur jene,
„sondern auch die Ketzer anderer Secten, welche sich bis
„dahin in ihren Winkeln verborgen hielten, öffentlich stolz
„einherschreiten, prahlend gegen die Kirche Gottes und
„gegen den katholischen Glauben, und den Namen unseres
„Herrn Jesu, in dem sich alle Kniee beugen, mit ihren
„schändlichen Lippen lästernd. Ja! Mit ihrer fluchwürdigen
„Ketzerei, die weit und breit sich ergossen hat, vergiften
„sie schon, — o des Jammers und Entsetzens — das
„christliche Volk; sie verderben es: sie legen Hand an die
„Geistlichen, reissen sie in Stücke und peinigen sie mit
„jeglicher Art der Marter. Darob erging an uns das de-
„müthige Flehen, dass wir die Wichtigkeit der Sache in
„Erwägung nehmen und für so schwere Gefahren ein wirk-
„sames Heilmittel anzuwenden uns entschliessen möchten.
„Freilich muss das Gemeldete seinem Inhalte nach mit
„Schmerz und Kummer uns erfüllen, freilich bietet es mehr
„Anlass zum Bejammern als zum Berichten: dieweil es
„aber dem apostolischen Stuhle eigenthümlich ist, da, wo

„die Ergründung der vollen Wahrheit mit grösserer Schwierig-
„keit verbunden ist, mit besonderem Ernste zu verfahren, um
„nicht durch schimmernden Irrthum sich täuschen zu lassen,
„so ertheilen wir an eure brüderliche Liebe durch wieder-
„holte Erlasse den folgenden, mit unbedingtem Gehorsam
„auszuführenden Befehl. Sobald es festgestellt sein wird,
„dass jene fluchbeladenen Menschen beim Abendmahl,
„durch Befragung böser Geister, durch wächserne Götzen-
„bilder und durch abscheulichen Umgang mit wahr-
„sagerischen Frauen so schwer, wie erzählt ist, sich ver-
„sündigt haben, und dass sie trotz euerer eifrigen Ermah-
„nung in ihrer fluchwürdigen Verstocktheit fluchwürdig sich
„verhärten, in keiner Weise nachgeben und nicht an den
„Busen unserer Mutter, der Kirche, reuigen Sinnes zurück-
„kehren wollen, vielmehr einen so starken und so sicheren
„Beweis ihres Abfalls und ihres Starrsinns liefern, dass
„an ihrer rückfälligen Ketzerei auf keine Weise länger zu
„zweifeln ist: dann sollt ihr, — dieweil man in so schwerer
„und heftiger Krankheit, bei der leichte Arzeneien nicht
„nützen, kräftigere Heilmittel anwenden und für die Wun-
„den, welche Salben nicht fühlen, Feuer und Stahl ge-
„brauchen muss, um das faule Fleisch auszuschneiden, be-
„vor es die gesunden Theile angreift, — gegen sie, wie gegen
„ihre Schützer, Helfer und Gönner die Gewalt des geist-
„lichen und weltlichen Schwertes zu Hülfe rufen, alle
„Christgläubigen auf das Eifrigste ermahnen und auf das
„Nachdrücklichste antreiben, für ihren Christus sich zu er-
„heben und mannhaft ihre Lenden gegen jene zu gürten. Die-
„jenigen Katholiken aber, welche des Kreuzes Zeichen sich
„anheften und zur Ausrottung der Ketzer sich aufmachen,
„sie sollen desselben Ablasses sich erfreuen und mit den-
„selben Vorrechten bewehrt sein, welche den zum heiligen
„Lande ziehenden Kreuzfahrern verliehen werden. Andern-
„falls aber sollt ihr jene fluchbeladenen Menschen ermahnen,
„dass sie volle Genugthuung leisten für den angerichteten
„Schaden und für das der Bremischen Hochkirche, wie
„anderen Kirchen und kirchlichen Personen zugefügte
„Unrecht."

Als diese Bulle in die Hände der drei Führer der Agitation gelangte, rüstete man sicher schon zum dritten Kreuzzuge gegen die Stedinger. Der 26. Juni hatte den Muth der Kreuzfahrer belebt, das Plündern ihre Beutelust, das Morden ihre Blutgier erhöht; ein Unternehmen gegen Weststedingen konnte gewagt werden. Es galt in den Hasberger Pass einzubrechen und dann über die Südmarsch der Stedinger solch ein Geschick zu verhängen, wie die Oststedinger vernichtet hatte. Graf Burchard von Oldenburg wollte es wagen, die Festung der Stedinger zu erobern: aber er kam nur bis zu ihren vordersten Schanzen. In seiner Residenz Wildeshausen wird er die Schaaren gemustert haben; von dort waren die Marken Weststedingens leicht und schnell zu erreichen; der Zug ging an den Trümmern des Schlütterberges vorbei, am Lauf der Delme hinab bis zum Hemmelskamper Walde. Dort traf das Kreuzheer auf die Schaaren der Ketzer, und den Oldenburger Grafen ereilte das gleiche Schicksal, wie Hermann von der Lippe. Die Waffen der Stedinger siegten; Burchard ward im Treffen erschlagen, und mit ihm fielen etwa zweihundert Mann, die das rothe Kreuz genommen hatten [66]).

Die Niederlage lehrte, dass mit der Vernichtung Oststedingens wenig gewonnen sei, dass der Kern des streitbaren Volkes am rechten Ufer der Weser seinen Sitz habe. Was half es, dass an jener Seite des Stromes der Erzbischof und der Stotler Edelherr mit dem Rechte der Sieger schalteten und walteten; der Herd der angeblichen Ketzerei hatte nicht zerstört werden können; die Kraft der Bauern war nicht gebrochen, und es wurde offenbar, dass auch im Jahre 1233 der Kampf gegen sie nicht beendigt werden könne. Hinter dem Hemmelskamper Walde sassen sie gut verschanzt: an den Flüssen liefen ihre Deiche entlang, eine niedere, aber heilige Schutzwehr, besonders befriedet und geweiht durch feierliche Umzüge. Das Jahr, in dem Gerhard gehofft hatte, sein Werk zu vollenden, ging schon zur Neige; da versuchte er einen letzten Schlag. Er wollte Noth und Tod über die Bauern bringen durch Oeffnung der Deiche; Hochwasser und Fluth sollten die Lande der Stedinger überschwemmen;

wenn die Bauern auch noch nicht zu bezwingen waren, so sollten sie doch in ihren Dörfern auf den Deichen einen schreckensvollen Winter durchleben. So hatte das Haupt der Bremischen Kirche einen teuflischen Plan gegen die Teufelsbrut der Ketzer ersonnen; allein scharfe Augen bewachten sein Thun und Handeln. Die Schiffe der Bremer fuhren heran; aber sie mussten unverrichteter Sache heimkehren; denn die Bauern schützten ihre Deiche. Auch das vierte Unternehmen, das unter dem Zeichen des heiligen Kreuzes begonnen ward, schlug völlig fehl [67]).

Im Winter ward kein Zug gegen die Flussmarschen versucht. Die Stedingerlande hatten noch einmal eine kurze Frist zur Ruhe und zur Rüstung für den kommenden Kampf. Es musste Allen klar sein, dass der Frühling des Jahres 1234 die Entscheidung bringen werde, weil Gerhard den Winter nicht unbenutzt vorüberstreichen lassen konnte. Dass der verheissene volle Ablass wirken werde, zeigte die Anwesenheit des Grafen Florentin von Holland bei Gerhard dem Zweiten; der Neffe des erschlagenen Burchard, der Waffengenosse von Gerhard's unglücklichem Bruder, war bereits am 17. October mit seinem reisigen Volke in Stade [68]). Dass die Stedinger bei Otto von Lüneburg keine Hülfe finden würden, trat bald zu Tage.

Dem Erzbischof musste Alles daran liegen, dem Welfen die Waffen aus der Hand zu winden, die er im eignen Interesse, wie zur Unterstützung der Stedinger im Jahre 1233 erhoben hatte. Dasselbe Mittel, welches gegen die Bauern ergriffen war, konnte gegen den Fürsten benutzt werden. Ein geistliches Gericht wurde seinetwegen niedergesetzt, in welchem der Bischof von Minden den Vorsitz führte, derselbe Prälat, der an der Spitze der Kreuzpredigt gegen die Stedinger stand. Das Gericht sollte über den Streit zwischen Gerhard und Otto entscheiden, obwohl es von letzterem nicht anerkannt war [69]). Um solchen Richtern gegenüber von dem gefährlichsten Vorwurfe sich zu befreien, nahm Otto das Kreuz wider die Ketzer. Schwerlich geschah dies in Rücksicht auf die Stedinger; denn Ketzer sassen dem Welfen näher in der Diöcese Hildesheim, über die er als Erbe des Pfalzgrafen ein eigenartiges Schutzrecht beanspruchen konnte. Der Papst belobte ihn wegen jenes Schrittes und that auch bald durch eine Bulle vom 11. Februar 1234[70]) das Seinige, die Consequenzen zu ziehen, die aus solcher Handlung gezogen werden konnten. Freilich suchte Gregor ihn vergeblich zu Schritten gegen die Ketzerei zu bewegen; allein Otto hielt sich doch im Jahre 1234 von den Kämpfen der Stedinger fern und setzte erst nach der Bewältigung derselben und nach seiner Aussöhnung mit dem Kaiser jene Fehde gegen Gerhard fort, die bisher mit den Stedingerkriegen parallel lief[71]).

Der Vertrag zwischen Gerhard und der Stadt Bremen, sowie diese Pause in der Lüneburgischen Fehde beraubten die Bauern ihrer besten Stützen: dazu kam der für Gerhard äusserst günstige Erfolg der Kreuzpredigt, der mehr und mehr sich zeigte.

Seit der letzten Bulle des Papstes breitete die Agitation zur Kreuzfahrt gegen die Weserflussmarschen immer weiter sich aus. Wie Gewitterwolken, erzählt Abt Emo von Witt-Werum, zogen die Schaaren der schwarzen Mönche durch die Westfälischen Gebiete und durch die von Ketzerverfolgungen schon aufgeregten Rheinlande[72]). Was die persönliche Thätigkeit nicht erreichte, ward durch Briefe erlangt, die von einem Kloster zum andern gingen und allmälig alle Mönchsorden in Thätigkeit brachten, die Benedictiner wie die neuen Franciscaner, die Cistercienser wie Prämonstratenser[73]). Immer mehr wurden die Schaudergeschichten von den Stedingern ausgeschmückt, deren unbekanntes Land den besten Anhalt bot zu einer grausigen Verketzerung. In Köln und Utrecht erregte das letzte päpstliche Schreiben aus Rom nicht geringes Aufsehen[74]). Flandern und Brabant, wo die Dominicaner schon in den vorangehenden Jahren besonderen Einfluss sich errungen hatten, wurden auf das Eifrigste für die Heerfahrt zur Weser bearbeitet; in der Lütticher Diöcese that die Kreuzpredigt nicht unbedeutende Wirkung[75]); auch in dem Lande des Holländischen Grafen Florentin gelang es die Massen zu erregen; selbst in die Friesischen Gebiete wagte sich der bigotte

Eifer der Bettelmönche. Sie wollten die Groninger und Fivelgoer zur Annahme des Kreuzes bewegen, und doch standen jene mit dem Utrecht'schen, diese mit dem Münster'schen Bischofe nicht besser, als die Stedinger mit dem Bremer. Dort hatte die Hierarchie augenblickliche Erfolge gehabt, und deshalb war es wie Hohn, dass die Mönche an die Friesen sich wandten[76]. Sie versuchten ein gefährliches Werk. Zu Appingadamm drohte den Predigerbrüdern der Tod. Sie hatten auszusprechen gewagt, an Unbotmässigkeit glichen die Drenther und Fivelgoer den Stedingern und verdienten deshalb gleiche Behandlung. Da erhob sich das Volk. Aber die Mönche waren fest und unerschütterlich; zu Groningen schleuderten sie den Bann wider die Bauern; den Friesen sollte nur die Wahl bleiben zwischen Unterwerfung und Theilnahme an der Heerfahrt des Erzbischofs, oder Verdammniss und Theilnahme an dem Geschick der Stedinger. Da warfen sich die Menschen halb entkleidet den Mönchen zu Füssen, liessen sich mit Ruthen streichen und erhielten Verzeihung. Trotzdem erlangten die beiden fanatischen Dominicaner nicht mehr, als dass einige Wenige das Kreuz nahmen; sie mussten froh sein, dass ihr Rückzug aus den Friesischen Landen keiner Niederlage glich[77]. Auch in den Strichen diesseits der Ems mögen Versuche zur Aufwiegelung gemacht sein; denn selbst die Grenzen des Reiches überschritt die Kreuzpredigt gegen die Stedinger; in England war sie lebendig und blieb nicht ohne Erfolg. Im Benedictinerkloster von St. Albans nahm man Antheil an den Dingen in Deutschland; auch zu Tewkesbury wurden die Vorgänge beachtet, welche für die Benedictiner-Niederlassungen auf den Jadedünen bei Rastede, wie auf der Weserhöhe vor Bremen gar bedeutungsvoll werden konnten[78].

So rüstete sich im Frühlinge 1234 Alles zur Vernichtung des heldenmüthigen Bauernvolkes.

Freilich schien den Stedingern noch eine schwache Hoffnung auf unerwartete Hülfe zu winken. Für den Anfang Februar war ein Reichstag nach Frankfurt am Main entboten[79]. Auf ihm sollte verhandelt werden über die

Religionswirren in Deutschen Landen, über die durch zahllose Ketzerjagden hervorgerufenen, geradezu anarchischen Zustände, über die jeder staatlichen Ordnung Hohn sprechenden Ketzerbullen Gregor's und die alles Maass überschreitenden Vollmachten zur Kreuzpredigt gegen Haeretiker. Wie, wenn zu Frankfurt nicht bloss die Vorgänge in Mitteldeutschland, nicht bloss die Unthaten des kürzlich erschlagenen Ketzermeisters Konrad von Marburg zur Sprache kamen, wenn neben den beiden päpstlichen Bullen vom Juni 1233, welche den Religionskrieg in Thüringen, in Hessen und in den Rheinlanden legalisirt hatten, auch jene vom 17. Juni besprochen wurde, auf Grund der in norddeutschen Landen fanatische Freischaaren sich bewaffneten? Gerhard begab sich selbst zum königlichen Hoftage [80]). Es war eine stürmische Versammlung, in der am 2. Februar 1234 König Heinrich dem Bischof Konrad von Hildesheim, der auch zur Agitation gegen die Stedinger berufen war, wegen der Ketzerpredigten die schwersten Vorwürfe machte. Die Verhandlungen zwischen den geistlichen und weltlichen Fürsten hatten keinen Erfolg. Die Vertreter der Reichsgewalt zogen sich zurück, und die Hierarchie tagte allein. Viele unter der hohen Klerisei waren den Ansprüchen Roms abgeneigt: Manche sahen mit Entsetzen die Folgen der allgemeinen Verketzerung; aber sie drangen nicht durch. Am 6. Februar ward wegen der Ketzerfrage auf offenem Felde vor Frankfurt königliches Gericht gehalten: verketzerte Grafen reinigten sich von der Beschuldigung der Haeresie; am 11. Februar wurde ein Landesfriede beschlossen, durch den die fanatischen Bewegungen gehemmt und den radicalen Tendenzen der Kirche begegnet werden sollte. Allein die Fürsten in Frankfurt blickten nur auf das, was ihnen zunächst lag, nur auf die jüngsten Ereignisse im Herzen des Reiches, die an den Namen Konrad's von Marburg sich knüpften[1]). Ueber die Stedingische Angelegenheit ward nicht berathen: die gegen die Bauern der Weserlande sich richtende Agitation ward nicht gehemmt; Gerhard konnte beruhigt aus-

Frankfurt heimziehen; der Fürstentag hatte die Ausführung seiner Pläne nicht durchkreuzt.

Gerhard mochte noch nicht lange von der Hoffahrt zurückgekehrt sein, da kam in seine Hände ein Schreiben des heiligen Vaters, das seinem Unternehmen nichts weniger als förderlich war. Hatten im Februar von Seiten der Reichsgewalt Hemmnisse gedroht, so jetzt von Seiten der Römischen Curie.

Die letzten Vorgänge in Mitteldeutschland hatten Gregor gezeigt, dass er in Sachen der Ketzerei in seiner hartnäckigen, eigensinnigen Weise nicht ferner verfahren dürfe, dass er vorsichtiger zu Werke gehen müsse. Hatte er schon in der Bulle vom 17. Juni 1233 die Andeutung gemacht, dass in der Stedingischen Angelegenheit noch keineswegs die volle Wahrheit ergründet sei, dass trotz der Bremischen Synode, trotz des Berichtes der Bischöfe von Lübeck, Ratzeburg und Minden eine weitere Feststellung der Ketzerei des Bauernvolkes erforderlich scheine[82]), so ergriff er jetzt die passlichste Gelegenheit, eine neue Untersuchung der ganzen Sachlage vornehmen zu lassen. In Norddeutschland hielt sich während des Winters von 1233 auf 1234 als päpstlicher Legat, Wilhelm, weiland Bischof von Modena, auf, der schon auf dem Reichstage zu Ravenna von der Stedingischen Sache gehört haben mochte und jetzt mit mehreren Missionen besonders wegen der Verhältnisse in Preussen betraut war[83]).

Am 18. März 1234 sandte Gregor diesem Legaten eine Bulle[84]), in welcher es hiess:

„Der schwere und schreckliche Streit, der vordem ausgebrochen ist zwischen unserm ehrwürdigen Bruder, dem „Erzbischofe, sowie der Geistlichkeit und den Bürgern von „Bremen auf der einen Seite und Denen, so Stedinger „heissen, auf der andern, ist, wie unserm apostolischen „Amte geschrieben, durch die Ränke des Erzfeindes der „Menschheit so sehr gewachsen, dass in Folge davon Morden und Brennen und Verwüstungen der Ortschaften und „andere, den Erzähler wie den Hörer entsetzende Thaten „begangen sind, welche Gott missfallen und gefallen dem

„Fürsten der Finsterniss. Ob so grosser Bedrängniss „unserer Söhne nicht ohne Grund tief bewegt, werden wir „durch unser seelsorgerisches Amt und Mitgefühl getrie„ben, für ihr Heil zu sorgen; deshalb geben wir dir, da „du durch jene Gegend nach göttlicher Schickung deinen „Weg nimmst... und, den Freuden und Ehren dieser Welt „entsagend, stark, wie ein Held, deine Lenden umgürtet „hast, frei die evangelische Wahrheit zu predigen, durch „Schrift des apostolischen Stuhles den Auftrag, dass du „eifrigst das Deinige thuest, um, wenn es möglich ist, „wegen jener Angelegenheit unter den Genannten einen „Vergleich zu Stande zu bringen, sie hiezu anleitend mit „heilsamen Ermahnungen und heilbringenden Rathschlägen „nach der dir von Gott gespendeten Weisheit. Sollten sie „aber deinen Ermahnungen nicht sich bequemen wollen, „so mögest du dafür sorgen, dass dein Verfahren und die „Umstände der ganzen Angelegenheit uns mitgetheilt wer„den, auf dass wir, durch deine Meldung unterrichtet, besser „dieser Angelegenheit uns anzunehmen vermögen."

Noch im letzten Augenblicke schien also dem Erzbischofe jene Waffe aus der Hand genommen werden zu sollen, die er bereits seit Jahren führte. Aber die Dinge waren schon zu weit vorgerückt; die Einmischung des päpstlichen Legaten konnte ihren Lauf nicht hemmen; die Bedenken Gregor's kamen zu spät.

Im April des Jahres 1234 sammelten sich bereits die mit dem Kreuze gezeichneten Freischaaren. Graf Heinrich von Oldenburg glühte, die Schmach vom Hemmelskamper Walde und den Tod seines Bruders zu rächen[5]; Graf Ludwig von Ravensberg, der Gemahl von Gerhard's Schwester Gertrud, hatte seine Mannen von Ravensberg, Sparenberg und Bielefeld zusammen gerufen[6]; die Schaaren, die Graf Florentin von Holland führte, kamen zu Schiff in der Weser an, und die Stedinger vermochten ihre Fahrt nach Bremen nicht zu hindern[7]. Graf Otto III. von Geldern, wie der Graf von Holland, ein Vetter des erschlagenen Burchard, war von Bischof Wilbrand von Utrecht, dem Bruder desselben, mit dem Kreuze bezeichnet und zog zur Heerfahrt heran[88]); sein Schwager, Herzog Heinrich der Jüngere von Brabant, Gottfried's des Kühnen Enkel, welcher, während der Vater beim Kaiser in Italien sich aufhielt, für ihn die Regentschaft führte, hatte ebenfalls mit ritterlichen Mannen die Meerfahrt nach den Bremischen Landen angetreten[89]); Adolf VII. von Berg, Wilhelm IV. von Jülich[90]), Dietrich von Cleve blieben hinter dem Brabanter und dem Holländer nicht zurück und führten ihre Getreuen an die Ufer der Weser[91]). Selbst aus noch ferneren Landen kamen streitlustige Gesellen, der Vogt von Bethune, Balduin von Bethune und Bertram Grossus führten Schaaren heran[92]). Immer grösser ward die Zahl der Krieger, die, fanatisch und beutelustig, dem Rufe der Kreuzprediger Folge leisteten. Was im Namen des apostolischen Stuhles begonnen war, musste im Namen desselben vollendet werden. Gerhard sah sich seinem lang ersehnten Ziele nahe, und der päpstliche Legat hemmte seine Schritte nicht.

Bremen scheint der Sammelplatz der Schaaren gewesen zu sein; das Fest des heiligen Urban, des ersten Papstes, der das Kreuz predigen liess, ward wohl mit besonderem Pompe gefeiert; denn nur noch zwei Tage sollte die Waffenruhe noch dauern.

Am Morgen des 27. Mai, am Sonnabend vor Himmelfahrt rückte man gegen die Ketzer*). Bei Bremen gingen die Ritter, die in der erzbischöflichen Residenz verweilt hatten, auf das linke Ufer des Stromes. Gefolgt von der Klerisei mit ihren Fahnen und hochragenden Kreuzen, zogen die Schaaren von Ledense aus nordwärts. Da, wo die Heerstrasse die Ochtum traf, erhoben sich die Schanzen der schon früher erwähnten Brücke; das Kreuzheer griff diese Befestigung nicht an; die Schiffe der Bremer, die Fahrzeuge, welche die Reisigen aus Brabant und Holland hergetragen hatten, begleiteten auf der Weser den Zug des Heeres. In der Ochtum legten sie sich Angesichts der Feinde zu Schiffsbrücken neben einander. Die Stedinger

---

*) Vergl. Anhang VII. Die Schlacht bei Altenesch.

mussten es geschehen lassen. dass am hellen Mittage der Fluss überbrückt wurde, und der Feind ihr Ufer erreichte. ohne um die Verschanzungen des Hasberger Passes sich zu kümmern.

Allein wenig war damit gewonnen, dass den Boden der Ketzer die ersten Streiter betraten. Vor ihnen breitete sich ein ebenes Feld aus. dicht bei dem Orte Altenesch, dem äussersten Punkte der Lechterinsel und bei dem Stammsitze der Herrn von Süderbrok, zwischen den drei Flüssen. der Ollen, Lintow und Ochtum. Auf diesem Blachfelde standen mehrere Tausend der rüstigen Bauern von ganz Weststedingen, dicht geschaart und wohl geordnet. Aus ihren Reihen ragten drei Männer hervor, die schon oben genannt sind, Bolke von Bardenflet. Tammo von Huntdorf und Detmar von Dieke. Waren die Geister der Bauern noch zum schweren Kampfe zu stärken. so thaten es die Worte dieser Helden. und die übrigen Führer folgten ihrem Beispiele. Die Entscheidungsschlacht ward von den Stedingern mit dem klaren Bewusstsein begonnen. dass nur Sieg oder Tod zu wählen sei. Die Masse ihrer Streiter trug allein das kurze Schwert und den langen Knotenspiess; bloss ein Lederschild schützte den Körper; so leicht gewappnet. sollten sie dem ritterlichen Volke sich entgegen werfen[93]).

Der Herzog von Brabant ordnete die Schaaren der Kreuzträger; Florentin von Holland hatte den ersten Angriff auszuführen. Wie der Kampf beginnen sollte, erhob die Klerisei in der Ferne den Gesang eines alten Liedes, das schon manche Schaar zum blutigen Waffengange begeistert hatte und wohl vor Jahren am Abende vor der Verketzerung der Stedinger in der Kathedrale zu Bremen ertönt war[94]). Hier im Felde klang das Klagelied wie ein Schlachtgesang:

 Media vita in morte sumus!
 Quem quaerimus adjutorem, nisi te, domine,
 Qui pro peccatis nostris juste irasceris!
 Sancte deus! Sancte, fortis, sancte et misericors salvator!
 Amarae morti ne tradas nos!

Fast wie ein Zauberlied, das die Schwerter der Ketzer stumpfte und ihre Sehnen schwächte, erscholl dieser Gesang und belebte den Muth der Schaaren. Der stürmische Angriff des Grafen von Holland begann; aber die Stedinger wichen nicht. Wie wüthende Hunde erschienen sie den Augen der Kreuzträger[95]). Immer mehr von diesen wurden ins Gefecht gezogen; immer wilder ward das Streiten, immer lauter der Gesang der Geistlichkeit und das Kampfgeschrei der Stedinger. Graf Heinrich von Oldenburg, der hoch zu Ross in das Getümmel sprengte, ward aus dem Sattel gehoben und erschlagen [96]); schon war mancher Ritter in den Staub gesunken, ein Gerhard von Mulswerth, ein anderer Edler Gerhard von Diest waren getödtet[97]); löwenstark wehrten sich die Bauern. Allein die Schaaren des Kreuzheeres waren zu zahlreich; Heinrich von Brabant liess sie immer weiter sich ausbreiten; mehr und mehr wurden die Bauern umzingelt. Schon waren sie kampfesmatt, als Graf Dietrich von Cleve mit frischer Mannschaft wider sie losbrach [98]). Sein Angriff brachte die Entscheidung. Die Bauern wichen; ihre besten Helden lagen auf dem blutgetränkten Gefilde, von Lanzen durchbohrt, von Rossen zerstampft. Auch Frauen, die wohl mit gefochten hatten, waren unter den Todten. An einen Rückzug war nicht zu denken; bis zum letzten Augenblick hielten die Bauern aus; nur Wenige wandten sich zur Flucht. Die Meisten unter ihnen wurden von den Nachsetzenden erschlagen. Manche kamen um in den Gewässern und Mooren; nur Einzelne erreichten glücklich die Hunte.

Aber auch in Unterstedingen war ihres Bleibens nicht; die ganze waffenfähige Mannschaft hatte bei Altenesch dem Feinde die Brust geboten; der Uebergang über die Hunte war dem Kreuzheere nicht streitig zu machen. Was fliehen konnte, floh zu den Friesen, auf deren Hülfe vergebens gehofft war[99]).

Mord und Brand hauste in ganz Weststedingen, und, wenn auch keine Scheiterhaufen errichtet wurden, so ward doch nach dem Blutbade bei Altenesch das gleiche grausige Geschick über die weststedingischen Lande verhängt, das vor einem Jahre über Oststedingen herein gebrochen war[100]).

Gerhard der Zweite hatte endlich gesiegt; die Bauernrepublik an der Unterweser war vernichtet. Aber welche Anstrengungen hatte dieser Erfolg gefordert, der nur der Uebermacht zu danken war; welche Opfer hatte sein Werk gekostet! Sein Bruder war im Kampfe gegen die Bauern getödtet; schmachvolle Niederlagen hatte er erduldet und seine beiden Freunde von Oldenburg verloren. Die Kirche zu Warfleth wurde bedeckt mit Gräbern von Edlen, die bei Altenesch erschlagen waren[101]); die Masse des niederen Volkes, das mit dem rothen Kreuze auf der Brust auf dem blutigen Blachfelde lag, war so gross, dass die Leichen der Streiter Gottes nicht von den Körpern der Ketzer gesondert werden konnten. Freund und Feind wurden von grossen gemeinsamen Grüften umschlossen.

Sechs Monate nach der Todesschlacht stellte Gregor der Neunte zu Perugia eine Bulle aus, in welcher er an die Mitglieder des Bremischen Domcapitels schrieb[102]):

"Durch eure demüthigen Bitten bewogen, gestatten "wir euch in Kraft gegenwärtiger Schrift, dass ihr, dieweil "auf den Beerdigungsplätzen der Kirchen im Lande der "Stedinger eurer Angabe nach viele Leiber von Ketzern "und Verfluchten, die von den Leichen der Gläubigen nicht "getrennt werden können, begraben worden, von Neuem "jene Kirchen und jene Beerdigungsplätze weihen lasset."

So schrieb der Papst am 28. November 1234. Wie die Kirche zu Warfleth, mögen die von Berne und Elsfleth mit Gräbern bedeckt gewesen sein, in denen die Opfer der wilden Plünderung und Verwüstung ihre Ruhestatt finden sollten. Die Erschlagenen von Altenesch erhielten zum grössten Theile auf dem Schlachtfelde ihre Gruft. Ueber der neu geweihten Grabstätte erhob sich dann später eine Kapelle des heiligen Gallus, die jetzige Pfarrkirche zu Süderbrok[103]). Mancher Spätgeborene mag dort für das Seelenheil seiner tapferen Ahnen inbrünstig gebetet haben.

Für die Kirche war der Sieg bei Altenesch ein sehr bedeutendes Ereigniss. Auch in Norddeutschland hatte die

Hierarchie den Beweis geliefert, dass ihr nichts zu widerstehen vermöge, wenn sie ihre Kräfte ganz entfalte. Das Bremische Hochstift hatte grossen Zuwachs an weltlicher Macht empfangen, und Gerhard der Zweite war so stolz auf die Bezwingung des Bauernvolkes, dass er ihretwegen ein eigenes Gedächtnissfest für seine Kirche anordnete. Am Sonnabend vor Himmelfahrt erschollen jährlich im hohen Chore der Peterskirche zu Bremen Jubellieder und besondere Hymnen zur Feier des Sieges über die Ketzer und der Rettung der Freiheit der Kirche [104]; durch die Strassen der Stadt zogen Geistliche und Laien in feierlichster Procession zu Ehren der Mutter Maria[105]; Predigten verkündeten die Fluchwürdigkeit der Ketzerei und die Seligkeit der unter dem Zeichen des Kreuzes Gefallenen; zwanzigtägiger Ablass ward Allen verliehen, die an diesem Tage der Gedenkfeier des Altenescher Kampfes Almosen spendeten [106]. Noch das 1511 erschienene Missale der Bremischen Kirche führt das feierliche Hochamt an, das „als Gedenkfeier an den Sieg über die Stedinger zu Ehren der heiligen Jungfrau an jedem Sonnabend vor Himmelfahrt gehalten werden soll" [107].

So verherrlichte die Kirche den mühevoll errungenen Ausgang des Religionskrieges. Jahrhunderte lang ward die Stadt Bremen an die traurige Katastrophe eines heldenmüthigen Kampfes erinnert; sie selbst hatte dies Ende herbeiführen helfen, nicht zu eignem Segen und Vortheil.

V.

DIE STEDINGER NACH
DER SCHLACHT BEI ALTENESCH.

Der Zweck, den Erzbischof Gerhard der Zweite durch die Verketzerung der Stedinger erstrebte, schien im Sommer 1234 völlig erreicht zu sein. Die Uferstriche der Niederweser waren bewältigt; der Kirchenfürst schaltete und waltete in dem Tieflande des Bremischen Stromes bis zu den Marken der Friesen. Er war, wie auf der Engerischen Geest, so auch in den erst jüngst gewonnenen Flussmarschen, im Besitz der Herrschaft, und er konnte sie jetzt üben in der Machtfülle der neu ausgebildeten Landesherrlichkeit, welche von weit anderer Bedeutung war, als das alte Recht der Grafengewalt, das vor Zeiten auch über die Weserinseln sich erstreckt hatte. Jeder Widerstand war zu Boden geworfen. Zinse und Zehnte und grundrechtliche Abgaben aller Art konnte er mit dem Rechte des Siegers Einzelnen, wie dem ganzen Volke auferlegen und so die Finanzen der Bremischen Kirche durch Belastungen, wie sie vor dem Religionskriege nur Wenige gedrückt hatten, für die Dauer kräftigen.

Als die Leichen der Erschlagenen nicht mehr die Felder bedeckten, die Dörfer auf den Deichen nicht mehr rauchten und der Rest des Volkes sich wieder sammelte, zeigten sich überall fremde und feindliche Gestalten. Viele Höfe hatten ihre Eigenthümer verloren und wurden von dem Erzbischofe an Genossen der Kreuzfahrt gegeben; manche Bauernstelle ward willkürlich eingezogen und für herrenlos erklärt wegen des Grundsatzes, dass der Ketzer Hab und Gut verscherzt habe¹). Der Erzbischof versprach noch am Ende des Jahres 1235 seinem Schwager, dem Grafen von Ravensberg, dass er ihm fünfzehn Freihöfe aussuchen werde oder, falls diese nicht zu finden, andere Güter, deren Zahl dem Werthe jener Besitzungen gleichkomme²). Die Stoteler erhielten Land in Mansfleth und Schlüte, Bardenfleth und Dalsper, vielleicht Reste des Hausbesitzes der ehemaligen Grafen von Warfleth³); auch die Oldenburger nahmen manchen Hof in Besitz, besonders in der Nähe des Hasberger Passes⁴). Die Lüneberger Herren verschafften sich Liegenschaften in der Nordmarsch⁵), die von Aumund in der Südmarsch am linken Weserufer⁶). Neben den Namen alter Stedingischer Ministerialen zeigen sich früher unbekannte; neben Denen von Bardenfleth, von Linen, von Hörspe erscheint ein Ritter Arnold von Schiffdorf, ein Ritter Bernhard von Hiddigwarden, ein Ritter Meinhard von Altenesch⁷), das Geschlecht Derer von der Hunte tritt in der Umgebung der Oldenburger Grafen auf⁸). Es zeigt sich überall, dass viele neue Elemente dem erst kürzlich entstandenen Mischvolke hinzugefügt wurden. Auch die Besitzthümer, welche die kirchlichen Institute erhielten, werden nicht unbedeutend gewesen sein und zur Verbreitung des Meierwesens, zur Verdrängung des freien Bauernstandes viel beigetragen haben. Die Cistercienser errichteten zu Hude an der Stelle, wo das vor einigen Jahren durch die Stedinger zerstörte Kloster gestanden hatte, neue Gebäude⁹); es begann der Bau der grossartigen Kirche, welche von dem Reichthum zeugte, dessen der bisher dort nicht sehr bemittelte Orden nun sich erfreute, und von den Wohlthaten, mit denen er durch die Oldenburger Grafen unterstützt wurde¹⁰). Heinrich der Bogener von Wildeshausen, der Sohn des im Hemmelskamper Walde erschlagenen Burchard, war den Mönchen von Hude ebenso gewogen, wie sein Vetter, der Graf von Oldenburg, dem das feste Kloster an den Marken Oberstedingens ein besonderer Stützpunkt seiner Macht werden konnte. Rasch erwarben die Cistercienser von Hude in ganz Weststedingen bedeutende Besitzungen; ähnlich machten es die Benedictiner von Rastede, deren Haupteinnahmen bald aus Niederstedingen flossen. Eine Reihe von Kirchen wurde in der Marsch erbaut und nicht unerheblich mit den Gütern der Bauern dotirt[11]).

So wurden die Lande am linken Ufer der Weser durch Verleihung der Hofstellen an die aus der Fremde herbeiziehenden Leute, durch die Einsetzung von Meiern der Klöster und Kirchen, wie der weltlichen Herren aufs Neue bevölkert, und diese frischen Elemente waren in einigen Strichen, wie in Oststedingen und in der Südmarsch Weststedingens, sehr bedeutend.

Freilich war der Erzbischof nicht so thöricht, den Rest der alten leistungsfähigen Arbeiter von den früheren Sitzen zu verjagen; aber die Zahl der Männer, die der Vertilgungskrieg geschont hatte, war nur gering. In den Friesischen Landen blieben noch immer Viele der Geflüchteten und nährten fern von der Heimath den alten Groll[12]); Manche wanderten aus. So erhebt sich in den siebziger Jahren zu Hamburg eine grosse Familie, die nach Stedingen sich nennt[13]); in Lübeck erscheint sehr bald ein Steding in hohem Ansehen[14]), ebenso in Wismar[15]); auf Rügen und in Dorpat findet sich dann der gleiche Name[16]). Auch der Stedinger, dessen Heimath erst von den Grosseltern der Cultur gewonnen war, griff jetzt zur Wanderung, gleich so manchem anderen Landmann, den Frohndienst und Knechtung aus seit Alters bebauten Gegenden in die Ferne trieb.

Mehr als ein Jahr verfloss nach der Vernichtungsschlacht bei Altenesch, ehe Bann und Interdict von den Besiegten genommen wurden. Der Erzbischof brauchte geraume Zeit, um die Vergewaltigung im Einzelnen durchzuführen, und deshalb durfte das Anathem, das ihm zu jeglichem Thun den Vorwand leihen konnte, nicht alsobald wieder zurückgenommen werden. Erst am 21. August 1235 erliess der Papst zu Perugia die Bulle, welche die Rückkehr gesetzlicher Verhältnisse anbefahl[17]). Diese Bulle lautete:

„Bischof Gregor, Knecht der Knechte Gottes, seinem

„ehrwürdigen Bruder, dem Erzbischof, und seinen geliebten „Söhnen, den Mitgliedern des Bremischen Capitels, Heil „und apostolischen Segen.

„Von Seiten des Volkes der Stedinger, die im Bre„mischen Sprengel wohnen, sind wir demüthig angeflehet „worden, dass wir, dieweil sie, lange Zeit hindurch gegen „euch unbotmässig und aufsätzig, jetzt euren Befehlen zu „gehorchen wünschen, das Urtel der Verfluchung, mit dem „sie deshalb belastet sind, aus Erbarmen von ihnen nehmen „möchten, und da Denen, so an die Pforte der Kirche „klopfen, die Gnade des Mitleids nicht zu weigern ist, so „geben wir euch in Kraft gegenwärtiger Schrift den Auf„trag, dass ihr, wenn von ihnen volle Sicherheit geboten „wird, dass für das Vergangene euch und der Kirche ent„sprechende Genugthuung gegeben und für die Zukunft „euren Befehlen unweigerlich Folge geleistet werden wird, „unter Auferlegung der Bedingungen, die dem Rechte nach „auferlegt werden dürfen, jenes Urtel nach der kirchlich „feststehenden Form aufhebet."

Mit keinem Worte gedachte der apostolische Vater der Ketzerei, der die Stedinger sich schuldig gemacht haben sollten. Auch bei ihm galt der Spruch Samuel's: Ungehorsam ist Götzendienst!

Der Rest der Stedinger hatte Botmässigkeit dem Erzbischofe gelobt, der als unbeschränkten Herren sich betrachtete. Unmittelbar stand er als solcher da in dem südlichen Theile von Oststedingen, welchen er von jener Feste Hagen aus beherrschen konnte, die vormals durch die Stedinger vergebens umlagert war[18]), und auf der Lechterinsel, welche für die Gewalt über die Weser so wichtig schien und ehedem die Feste der Grafen von Warfleth getragen hatte, an deren Wiederaufbau wohl gedacht wurde[19]). Das Geschlecht der Edelherrn von Stotel gebot in dem nördlichen Theile von Oststedingen; Gerbert, der Schwiegersohn des Grafen Otto des Zweiten von Oldenburg, führte seit 1234 den Grafentitel[20]); seine Burg lag in der Marsch selbst, und von ihr aus war die Herrschaft über die Lande wohl zu behaupten[21]). In Oberstedingen erhob sich bald eine Oldenburgische Feste; die Grafen der jüngeren Oldenburgischen Linie hatten den Hauptgewinn von der Altenescher Schlacht. Christian der Vierte und jener Otto der Zweite, die gräflichen Brüder von Oldenburg, die auch an den Kreuzzügen gegen die Bauern sich betheiligt hatten und in ihnen glücklicher gewesen waren, als ihre Vettern von Bruchhausen und Wildeshausen, geboten über den grössten Theil Oberstedingens. Die Herrschaft über das Land sollte ihnen zunächst die Burg sichern, die dicht beim ehemaligen Schlütterberge errichtet wurde, das feste Delmenhorst, das dem Enkel Christian's schon als Sitz einer eigenen Herrschaft, als Mittelpunkt eines besonderen Territoriums diente [22]. Inmitten des Tieflandes ward dann aber noch eine andere Feste erbaut, dem früheren Lechtenberge gegenüber, der seit drei Jahrzehnten ein Trümmerhaufen war; dicht bei Berne entstand bald nach dem Siege bei Altenesch eine gräfliche Burg, deren Erdwälle und Holzbefestigungen dem Zorne der Bauern trotzen konnten [23]. Nicht fern von der Mündung der Hunte in die Ollen, lag sie in einer für die Behauptung der Herrschaft über das Ollener Bruchland und über die Stedingische Wüste sehr günstigen Stelle.

Die Vereinbarung vom März 1233, nach welcher die Stadt die erste Feste erhalten sollte, die in den Stedingerlanden erbaut werde, ward vom Erzbischof, wie von den Grafen, nicht sonderlich geachtet. Vergebens war es, dass der Rath sein Recht forderte, dass von ihm durch Vermittlung des Dechanten und Scholasters im Domcapitel der Rechtsspruch des Papstes verlangt ward, dass Gregor am 28. April 1237 den Bischof von Münster und einige andere Prälaten beauftragte, jene Vereinbarung in seinem Namen zu bestätigen und für die Vollziehung Sorge zu tragen [24]. Die Sieger von Altenesch bauten ohne die Bremer zu fragen, die Zwingfesten im Stedingerlande; sie wiesen den Bürgern keine Burg zu eigenem Besitze an, und das Einzige, was Bremen erlangen konnte, war die Zusage, dass die Burg zu Berne ein Holz- und Erdbau bleiben und nicht durch steinerne Brustwehren befestigt werden sollte [25].

Von den Stedinger Marschen entging der Vergewaltigung am Glücklichsten das niederstedingische Land, jenes Gebiet, von dem vormals die erste Erhebung gegen die Grafengewalt ausgegangen war. Weder Linen, noch Lechtenberg ward wieder aufgebaut; wenn auch im Juni 1234 die Verfolgung und Verwüstung die Hunte überschritt, so war doch diese Marsch nicht zu der Botmässigkeit zu bringen, die man erstrebte.

Nur so lange die Stedinger noch zu schwach waren, um sich erheben zu können, trugen sie hier das ihnen auferlegte Joch mit thatenloser Geduld; als eine neue Generation wieder erstanden war, zeigte sich auch im Nachwuchs der unruhige Geist der Väter.

Freilich waren Oststedingen und Oberstedingen so sehr in der Gewalt ihrer neuen Herren, dass keine Bewegung der Bauern geschehen konnte; aber Niederstedingen wurde wenige Decennien nach den Kreuzfahrten noch einmal in schwere Kriege hineingezogen, und selbst die Südmarsch am linken Weserufer sollte in diese verwickelt werden.

Die Rustringer, welche in den dreissiger Jahren zum Verderben für die Stedinger und, wie ihre späteren Geschicke lehren, zu eignem Unheil von den Kämpfen ihrer tapfern Nachbarn sich fern gehalten hatten, ergriffen bald nach der Bewältigung derselben das Schwert. Der erste bedeutende Kampf zwischen ihnen und den Oldenburger Grafen brach in den fünfziger Jahren des dreizehnten Jahrhunderts aus, ein schwerer Streit, der nach dem Tage von Altenesch die Schicksale der nördlichen Stedingerlande für längere Zeit bestimmen sollte. Den Ausbruch des Kampfes rief der ungelöschte Hass hervor, welchen die zu den Friesen geflüchteten Stedinger hegten, gewiss nicht die schlechtesten ihres Volkes [26]). Der Zweck der Friesischen Waffenerhebung war die Befreiung Niederstedingens vom Oldenburgischen Joche, der Ausgang des Unternehmens aber zunächst nicht günstig für die Bauern. Graf Johann von Oldenburg, Christian des Vierten Sohn, siegte über die vereinigten Schaaren der Niederstedinger und Friesen zwischen Elsfleth und Huntebrück [27]); aber mit Einer

Feldschlacht war wenig gewonnen; die Niederlage führte zu neuen Kämpfen. Die Rustringer gaben den Plan nicht auf, die gräfliche Gewalt aus ihrer nächsten Nachbarschaft, aus dem nördlich von der Hunte gelegenen Tieflande zu vertreiben, und die waffenfähigen Stedinger standen ihnen treulich zur Seite. Die niederstedingischen Siele wurden geöffnet, besonders der Siel von Hammelwarden; das Land ward der Fluth, wie dem Hochwasser Preis gegeben. Die gräflichen Mannen, die zur Bewältigung der Stedingischen Erhebung und zum Schutz der neuen Grenzen unter dem gräflichen Drosten Nicolaus von Fleckschild im Lande der Bauern hauseten, hatten den schwersten Stand. Eine zweite Niederlage der Friesen und Stedinger geschah; aber ihr folgten nur neue stärkere Anstrengungen der Bauern; die Siele blieben geöffnet; die Lande wurden vollständig verwüstet. Sieben Jahre lang lag Niederstedingen da, wie eine Wüste; in dieser Zeit war es, dass Wölfe in der Elsflether Kirche ihre Brut nährten, dass der Convent der Benedictiner in Rastede sich auflösen musste, weil mit den Einnahmen aus den Marschlanden den Mönchen die Lebensmittel fehlten[28]). Die Niederstedinger und Friesen führten den Kampf bis zum Aeussersten; als die Schaaren der Oldenburger versuchten, in Rustringen selbst einzudringen, wurden sie auf dem Boitwardener Moore vollständig geschlagen, dicht an der Grenze Niederstedingens[29]).

Dies war seit der Schlacht am Hemmelskamper Walde der erste Sieg, der die Waffen der Bauern wieder krönte. Die Lage des Grafen Johann ward immer bedenklicher. Im Juni 1258 wandte er sich um Hülfe an die Bürger von Bremen, und, da die kirchliche Gewalt in seiner Sache die eigene erblickte, gelang es, eine Einigung hervorzurufen, nach welcher die Stadt zur Hülfe gegen die Friesen sich erbot[30]). Der streitbare Kirchenfürst, der mit Feuer und Schwert wider die Weserflussmarschen gewüthet hatte, war, rasch alternd, damals bereits ein Greis geworden. Der Sohn seines von den Stedingern erschlagenen Bruders, Simon von der Lippe, Bischof von Paderborn, führte als Administrator des Hochstiftes das Regiment; kurz nach enem Vertrage starb der Bezwinger der Stedinger am 27. Juni 1258³¹).

Beim Tode Gerhard des Zweiten brachen wiederum Zwistigkeiten wegen der Besetzung des erzbischöflichen Stuhles aus. Ein Theil der Wähler berief, wohl nicht ohne Bezug auf jene Kämpfe der Friesen und Niederstedinger, den Archidiaconen von Rustringen zu dem erzbischöflichen Amte, einen Sohn der Hedwig von Oldenburg und Vetter des Grafen Johann, den thatkräftigen, schnell entschlossenen Hildebold von Wunstorf. Ihm wurde durch eine andere Partei Gerhard von der Lippe gegenüber gestellt, bisher Dompropst zu Bremen, wie sein Bruder Simon, ein Neffe des verstorbenen Erzbischofs³²).

Der Administrator suchte mit Gewalt den Gegner seines Bruders zu verdrängen. Hildebold ward aber in Bremen anerkannt und erhielt Anhang in den Kreisen der Ministerialität. Umsonst war die Unterstützung, welche jenseits der Elbe Gerhard von der Lippe durch seine Neffen, die Grafen von Schauenburg-Holstein, Gerhard und Johann, empfing; die festen Häuser des Stiftes, besonders Langwedel und Vörde, musste Simon den Gegnern überliefern; mehr und mehr verlor seine Partei alle Stützen. Hildebold schien schon Sieger zu sein: da suchte der Administrator, der erst vor Kurzem jenes Bündniss zwischen dem Oldenburger Grafen und der Stadt Bremen vermittelt hatte, bei den Stedingern Hülfe; der Edelherr von der Lippe sah bei den früheren Feinden seines Geschlechts seine einzige Zuflucht³³).

Er fand am linken Ufer der Weser, was er suchte; die alte Kampfeslust war auch den Bauern von Oberstedingen nicht entschwunden; sie ergriffen die Waffen für ihn und für seinen Bruder, für einen Prälaten, der Gerhard von der Lippe hiess! Die Rustringer hatten jetzt mit ihnen gleiche Interessen; denn ihnen gegenüber standen die alten Feinde, derselbe Graf Johann, der wider sie den Krieg führte, Heinrich der Bogener von Wildeshausen, der Lehnsmann der Bremischen Kirche, sowie die beiden Bruchhauser Grafen Heinrich und Ludolf, die Söhne des bei Altenesch erschlagenen Heinrich[34]). An den Kampf in den Seemarschen, dessen Opfer das Land zwischen Dornebbe und Hunte war, schloss sich nun die Erhebung der südlichen Marsch der Stedinger. Bei dem Zustande von Niederstedingen konnte Simon von der Lippe nur nach Oberstedingen sich begeben; hier wartete er indessen den Angriff seiner Gegner nicht ab. Es begannen Streifzüge der Stedinger, wie in der Zeit der Waldemar'schen Wirren. Wie im Jahre 1213 bei Hilgermissen, so wurden die Bauern auch jetzt geschlagen, als sie das Tiefland verliessen und auf der hohen Geest ihren Feinden die Schlacht zu bieten wagten. Im Sommer 1259 siegte bei Munderloh die Partei Hildebold's über die Schaaren der Bauern, und mit dieser Niederlage war die Sache des Dompropsten Gerhard verloren. Der Edelherr von der Lippe floh heimlich aus den Landen der Stedinger, die den Kampf wieder einstellen mussten, ohne Etwas erreicht zu haben[35]).

Noch einmal hatte sich gezeigt, welchen Einfluss das Volk der Weserflussmarschen auf die Geschicke des Erzstiftes ausüben konnte. Hildebold sah in der Bezwingung dieser immer wieder sich erhebenden Macht seine nächste Aufgabe; als er von Rom, wo er die Bestätigung in der erzbischöflichen Würde sich erworben hatte, zu den Weserlanden zurückgekehrt war, begann er sein Werk.

Er errichtete eine neue Zwingfeste in Oberstedingen: er baute da, wo das alte Stammhaus der Warflether Grafen gestanden, eine neue Burg und schuf sich so einen festen Punkt auf der Lechterinsel, von dem aus er auch in die Angelegenheiten Niederstedingens und Rustringens eingreifen konnte[36]). Unbekümmert um die Zusicherungen seiner beiden Vorgänger, gründete er ein festes Haus am Weserstrome. Die Oldenburger Grafen aus der jüngeren Linie, der neue Graf von Stotel hatten mit ihm das gleiche Interesse; die Ministerialen hingen ihm an; Niemand schien da zu sein, welcher, eingedenk des im März 1233 geschlossenen Vertrages, für die Rechte der Stadt eintreten konnte. Aber der Rath von Bremen, bisher dem Erzbischofe treu ergeben, rüstete; es schien der Augenblick gekommen, an dem die natürlichen Bundesgenossen: die Bremer, die Friesen und die Stedinger gemeinsam gegen das Umsichgreifen der erzbischöflichen Gewalt zu den Waffen eilen mussten. Graf Heinrich von Wildeshausen war bereit, das von seinem Vater gegebene Versprechen zu erfüllen und gegen seinen Lehnsherrn, den Erzbischof, sowie gegen seine Vettern von Oldenburg dem Kampfe beizutreten.

Weit aussehende Feindseligkeiten bahnten sich an; aber im letzten Momente lenkte Hildebold ein. Seinen Bemühungen gelang es, zunächst die Niederstedinger zur Ruhe zu bringen. Am 24. Februar 1260 erklärten „die sechszehn Rathmannen und das ganze Rustringische Land, dass die jenseits der Hunte wohnenden Stedinger, da sie von dem ehrwürdigen Herrn Hildebold, der Bremischen Kirche Erzbischofe, und von der Bremischen Kirche selbst zu Gnaden wieder aufgenommen wären, geschworen hätten, niemals jenem oder dieser sich zu widersetzen, ihnen vielmehr ewige Treue zu bewahren und alle jenseits der Hunte wohnenden Stedinger, die Gehorsam weigerten, wie eigene Feinde, zugleich mit dem Erzbischofe und der Kirche zu Bremen bis zur Vertilgung zu verfolgen"[37]. Von einer Unterwerfung unter die Hoheit der Grafen von Oldenburg war keine Rede. Bald hernach, am 12. März jenes Jahres, ward zu Bremen zwischen dem Erzbischofe, den Oldenburger Grafen, den Bremern und den Rustringern ein weiterer Vertrag geschlossen, der den Frieden in den Weserlanden sichern sollte[38]. Unter den Ministerialen, die beim Abschluss gegenwärtig waren, erscheint der neue oberstedingische Ritter Meinhard von Altenesch und Nicolaus von Fleckschild, der den langen Kampf mit den Niederstedingern und den Rustringern geführt hatte. Den Friesen ward eine Genugthuung geboten, die ihrem Stolz im höchsten Grade schmeicheln musste. Für jeden im Kampfe Gefallenen sollte ihnen Wergeld bezahlt werden, als sei er durch Friedbruch getödtet[39]. Den Bremern ward abermals gelobt, dass an der Niederweser ohne ihre Zustimmung keine Feste errichtet werden solle, und selbst den Friesen wurde Beispruchsrecht zugestanden[40].

Durch diese Verträge wurde zunächst der Friede gewahrt; der Erzbischof musste sich dazu verstehen, die junge Burg von Warfleth wieder zerstören zu lassen. Eine Zeit lang zögerte er[11]; dann aber wurden neue Vereinbarungen getroffen, die ihn doch nöthigten, zum Niederreissen der Stedingischen Feste zu schreiten. Am 1. März 1261 schloss Graf Johann von Oldenburg eine Einigung mit der Stadt, die besonders auf Oberstedingen sich bezog[12]. Aufs Neue versprach er seine Burg zu Berne niemals zu einem steinernen Bauwerke umzugestalten; die Schifffahrt auf den Stedingischen Gewässern wollte er frei und offen halten für Friesen, wie für Bremer; zu Ochtum, dicht bei dem Altenescher Schlachtfelde, sollten die Unterhandlungen geführt werden, wenn es der Vermittlung bedürfe. Endlich ward auch zwischen Hildebold und der Stadt Bremen ein feierlicher Pakt eingegangen, dem der Wildeshauser Graf sich anschloss[13]; Hildebold versprach am 14. August 1262, niemals die Feste Warfleth wieder aufzubauen und auch keine andere Burg, weder in den Stedingischen Landen, noch in den Geestgegenden, an der Niederweser zu errichten. Unter den Zeugen dieses Vertrages erschienen Ernst von Hörspe, der oberstedingische, und Albero von Line, der niederstedingische Ministerial.

So verstand es Hildebold, den Frieden in den Weserlanden, der gegen Ende des Jahres 1259 so schwer bedroht schien, doch noch zu bewahren; aber er konnte nicht verhindern, dass in Weststedingen immer wieder die alte Sehnsucht nach völliger Selbstständigkeit sich Bahn zu brechen suchte.

In Niederstedingen gelang es den Oldenburgern noch immer nicht festen Fuss zu fassen; noch immer fehlte ihnen eine Zwingburg als Stützpunkt ihrer Herrschaft; immer aufs Neue zeigten sich Bewegungen der Bauern. Freilich ward noch rechtzeitig ein Plan grossartigerer Erhebung entdeckt, der von einem Vornehmen des Landes ausging, vom Ritter Lüder Mundel von Linebruch[14]; aber die Gährung dauerte bis zum Ende des Jahrhunderts in solchem Grade fort, dass an eine Geltendmachung landesherrlicher Rechte nicht gedacht werden konnte⁴⁵). Die Niederstedinger, die dem Erzbischofe Treue gelobt hatten, bewahrten den Oldenburger Grafen gegenüber soweit ihre Unabhängigkeit, dass sich bei ihnen eine den Friesischen Verfassungen ähnliche staatsrechtliche Ordnung bildete, dass sie unter ihren selbst gewählten Rathmannen oder Richtern lebten, die in Elsfleth sich versammelten, dass sie durch diese sogar mit den Grafen von Oldenburg ihre selbstständigen Verträge schlossen⁴⁶). So blieb nördlich von der Hunte trotz der Altenescher Schlacht ein Rest der alten Stedingischen Selbstständigkeit, der lange Zeit mit Hülfe der Friesischen Nachbarn eifrigst vertheidigt wurde; nicht der Erzbischof war hier für die Zukunft der Gegner der freiheitlichen Entwicklung, sondern das Oldenburgische Grafenhaus, dessen erste Versuche zur Territorialerweiterung in den Marschen gerade hier zurück gewiesen waren.

Die oberstedingischen Lande blieben indessen in völliger Botmässigkeit; sie erlangten keine eigene politische Verfassung; statt der Rathmannen oder Richter kannten sie nur Geschworene oder Rechenmänner; ihre selbstständige Verwaltung ward auf Deich- und Sielwesen beschränkt. Ihr Land zertheilte sich in drei verschiedene Gebiete, in Wüsteland, Brokseite und Lechtern; ihr letzter Versuch, noch im dreizehnten Jahrhundert die alte, am 27. Mai 1234 verlorene Freiheit wieder zu erlangen, endete trostlos.

In den letzten Jahren jenes Zeitraums bereitete sich der Plan einer neuen Erhebung unter den Oberstedingern vor. Wie die Vorfahren, wollten diese die Burgmannen vertreiben; wie jene das feste Haus zu Warfleth gebrochen hatten, so wollten sie die Burg zu Berne zerstören und noch einmal den Freiheitskampf wagen. Aber der Plan ward entdeckt; ein Mann, der hernach den Beinamen des Schreibers erhielt, verrieth durch Briefe die Absichten der Bauern. Nicht fern von Berne, bei Huntebrück am rechten Ufer der Hunte, hielt der Oldenburger Graf ein öffentliches Gericht. Die der Verschwörung Verdächtigen mussten sich reinigen durch die Probe des glühenden Eisens, und Alle, zu deren Ungunsten das Gottesurtheil ausfiel, wurden als aufsätzige Unterthanen behandelt, verfielen als Rebellen dem schmachvollen Galgentode[47]).

Die Territorialgewalt erreichte in Oberstedingen ihr Ziel. Als der Abt von Korvei auf dem Schlachtfelde von Altenesch, da wo jetzt das Stedinger-Denkmal sich erhebt, ein einsames Kirchlein bauen liess und dasselbe dem heiligen Veit, dem Schutzpatrone seines Klosters, weihte[48], baute er auf Oldenburgischem Lande, das wie ein Lehn des Bremischen Erzbischofes betrachtet ward[49]).

Die Männer der Stedingischen Südmarsch theilten das Schicksal, das den Bauern der Geestlande seit langer Zeit schon bereitet war. Das Gleiche geschah in fast ganz Oststedingen; von seiner Bevölkerung erlangten nur die Bewohner des nördlichen Landtheiles beim Aussterben der Grafen von Stotel[50]) eine freiere, den Friesischen Verfassungen ähnliche Stellung.

Bloss in den Gebieten, die noch heute den Namen „Stedingen" tragen, bloss im jetzigen Osterstade und im jetzigen Stedingerlande, ward während des dreizehnten Jahrhunderts die Macht befestigt, welche am grossen Tage von Altenesch die Sieger sich errungen hatten. Die unverwüstliche Freiheitsliebe des kraftvollen Bauernstandes schuf im Norden des alten Stedingens neue selbstständige Gemeinwesen, deren Schicksal auf das Engste mit der Geschichte der Friesischen Lande verwebt sind.

Nachweise und Erläuterungen.

I. Das Gedächtniss der Stedingerkriege.

Seite 4. ¹) Emonis Chronicon, abbatis primi in Werum apud Omlandos. Abdruck in Anton Matthäus, veteris aevi analecta II (Hagaecomitum 1738). Bischof Dietrich III. von Münster weihte den Verfasser am 24. April 1225 zum Abt von Witt-Werum (Wilmanns, Münstersches Urkdb. I. Nr. 210 S. 114.) Von den Stedingern ist S. 95 ff. die Rede.

²) Annales Stadenses, auctore Alberto. Abdruck in Pertz, Monumenta Germaniae SS. Tom. XVI. Edition von J. M. Lappenberg. Ueber Albert's Leben ist besonders zu vergleichen: Wattenbach, Deutschlands Geschichtsquellen im Mittelalter (Berlin 1858 S. 413 ff) und Lappenberg (Archiv für ältere deutsche Geschichtskunde VI. S. 373 ff.). Albert's Anwesenheit in Bremen ergiebt sich aus der Zeugenreihe, welche im Bremischen Urkundenbuch, herausgegeben von Ehmck (Bremen 1862 ff.) I. No. 187 S. 222 abgedruckt ist: Albertus abbas sancte Marie de Staden. Die auf die Stedinger bezüglichen Stellen seiner Chronik finden sich besonders auf S. 354 — 356, 361, 362.

Seite 6. ³) Die über die sog. Repgauische Chronik noch nicht abgeschlossenen Untersuchungen haben für die Geschichte der Stedinger keine grosse Bedeutung. Es ist zu verweisen auf: Lappenberg (Archiv für ältere deutsche Geschichtskunde VI. S. 383); Massmann. Das Zeitbuch Eike's von Repgow. (Bibl. des literarischen Vereins in Stuttgart. 1857); Schöne. die Repgauische Chronik, das Buch der Könige (Elberfeld 1859); Waitz. über eine sächsische Kaiserchronik (Göttingen 1863). Wichtig ist. dass Waitz dargethan hat, wie die Ansicht von Schöne, nach welcher eine die Nachrichten über die Stedinger fast ganz ausschliessende Handschrift den ältesten Text des Werkes enthalten soll, aller Begründung entbehrt. Die Handschrift, die von Waitz für die älteste erklärt wird, enthält die Mittheilungen über die Stedinger im Ganzen ebenso, wie die in der Vorrede dieses Buches erwähnte, welche Lappenberg und Massmann für die älteste gehalten haben; wichtigere Abweichungen in den Lesarten, sowie die Fassung der Darstellung in der als Lüneburger Chronik von Eckhard (corpus historicum medii aevi I p. 1315 ff.) herausgegebenen Handschrift sind in den Noten bemerkt.

⁴) Die historia imperatorum ist zuerst zum Abdruck gebracht von Menken, scriptores rerum germanicarum praecipue saxonicarum III. und jetzt von Massmann a. a. O. Dass sie nichts sei als eine Uebersetzung des in vorstehender Note erwähnten Werkes, hat Waitz schon in den Jahrbüchern König Heinrich I. Erste Bearbeitung. S. 182. Note 1. ausgesprochen.

⁵) **Annales Erphordenses**. Abdruck in **Pertz, Monumenta Germ SS. Tom. XVI. p. 27 ff.** Aus den zu einem falschen Jahre (zu 1232 statt 1234) gesetzten Nachrichten über die Stedinger ergiebt sich, dass diese Jahrbücher nicht von einem Manne geschrieben sein können, der, wie der Scriptor Ludewig des St. Severinusklosters zu Erfurt, in dem für die Stedinger entscheidungsvollen Jahre 1234 verstarb. Zum Jahre 1232 heisst es in diesen Jahrbüchern (a. O. p. 28): Hoc anno 12 kalend. Junii supra Stedingos insulanos plaga judicii consummata est. De quibus dicitur, quod in ipsorum terra comes Otto de Aldenberc castrum habuerit, cuius habitatores incolas terre taliter sepius offenderunt. Siquidem in eadem terra pauce sunt ecclesie et ex hoc diffuse atque distente parrochie, qua propter matrone cum filiabus suis ad ecclesiam in festivis diebus curribus advecte veniebant; quod cum famuli de castro videntes, petita a domino suo licentia et obtenta, violenter sibi in uxores rapiebant. Hac de causa incole castrenses comites expugnantes de terra ejecerunt, quapropter episcopus Bremensis fratrem suum comitem de Lippia ad impugnandum ipsos transmisit, qui incerto.... (lies conserto proelio) Dei judicio ibidem occubuit. Unde eum episcopus illos denunciasset, illique denuntiatores de terra sua expulissent, haeresis crimen impositum est eisdem; sicque dictus episcopus, accepta a domno papa licentia, super illos multum populum cruce signavit. Tandem dux Brabantinus et comes Hollandiae cum magno exercitu terram illam intrantes, omnes cum uxoribus et liberis peremerunt. Auf die Bedeutung der die Stedinger betreffenden Angaben hat schon der Herausgeber der Annalen (a. O. S. 26) hingewiesen. Ihre unparteiische Färbung ist um so merkwürdiger, als der Verfasser jedenfalls ein Dominicaner war.

⁶) **Annales Colonienses maximi**. Abdruck in **Pertz, Monumenta SS. Tom. XVII.** Edition von Pertz. Die Chronik ist vielleicht vom Schöffen Otto zu Neuss für die Schöffen zu Aachen geschrieben, also von Laienhand. (Vergl. Wattenbach a. O. S. 416). Zum Jahre 1234 (S. 843. 844) lautet die vielfach citirte Stelle: Verbum crucis praedicatur contra Stadingos per inferiores partes Teutonie et Flandrie. Collecto itaque universo exercitu cruce signatorum, in crastino ascensionis idem Stadingi superantur et a terra funditus extirpantur. Fuerunt autem Stadingi populi in confinio Frisie et Saxonie siti, paludibus inviis et fluminibus circumcincti, qui pro excessibus et subtractionibus decimarum multis annis excommunicati, contemptores clavium ecclesie sunt inventi. Qui cum essent viri strennui, vicinos populos, immo comites et episcopos bello pluries sunt agressi, sepe victores, raro victi. Ob quam caussam auctoritate papali verbum crucis contra eos fuit per multas dyoceses praedicatum. Quorum in praedicto bello circiter duo milia perierunt, paucis superstitibus ad vicinos Frisones confugientibus.

⁷) **Alberici monachi Trium Fontium chronicon**. Abdruck bei **Leibnitz, accessiones historicae (Lips. 1698)**. Dass der Verfasser nicht Mönch zu Trois-Fontaines war, ist bekannt. Die Abhandlung über Alberich von R. Wilmanns (Archiv für ältere Geschichtskunde X. S. 174 ff.) geht auf den Ursprung der von den Stedingern handelnden Worte nicht näher ein. Sie lauten (p. 551): In episcopatu Leodiensi et circa partes illas cruce signati sunt Henricus juvenis dux Brabantiae et sororius ejus, comes Hollandiae, Guellekeni filius, et alii multi ad destruendam quandam Frisiae insulam ad Stadingos, ubi increverat haeretici, ipsa insula jamdiu in excommunicatione constituta. Narratio de Stadingis, quam Fridericus de sinu Sanctae Mariae praepositus misit abbati Praemonstratensi: in Bremensi archiepiscopatu ab ipsa metropoli ad duas leugas erat insula et caetera, quae ibi continentur.

⁸) **Matthaei Paris, monachi Albanensis, Angli historia major**. Edition von Wats (London 1684). Ueber den Verfasser ist zu vergleichen **Pauli, Geschichte Englands III. S. 881**. Die von den Ste-

— 143 —

dingern handelnde Stelle lautet (p. 333): Similiter in partibus Allemanniae fines contingentibus haereticos quosdam multiplicatos simili miseria involvit Dominus omnipotens, ut fidelis unus fugaret mille et duo decem milia persequerentur. Conclusit enim eos Dominus in quodam loco palustri, in quo refugium speraverunt, mari ex parte altera existente pro repagulo, in quo peremptus est infidelium haereticorum a Christianis numerus infinitus. Vergl. die Ausgabe Tiburi 1589 p. 381, wo die Randnote: alia strages Albigensium in confinio Alemaniae, diese Sätze auf die Albigenser bezieht, von denen das Vorangehende redet. In der Chronik des Roger de Wendover († 1237) (ed. Coxe 1841) findet sich keine auf die Stedinger bezügliche Angabe.

9) Annales de Theokesberia. Abdruck in Luard, Annales monastici (London 1864) I. Vergl. Pauli's Bemerkungen in Sybel's historischer Zeitschrift VI. S. 437 ff. Die von den Stedingern redende Stelle findet sich zum Jahre 1234 (S. 93): Bellum fuit inter Christianos et haereticos circa festum Sancti Barnabae in insula, quae dicitur Stodlinges; et occisi sunt de haereticis ad V milia tam virorum quam mulierum et infantum, agentibus advocato de Betune et Baldewine de Betune et Berthram Grosso et multis aliis.

Seite 7. 10) Die Jahrbücher des Benedictinerklosters zu Rastede sind als historia de fundatione monasterii Rastedensis von J. M. Lappenberg herausgegeben. Abdruck im zweiten Bande von Ehrentraut's Friesischem Archiv (Beiträge zur Geschichte der Friesen und ihrer Sprache, auch der Grafschaften Oldenburg und Delmenhorst, Oldenburg 1854). Lappenberg sagt (Archiv der Gesellschaft für ältere Deutsche Geschichtskunde VI. S. 755) „manche Urkunden des Klosters Rastede sind vom Verfasser benutzt; doch lässt sich nicht ermitteln, woher er seine Nachrichten über die Stedinger geschöpft hat." Der Ton der Darstellung rechtfertigt die Annahme, dass diese Nachrichten in der vorliegenden Weise zum ersten Male aufgezeichnet und keiner früheren Quelle entnommen wurden. Die Angaben über die Stedinger befinden sich dort besonders auf den Seiten 265, 268, 272—274, 278, 280, 288.

11) Hinrici de Herfordia liber de rebus memorabilioribus. Edition von August Potthast (Goettingae 1859). Die kurze Notiz über die Stedinger lautet bei ihm (p. 188): Item anno sequenti proximo (1234) 6 kal. Junii Stedinghi, cruce contra eos ut haereticos praedicata, trucidantur, ubi et fratres quidam ordinis praedicatorum pro fide martyrio coronantur. Die Angabe eines etwas älteren Dominicaners hat in der Chronik des Braunschweiger Aegidienklosters sich erhalten. Abdruck bei Leibnitz, Scriptorum Brunsvicensia illustrantium Tom. III us (Hannover 1711). Nachdem von der Kreuzpredigt gegen die Tartaren in Ungarn und Polen geredet ist, heisst es (p. 589): Similiter contra Stedingos, de quibus V milia et XXV homines a cruce signatis occisi sunt.

12) M. Hermanni Corneri ordinis praedicatorum cronica novella reicht bis 1435. Abdruck in Eccardi corpus historicum medii aevi II.; besonders zu den Jahren 1231 (p. 862) 1232 (p. 863) und 1237 (p. 878) finden sich Hinweise auf die Stedinger. Korner's Citate aus Ekkuhard sind aus nahe liegenden Gründen irrig; sie beziehen sich auf Albert von Stade. Die von Korner erwähnte chronica Saxonum ist die in Note 3 genannte Sachsenchronik; Vincentius von Beauvais bespricht in seinem Speculum historiale nur die mitteldeutschen Begebenheiten der fraglichen Zeit.

Seite 8. 13) Hermanni de Lerbeke chronicon comitum Schawenburgensium. Abdruck bei Meibom, Scriptores rerum germanicarum I. Von den Stedingern wird besonders auf Seite 510 und 511 gehandelt. Vergl. dazu die Noten des Herausgebers auf Seite 533 und 534.

14) Wilhelmi, monachi et procuratoris, chronicon Egmun-

danum. Abdruck in Ant. Matthaei, veteris aevi analecta II (Hagae comitum 1738) (p. 496—718) Fortsetzung des chronicon Egmundanum; von 1205 bis 1332 reichend. Die Nachricht über die Stedinger findet sich zum Jahre 1234 (p. 501—503) und ist vorzüglich im Anhang I und V besprochen. An diese Chronik schliesst sich in der Holländischen Literatur das am Ende des fünfzehnten Jahrhunderts von einem Augustinermönche verfasste Chronicon Belgicum magnum. Abdruck bei Pistorius-Struve, Rerum germanicarum veteres scriptores Tom. IIIus (Ratisbonae 1726). Dort heisst es (p. 249): Florentinus, Comes Hollandiae anno comitatus sui XII, anno scilicet salutis MCCXXXIV cum Hinrico Duce Brabantiae et Theoderico Comite Cliviae, jussu Domini Gregorii Papae Romani terram Stadingiae Bremensis dioecesis, cum viris et mulieribus parvulis omnino depopulatus est, pro eo quod idem populus expulsis sacerdotibus et clericis ad prophanam idololatriae reversus esset. Johann von Beka (Matthaeus, l. c. III p. 145, 146) übersetzt diese Worte.

[15]) Die Annales Buccenses sind als Stücke der in der folgenden Note genannten Hodenberger Chronik abgedruckt bei Rathlef, Geschichte der Grafschaften Hoya und Diepholz (Bremen 1766) II. S. 97 ff. Ihre wichtigsten Theile hat v. Hodenberg in sein Hodenberger Urkundenbuch aufgenommen (als Manuscript gedruckt 1858). Hier ist ausgeführt, dass die Annalen ums Jahr 1340 geschrieben sein werden. (Vergl. Hoyer Urkdb. VIII S. 44 N. 5.) Die auf die Geschichte der Stedinger bezügliche Nachricht ist hinten in Note 41 zu S. 63 mitgetheilt.

[16]) Die Hodenberger Chronik enthält die Nachricht: In einen mihr zu geschickten Verzeugnusse Befinde ich diese Wort: Anno 1234 sabbato ante festum accensionis Domini facta est destructio Stedingorum haereticorum per nobilem Henricum de Hoya, qui omnes istos gladio interfecit juxta villam Higermiszen in parochia Wechelde (Hoyer Urkdb. VIII S. 51 No. 39.)

[17]) Historia archiepiscoporum Bremensium. Abdruck in Lappenberg, Geschichtsquellen des Erzstiftes und der Stadt Bremen (Bremen 1841) p. 7 sq. Bis zum Jahre 1257 fast nur Auszug aus den Annales Stadenses; für die Vorgänge von 1258 bis 1260 sind sie aber von selbstständigem Werth; die für diese Zeit ebenfalls wichtigen, von Lappenberg herausgegebenen Annales Hamburgenses (Monumenta SS. XVI. p. 382 ff.) sprechen nicht ausdrücklich von den Stedingern.

[18]) Annales Bremenses. Abdruck in Pertz, Monumenta Germaniae. SS. XVII. Edition von Jaffé. Da die Jahrbücher nur bis zum Jahre 1227 reichen, so bieten sie nur über die früheren Zeiten der Stedinger Auskunft (a. O. p. 857, 858). Die Annales Saxonici haben zum Jahre 1231 (a. O. XVI p. 431) bloss die Phrase: Stedingi occiduntur.

[19]) Detmar's Lübeckische Chronik in Grautoff, die Lübeckischen Chroniken in niederdeutscher Sprache I. (Hamburg 1829). Auf die von den Stedingern handelnden Stellen (bes. S. 89, 110, 111) ist bei Anführung der Sachsenchronik hinzuweisen.

[20]) Rynesberch und Schene, Bremische Chronik. Abdruck in Lappenberg's Geschichtsquellen u. s. w. S. 55 ff. Den der Stedinger Erwähnung thuenden ersten Theil dieses Werkes (bes. S. 68 u. 72) hat Gerhard Rynesberch allein niedergeschrieben. Wie es gekommen, dass die Nachricht über die Katastrophe der Stedingerkriege fehlt, ist nicht zu sagen, falls nicht eine Lücke der von Rynesberch benutzten Handschriften der Sachsenchronik angenommen werden darf; die oben S. 122 erwähnte kirchliche Feier des Sieges über die Stedinger war zu Rynesberch's Zeiten noch in voller Uebung.

[21]) Heinrici Wolteri archiepiscopatus Bremensis chronica. Abdruck in Meibom, rerum germanicarum tomus IIus. Vergl. über die

Arbeit Lappenberg, Geschichtsquellen S. XXI. und Friesisches Archiv II. S. 242. Notizen über die Stedinger finden sich vorzüglich auf Seite 55, 59.

Seite 9. [22]) **Chronicon Rastedense.** Abdruck ebendaselbst. Dass Wolter als der Verfasser dieses Werkes erscheint und die in Note 10 erwähnten Annalen als ihre Grundlage anzusehen sind, hat zuerst Lappenberg (Friesisches Archiv II, S. 243) ausgesprochen. Auf die Stedinger beziehen sich besonders die Angaben S. 98—103.

[23]) Eine Stedingische Chronik von Wolter, die mehrfach erwähnt wird, existirt gar nicht. Die Nachricht erklärt sich aus einer Verwechselung des H. Wolter mit H. Vollers.

[24]) **Johannis Schiphoweri chronicon archicomitum Oldenburgensium** (Abdruck in Meibom l. c. II.) handelt vorzüglich auf S. 144, 148, 150 von den Stedingern.

[25]) **Erdwinus Erdmannus** († 1505), **chronicon episcoporum Osnabrugensium.** (Abdruck bei Meibom l. c. II.), in der Hauptsache nach Lerbeke's Compilation gearbeitet (bes. S. 213).

Im Texte wäre hier noch die etwas spätere Darstellung der Stedingerkriege zu erwähnen gewesen, die in der aus der Reformationszeit stammenden Chronica comitum et principum de Clivis et Marca, Gelriae, Juliae et Montium, nec non archiepiscoporum Coloniensium usque ad annum 1392 (Seibertz, Quellen der Westf. Geschichte II. 1860 S. 196) sich findet. Hier heisst es: Porro anno sequenti (1229) Theodoricus, Cliviae comes, in hereticos Stadingos cum multis principibus belli procinctum movit. Erant isti cives de Staden civitate ducis (?) Bremensis, qui vesano permoti spiritu, universa fore communia dicebant, neque principibus obtemperandum, neque tributa neque servitia illis impendenda, sed soli Deo. Censuras et indulgentias ridebant et sacramenta ecclesiae vilipendebant; quibus plures civitates et villae etiam nobiles atque principes nonnulli adhaesere et auxiliati sunt. Gerhardus itaque de Lippia, Bremensis archipraesul, suorum fratrum et amicorum copiis adjutus, haereticorum terram invadens, ferro et flammis omnia devastavit, consertoque proelio superatur praesul, fratribus suis cum nobilibus multis dire trucidatis. Cernens tandem papa Gregorius IX. haereticorum multitudinem quotidie augeri, nec Bremensem episcopum posse solum resistere, crucem contra illos praedicari fecit per Germaniam inferiorem cum plenaria jubilaei gratia, dimicari volentibus contra illos. Itaque Lupoldus Austriae, Henricus Brabantiae duces, Florentius Hollandiae, Theodoricus Clivensis, Adolphus Montensis, Wilhelmus Juliae et Borchardus de Oldenborch comites, Bremensis, Monasteriensis episcopi, multique barones, milites et nobiles cruce signati, potissimo conglobato exercitu, terra marique haereticos impugnabant, et primo Oestlandiam igne et devastationibus pervagantes, quingentos viros cum uxoribus et parvulis peremerunt. Hinc contra Staden oppidum castra metati, vastatis agris et villis excustis, occursantes viros cives in bellum laeti excepere, congressione autem saevissima peracta, superati sunt Stadingi et civitas capta, omnesque cujuscunque status, sexus vel aetatis homines, ad unum usque trucidati, nepestiferum illorum semen in terris remaneret. Accidit caedes ista ao. dni. 1234, ubi et Borchardus de Oldenborch multique cruce signati cecidere. Noch später heisst es über Adolf von der Mark: Inde fidei catholicae calore successus contra Stadingos haereticos . . fortissime decertavit. (a. O. S. 197) Welche Quellen der ungenannte Verfasser dieser Chronik benutzte, ist noch nicht untersucht.

[26]) **Johannes Ottho Luneburgensis**, Catalogus omnium episcoporum et archiepiscoporum Bremensium contextus et conscriptus. Abdruck bei Mencken scriptores rerum germanicarum. Tom. IIIus. Von den Stedingern ist besonders auf Seite 793 ff. gehandelt.

[27]) Von **Johann Renner's Bremischer Chronik** findet sich das Original auf der Stadtbibliothek zu Bremen (Vergl. Brem. Jahrbuch 1.

S. 252); sie ist noch ungedruckt und nach dem Original citirt. Renner kann als Vertreter der späteren Bremischen Chronikanten dienen; auch Conrad Coch's Chronik der Bremischen Bischöfe und Arndt Sparenberch's Bremische Chronik erwähnen der Stedinger beiläufig.

[28] Conrad Bothe, Braunschweigische Chronik. Abdruck bei Leibnitz, Scriptorum Brunsvicensia illustrantium Tom. IIIus (Hann. 1711) Vergl. besonders zum Jahre 1233 (S. 361) und 1234 (S. 362).

Seite 10. [29] Eggeric Beninga, Chronyk of historie van Oost-Frieslant. Abdruck in Matthaeus, veteris aevi analecta IV. Dort heisst es (S. 112): Woe de Stedingers in keyserliche Acht gedaen: In dussen sulven Jare, wo voorgeroert (1234), dewyle de Stedingers up Rikes Dagen vor den keyser Friderico den II. als Rebellen des Ryckes vorklaget, waerdorch se van keyserl. Maj. in Acht gedaen wurden, daer up se de Keyser de Naber-Heeren und Landen strengelick gebaeden, desulve Rebellen tho straefen und sinen van de Fursten van Cleve und Munsterschen Bisschup also avertaegen.

[30] Albert Krantz, Saxonia (Francofurti 1580), wo auf S. 198 von den Stedingern die Rede ist; Metropolis (Francofurti 1590), wo über die Stedinger auf den Seiten 173, 185, 187—189, 195 ff. gehandelt wird.

[31] Hermann Hamelmann, Oldenburgisches Chronikon. (Oldenburg 1599). Vergl. besonders die Seiten 61, 63, 67, 96—105. Die beiden auf S. 97 u. 98 abgebildeten Siegel beziehen sich nicht auf die Stedinger, sondern einestheils auf die Rustringer, anderntheils auf die Stadländer.

[32] Ubbonis Emmii rerum frisicarum historiae. (Franeker 1598).

Seite 11. [33] Die Vollers'sche Chronik ist in einem von der grossherzoglichen Bibliothek zu Oldenburg dem Verfasser bereitwilligst zugestellten Manuscripte benutzt worden.

[34] J. H. Schminckii dissertatio historica de expeditione cruciata in Stedingos (Marburgi-Catt. 1722.) Vergl. über den Verfasser Justi, Elisabeth die Heilige; Landgräfin von Thüringen und Hessen. (Marb. 1835.) S. 159. Note* Henke, Conrad von Marburg (1862). Anhang, Note 4 und Hausrath, Der Ketzermeister Conrad von Marburg S. 13. Note 22. Moehlmann's Urtheil (Vergl. N. 58), Schmincke's Schrift sei „eine elende Dissertation, die an Gehaltlosigkeit ihres Gleichen sucht", ist sicher zu hart.

[35] Hasaeus et Lampe, Bibliotheca Bremensis philologico-theologico-historica, Classis VII. Fasc. VI. p. 1126. sq. (1724). In Theodori Hasaei de meritis Bremensium in rem christianam ante reformationis tempora oratio dicta publice 8 Kal. Jul. a. 1723 in illustri Lyceo Bremensi findet sich der Stedingerkrieg besprochen.

Seite 12. [36] J. D. Ritteri dissertatio de pago Steding et Stedingis saeculi XIII. haereticis. Wittebergae 1751.

[37] J. F. Falke, „Dass der sogenannte pagus Steding kein pagus in Sachsen gewesen", in den Hannover'schen gelehrten Anzeigen 1751. 44 Stück. S. 51 ff.

[38] Jo. Petrus Berg, Museum Duisburgense I. (Hagae Comitum et Duisburgi 1782) S. 529—609. Berg nennt Ritter's Dissertation einen libellus pulcherrime scriptus und citirt als ähnliche Arbeit Schmincke's Schrift.

[39] S. Ch. Lappenberg, Glückwunschschreiben an Herrn Heinrich von Lütten, worin demselben von dem Kreuzzuge gegen die Stedinger als Ketzer des dreizehnten Jahrhunderts das Merkwürdigste erzählt wird (Stade 1755). Moehlmann (Vergl. Nr. 58) schreibt: „Auch dieses Schriftchen ist sehr selten, wie wohl nicht so selten, dass kein Exemplar mehr übrig wäre, wie Scharling (Vergl. Nr. 47) nach vergeblicher Bemühung dasselbe zu erhalten, zu kleingläubig fürchten durfte". Der Verfasser dieser Schrift ist der um die Geschichte des Herzogthums Bremen sehr verdiente Grossvater des Mannes, der auf der Widmung unseres Buches besonders hervorgehoben ist.

Seite 13. [40]) S. Chr. Lappenberg, Grundriss zu einer Geschichte des Herzogthums Bremen. Mittlere Geschichte. Vierte Abtheilung „Geschichte Erzbischofs Gerhards des Zweiten" in Pratje. Die Herzogthümer Bremen und Verden (1762.) Band VI. S. 530 ff. besonders §. 74. S. 540 ff.
[41]) v. Halem, Geschichte Oldenburgs, in den Oldenburger Blättern vermischten Inhalts. II. (Oldenburg 1788.) S. 48 ff. „Stedinger Aufruhr" S. 430 ff. „Bezwingung der Stedinger."
[42]) F. D. Wiarda, Ostfriesische Geschichte I. (Aurich 1791). Vergl. besonders Buch II. Abschn. 5. § 11 u. 12. S. 200 ff.

Seite 14. [43]) v. Wersebe, Ueber die Niederländischen Colonien, welche im nördlichen Deutschlande im 12. Jahrhundert gestiftet worden. I. (Hannover 1815). Der Abschnitt „Von den Colonien in der Gegend um Bremen" (S. 27 ff.) handelt besonders in den Noten von den in die Geschichte der Stedinger einschlagenden Fragen.
[44]) v. Kobbe, Nachrichten von Osterstade und insbesondere von den dortigen Junkerhöfen, in Spiel's vaterländischem Archiv (Beiträge zur allgemeinen Kenntniss des Königreichs Hannover) V. S. 53 ff. S. 295 ff.
[45]) v. Kobbe, Geschichte und Landesbeschreibung der Herzogthümer Bremen und Verden. II. (Göttingen 1824); besonders ist der Abschnitt: „Gerhard II. Kreuzzug gegen die Stedinger" (S. 167 ff.) zu erwähnen. Die Schrift von F. J. G. Berg, „Geschichte der Stedinger, aus den Quellen bearbeitet" die v. Kobbe anführt, scheint zu den Dissertationsarbeiten zu gehören, von denen nur ein Titel gedruckt worden. Obwohl sie in Jena erschienen sein soll, ist sie der Jenenser Universitätsbibliothek unbekannt.
[46]) Kohli, Handbuch einer historisch-statistisch-geographischen Beschreibung der Herzogthümer Oldenburg und Delmenhorst II. (Bremen 1825). Vergl. besonders S. 194 ff. „Amt Berne."

Seite 15. [47]) Scharling, Commentatio de Stedingis. (Hafniae 1828). „Bewundrungswürdig, wie ein Ausländer bei so vielen und grossen Schwierigkeiten dennoch so viel leistete, dass selbst die Eingeborenen von ihm lernen müssen" (Moehlmann, Vergl. Note 38.)
[48]) Misegaes, Chronik der freien Hansestadt Bremen (Bremen 1829) II. Frühere Arbeiten ähnlicher Art verdienen nicht der Erwähnung.
[49]) v. Wersebe, Bemerkungen zur Geschichte und Verfassung der Niedersächsischen und Westfälischen Marschländer, in Spangenberg's, neuem vaterländischen Archiv von Hannover und Braunschweig (Lüneburg 1830), XVII. p. 111 ff. p. 217 ff. XVIII. p. 78 ff.

Seite 16. [50]) Bulling, Der Stedinger Deichverband. 1830. Manuscript im Amts-Archiv zu Berne, dem Verfasser durch die Güte des Herrn Amtmann Steche zugestellt.
[51]) Muhle, Ueber den Anbau des Stedingerlandes im Mittelalter, in den Oldenburger Blättern XIV. S. 185 ff. (Oldenb. 1830.) Abdruck in Strackerjan's Beiträgen zur Geschichte des Grossherzogthums Oldenburg I. (Bremen 1837) S. 188 ff.
[52]) Muhle, Die Verfassung des Stedingerlandes im Mittelalter, in den Oldenburger Blättern XV. S. 145 ff. (Oldenb. 1831.) Abdruck bei Strackerjan a. O. S. 210 ff.

Seite 17. [53]) Steinfeld, Ueber die Verschanzungen der Stedinger bei Altenesch, in den Oldenburger Blättern XV. S. 235 ff. (Oldenb. 1831). Bulling's Recension findet sich als Manuscript im Kirchenarchiv zu Altenesch.
[54]) Steinfeld, Der Freiheitskampf der Stedinger von 1187 bis 1234 und dessen Gedächtnissfeier im Jahre 1834. (Oldenb. 1834.)
[55]) Wachsmuth, Aufstände und Kriege der Bauern im Mittelalter, in Raumer's historischem Taschenbuch Band V. (1834). Der fünfte, über die Stedinger handelnde Abschnitt findet sich S. 338 ff.

Seite 18. [56]) Havemann, Geschichte der Lande Braunschweig und Lüneburg I. (Lüneburg 1837) besonders S. 157 ff. In der neuen Ausgabe (Göttingen 1853) steht die auf die Stedinger bezügliche Darstellung I. Seite 370 ff.

⁵⁷) M u h l e, Geschichte des Stedingerlandes im Mittelalter, bei S t r a c k e r j a n a. O. S. 188 ff. Das Neue beginnt auf Seite 299 und finden sich einzelne gute Bemerkungen über die Arbeit in der Note 58 genannten Schrift.

⁵⁸) M o e h l m a n n, Zur Geschichte der Stedinger, im Archiv für Friesisch-westfälische Geschichte und Alterthumskunde I. S. 68 ff. (Leer 1841.) Die offenbar gelegentlich zusammengestellte Arbeit zerfällt in drei Theile: Schriften über die Stedinger; Stedinger, ein Friesisches Volk und Stedingergau.

⁵⁹) K l o p p, Geschichte Ostfrieslands bis 1570. (Hannover 1854.) Der zehnte Abschnitt des ersten Zeitraums ist überschrieben: Der Kreuzzug gegen die Stedinger (S. 100 ff.)

Seite 19. ⁶⁰) A l l m e r s, Marschenbuch; Land- und Volksbilder aus den Marschen der Weser und Elbe. (Gotha 1858). „Der Stedingerkrieg wäre werth, ebenso in allen Schulen gelehrt und bekannt zu werden, wie die Kämpfe des Schweizervolkes." Die Darstellung desselben S. 303—311.

⁶¹) W i e d e m a n n, Die Stedinger 1207—1234, im Archiv des Vereins für Geschichte und Alterthümer der Herzogtbümer Bremen und Verden und des Landes Hadeln. (Stade) I. 1863 S. 89—105. Angefügt sind Regesten zu der Geschichte der Stedinger von K r a u s e; E h m c k's Recensionen finden sich in der Weserzeitung 1863. Nr. 6028 und 6040.

⁶²) W i e d e m a n n, Aeltere Geschichte des Herzogthums Bremen (Stade 1864). Eine Kritik der Arbeit im zweiten Bande des Bremischen Jahrbuches. Die Vorrede beginnt mit den Worten: „Die Grundlage der folgenden Darstellung ist das Stader Archiv."

Seite 20. ⁶³) Zu grösseren Arbeiten, welche neuerdings gelegentlich der Stedinger erwähnen, gehören besonders drei bedeutende Werke: S c h i r r m a c h e r, Kaiser Friedrich der Zweite (Göttingen 1859). I. vorzüglich S. 227 ff. W i n k e l m a n n, Geschichte Kaiser Friedrichs des Zweiten und seiner Reiche 1212—1235 (Berlin 1863), hauptsächlich S. 437 ff. und U s i n g e r, Deutsch-Dänische Geschichte 1189—1227 (Berlin 1863), besonders S. 169 ff.

II. Land und Volk der Stedinger.

Seite 25. ¹) Die Ableitung des Namens der Stedinger von dem Worte: Gestade, so nahe sie auch wegen Wörter wie Ripuaria zu liegen scheint, ist lange aus seltsamen Gründen nicht beachtet worden, besonders desshalb nicht, weil man die Bezeichnung Gestade für „modern" hielt!! M u h l e (Beiträge S. 192) hat an „stetig", d. h. an fest, trocken gewordenes Land, gedacht; B ö s e (Das Grossherzogthum Oldenburg. Topographisch-statistische Beschreibung. Oldenb. 1863 S. 103) an Stadt, Stätte, Anbau. Die Friesische Form für Stedinger ist Staginger; wie denn noch heute vielfach das d mit dem g vertauscht wird. Diese Verwechselung der Consonanten hat dazu geführt, den Namen mit Stegen, Steigen, Bretterbrücken oder Fusswehren in Verbindung zu bringen (B ö s e a. O. S. 102).

²) Die Bezeichnung: Occidentalis Stedingia findet sich in den Rasteder Jahrbüchern (a. O. S. 101). Die Form Stadland erscheint schon im dreizehnten Jahrhundert (v. Hodenberg, Stader Copiar S. 16)

³) Den Namen Orientalis Stedingia gebrauchen die Annales

Stadenses (a. O. S. 351) für Osterstade; auch kommt Stedingia allein in einem Güterverzeichniss des Ansgarstiftes zu Bremen als Bezeichnung von Osterstade vor (Wolter, Rasteder Chronik a. O. S. 98); noch im 17. Jahrhundert zeigt sich die Form Oststedingen in der officiellen Bezeichnung des Osterstader Landrechts.

Seite 26. [4]) Dass das alte Stedingen die Hunte überschritt, ist ganz zweifellos. Jenseits der Hunte liegende Kirchspiele sind als Stedingisch bezeichnet im Hamb. Urkdb. I. Nr. 293. S. 259. Vergl. Ledebur, die fünf münsterschen Gaue und die sieben Seelande Frieslands. (Berlin 1836). S. 88. Vergl. v. Halem a. O. I. S. 440, 490.

[5]) Muhle (a. O. S. 190) erwähnt Urkunden, in welchen jenseits der Hunte liegende Ortschaften als in terra Stedingorum belegen angeführt sind und verweist auf Docum. Rasted. im Oldenb. Archiv Nr. 115, 202.

[6]) Boese (a. O. S. 101) bezieht sich auf Urkunden, die Buten-Line nach Stedingen verlegen. Vergl. Kohli a. O. S. 195, Note 27.

[7]) v. Hodenberg, Die Diöcese Bremen und deren Gaue in Sachsen und Friesland. II. S. 70. Note 2 sagt, es bleibe nachzuweisen, dass das obere Stedingerland im Gegensatz von Nordstedingerland unter der Bezeichnung Südstedingen vorkomme; diese geographischen Namen ergeben sich aber von selbst; die Quellen reden nur von Stedingern diesseits und jenseits der Hunte.

[8]) Vergl. v. Hodenberg a. O. S. 69.

Seite 27. [9]) Die Nordgrenze von Weststedingen wird später noch besonders zu besprechen sein. Hier sei nur bemerkt, dass insbesondere Hammelwarden zu Stedingen zu rechnen ist, eine Ortschaft, die man irriger Weise zu Rustringen hat ziehen wollen. Ehrentraut (Friesisches Archiv II. S. 358. Note) führt hierfür einen Grund an, der nicht haltbar ist; dass 1331 die Rustringer und Grafen von Oldenburg über Güter in Mittelhammelwarden pacisciren, beweist nur, dass dieser Ort an der Grenze der Länder beider Theile sich befand; auch geschah dies in einer Zeit, da, wie vorn S. 130 ff. gezeigt ist, die Lande nordwärts von der Hunte in enger Beziehung zu den Rustringern standen.

[10]) Muhle a. O. S. 191. Boese a. O. S. 101.

[11]) Dass Südstedingen an der Hunte sich entlang ziehe, ist grundlos bezweifelt worden, besonders von v. Hodenberg, a. O. II. S. 82. Die angeführte Stelle einer Urkunde von 1404 (vergl. unten N. 18 zu S. 29) beweist nichts dieser Art. Entscheidend ist für die Ausdehnung der Umstand, dass der Stedinger Deichverband lange Zeit hindurch auch über das Wüstenland sich hinzog. Die Deichstrecke zwischen Altenesch und Ochtum war das Pfand der Wüstenländer, ebenso ein Stück vom Moorgrabendeich bei Schönemoor; andrerseits hatten die Bewohner der Stedinger Brokseite einen Theil des Flügeldeiches zu unterhalten, der von der Bäkerhörne nach dem Moore ging und ein Stück des in Note 7 zu Seite 55 erwähnten Brokdeiches (Bulling a. O. § 39.)

[12]) Dass das alte Stedingerland am linken Ufer der Weser, sowohl über Hasbergen, als auch über die Ochtum hinausreichte, also das ganze Huchtinger-, Brinkumer- und Machtenstedter Land, sowie das Bremische Vieland umfasst habe, ist irrig; ebenso die andere Meinung, dass unterhalb der Lesummündung die Weser von ihm überschritten worden sei, indem das Werderland, Blockland, Hollerland „Bestandtheile" von Stedingen gebildet hätten. Muhle (a. O. S. 190) beruft sich für solche Annahmen auf die Urkunden, die überhaupt von planmässiger Colonisation dieser Gegenden reden. Freilich waren die angegebenen Lande grösstentheils Uferstriche, verdienten daher die Bezeichnung von „Stedingen" oder „Stadland" ebensowohl, wie die anderen Flussmarschen, oder wie vom Flusse begrenzte Seemarschen; allein der Name ist den fraglichen Gebieten nie beigelegt worden; er beschränkt sich vielmehr auf die bezeichneten

Landstriche am rechten und am linken Ufer der Niederweser. J. M. Lappenberg (H. Urkdb. I. Nr. 184. S. 379) versetzt irriger Weise Ortschaften, welche wie Ohe, wie Schönemoor, nicht im Tieflande liegen, sondern auf der Höhe oder auf den Ausläufern der Geest, ins Stedingerland. Das Gleiche ist besonders von Ledebur geschehen. Er sagt (a. O. S. 90): „Selbst noch über einen beträchtlichen Theil der Hausvogtei Delmenhorst muss sich das Land der Stedinger erstreckt haben, da Schönemoor nicht bloss, sondern auch Ganderkesee darin genannt wird." Beide Begründungen sind falsch. Die Notiz von 1404 (v. Halem a. O. S. 477) beweiset gerade die Trennung, die zwischen Schönemoor und Stedingen stattfand, und die Stelle des Berichtes über Willehad's Wunder, welche sagt: ex Steoringia ex villa Gandrikesarde (Pertz, Mon. Germ. SS. II. S. 388) redet vom Stuhrgau, wie unten in Note 31 des Näheren besprochen ist. Richtig sind die hierauf bezüglichen Bemerkungen von Strackerjan (Beiträge a. O. S. 109 ff.)

Seite 28. [13]) Lasius, Ueber die Gestalt der Weser-Mündungen vor dreihundert Jahren (in den Oldenburger Blättern VII. bes. S. 104.)

[14]) Hamb. Urkdb. I. Nr. 87, S. 85. Vergl. Ehmck's Noten im Br. Urkdb. I. S. 22.

[15]) Die insula Bremensis ist bereits zur Genüge besprochen durch v. Wersebe, Colonien I. S. 91. Wedekind, Noten zu einigen Geschichtsschreibern des deutschen Mittelalters (1823) I. S. 94 und v. Hodenberg im Hoyer Urkdb. VIII. S. 22.

Seite 29. [16]) Bei der insula Lechter dicta denkt Wedekind (a. O. S. 95) an das Niedervieland, das in historischer Zeit keine abgesonderte Insel bildete, und v. Wersebe (a. O.) an das ganze Vieland, das bereits in der Bremischen Insel nachgewiesen ist; J. M. Lappenberg (H. Urkdb. S. 86. N. 3) suchte sie in einem Strich jenseits der Hunte, von dem ein Stück noch den Namen Lichtenberg führt, eine später besonders zu erwähnende Localität. Vergl. Förstemann, Deutsches Namenbuch II. h. v. — Ehmck (a. O. S. 22. Note 5) hat die richtige Beziehung gefunden. Besondere Erwähnung verdient noch eine ganz irrige Annahme von Strackerjan. Er sagt (Beiträge S. 112): „Augenscheinlich ist der Ertenebrok die vormals mit Wald besetzte Lechterseite des Stedingerlandes, wie die angeführten Flüsse ergeben, von denen die Warmenau nichts anderes sein kann, als die Lintow." v. Hodenberg hat dargethan, dass Warmenau die Aue hiess, die oberhalb Nienburg in die Weser fliesst (Hoyer Urkdb. VIII. Nr. 8, S. 15), und der Ertenebrok das Bruchland der Eiter ist (eod. Nr. 12, S. 22). Ueber die Lintow vergl. unten Note 18. Dass die tiefe Lechterinsel in historischer Zeit Wald getragen haben soll, ist eine irrige Vermuthung, die wohl aus dem Missverstande des Wortes: forestum (= Wildbann) sich erklären mag.

[17]) Hoyer Urkdb. VIII. Nr. 9. S. 16.

[18]) Der Lauf der Lintow ist für die Gestaltung des ehemaligen Oberstedingens, wie für die Vertheidigungswerke, die in den Stedingerkriegen ausgeführt wurden, von besonderer Bedeutung. Der Lintowbach ist längst verschwunden, seine ehemalige Existenz aber unzweifelhaft. In einem Documente von 1404 ist die Rede von der „herschop twier Lande, dar dat eue geheten is Stedingerlande mit dem schonen moore und dat andere geheten is Wusteland, de sik beginnen unde angahn van der Lindow". Hiernach erscheint die Lintow als die alte Grenze zwischen Wüstenland und dem Gebiete, das hernach in besonderem Sinne „Stedingerland" hiess. Schon hieraus ergiebt sich, dass die Lintow nicht mit der Tweelbäke identificirt werden kann und nicht bei Blankenburg in die Hunte fiel, wie v. Halem (a. O. I. S. 222 Note) und auch v. Wersebe (Archiv a. O. I. S. 295; Colonien I. S. 73 N. 55) annehmen. Die für diese falsche Ansicht herangezogene Urkunde erwähnt freilich ein nicht weit vom Dominicaner Nonnenkloster Blankenburg gelegenes Gut, welches auf der einen Seite an

den Ort stösst, qui Brokesvlete vulgariter appellatur. (also an ein Fleth, das wohl in der Nähe des in Note 7 zu Seite 55 erwähnten Brokdeiches zu suchen ist), und auf der anderen Seite an den aggerem juxta Lindowe reicht, an den Deich der Lintow. Es ist dies dieselbe Beschreibung, welche später von den Grenzen des dem Blankenburger Kloster gehörenden Gutes gemacht wird; dies Land zog sich notorisch vom Brokdeich an der Hunte hinunter. Die Mündung der Lintow in diesen Fluss wäre also unterhalb des Brokdeiches zu suchen, nicht oberhalb desselben, wo die Tweelbäke sich findet. Jetzt mündet zwischen diesem Bach und der Ollen kein bedeutenderes Gewässer in die Hunte; in früherer Zeit muss dies anders gewesen sein; denn es ist mit Gewissheit zu sagen, dass bei Neuenhuntorf ein Nebenfluss in sie mündete und zwar die Lintow. Mit dieser stand nämlich der spätere sogenannte Steingraben in Verbindung, die Landwehre, die jetzt von der Ochtum zur „neuen Ollen" führt. Ein Blick auf die Karte lehrt, dass wir in diesem 1388 angelegten, bedeutenden Flethe den grösseren Theil der alten Lintow zu erkennen haben. Die neue Ollen läuft in einer auffallenden Niederung; sie beginnt beim Steingraben, durchschneidet die Hörspe und endet zwischen diesem Fluss und der Berne. Der Lauf der Lintow muss an den beiden Endpunkten des jetzigen Abzugsgrabens sich fortgesetzt haben. Die Lintow muss zunächst bis in die Hunte geflossen sein; nach Bulling's Angabe hat sich auch „in den Neuhuntdorfer Pferdeweiden bei Schiessung eines Grabens das Bette eines Baches gefunden, in dem ein verschlammter Weserarm aus früherer Zeit sich zeigte." Bei Neuhuntdorf sieht man noch die Spuren seiner Verbindung mit der Hunte. Sodann wird die Lintow aber auch mit der Ochtum in Verbindung gestanden haben. Mit Recht weist Muhle (a. O. S. 322) darauf hin, dass der erwähnte „Steingraben" ein Wasser sei, zu dem man das alte verschlammte Bette der Lintow hergerichtet habe. Wann die Lintow von der Ochtum abgedeicht worden, ergiebt sich aus der Zeit, in welche die Entwässerung des dort liegenden Landes fällt; es muss nach der in Note 30 zu S. 37 erwähnten Urkunde das Jahr 1112. Es bedarf keines Beweises, dass Ritter's Annahme, Lintow sei ein „Ort" irrig ist; trotzdem spricht auch Wiedemann (a. O. S. 106) von einem „Orte Lintow" und kümmert sich nicht um die augeführten Forschungen.

[19]) Den Aldenebrok nach Muhle (a. O. S. 206) mit der jetzigen Ortschaft Oldenbrok zu identificiren, ist ebenso verkehrt, wie ihn mit Altenbruchhausen in Verbindung zu bringen. Gar nichts hat mit diesem Gebiete der im Diplom von 1062 genannte Weigeribroch zu schaffen, den Wersebe (Colonien I S. 89) irriger Weise ins Stedingerland verlegt.

Seite 30. [20]) Die Urkunde von 1062 nennt Linebroch, Ascbroch, Aldenebroch u. s. w. Mit dieser von Norden nach Süden laufenden Reihenfolge in der Aufzählung stimmt es nicht, wenn der Ascbroch von Mauchen nach Hasbergen oder von Lappenberg (a. O. S. 86 Nr. 3) nach Altenesch verlegt, also nicht nördlich, wie jene Reihenfolge erfordert, sondern südlich vom Ollener Bruch gesetzt wird. Undenkbar sind zwei andere Annahmen. Zunächst ist dieser Ascbroch nicht mit jenem zu verbinden, welcher nach der angeblichen Stiftungsurkunde des Bremischen Bisthums einen Theil der Diöcesangrenze bildete, (Kohl, Nordwestdeutsche Skizzen I S. 258) und sodann ist es willkürlich, den Ascbroch mit dem Elsebroch zu identificiren, (v. Wersebe a. O S. 89), da die beiden Namen in gar keiner innern Verbindung stehen. Auch ist es nicht wohl möglich, dass an dem jetzigen Hasbruch ursprünglich jene Bezeichnung gehaftet habe, wie Kohl (I. S. 138), v. Hodenberg (a. O. S.37) und Ehmck (a. O.) ganz unbedenklich annehmen; denn dieses Gebiet liegt auf der waldigen Geest, nicht im Bruchland. Trotzdem bietet dasselbe den einzigen Anhalt für die Localisirung jenes Ascbroch, indem es möglich wäre, dass vormals von dem

Tiefland, das dort an die Geest stösst, dieser Name geführt und dann die alte Bezeichnung allmälig auf das angrenzende Land übertragen wäre. So würde sich auch die eigenthümliche Erscheinung erklären, dass der Name einer hochgelegenen Oertlichkeit das Wort „Bruch" enthält, welches in Norddeutschland sonst nur für tiefgelegene Gegenden sich findet.

[21]) Die Wester-Weser oder die Line strömte unterhalb Elsfleths dem Meere zu. Die Richtung ihres Laufes zeigt zunächst das Elsflether Sieltief; dann bildete sie bei Grossenmeer und Meerkirchen ein bedeutendes Gewässer, nahm bei Loyerberge in der Gegend des Schanzgrabens die Rastederbäke auf, floss endlich unter dem Namen der Jade in's Meer; besonders zwischen 1483 und 1540 wurde sie zugedämmt (Kohli. a. O. S. 65; auch v. Hodenberg a. O. S. 129). Die Westerweser ward mit der Osterweser vorzüglich durch zwei Arme verbunden. Der eine verliess die Westerweser bei Grossenmeer, wo Namen, wie „Oberströmische Seite" und „Fährhaus" noch auf das ehemalige Wasser hinweisen; er floss dann unterhalb Neuenfelde und Hammelwarden, erreichte bei Kaesburg die Osterweser und zeigt jetzt noch seine Spuren im Oldenbrocker Sieltief. Der andere Arm ist in der Dornebbe sichtbar, deren Reste noch jetzt den alten Namen tragen, und im Lockfleth, das zum Braker Sieltief geworden ist; die erste Zudämmung dieses Armes geschah wohl bei Ovelgönne, die zweite 1531 bei Harjen (Kohli. a. O. S. 65. Boese. a. O. S. 56. 130). Vergl. die Karten von Lasins und Niebour.

Seite 31. [22]) Richtig bestimmt Strackerjan (a. O. S 189) durch Dornebbe und Lockfleth die Nordgrenze Stedingens. Dass das Friesische Stedingerland nichts mit denjenigen Stedingerlanden zu schaffen hat, von denen hier die Rede sein soll, ergiebt sich aus der schon in Note 4 angeführten Bezeichnung, dass die drei Kirchsprengel, welche das Stadland bildeten, (die Parrochien von Rodenkirchen, Golzwarden und Esenshamn) als „in Frisia" den Stedingischen Kirchspielen gegenüber gestellt werden.

Seite 32. [23]) Adam Brem. lib. III cap. 45. Pertz, Mon Germ. SS. p. 353.

[24]) Hamb. Urkdb. I Nr. 89 S 88.

[25]) Hamb. Urkdb. I Nr. 92 S. 90.

[26]) Hoyer Urkdb. VIII Nr. 9 S. 16.

[27]) Vedekind (a. O. II S. 35) behauptet, dass die fraglichen Gebiete Theile der Herrschaft Lesum gewesen, über die in jenem Diplom auch verfügt wird. Diese Annahme ist indessen grundlos. Der König veräussert eine Reihe abgesonderter Besitzungen; dem Hofe zu Lesum, dem Wildbanne in Wummegau stehen zwei Weserinseln und sechs Brüche an der Weser selbstständig gegenüber. Ebenso unrichtig, wie jene Annahme, ist die andere, dass diese Gebiete zu einer Grafschaft Lesum gehört hätten. Eine solche hat niemals existirt. Die alte Fabel, welche ihre Stiftung auf Karl den Grossen zurückführt, ist freilich von den Schriftstellern unermüdlich wiederholt worden und hat selbst bei v. Wersebe (a. O. S. 99) Glauben gefunden, welcher jene Landstriche als Theile der fraglichen Grafschaft hinstellte, die zuletzt im Besitz der Gräfin Emma († c. 1050) gewesen sein soll. Von einer solchen Grafschaft findet sich nirgends eine Spur. Es gab nur ein herrschaftliches Gut Lesum, dessen Besitzer bisweilen zugleich Gaugrafenrechte in Wummegau ausübten. v. Wersebe hat seine Ansicht schon verbessert. (Archiv a. O. I. S. 281).

Seite 33. [28]) Hamb. Urkdb. I Nr. 138 S. 127.

[29]) Nordstedingen habe zu Rustringen gehört, sei Friesisches Land gewesen, ist eine häufig wiederholte Behauptung, die z. B. auch von Scharling (a. O. S. 40 ff.), Muhle (a. O. S. 191), Strackerjan (a. O. S. 109) aufgestellt worden ist. Selbst Ehmck scheint mit ihr einverstanden zu sein, indem er Hammelwarden als „im alten Stedingerland" gelegen angiebt und doch Rustringen bis zur Huute reichen lässt (Br. Urkdb. I. S. 36 Note 21, S. 143 Note 6.) Die Sitze der Rustringer erge-

ben sich deutlich aus den in einem Documente von 1220 genannten Ortschaften, die sämmtlich jenseits der Dornebbe und des Lockflethes liegen (Br. Urkdb. I Nr. 119 S. 141). Der neutrale Ort Elsfleth wird hier als Congressplatz bezeichnet für den Fall, dass zwischen Rustringen und Bremen ein Streit sich erheben sollte. Obiger Annahme gegenüber ist aber auch die gerade entgegengesetzte Ansicht vertreten worden. Ledebur (a. O. S. 88) sagt mit Entschiedenheit, dass „das heutige, an das Rüstringische Stadland grenzende Stedingerland stets zum Sachsenlande gehört" habe. v. Hodenberg (a. O. S. 131) erklärt: „Stadland gehörte zu Friesland, aber Stedingerland, sowohl unterhalb, als oberhalb der Hantemündung, zu Sachsen." Dieses Verhältniss ist allein richtig. Zu der falschen Annahme führte lediglich der in den Quellen vorkommende Ausdruck „Stedingi Rustringiae". Als Rustringische Stedinger hat man die Bewohner Nordstedlingens auffassen wollen. Allein schon Wiarda (Asegabuch p. LXXXIV), Ledebur (a. O. S. 87), Ehrentraut (a. O. S. 26⁰) haben es ausgesprochen, dass diese Stedinger nichts mit denjenigen zu schaffen haben, deren Geschichte hier dargelegt wird; es sind die Friesischen Stadländer jenseits der Dornebbe, auf die sich der Ausdruck bezieht. Alle im Bremischen Staatsarchive vorhandene Urkunden, welche das sigillum Stedingorum Rustringiae tragen, weisen auf Localitäten des Stadlandes hin, das schon in früher Zeit zu Rustringen gezählt wurde (Vita S. Willehadi in Pertz. Mon. Germ. II p. 389).

³⁰) Die ehemaligen Gauverhältnisse sind dadurch verwirrt worden, dass man daran dachte, der Wummegau, pagus Wimodia, könne die Weser überschritten haben. v. Wersebe (Gaubeschreibung S. 259) hat angenommen, „derselbe sei nicht schlechterdings auf die rechte Seite der Weser beschränkt gewesen" und hat sich dabei auf ein Document gestützt, welches einen später im Ollener Bruchlande bestehenden Ort, als in jenem Gau gelegen, anführt. Im registrum Sarachonis Nr. 677 (Falke, Codex traditionum Corbeiensium. (1752 p. 39) ist verzeichnet „in Ochtmundi in pago Wimodia" u. s. w. v. Hodenberg wollte hier statt Ochtum Aumund lesen (Diöcese II S. 8.); Kohlmann (ebendort) erklärte den Zusatz über den Gau für irrig. Die Werthlosigkeit der ganzen Notiz liegt jetzt zu Tage, da jenes Registrum, wenn auch nicht als baares Falsum, doch als eines der Falke-Paullinischen Urkundenpräparate sich darstellt, denen die Gaunamen willkürlich beigefügt sind. (Wigand, Archiv III 1. S. 54).

³¹) Einen besonderen Stedingergau hat es niemals gegeben; dies hat, wie schon in Note 37 zu S. 11 angegeben, bereits 1752 Falke gegen Ritter's Ausführungen de pago Steding ausgesprochen; Scharling geht auf diese Frage nicht ein, ebensowenig Strackerjan, die beide von Moehlmann (a. O. S. 82) angeführt werden, als theilten sie seine Ansicht und behaupteten einen eigenen Stedingergau. Moehlmann hat besonders die Annahme eines solchen Gaues vertheidigt; aber sein Raisonnement ist völlig verfehlt, indem er mit dem alten Stedingen das frühere Sterningen identificirt, d. h. den Largau, der nach dem Stuhrflusse auch jenen Namen trug. Vergl. v. Hodenberg, a. O. S. 31 ff. (IV. Pagus Lara vel Steiringa.)

³²) Aus v. Hodenberg, a. O. S. 70 § 2.

Seite 34. ³³) Aus v. Hodenberg, a. O. S. 17 Note 14.

³⁴) Ueber den alten Ort Ledense oder Ledensbusen vergl. Vita S. Mon. Germ. SS. II p. 386. Adam lib. II cap. 61. Mon. Germ. SS. VII p. 328, auch Br. Urkdb. I Nr. 18 S. 18.

³⁵) Vita S. Willehadi a. O. p. 390.

³⁶) Br. Urkdb. I S. 101 Note 13.

Seite 35. ³⁷) Die angeführten Einzelnheiten sind aus Bulling, a. O. § 2 Note 3 entnommen.

³⁸) Die Angabe, dass Ansgar die erste Kirche zu Berne gestiftet habe,

beruht lediglich auf Wolter's Rasteder Chronik (a. O. S. 89). Sie ist daher an sich Zweifeln unterworfen; trotzdem wird sie fast immer als richtig angenommen; so von Muhle (a. O. S. 225). Strackerjan (a. O. S. 109), Tappehorn (Leben des h. Ansgar S. 172); auch v. Hodenberg a. O. S. 71) zweifelt. Gegen sie spricht das in Note 64 zu S. 40 Ausgeführte.

[39]) Nähere Angaben über verschiedene ehemalige Dörfer bei Bulling. a. O. § 2 Nr. 3.

[40]) Die Kirche zu Elsfleth soll Ansgar nach einer Angabe von Wolter gegründet haben (Vergl. oben Note 38).

[41]) In der vita S. Willehadi (a. O. p. 390) ist Rehterefled erwähnt. Vergl. v. Hodenberg a. O. S. 7. Note.

[42]) Hamb. Urkdb. I Nr. 128. S. 121.

Seite 36. [43]) Den planmässigen Anbau der Stedingerlande versetzt Allmers (Marschenbuch S. 303) viel zu früh. Er behauptet irrthümlich, man wisse ziemlich genau, dass „im zehnten Jahrhundert die Erzbischöfe von Bremen durch herbeigerufene Friesen — Holländer — im Stedingerlande am linken Weserufer Deiche anlegen liessen"; auch hätte man Nachrichten, dass „die Grafen von Oldenburg und darunter namentlich der um die Mitte jenes Jahrhunderts lebende Graf Otto I., Friesische Colonisten herbeigerufen haben." Schon v. Halem hat bewiesen, dass dieser Graf Otto nie existirte (a. O. I. S. 139), und auch die Dichtungen, die Hamelmann (a. O. S. 18) noch beifügt, hat bereits v. Wersebe (Colonien I. S. 19) abgefertigt.

[44]) Wiedemann (Geschichte S. 163) erklärt Stedingen für die zuletzt eingedeichte Wesergegend, ohne jedoch näher anzugeben, an welche Wesermarschen er denkt, und wegen welcher Umstände er zu seiner Annahme befugt zu sein glaubt.

[45]) Die planmässige Bebauung der in unmittelbarer Nachbarschaft der erzbischöflichen Residenz liegenden Brüche ergiebt sich aus folgenden Documenten des Br. Urkdb. I.: Nr. 27 S. 28, Nr. 45 S. 47, Nr. 54 S. 59, Nr. 56 S. 63, Nr. 92 S. 106.

[46]) Die genannten Orte sind erwähnt in Hamb. Urkdb. I. Nr. 128 S. 121. Vergl. Schlichthorst. Beiträge zur Erläuterung der Geschichte der Herzogthümer Bremen und Verden II. S. 237 ff. Ueber die Zerstörungen der Weserfluthen meldet Renner's Chronik z. J. 1546.

[47]) Die namhaft gemachten Localitäten nennt die Urkunde von 1202 in Hamb. Urkdb. I. Nr. 334 S. 293.

Seite 37. [48]) Holleranbau zeigt sich in Oststedingen urkundlich. Ein mansus hollandrensis Uffenwerd (d. h. Offenwarden) ist im Stader Copiar erwähnt (Br. Urkbd. I. S. 101 Note 22). In einer Urkunde vom Jahre 1185 findet sich (Hamb. Urkdb. I. Nr. 269 S. 239) ein mansus hollandrensis juxta Amlake in Elingewerh, der mit Recht durch v. Wersebe (Colonien I. S. 183) und J. M. Lappenberg nach Aligwerfen verlegt wird. Auch andere Zeugnisse über einen oststedingischen Holleranbau sind vorhanden; v. Wersebe verweis bezüglich derselben: auf das Vorkommen des Hollerzehnten bei Hinnebeck (a. O. I. 148) und auf den Namen der Familie Holling oder Hollern zu Uthlede; v. Kobbe (Archiv S. 93) hat schon in dem „von den Holländer-Colonien" handelnden Abschnitte seiner Nachrichten über Osterstade auf die höchst eigenthümliche Bemerkung Renner's hingedeutet: datt de Holler doht geslagen was in Osterstade.

[49]) Die genannten Ortschaften sind bei der Dotation des Paulsklosters vor Bremen erwähnt: Horegan VIII. land, Uthoregan V. land, Hamelwarden VIII land; dann . . Versenvlete I. mansum, Sandouwe dimidium mansum (Br. Urkdb. I. Nr. 30 S. 33). Der Zehnte von Warfleth ist später an das Domcapitel zu Hamburg verliehen worden (Hamb. Urkdb. I. Nr. 162 S. 151) und dann an das Kloster von Osterholz (a. O. Nr. 269

S. 239). v. Wersebe (a. O. S. 64) hat Sannau an der Ollen mit Sandwerder an der Weser verwechselt.

⁵⁰) Strabelinghusen ist von v. Wersebe fälschlich für Rabblinghausen, von J. M. Lappenberg (H. Urkdb. I S. 155 Nr. 3) für Strohm erklärt; gemeint ist der im Stader Copiar (v. Hodenberg S. 4, 25, 35, 82) erwähnte Ort Strobeling, welcher später in Süderbrok aufgegangen ist und östlich von der hernach hier erbauten Kirche gelegen haben muss. Er gab einem Theile der Altenesch-Süderbroker Gemeinweide den Namen „Strepel", sowie einem dort in der Weser liegenden Sande die Bezeichnung „Strepeler Sand". Vergl. Br. Urkdb. I. S. 42, Note 1.

Seite 38. ⁵¹) Hamb. Urkdb. I. Nr. 189 S. 176.

⁵²) Vergl. Muhle a. O. S. 204, v. Hodenberg a. O. S. 72 Note. Kohli's Annahme, es habe das Schönemoor eine Grenze des fraglichen Districts gebildet (a. O. S. 194 Nr. 24), ist irrig.

⁵³) Die Angabe ist aus Bulling a. O. § 3 Nr. 5 entlehnt.

⁵⁴) Diese Tradition ist in die Literatur übergegangen: Lasius a. O. S. 106, Bulling a. O., Boese a. O. S. 109.

Seite 39. ⁵⁵) Aus Lasius a. O. S. 106.

⁵⁶) Die Ansiedlung um Holle herum scheint wirklich Holländischen Ursprungs zu sein; in einer Urkunde vom 15. Juli 1277 ist die Rede von einer villa quae dicitur Hollenderkerke, und von einer adjacens terra deserta; ein Document vom 5. Juli 1278 erwähnt einen plebanus de Hollenderkerke und zugleich eine villa quae dicitur Arnemerethorp (d. h. ein Dorf der Arnheimer?) Auch eine Urkunde von 1299 hat die Bezeichnung „in Hollenderekerken". Diese drei Documente sind vom Herrn Archivar Dr. Leverkus zu Oldenburg aus dem Oldenburger Archive gütigst mitgetheilt. Siehe auch Muhle a. O. S. 205, Boese a. O. S. 124. — Vergl. Note 73 zu Seite 42.

⁵⁷) Hamb. Urkdb. Nr. 138 S. 128 (wo die Lesarten des Diplomes von 1158 in den Noten beigefügt sind) nennt Merhusen und Ghelinde.

⁵⁸) Den Linebrok des im Hamb. Urkdb. a. O. abgedruckten Documentes identificiren unbegründeter Weise v. Hodenberg (a. O. S. 74 Nr. 3) und Boese (a. O. S. 44) mit einer einzelnen Ortschaft und zwar mit Neuenbrok; unter jener Bezeichnung wird hier, wie in der Urkunde von 1062, ein Bruchland zu verstehen sein.

⁵⁹) Hamb. Urkdb. I. Nr. 293 S. 260: Hec sunt bona pheodalia monasterii Rastedincgia in Stedincgia; Linerbroke, que distinguitur per has villas, videlicet per Northroc, Nigenbroc, Oldenbroc et Coldewurde cum ecclesia et via, que ducit de Nigenbroke ad ecclesiam, que dicitur Kerkwegh . . . . item dimidiam terram uppen Menen . . .

⁶⁰) Boese a. O. S. 145.

Seite 40. ⁶¹) Das Güterverzeichniss des Nonnenklosters zu Osterholz vom 8. Febr. 1216 erwähnt mansos prope Hiddingwerde. Sutherbroke (Hamb. Urkdb. I. Nr. 395 S. 349) Besitzungen, die weder in der Stiftungsurkunde von 1185 (a. O. Nr. 269 S. 239), noch auch in der Dotation von 1202 (a. O. Nr. 334 S. 292) vorkommen.

⁶²) Hartwich II verfügte 1206 über domum quandam in Heddingwerde, quam dominus Hericus, ministerialis noster, a nobis in beneficio tenuerat, et terram quandam in Hekelinge, quam quidam Volcmannus a nobis habuerat. (Hamb. Urkdb. I. Nr. 356 S. 314).

⁶³) Kroge und Hiddigwerde Legtersit sind in dem um's Jahr 1200 aufgenommenen Register der Einkünfte des Domcapitels zu Bremen genannt. (Br. Urkdb. I Nr. 87 S. 99.)

⁶⁴) Berne, der Ort, den man vielfach als den ältesten in den Stedingerlanden angesehen hat, erscheint urkundlich zuerst in dem bei vorstehender Note erwähnten Documente. Der Umstand, dass bei dem Anbau von 1149 die Grenzbestimmung nicht den Ort hervorhebt, sondern den Fluss, lässt

die Annahme gerechtfertigt erscheinen, dass, wenn auch der Platz, auf dem Berne sich erhebt, schon früh bebaut war, der Ort selbst doch erst in der zweiten Hälfte des zwölften Jahrhunderts entstand. Die Nachricht, dass Erzbischof Adalbert 1057 eine Kirche zu Berne erbaut habe, ist freilich neuerdings wiederholt worden. Müller (Die Kirche zu Berne und das Kloster zu Hude in Eggers, Deutsches Kunstblatt 1854 S. 257) und Stock (Die mittelalterlichen Baudenkmäler Niedersachsens 1865 S. 253) haben auf dieselbe hingewiesen und Stücke des jetzigen Bauwerks mit jener Jahreszahl, wenn auch zögernd, in Verbindung gebracht. Das fragliche Datum ist aber reine Erfindung von Wolter, der für dasselbe keinen Beleg beibringt. Das quadratische Erdgeschoss des Thurmes und der untere Theil der nördlichen Kirchenmauer sind freilich Stücke sehr alten Baues; aber gerade sie weisen uns in die angegebene Zeit. Auch die in den Oldenburger Blättern XIV S 195 erwähnte „alte Notiz", dass 1057 zu Bremen für den Kirchenbau in Berne gesammelt sei, kann keinen Anspruch auf Glaubwürdigkeit machen.

[65]) Hartwig II. gestattet 1207, dass dem Kloster Osterholz Friedericus de Weyge cum uxore et heredibus suis decimam in Horsebe pro centum et quinquaginta marcis exponeret (Hamb. Urkdb. I Nr. 358 S. 316). Vergl. Urk. v. 1222 a. O. Nr. 454 S. 399).

[66]) Hartwig II verleiht dem Kloster St. Pauli vor Bremen 1204 decimam, quam frater noster Sigebodo, abbas sancti Pauli, emit in Hunthethorp a duobus fratribus Cos'ino et Rotberto pro CC et XX marcis (Hamb. Urkdb. I Nr. 349 S. 308).

[67]) Im Jahre 1209 wurden einem Henricus de Bardenulete seine Ländereien bestätigt. (Hamb. Urkdb. I Nr. 434 S. 378).

[68]) Die Rasteder Jahrbücher (a. O. S. 269) erzählen: Omnes .... villae eorum prope paludem nunc positae, apud aggerem tunc in modum oppidorum constructae fuerant. Hiermit ist ein Ausspruch von Bulling zu vergleichen, welcher sagt: Die Häuser an der Brokseite stehen nicht auf einzelnen erhöhten Wurten, sondern auch die Zwischenräume zwischen den Häusern sind erhöht, sodass noch der alte Deich sich zeigt, auf dem sie erbaut wurden.

Seite 41. [69]) v. Hodenberg a. O. S. 75. 2 Vergl. Note 59 zu S 39.

[70]) Ehmck (a. O. 46 Nr. 1) führt die auf jene Vergabungen bezüglichen Nachrichten an.

Seite 42. [71]) Für Rustringer sind die Bewohner der Stedingerlande z. B. von Hamelmann (a.O.S.98), Emmius (X. p.144), Lappenberg (a.O. S.541), v. Halem (a. O. I. 85) und Wiarda (a. O. 239) erklärt. Diese Annahme ergiebt sich aus der anderen, dass Stedingen oder wenigstens Niederstedingen staatsrechtlich zu Rustringen gehört habe; die letzte Conjectur ist schon widerlegt, und mit ihr fällt die erstere zusammen.

[72]) Aus v. Wersebe, Archiv a. O. I. S. 223, 224.

[73]) Holländer sollen die Stedingerlande in Anbau genommen haben, und desshalb sollen diese besonders von Männern Friesischen Stammes bewohnt sein. Diese Annahme hängt mit der Voraussetzung zusammen, dass Holländer überhaupt dort sich niedergelassen hätten, wo Land zu Hollerrecht vergeben oder besessen ward. Solche Folgerung ist indessen keineswegs begründet; daraus, dass sich Holler zeigen, ist nicht ohne Weiteres auf Holländische Einwanderung zu schliessen; diese muss vielmehr besonders nachgewiesen werden; denn es ist nicht ersichtlich, warum nicht auch Sachsen, Friesen oder Westfalen Land zu Hollerrecht, jure hollandrico, hätten besitzen können (v. Hodenberg a. O. S. 73). Nur für einzelne Theile der Weserlande ist eine Einwanderung aus Holland anzunehmen (Vergl. Note 56 zu S. 39). Ueber das Hollerrecht ist besonders zu vergleichen: Rössler, Deutsche Rechtsdenkmäler aus Böhmen und Mähren (Prag 1852) II. S. C. ff. Die im Jahre 1863 von der Belgischen

Academie der Wissenschaften gekrönte Preisschrift von v. Borchgrave über die Belgischen Colonien in Deutschland ist, wie es scheint, noch nicht gedruckt. Zu Hollerrecht wurde, wie oben dargethan, Land im unteren Theile Stedingens besessen, sodann Gebiete am rechten Ufer der Hunte und in der Mitte des Ollener Bruchlandes, die 1149 zur Urbarmachung bestimmt wurde. Weitere Spuren von Hollercultur fehlen; besonders fehlen solche Zeugnisse für Oberstedingen, da es nicht gerechtfertigt ist, mit v. Wersebe (a. O. S. 65), die Ansiedelung von Süderbrok für einen Holleranbau zu erklären. Dass Holländer jene Striche in Cultur genommen hätten, ist nirgends gesagt; man kann nicht mit Muhle (a. O. S. 210), zahlreich vorkommende, mit Holländischen Ortsnamen gleichlautende Bezeichnungen einzelner Dorfschaften, wie z. B. Kampen, Horst, Groll, Olden- und Neuenbrok, für Zeugnisse Holländischer Colonisation erklären. Insbesondere ist es grundlos, wenn der letztgenannte Schriftsteller (S. 202, 211) das Hollerdiplom von 1106, das von Nationalholländern redet (Br. Urkdb. I. Nr. 27 S. 28), auf einen Theil des späteren Weststedingens bezieht, während v. Wersebe (a. O. S. 32), J. M. Lappenberg (a. O. S. 121), Ehmck (a. O. S 29 Note 1) dasselbe richtig mit dem Hollerlande bei Bremen in Verbindung bringen.

Seite 43. [74]) Vergl. v. Halem (a. O. S. 86), Visbeck (a. O. S. 79), v. Wersebe (a. O. I. S. 15). Als Fabel hingestellt von Telge (Oldenb. verm. Blätter IV. S. 320 und Moehlmann (Kritik der Friesischen Geschichtsschreibung (Emden 1863 S. 173 Note). Letzterer richtet sich freilich gegen die ganz unhaltbare Deutung von Klopp (a. O. S. 63).

[75]) Alle die zu Hollerrecht auf ihren Landen sitzenden Bauern waren persönlich freie Leute; sie sassen auf eignem Hofe und nicht, wie Lappenberg (Kreuzzug S. 8), Kobbe (Archiv S. 3), v. Halem (Blätter S. 49), Heinicken (Principia juris colonarii reipublicae Bremensis p. 16) behaupten, gleich Meiern auf fremdem Grund und Boden. Vergl. v. Wersebe, Colonien II. S. 1067.

Seite 44. [76]) Vergl. Br. Urkdb. I. Nr. 87, S. 99. Die Angaben über die Zehnten sind bereits in den Noten 49, 63, 64, 65 und 66 erwähnt worden.

[77]) Hamb. Urkdb. I. Nr. 165 S. 155. Vergl. v. Wersebe a. O. I. S. 139 und Rössler a. O.

[78]) Sachsenspiegel I. 42, § 3. III. 45, § 5.

[79]) Hamb. Urkdb. I. Nr. 293 S. 261: Item dimidiam terram uppen Memen, quam Hermannus Brawe ab ecclesia nostra recepit in pheodum, quam tamen scimus pro sexaginta marcis ab abbate Alberto nomine pignoris obligatam.

[80]) Ebend.; cives de Nigenbroke dabunt quolibet anno quatuor moltia avene.

Seite 45. [81]) Br. Urkdb. I Nr. 30, S. 34; womit a. O. S. 101 Note 13 zu vergleichen ist.

[82]) Mansos, quos habetis prope Hiddingwerde, Sutherbroke ... werden 1216 den Mönchen von Osterholz durch Innocenz III. bestätigt. Hamb. Urkdb. I. Nr. 393, S. 349.

[83]) Br. Urkdb. I. Nr. 87, S. 99: in Kroge decima de V mansis et integrum mansum, quem dedit praepositus Thietwardus.

[84]) Br. Urkdb. I a. O. und S. 101, Nr. 13. Süderbroke sol. avene, in Hiddigwerdo Legtersit XVIII sol. nummorum, XII sol. pro candela ad altarem sancti Johannis, sex sol. fratribus.

[86]) Hamb. Urkdb. I, Nr. 184 S. 378: Ludolf de Hasle; dort ist auch Lambert de Hasle namhaft gemacht (S. 379).

[87]) v. Wersebe, Archiv II. S. 118. Urkundlich kommen Die von Wersebe wohl erst nach den Stedingerkriegen vor (Vergl. Br. Urkdb. I. Nr. 276 S. 319); doch ist schon 1220 ein Wolwardus de Werscebeche er-

wähnt (Hamb. Urkdb. Nr. 441. S. 390). Vergl. Mushard, Bremisch-Verdischer Rittersaal (1720) S. 540.

⁸⁸) Hamb. Urkdb. I. Nr. 184 S. 378 nennt Thetburic de Line et filia ejus. Mushard (a. O. S. 349) verbindet das Geschlecht mit der Burg Linen; richtiger ist wohl die Verbindung mit dem Flusse.

⁸⁹) Br. Urkdb. I. Nr. 125 S. 148 erscheinen filii Alberonis de Line, videlicet Albero junior et fratres sui, Johannes et Fredericus; Mushard (a. O.) kennt diese Angabe nicht.

⁹⁰) Rasteder Jahrbücher a. O. S. 267: Meinardus, natus ex genere antiquorum Stedingorum. Vergl. J. M. Lappenberg ebendort S. 235; der Abt kommt urkundlich vor 1185—1226.

⁹¹) Aus dem Geschlecht der von Hörspe tritt in früherer Zeit allein Hildewardus de Horsibbe hervor und zwar seit 1217. Hamb. Urkdb. I. Nr. 400 S. 356, Nr. 408 S. 359. Hoyer Urkdb. III. Nr. 15, Nr. 17, H. Urkdb. Nr. 430. S. 373. Vergl. unten Note 55 zu Seite 69.

⁹²) Hamb. Urkdb. I. Nr. 403 S. 356. Nr. 434 S. 378. Vergl. oben Nr. 67 zu S. 40. Bei Erwähnung des Geschlechts Derer von Bardenfleth erzählt Mushard (a. O. S. 91 ff.) die Geschichte der Stedingerkriege.

Seite 46. ⁹³) Vergl. v. Wersebe, Archiv a. O. II. S. 127. Vergl. vorn S. 119.

⁹⁴) Vergl. v. Hodenberg. a. O. S. 73. Was oftmals als „Verfassung des Stedingerlandes" hingestellt ist (Muhle a. O. S. 210 ff), bietet nur die Ordnung der grundrechtlichen Privatverhältnisse.

Seite 47. ⁹⁵) Hamb. Urkdb. I. Nr. 210 S. 192. Vergl. Br. Urkdb. I. Nr. 47. S. 51.

⁹⁶) Conring, Gründlicher Bericht von der landesfürstlichen ertzbischofflichen Hoch- und Gerechtigkeit über die Stadt Bremen (1652) Cap. 27. verwendet diesen Satz um die erzbischöflichen Rechte über den Weserstrom nachzuweisen.

⁹⁷) Aus Lappenberg, Einleitung zu den Rasteder Jahrbüchern. Fries. Archiv II. S. 229.

Seite 48. ⁹⁸) Vergl. Ehrentraut, Fries. Archiv II. S. 401. 411.

⁹⁹) Hamb. Urkdb. I. Nr. 118 S. 112: comes Egilmarus.

¹⁰⁰) Die Grafschaft Warfleth, die im zwölften Jahrhundert bestand, blieb lange Zeit unbeachtet. Ihre Existenz ist im Hoyer (V. S. 3 Nr. 1), wie im Hamb. Urkundenbuche (Nr. 238, S. 216) dargetban. In den sechsziger Jahren jenes Saeculams erscheint Gerbertus, comes de Verroulete; (Würdtwein. nova subsidia VI. 340; Spilker, Geschichte der Grafen von Wölpe, N. XIV. S. 173). Derselbige kommt dann noch 1189 ebenfalls als comes de Versvlieth vor. (Hoyer Urkdb. V. S. 9, Hamb. Urkdb. I. Nr. 289 S. 256). Dass dies „Versfleth" identisch ist mit Warfleth, ergiebt die in den Rasteder Jahrbüchern, in der Historia archiepiscoporum und in vielen Urkunden vorkommende Bezeichnung, die ebenso häufig sich zeigt, wie die andere Form: Warenfleth. Aus früheren Jahren ist nur der mehrfach erwähnte Graf Gerbert bekannt, der seinem Namen nicht immer die Bezeichnung „von Warfleth" hinzugefügt hat (1120—40. Origines Guelficae III. S. 486. eod. II. S. 533). Besondere Hervorhebung verdient eine Urkunde von 1139 (Br. Urkdb. I. Nr. 30 S. 33), in welcher Graf Gerbert an der Dotirung des Paulsklosters vor Bremen sich betheiligt, das sein Anverwandter Thrutbert fundirt hatte; es ist schon in Note 40 zu Seite 37 hervorgehoben, dass dies Kloster auf der Lechterinsel und in andern Stedingischen Ländern nicht unbedeutende Güter besass. — Dies sind die deutlichen urkundlichen Spuren von dem zweiten, den Stedingern benachbarten Grafengeschlechte. Nicht zu bezweifeln ist, dass der Mannsstamm desselben gegen Ende des zwölften Jahrhunderts ausstarb, dass die Rechte, Güter und Titel durch die weibliche Linie auf ein anderes Geschlecht übertragen wurden. Es empfiehlt sich die Annahme v. Hodenberg's

(Hoyer Urkdb. V. Nr. 1 S. 3. Nr. 5 S. 9), dass der Edelherr Rudolf von Stotel, von dem hernach Note 46 zu S. 65 die Rede ist, die Erbtochter jenes Grafen Gerbert von Warfleth zur Ehe gehabt habe, welcher gegen Ende des zwölften Jahrhunderts starb.

III. Die Stedinger vor ihrer Verketzerung.

Seite 52. [1]) Das Jahr der ersten Stedingererhebung lässt sich nicht fest bestimmen. Ueber ganz irrige Darstellungen ist Anhang I. zu vergleichen. Albert von Stade spricht beim Jahre 1204 zum ersten Male von den Stedingern und berichtet: Stedingi coeperunt comiti Mauritio de Oldenborch et aliis dominis suis rebellare (a. O. S. 354). Diesen Satz schreiben die Bremischen Jahrbücher (a. O. S 837) und die Historia archiepiscoporum ab, während Wolter in seiner Bremischen Chronik (S. 55) die Jahreszahl in 1203 verändert. Aehnliches berichtet die Sachsenchronik zu dem Jahre, in welchem die Dänen höhnend Rendsburg brachen, also zum Jahre 1200, wie die Historia imperatorum (Ibid.) richtig angiebt, und auch aus der Notiz zum Jahre 1234, dass die Stedingerunruhen 33 Jahre gedauert haben, zu folgern ist. Die Sachsenchronik (Massmann S. 446, Schoene S. 81) erzählt: Dessilven Jares untsaten sic de Stedinge weder ere rechten herscap unde branden se de burge, de in irme Lande waren. Die Lüneburger Chronik (a. O. S. 1398) fügt das Jahr 1201 hinzu, während in der Sachsenchronik die Erzählung über die Vorgänge dieses Jahres ausdrücklich von der Nachricht über die Dänische Eroberung Ratzeburgs durch die Worte „Des naegesten jares" unterschieden wird. Detmar und Rynesberch haben jene Nachricht nicht aufgenommen. Es finden sich also zwei verschiedene Jahresangaben über die ersten Stedingerunruhen. Jeder Anhalt, die eine der anderen vorzuziehen, fehlt, da beide gleich detaillirt lauten. Jene Unruhen sind also nur unbestimmt in die ersten Jahre des dreizehnten Jahrhunderts zu verlegen.

Seite 53. [2]) Vergl. Usinger, Deutsch-dänische Geschichte S. 103.

[3]) Den Ausbruch der ersten Stedingerfehde schildern die in Note 5 zu S. 6 angeführten Erfurter Annalen äusserst anschaulich. Der Werumer Abt meldet einfach und kräftig (a. O. S. 97): illi namque licet gens modica fuit secus ripam Wiscrae fluvii propter violentias, quas milites et servientes intrantes ad eos irrogabant, omnes hujusmodi ejecerunt et se defenderunt. Die Ersteigung der Burgen und Vertreibung der Burgmannen beschreiben die Rasteder Jahrbücher am Genauesten (a. O. S. 263). Sie beginnen mit den im Anhang I. besprochenen, auf die Regierungszeit des Abtes Donatian bezüglichen Worten: Hujus abbatis temporibus coeperunt Stedingi ultra Huntam suis dominis rebellare. Dann lautet ihr Bericht: Erant enim duo castra in terra eorum, videlicet in Legtenberge et in Lyne, in quibus militares habitabant, quorum aduocati per insolentiam plurima mala per oppressionem puellarum et mulierum agere nitebantur. Unde incolae terrae illius cum viderent mala sibi immergere, consilium invenerunt, in loco, quo convenerant, qui Brocdich dicitur, nocturno tempore, ubi tunc silua magna fuerat, ut occidentalis pars partem orientalem spoliare deberet et e conuerso, sicque quiuis eorum utraque castra ascenderet pro querimoniis offerendis. Et cum secundum hoc consilium castra ascendissent, multiplicati sigillatim in numero, quosdam de suis dominis occiderunt, quosdam vero male tractantes, utraque castra incendio vastauerunt.

— 160 —

[4]) **Visbeck** (a. O. S. 33) erkennt die Burgstelle in der Ortschaft Linen, da, „wo jetzt das Vorwerk ist"; eine nicht mehr erfindliche Localität.

Seite 54. [5]) Der Lechtenberg ist nicht in Oberstedingen zu suchen, besonders nicht in Schlüte, das an der rechten Seite der Hunte sich erhebt. Er lag vielmehr diesem Orte gerade gegenüber, an der linken Seite und führte daher seinen Namen. Bei Schlüte hat **Vollers** die Burgstelle an einem Orte „Hilkenburg oder Grüneburg" finden wollen, indem er von der unberechtigten Voraussetzung ausging, dass eine Burg gesucht werden müsse, die in der Nähe von Berne sich befinde; wie denn auch noch **Muhle** eine Burg bei Berne erwähnt, deren Annahme die Quellen nicht rechtfertigen; sie erscheint erst später. Vergl. Note 23 zu S. 129.

[6]) Mit den von den Burgmannen auf Linen und Lechtenberg gegen das Landvolk verübten Quälereien hat die Willkür späterer Geschichtsschreiber Alles in Zusammenhang gebracht, was die Periode des Faustrechts und der Leibeigenschaft an Greueln aufzuweisen hat. Diese Ausschmückungen erreichen ihren Höhepunkt in der Vermuthung, die Burgvögte hätten das Recht der ersten Nacht in Anspruch genommen, so **Meyer**, Oldenb. Delmenhorst. Merkwürdigk. v. **Halem** a. O. II. S. 313, **Muhle**, a. O. S. 302. Als vorzüglichen Bedränger der Stedinger nennt der letztere einen Gerhard und beruft sich auf die Aufzeichnungen des Erzbischof Johann Rhode; doch erscheint der Graf Gerhard von Oldenburg, dessen wegen der Meier in Stedingen ausgebrochener Streit mit dem Domcapitel von Rhode beiläufig gemeldet wird, erst mehrere Jahrzehnte später. — Ein pikantes Gegenstück zu solchen Ausschmückungen der Quellenangaben bietet die **Wiedemann'sche** Schrift (S. 165, 166), in welcher folgende Raisonnements zu lesen sind: „Man sagt, die Erzbischöfe (?) hätten Vögte ins Land gesetzt und dem Grafen Oldenburg eine Herrschaft darin übergeben, welche dieser durch die Schlösser Lichtenberg und Line aufrecht zu erhalten gesucht habe. Beides wird von unseren Geschichtsschreibern nicht gemeldet (!!). Es wurde im Gegentheil kein Bremischer Voigt geduldet. Wir möchten glauben, dass jene Burgen zur Unterdrückung der Stedinger gar keine Beziehung hatten. Sie waren zu anderen Zwecken angelegt. Die Grafen von Oldenburg hatten sich mit vieler Mühe um das Zwischenahner Meer und die Hunte ausgebreitet und suchten durch jene Festen ihren unsichern Besitz zu decken. Weit mehr zur Abwehr Stedingischer Uebergriffe, als zu Einfällen in das Land (?) waren sie bestimmt. Es ist völlig unglaublich, dass es den kleinen Oldenburgischen Grafen in den Sinn kommen konnte, die Stedinger zu unterjochen; sie waren viel zu schwach gegen ein Volk, welches sich von Haus aus zu einer so straffen Einheit (?) zusammengefasst hatte und welches 11,000 Krieger in Reih' und Glied stellen konnte (?). Das wäre ein strategischer Unsinn gewesen. Die Vögte in den Burgen haben sich auch nie eine Gewalt oder Gerichtsbarkeit über die Stedinger angemaasst. Wir lesen kein Wort davon in unsern Geschichtsquellen. Aber die Schlösser waren den Stedingern lästig, es war eine stete Drohung an ihrer Grenze (?) und ein Stützpunkt in dem Kampfe, der auf die Dauer nicht ausbleiben konnte." Unglaubliche Quellenunkenntniss zeigt sich in diesen Expectorationen.

Seite 55. [7]) Der **Brokdeich** im Stedingischen Wüstenlande gehört zu den ältesten Erdbauten dieser Gegend. Es trug jenen Namen ein Deich, der ehedem für die Wüstenländer eine ähnliche Wichtigkeit hatte, wie der Wolfsdeich für die Moorriemer, seit der Umdeichung der Hunte aber nur die Bedeutung einer Sielscheide behielt (**Böse** a. O. S. 125). Es scheint auffallend, dass in dieser Gegend nach den Rasteder Jahrbüchern Wald gestanden haben soll. **Muhle** (a. O. S. 313) denkt an „das grosse Gehölz tor Tweel", durch das die Tweelbäke ehedem geflossen, von dem das Blankenburger Holz noch ein Ueberbleibsel sei und ein Grundstück in dieser Gegend noch jetzt den Namen Tweelbusch trage." Freilich kennt er wirkliche Spuren jenes Gehölzes im Tieflande nicht, aber der Strich des Wüstenlandes, der vom Brookdeich durchschnitten wird, besteht grösstentheils aus Moor und Sand, wie denn auch der Deich selbst aus mooriger Sanderde hergestellt ist; Marschgrund fehlt fast ganz, und jene Moor- und Sandflächen können vor Alters sehr wohl Nadelholz und Buschwerk getragen haben, während im Kleiboden kein Holzwuchs anzunehmen ist.

⁸) Die Zusammenkunft hat Klopp (a. O. S. 107) abenteuerlich durch die Behauptung charakterisiren wollen, dass die Bauern „als ihr Feldzeichen den (?) Hut auf einer Stange erhoben" hätten.

⁹) Von der Erhebung der Südstedinger sprechen nur die Rasteder Jahrbücher (a. O. S. 265); sie sagen im Anschluss an den Bericht über Nordstedingen: Quod cum illi trans Huntam audiverant, gaudenter cum istis conspirantes, factoque federe, ceperunt suis dominis pariter rebellare. Hier handelt die Chronik deutlich von den am südlichen Ufer der Hunte Wohnenden, sodass hierdurch der in Note 3 zu Seite 53 erwähnte Ausdruck „ultra Huntam" klar gemacht wird. Es ist nicht angegeben, wider welche Herrschaft die Oberstedinger sich empört haben. Wir wissen auch urkundlich von keinem festen Hause in diesen Gegenden; indessen vermuthet schon Muhle (a. O. S. 314), dass Warfleth angegriffen worden sei. Diese Vermuthung erhält dadurch Anhalt, dass Warfleth, wie vorhin gezeigt ist, den Sitz eines Grafengeschlechtes ausmachte, welches schwerlich den Anbauern der Lechterinsel und der benachbarten Brüche sehr gewogen war, und dass in den siebziger Jahren unseres Jahrhunderts von einer „crancken vesten Wersulete" die Rede ist, deren Zerstörung vor das Jahr 1222 gesetzt werden muss (Lappenberg, Geschichtsquellen S. 74). Der Edelherr von Stotel, der nach dem in Note 100 zu Seite 48 Ausgeführten wahrscheinlich im Anfang des dreizehnten Jahrhunderts auf Warfleth Ansprüche besass, vermochte schwerlich ein festes Haus auf der Lechterinsel von seinem weit nördlicher gelegenen Stammsitze aus zu decken. Neben jenen Warflether und Stoteler Herren sind keine Namen bekannt, mit denen die Angabe Albert's von Stade, dass auch „alii domini" angegriffen seien, in Verbindung gebracht werden könnte; die Grafen von Hoya hatten so wenig, wie die Grafen der älteren Oldenburger Linie in Stedingischen Landen zu Anfang des 13. Jahrhunderts Besitzungen.

¹⁰) Die Rasteder Jahrbücher (a. O. S. 266) melden bezeichnend: Omnes quoque militares de terra expulerunt. Irriger Weise ist statt militares meistens ministeriales gelesen worden; der Bericht redet deutlich von Burgmannen.

Seite 56. ¹¹) Dass ein Graf Johann IV. von Oldenburg die verlassenen Burgen wieder besetzt habe, ist Erfindung von Hamelmann (a. O. S. 98). Jener Graf hat gar nicht existirt; vielmehr lebte Johann I. von Oldenburg, der Neffe des bereits erwähnten Grafen Otto III. in den Jahren 1244 bis 1263. Trotzdem hat Hamelmann Nachbeter gefunden, so z. B. Ritter (a. O. S. 91), Lappenberg (Kreuzzug S. 10). Um die Angabe von der Wiederunterwerfung des Landes mit dem Fortgang der Ereignisse in Einklang zu bringen, musste eine zweite Vertreibung der Burgmannen angenommen werden, und diese zweite verlegte man dann ins Jahr 1200, während die erste, wie in Anhang I. angegeben, 1187 vor sich gegangen sein sollte. So verkehrt auch Muhle (a. O. S. 315) die Ueberlieferung.

¹²) Die Stammsitze der Herren von Bexhövede und Apeler lagen dicht bei einander. Das Geschlecht derselben hat mehrfach Besprechung gefunden, weil es in der Geschichte Livlands von Bedeutung geworden ist. Vergl. Mooyer, Albert, Erzbischof von Riga und seine Sippschaft, im Anzeiger für Kunde der deutschen Vorzeit V. S. 177 ff. Mooyer hat zuerst (a. O. S. 290, 291) die Lage des Platzes „Apelderlo" richtig aufgefunden; er sucht diesen „Ort, aus dem im Jahre 1139 sieben Morgen

Landes vom Erzbischof Adalbert II. an das Bremische Paulskloster geschenkt wurden, in demjenigen Dorfe, welches auf einer alten Karte von 1767 Aplär genannt wird, zu der Hannoverschen Landdrostei Stade gehörte, zwischen Geestendorf, Nückel und Bexhövede und zwischen der Lüne und Geeste lag, ganz in der Nähe des Rohrbaches". Noch heute heisst der Ort „Apeler". Herren von Bexhövede finden sich unter Anderem Hamb. Urkbd. Nr. 265 S. 237, Nr. 269 S. 239, Nr. 314 S. 276, Nr. 334 S. 293, Nr. 337 S. 298 (vergl. Mushard a. O. S. 104); Johann von Apeldern ebendort: Nr. 334 S. 293; Herren von Lüneberg Nr. 308 S. 271, Nr. 314 S. 276. „Ihr Erbsitz war das alte feste Schloss Lünebergen, nicht weit vom Geestflusse, wovon noch die Burgstelle zu sehen" (Mushard a. O. S. 374).

[13]) Das Geschlecht, das vom Geestorte Bramstedt seinen Namen empfing, ist unter Anderem erwähnt: Hamb. Urkdb. Nr. 284 S. 251, Nr. 359 S. 317. Die Herren von Schwanewede, die Mushard (a. O. S. 486) erst in späterer Zeit kennt, erscheinen ebendort Nr. 337 S. 298. Denen von Uthlede gehört Erzbischof Hartwig II. an; v. Wersebe, Colonien I. S. 104. Mooyer a. O. S. 249 ff. Schon Kohlmann (Beiträge I. S. 2) und v. Wersebe (Archiv II. S. 116) haben darauf hingewiesen, dass Uthlede kein Marschort sei, dass daher die Herren von Uthlede nicht zu den Osterstadern, also auch nicht zu den Stedingern, zu zählen seien, wie noch von Muhle (a. O. S. 314) geschehen ist.

[14]) Dienstmannen der Oldenburger werden in den Rasteder Jahrbüchern (a. O. S. 273) aufgezählt; es sind besonders zu erwähnen: Willehelmus de Everse, Nicholaus de Mansinege, mehrere Milites de Apen, zwei de Westerholte.

[15]) Das Haus Hatten war nach den Rasteder Jahrbüchern (a. O. S. 270) im Besitz des Grafen Christian II. von Oldenburg; Herren von Hatten sind dort unter den Mördern dieses Fürsten namhaft gemacht.

[16]) Die Herren von Habbrügge erscheinen zuerst ums Jahr 1189; ein Hinricus de Hachbruchen wird in diesem Jahre erwähnt (Hamb. Urkbd. Nr. 289 S. 257). Gerhard II. nennt 1225 und früher einen Thidericus de Hachbrugge seinen Dapifer (Br. Urkdb. I. Nr. 128 S. 151, Nr. 137 S. 158) Das Geschlecht der Herren von Ohe ist nicht ganz klar zu ersehen; ein de Ho kommt vor: Hamb. Urkdb. Nr. 188 S. 176; ein de Ohe: Nr. 434 S. 379. Dass Ohe nicht im Stedingerlande lag, ist bereits bemerkt, es ist nicht zu verwechseln mit A im Kirchspiel Mellinghausen. Theodoricus, miles de Slute, wird 1211 genannt (Hamb. Urkdb. Nr. 384 S. 339), ein Rotbert von Schlütter in Note 22 zu Seite 129.

[17]) Winandus de Sconemore erscheint in einer Urkunde von 1209. Möser, Osnabrücker Geschichte III. S. 234. Hamb. Urkdb. Nr. 384 S. 339. Herren von Schönemoor sind auch in Note 4 zu Seite 126 erwähnt.

[18]) Die von Hasbergen kommen vor: Hamb. Urkdb. Nr. 290 S. 257; ein Bremisches Rathsherrengeschlecht nannte sich nach Hasbergen; vergl. Mushard a. O. S. 277.

[19]) Ueber die Herren von Seehausen vergl. Note 36 zu Seite 62. Zweifelhaft ist, ob das Dorf Stelle am rechten Ufer der Ochtum (Vergl. Kohlmann, Beiträge II. S. 6 Note 9) den Herren von Stelle den Namen gegeben. Erpo de Stelle, ein Verwandter von Erzbischof Liemar, ist in der Note zum Brem. Urkdb. I. Nr. 43 S. 46 erwähnt; Mushard (a. O. S. 508) sagt bloss: „Ihr Erbsitz ist gewesen zum Stellerbroke." Erzbischof Rhode zählt die Familie zu den Ausgestorbenen. Die von Malswarden zeigen sich während des dreizehnten Jahrhunderts urkundlich nicht; der jetzt verschollene Ort lag dicht bei Stelle; ein Gerhardus de Mulswerth erscheint in den Stedingerkriegen. (Vergl. vorn S. 120 und Br. Urkdb. I. Nr. 85 S. 98 Note 2. Auch das Malswarden benachbarte Hardenstrom gab einem Ministerialengeschlechte den Namen. (Vergl. Mushard a. O. S. 277).

Seite 58. [20]) Epistolae Innocentii III. Editio Baluzii. Tom X. S. 215. Hamb. Urkdb. Nr. 365 S. 320.

[21]) Usinger. Deutsch-dänische Geschichte von 1189—1227 (S. 135 ff.) hat zuerst auf die grosse nationale Bedeutung, die mit der Wahl nach Hartwig's Tode verknüpft ist, hingedeutet.

Seite 59. [22]) Für den Streit zwischen Waldemar und Burchard ist das zwölfte Capitel im siebenten Buche der Chronik Arnold's von Lübeck die Hauptquelle. Vergl. Abel, König Philipp, der Hohenstaufe (Berlin 1852) S. 226 ff.

[23]) Vergl. Usinger a. O. S. 146.

[24]) Ob der hernach von den Stedingern bekämpfte Gegner Waldemar's, der frühere Bremische Dompropst Burchard zu der Ministerialenfamilie oder zu dem Grafengeschlechte Derer von Stumpenhausen zu zählen sei, scheint zweifelhaft (v. Hodenberg, Hoyer Urkdb. V. zu Nr. 8 S. 15), und es ist dies eine Frage von einiger Wichtigkeit. Ein Osnabrücker Ministerialengeschlecht, das nach der alten Feste Stumpenhausen im Nienburgischen sich nannte, existirte (Möser a. O. III. Nr. 93 S. 221); allein abgesehen davon, dass dieses Geschlecht im Bremischen Stifte nie vorkommt, erlangte schwerlich ein Stumpenhauser Dienstmann des Osnabrücker Bischofs in Bremen die Würde eines Dompropstes, welche fast seit einem Jahrhunderte Männer gräflichen oder edlen Stammes oder mindestens wegen nahbelegenen Güterbesitzes in Bremen selbst massgebende Persönlichkeiten bekleidet hatten. Dass Burchard ein vornehmer Mann war, lehrt sein Eingreifen in den Gang der politischen Dinge und seine Stellung im Bremischen Capitel. Dasselbe geht aus anderen Daten hervor. Ein Domherr Burchard erscheint seit dem Jahre 1180, ein Dompropst von 1205 bis 1223 (v. Hodenberg im Hoyer Urkdb. VIII. Nr. 37 Note 1); wir hätten also ein Mitglied der Domgeistlichkeit vor uns, das ein sehr hohes Alter erreicht hat, jedenfalls jung zu der Würde erhoben sein muss, die er 43 Jahre bekleidete. Somit ist anzunehmen, dass Burchard ein Stumpenhauser Graf war; allein auch hiermit ist seine Verwandtschaft nicht völlig aufgeklärt. — Bekanntlich schwebt ein gewisses Dunkel über die Verhältnisse der Stumpenhauser und der Hoyer Grafen. Der Name der ersteren tritt zu Anfang des dreizehnten Jahrhunderts mehr und mehr zurück. Graf Heinrich von Stumpenhausen starb am 29. October 1205 und ward zu Mellinghausen begraben. Bereits 1202 tritt ein Graf Heinrich von Hoya auf (Hamb. Urkdb. Nr. 334 S. 293). Sodann erscheint ein Graf Heinrich von Hoya, der am 9. August 1235 oder 36 starb, und er sowohl, wie sein Sohn, der den gleichen Namen trug († 1290, 25. Januar), führte im Siegel den Namen: Heinrich von Stumpenhausen. Es scheint ganz unzweifelhaft zu sein, dass wir es hier mit drei verschiedenen Heinrichen von Hoya und Stumpenhausen zu thun haben: zunächst mit dem Sohn Wedekind's, dem Kreuzfahrer, dem Stumpenhauser, der Hoya erwarb und von seinem Grossvater mütterlicher Seits den Namen Heinrich erbte (er erscheint erst nach dem Tode seines Vaters in Urkunden und zwar von 1196 bis 1204); sodann mit dessen Sohne, dem in Bücken beerdigten Gemahle der Richenza von Wölpe, der 1207 zuerst urkundlich auftritt (Hamb. Urkdb. Nr. 359 S. 317), endlich mit dem Urenkel Wedekind's, bei dessen Tode die Grafschaft wahrscheinlich zum ersten Male getheilt wurde. Dieser letzte Heinrich hatte einen Bruder Burchard, der ebenfalls Domherr in Bremen war, aber nicht Dompropst, sondern nur Propst zuerst des Ansgarii-, dann des Wilhadistiftes (1236—94). Unser Burchard war wohl ein Sohn des Grafen Wedekind von Stumpenhausen und einer Gräfin von Oldenburg, ein Neffe des späteren Erzbischof Gerhard, also ein Bruder des älteren Heinrich: unmöglich kann er, der bereits 1180 die Domherrnwürde bekleidete, ein Sohn dieses Grafen sein, dem etwa in dieser Zeit sein ältester Sohn geboren wurde, der zweite Graf Heinrich.

[25]) Der Irrthum, dass König Otto Burchard's Investitur vorgenommen,

der im Hamb. Urkdb. S. 320 Note 1, im Hoyer Urkdb. VIII. Nr. 37 sich findet, ist beseitigt durch Abel (a. O. S. 228) und Usinger (a. O. S. 140).

Seite 60. [26]) Abel, Kaiser Otto IV. und König Friderich II. (Berl. 1858). S. 25 ff.

[27]) Von der Theilnahme der Stedinger am Zuge gegen Stade schweigen freilich Albert von Stade und Arnold von Lübeck; allein die Sachsenchronik hebt dieselbe mit Bestimmtheit hervor (Massmann S. 452; Schoene S. 82): Dar na wan biscop Waldemar Stade mitten Stedingen unde beroveden de stat. Vergl. Lüneburger Chronik (a. O. S. 1400). Rynesberch (a O. S. 68) nennt auch das Datum der Einnahme von Stade; es heisst bei ihm: Woldemarus die bestridde de stad to Stade myt hulpe der Stedinge unde wan sie unde schinnede zee van ereme gude uppe enen sundage uppe sunte Steffens dage, also syn licham gevunden wart. Stephani inventio fällt stets auf den 3. August, und so datiren auch Abel (Kaiser Otto S. 26) und J. M. Lappenberg (a. O. S. 28). Usinger verlegt das Datum auf den 6. August, den Tag der Märtyrer Stephan und Xystus, was nicht zu rechtfertigen ist. Ueber eine Verwechselung dieses Zuges mit einer Belagerung von Stade im Jahre 1217 wird später gehandelt werden. Irrig ist die Darstellung bei Wiedemann (a. O. S. 170 und 171), die nach Lappenberg (Grundriss S. 315) erzählt, Waldemar habe vergeblich gesucht, die Stadt mit List zu erobern, und den ersten Zug gegen Stade mit dem zweiten verwirrt.

Seite 61. [28]) Hamb. Urkdb. Nr. 376. S. 331.

[29]) Die Dänische Chronik meldet zum Jahre 1209: Episcopus W. ejectus est a sede Bremensi et iterum excommunicatus. Vergl. Usinger a. O. S. 151.

[30]) Dass Gerhard der Erste widerrechtlich vom Papste ernannt, nicht ordnungsgemäss gewählt sei, ist vielfach ohne Grund behauptet worden. Das Diplom vom 30. Oct. 1210 beweisst das Gegentheil (Hamb. Urkdb. Nr. 379 S. 334). Es ist ein Irrthum v. Hodenberg's (Hoyer Urkundenbuch VIII. S. 48 Note 1), dass Gerhard am 30. Januar 1210 gewählt sei; auch hat Möser (a. O. III. S. 23) die Parteistellung zur Zeit der Wahl Gerhard's verkehrt aufgefasst.

[31]) Vergl. Arnold von Lübeck VII. 15. 21.

[32]) Vergl. Brem. Urkdb. I. Nr. 106 S. 125, besonders Note 2.

Seite 62. [33]) Aus Usinger a. O. S. 168.

[34]) Aus Usinger a. O. S. 169.

[35]) Dass die Stedinger bereits 1211 für Waldemar zu den Waffen gegriffen hätten, wie unter Anderen Lappenberg (Kreuzzug S. 16) und Muhle (a O. S. 325) erzählen, ist eine irrige Annahme, die nach den richtigen Lesarten der Stader Chronik zu verbessern ist.

Seite 63. [36]) Vergl. Hamb. Urkdb. Nr. 351 S. 310 Note 1. Später erscheint ein Bernhard von Seehausen a's Bremischer Domherr (Brem. Urkdb. I. Nr. 170 S. 202, Nr. 182 S. 218, Nr. 188 S. 223, Nr. 192 S. 227, Nr. 198 S. 232. Ueber die nach Livland gezogenen niederdeutschen Geschlechter vergl. Schlözer, Livland (Berlin 1850) S. 70 und Rutenberg, Geschichte der Ostseeprovinzen Liv-, Esth- und Kurland (Leipzig 1859) I. S. 63 ff.

[37]) Die alten von Bremen ausgehenden Heerstrassen sind im dreizehnten Jahrhundert nicht besonders namhaft gemacht. Aus der Aufzählung der zur Unterhaltung der Weserbrücke bei Bremen verpflichteten Dörfer (Br. Urkdb. I. Nr. 247 S. 285) ergiebt sich für diese Frage nichts. Entscheidend ist aber das bei Cassel (Br. Urkunden S. 49) abgedruckte Document von 1311. Bei der Vereinigung wegen der neuen, Delmenhorst und Bremen über Huchtingen verbindenden Strasse ward festgestellt: viam, quae ducit per terram dictam Statland, hactenus communiter observatam amplius nolumus permanere; eine das Stedingerland durch-

schneidende Heerstrasse, die von dem Flussgebiet der Delme nach Bremen führte, kann nur längs den Flüssen ihren Lauf genommen haben. Eine auf dem alten Stellweg entlang gehende Strasse hätte die Stedingischen Gebiete gar nicht berührt; ein passagium Musworden wird im 13. Jahrhundert erwähnt (Hoyer Urkdb. I. Anhang S. 22, Zeile 24).

³⁸) Von der Stätte der Burg Seehausen zeigt sich keine Spur mehr; sie ist jedoch in der Nähe der Dorfschaft Seehausen zu suchen. Beachtenswerth ist die Notiz: Johannes Uppenhus, civis Bremensis, in villa Sehusen 3½ areas et duas partes „valli" ibidem, quod dicitur „hoffeste", et tertiam partem eiusdem „valli" ibidem tenet Luderus de Huda miles (Hoyer Urkdb. I. Anhang S. 31, Zeile 15).

³⁹) Albert von Stade (a. O. S. 355) meldet kurz: Munzowe destruunt. Weitere Kunde fehlt, und schon Erzbischof Rhode wusste nicht mehr, wo das „castrum Monsowe" zu suchen sei (Chron. Brem. bei Leibnitz a. O. II. S. 267). Es giebt kein Geschlecht, das nach diesem Platze sich nennt, der wahrscheinlich ebensowenig, wie das feste Haus Seehausen, nach der Zerstörung von 1212 wieder aufgebaut ist. v. Wersebe (Archiv I. S. 289) glaubt ihn am linken Weserufer suchen zu müssen. Dort findet sich auf der Lechterinsel ein Ort, Motzen, an den man denken könnte, wenn es wahrscheinlich wäre, dass in den Stedingerlanden selbst seit 1204 feste Plätze geduldet wären. Andere verlegen den Ort auf die rechte Seite der Weser, und hier stehen sich zwei Ansichten gegenüber: v. Hodenberg weiset auf eine Oertlichkeit an der Lüne oder Lune hin, die in die Nähe von Beverstedt noch jetzt den Namen „Monsees" oder „Monsenjen" trägt (Hoyer Urkdb. VIII. Nr. 39 S. 50); es soll sich auf diesem Orte, der zum Gute Wellen gehört, noch die Spur eines Burgplatzes finden; ebenso Wiedemann (a. O. S. 173) — J. M. Lappenberg (a. O. S. 355 Note 7) verlegt den fraglichen Platz dagegen in die Nähe Bremens und sieht in ihm das Gut Münte an der kleinen Wumme, dicht bei Bremen und dem hernach zu erwähnenden Rhiensberg; ihm folgt, wenn auch zweifelnd. Ehmck (a. O. I. S. 127 Note 2). Was diese letzte Oertlichkeit betrifft, so ist deren Namen richtig von dem der Familie Munt abgeleitet (Vergl. die Urkunden bei Buchenau, die freie Hansestadt Bremen und ihr Gebiet 1860 S. 207), und somit eine Identität der alten Bezeichnung Munsowe mit Munte nicht denkbar; es bleibt uns also nur die erste Annahme.

⁴⁰) Albert von Stade (a. O. S. 355) meldet: Hagene obsident. Gemeint ist sicher das für die spätere Geschichte von Osterstade äusserst wichtige Schloss Hagen. „Wahrscheinlich war es von einem Edlen aus dortiger Gegend erst neuerlich angelegt; denn dasjenige Hagen, dessen die mehrgedachte Urkunde vom Jahre 1110 als eines zu Bramstedt eingepfarrten Ortes erwähnt, ist ohne Zweifel Dorfhagen; jenes Schloss aber, das jetzige sogenannte Dammhagen, liegt im Moore, und in den Mooren pflegte man sich erst späterhin anzubauen, und Schlösser wegen der festen Lage zu errichten." (v. Wersebe a. O. I. S. 201. Note 38). — Derer von Hagen gab es eine grosse Menge, so dass sich der Ministerial, gegen den dieser Zug der Stedinger gerichtet war, nicht wohl näher bezeichnen lässt. (Vergl. v. Hammerstein, Die verschiedenen Geschlechter von Hagen, in der Zeitschrift des historischen Vereins für Niedersachsen. 1857. S. 154). Mit dem fraglichen Hagen verbindet v. Hammerstein den 1194 vorkommenden Dietrich von Hagen (Hamb. Urkdb. Nr. 302. S. 263), welcher auch 1207 als Mitglied des Bremischen Domstiftes erscheint. (a. O. Nr. 360 u. 361. S. 318). An diese Person oder ihre Verwandten wäre wohl zunächst zu denken; später treten besonders auf: 1219 ein Rotman de Hagena. (a. O. Nr. 434. S. 378), sodann 1222 ein Hermann von Hagen, (Br. Urkdb. I. Nr. 126. S. 149), beide als erzbischöfliche Ministeriale, aber ohne dass etwas Näheres über sie anzugeben wäre. — Beachtenswerth ist, dass Gernug von Hagen (1159, 1187) erzbischöflicher Marschall war; vergl. v. d. De-

ken, Ueber das Bremische Erbmarschallamt, im Stader Archiv II. S. 188.
Wiedemann (a. O. S. 173) verkehrt den Sachverhalt; nach ihm hätte die
Feste Hagen in Waldemar's Besitz gelegen 'und wäre doch von seinen
Anhängern umlagert worden. — Statt dieser Vermuthung bietet sich uns
eine Combination eigener Art. Am 29. November des fraglichen Jahres
stellte Pfalzgraf Heinrich eine Urkunde aus in castro nostro Staleke (Calenberger Urkdb. III. Nr. 36); v. Hodenberg hat darauf hingedeutet, dass es in
einem Documente vom 13. December 1248 heisst: „juxta castrum Hagene
prope quercum vulgariter Staleke nuncupatum", dass diese Feste Hagen
hernach freilich wohl als Theil der Herrschaft Stotel erscheint, aber doch
nur als ein von der Bremischen Kirche stammendes Lehn, welches sehr
wohl zur Grafschaft Stade gehört haben könne, die seit 1219 von der
Bremischen Kirche zu Lehn ging und im Jahre 1212 bereits von dem
Pfalzgrafen in Besitz genommen war. v. Hodenberg hat daher vermuthet,
dass „castrum Staleke" nur eine andere Bezeignung für „castrum Haghen"
sei, woraus sich ergeben würde, dass gegen die Feste, die den Stedingern
widerstanden, ein erfolgreicher Angriff des Pfalzgrafen unternommen wäre.
Allein diese Combination ist unberechtigt. Die Möglichkeit, dass die Feste
Stalleiche und die Feste Dammhagen dieselbe Oertlichkeit bildeten, steht
freilich nicht zu bezweifeln; die Zubehörigkeit zur Grafschaft Stade oder
zu Stotel ist für die Kriegsverhältnisse des Jahres 1210 ohne Bedeutung;
allein der sonstige Inhalt der fraglichen Urkunde erscheint als entscheidend.
Beim Pfalzgrafen zeigen sich im „castrum Staleke" Adolph III, der Schauenburger, Graf Bernhard von Wölpe, Conrad und Hildebold, Grafen von
Roden, der Stadtvogt von Minden, zwei Hallermunder Ministerialen, lauter
Personen, die dem Mindener Sprengel angehören; sodann betrifft das
Document in der Nähe von Minden belegene Güter, welche dem Kloster
Loccum übertragen werden sollen; Alles dieses weiset darauf hin, dass
jene Burg in der Nähe von Minden an der Oberweser zu suchen dass an
die Feste Hagen nicht zu denken ist. — Diese ist während des Jahres 1212
nicht in die Hände der Parteigenossen Waldemar's gekommen, hat vielmehr den Angriffen der Stedinger widerstanden; erst im folgenden Jahre
erfahren wir von der Theilnahme des Pfalzgrafen an den Kämpfen vor
Bremen. v. Wersebe (Colonien I. S. 195, Note 34) hat schon betont,
wie der Kampf gegen Hagen bezeuge, dass nicht bloss Weststedingen zu
Waldemar stand, sondern auch Osterstade, und dass, wenn die Quellen
von Stedingern reden, nicht allein an die Bauern zwischen Ochtum und
Dornebbe zu denken ist.

[41]) Der Kriegszug gegen Rhiensberg und die Schlacht
bei Hoya hängen zusammen. Zum Jahre 1213 findet sich eine Notiz in
den sog. annales Buccenses, die v. Hodenberg in seinem Hoyer Urkundenbuche (VIII. Nr. 40. S. 51.) auszugsweise mitgetheilt hat. Sie
lautet: Wyl gy nu horen, wo de Hoye gebouwet wart van stenen? Do
sick de Stedinger to sath haden, do togen se van Reynemberge; dar lycht
noch ein welle. Alle de wile besammelnde sick de greve van der Hoye
und toch den Stedingen nit entgegen, er se vor de Hoye gekomen weren;
do toch he öne na. Da begunden de Stedingen ersten to ylende van der
stede und darna to vlende. Do leth de greve toslahn uude slog örer uter
maten vele, ock so drenckeden sick de Stedinger vele in den water; noch
so dreff he örer so vele upp, als he örer laten könde. Mit deme gelde,
datt he den vangen af schattede, dar buwede he mede twe stene mosbufze
uppe de Hoye, den torne, de muren und allent dat dar uppe is van stenen.
(Vergl. Pfeffinger, Historie des Braunschweigischen Hauses II. S. 553.
Rathlef, Geschichte der Grafschaften Hoya und Diepholz II. S. 97).
Die Bezugnahme auf die specielle Baugeschichte der Feste Hoya verleiht
der Nachricht über den Zug gegen „Reynemberg" erhöhte Glaubwürdigkeit; v. Hodenberg hält diese Localität für das feste Haus Rhiensberg

zwischen Horn und Schwachhausen, dessen Lage durch den Getheflnss, an dem es sich erhob, äusserst sicher, beziehungsweise gefährlich war. Ein Ort ähnlichen Namens ist in der Gegend, auf die es ankommt, nicht bekannt; das castrum Reineberge, das in Urkunden von 1221 (Hoyer Urkdb. VI. Nr. 32 S. 26) erwähnt wird, lag, weit vom Schauplatz der Stedingerkämpfe entfernt, in der Mindener Diöcese. Die Herren von Rhiensberg werden freilich erst seit dem 14ten Jahrhundert genannt; mit der Notiz der Bückener Annalen und v. Hodenberg's scheint aber der Umstand zu stimmen, dass am 12. April 1249 dem Deutschen Orden eine „area in Horna, que Rinesberge vocatur, excepto loco illo, quod clind vocatur, in quo castrum fuerat", geschenkt wird (Br. Urkdb. I. Nr. 243 S. 281); es wird also dreissig Jahre nach jenem Zuge der Stedinger die Stelle zu Rhiensberg erwähnt, auf der ehemals ein festes Haus gestanden hat. Wann dasselbe zerstört sein soll, ist unerklärlich, sofern man nicht annimmt, dass dies in den Stedingerkriegen geschah.

Seite 64. ⁴²) Ueber das Treffen bei Hoya haben wir, abgesehen von den in vorstehender Note angeführten Nachrichten, folgende Quellenangaben. Albert von Stade berichtet zum Jahre 1213: Comes H. de Hoya plurimos Stedingorum cepit et occidit, cum ortatu Woldemari episcopi rapinis et incendiis devastarent idem Stedingi (a. O. S. 355). Die gleiche Notiz enthalten die Bremischen Annalen (a. O. S. 857) und die Erzbischofshistorie (a. O. S. 95). Die niederdeutschen Chroniken verlegen den Kampf bei Hoya ebenfalls in das zweite Jahrzehnt des dreizehnten Säculums, indem sie ihn sofort nach der Angabe von Gerhard's Wahl erwähnen; so die Sachsenchronik (Massmann S. 456, Schoene S. 82): Da wart biscop Gherard van Osenbrugge biscop to Bremen. Do stridden de Stedinge bi der Hoyen. Dar wart der Stedinge vele slagen unde gevangen. So auch die Lüneburger Chronik (a. O. S. 1400); kürzer die Notiz bei Detmar (a. O. S. 89). Hieraus ist die Stellung der Parteien deutlich. Renner berichtet der Hauptsache nach dasselbe, wenn er sagt: Jegen se (die Stedinger) togh Graf Hinrich van der Hoya und fingh öhrer vehle, welcke he dorch hadering Woldemari dödede, wente se vorstöhrden dat Land mit Rove und Brande. Er ist die einzige Autorität für die den Bückener Jahrbüchern widersprechende Angabe, Graf Heinrich habe die gefangenen Stedinger wie Rebellen aufknüpfen lassen (Muhle a. O. S. 325). Das Missverständniss Renner's liegt auf der Hand. Die Datirung des Treffens bei Hoya scheint wegen Albert's bestimmter Angabe nicht in Zweifel zu ziehen sein. Jedenfalls sind die Nachrichten von Renner und Wolter werthlos. Trotzdem folgt v. Hodenberg (a. O. VIII. Nr. 39, S. 50) der Chronologie von Wolter und verlegt das Ereigniss in's Jahr 1211. — In sehr viel spätere Zeit, als die Stader Chronik, setzen dasselbe die Rasteder Jahrbücher, welche berichten (a. O. S. 273): Castrum quoque dictum Hoya invaserunt Stedingi, ubi plurimi eorum capti, quidam antea occisi, quidam vero fugitivis pedibus recursum ad Stedingiam turpiter receperunt. Diese zu einem jüngeren Zusatze der Jahrbücher gehörende Nachricht ist unter die Angaben über die Regierungsjahre von Abt Conrad gesetzt; sie stellt die Thatsache also in die Zeit von 1230—33. Es ist nicht anzunehmen, dass Albert von Stade diese Niederlage der ihm verhassten Bauern verschwiegen hätte, wenn sie von der oben erwähnten unterschieden ist, oder dass er, wenn sie mit dieser zusammenfällt, einen chronologischen Fehler von mehreren Jahrzehnten sich zu Schulden kommen liess. Offenbar schrieb der Rasteder Mönch in ähnlicher Confusion der Daten, wie der Verfasser einer alten Notiz, die in der später zusammengestellten Hodenberger Chronik sich findet. Sie ist in Note 16 zu Seite 8 mitgetheilt und nennt als Ort der Schlacht das Dorf Hilgermissen im Kirchspiel Wechold nördlich von Hoya. Diese Nachricht soll einem alten „Verzeugnusse" entnommen sein und bietet für die Stätte des Treffens die einzig existirende Angabe. Sie wird durch die Verwechselung mit der Schlacht bei Altenesch nicht unglaubwürdig; die Niederlage der Stedinger geschah also bei jenem Orte, nördlich von der neuen Feste Hoya.

[43]) Ueber den Schlütterberg finden wir gleich nach der Angabe von dem Siege zu Hoya bei Albert (a. O. S. 356) die Notiz: Gherardus episcopus Sluttere edificavit, womit die Angabe der niederdeutschen Chroniken übereinstimmt: Do buwede de biscop Gerhart von Bremen Sluttere (Sachsenchronik, Massmann, S. 457; Schöne, S. 83. Lüneb. Chronik S. 1400) Detmar (a. O. S. 89) erzählt dieses Factum vor dem Treffen bei Hoya. Die Erbauungszeit dieser in den Stedingerfehden vielfach genannten Burg steht hiernach fest; sie fällt in das Jahr 1213; allein es ist beachtenswerth, dass bereits 1211 ein Theodoricus, miles de Slute im Gefolge der Grafen von Oldenburg auftritt, der seinen Namen nur von dem Orte Schlütter tragen kann (Hamb. Urkdb, Nr. 384. S. 339). Hieraus möchte zu schliessen sein, dass die Oldenburger Grafen, wie zu Hatten, so auch zu Schlütter ein festes Haus bereits im Anfange des dreizehnten Jahrhunderts besassen und dass der Erzbischof diese Feste von seinen Anverwandten erwarb, um sie zu grösserer Widerstandsfähigkeit auszubauen. Die früheren Verwechselungen Schlütters mit der Dorfschaft Schlüte, die im Stedingerlande bei der Vereinigung von Hunte und Ollen sich findet, sind längst beseitigt. Schlütter auf der bohen Geest gehört zu den ältesten Orten unserer Gegenden und ist schon im Bericht über die Wunder des heil. Willehad erwähnt. Die Rasteder Jahrbücher geben den Namen der Feste genauer an; sie nennen dieselbe „Slutterbergh", und über ihre Lage berichtet Renner: Dusse borg hefft gelegen twischen den Hingster Holte (noch heute Hengster Holz geheissen) und Delmenhorst (wo woll Delmenhorst der tydt noch nicht wass) tho siden aff int osten im mohre, dar men den graven und borgstede jetztunder noch sehen magh. Es ist dies dieselbe Oertlichkeit, auf die in den Oldenburgischen Blättern XII. S. 179 hingewiesen ist, wo es heisst: „Es finden sich auf den Gründen des Landmanns Schwarting zu Schlütter, das Land im Moore genannt, Reste von alten Wällen und Gemäuern." Kohli (a. O. S. 233) hat den Namen als Lutterburg gedeutet und ihn mit dem heil. Ludger in Verbindung gebracht; auch Niebour's Karte hat diesen Namen; in der Schrift von Oldenburg und Greverus über Wildeshausen in alterthümlicher Hinsicht (S. 77) ist Aehnliches erwähnt worden. Allein diese Ableitung ist irrig; wir haben es mit einer der vielen Oerter zu thun, die von dem Worte Schloss, Verschluss ihren Namen ableiten.

[44]) Der eben besprochenen Notiz Albert's folgt unmittelbar die andere: Dux Heinricus Valkenberg aedificavit. Spuren dieses festen Hauses sind nicht mehr vorhanden; der Ort Falkenburg wird ihm den Namen gegeben haben verdanken. 1219 werden noch unter des Pfalzgrafen Ministerialen „castellani de Valkenberge" erwähnt (Hamb. Urkdb. Nr. 432 S. 376); dann verschwindet jede Nachricht von diesem Punkte.

Seite 65. [45]) Zum Jahre 1214 hat Albert von Stade (a. O. S. 356) die kurze, von den Bremischen Jahrbüchern vielfach wiederholte Notiz: Stedingi Stotlo destruunt. Es fehlt jeder Grund, dieses Factum mit Muhle (a. O. S. 325) zwei, oder mit Wiedemann (a. O. S. 173) ein Jahr früher zu setzen. Ueber die Lage des festen Hauses Stotel wissen wir wenig; es scheint keiner der vielen Oerter gemeint zu sein, welche zwischen Weser und Elbe jetzt den Namen Statel, Stotel tragen, dessen Bedeutung die ganz allgemeine von Stadt, Niederlassung, Anbau ist. Renner hat indessen bei der Nachricht von jener Zerstörung die bemerkenswerthe Angabe: dat lagh up der Weser, dar de Lune inlopt. (Vergl. Mushard a. O. S. 29.) Obwohl schon Erzbischof Rhode von dieser alten Feste Stotel nichts weiss, sondern das spätere, auf der Geest an der Lüne gelegene Stotel für das alte ansieht, verdient Renner's Angabe Glauben; denn es ist auffallend dass die ersten Grafen, die sich nach Stotel nennen, doppelte Beinamen führen, bald den de Stotle, bald den anderen de Stotlenbroke; v. Wersebe (Colonien I. S. 198) sagt hierüber mit Recht: „Vielleicht nannte der Graf sich so, weil er seine vorhin an anderem Platze belegene Burg weiter in den Bruch, in welchem die Burgstelle noch zu sehen ist, verlegt haben mochte."

46) **Stotel gehörte 1214** einem der mächtigsten unter den nicht gräflichen Geschlechtern der Wesergegend. Die alte Sage von der schon durch Karl den Grossen gestifteten Grafschaft Stotel, die Mushard (a. O. S. 28) zuerst weiter verbreitet hat, und dann von den meisten Schriftstellern, auch noch von Allmers und Wiedemann nachgesprochen ward, ist bereits durch v. Wersebe (Colonien I. S. 198, Archiv I. S. 279) als Dichtung nachgewiesen. Wenn auch kein Graf damals in Stotel bauste, so war es doch ein Edelherr, dessen Macht sich rasch emporschwang. Das feste Haus Stotel gehörte damals dem Edelherrn Rudolph, der urkundlich von den Jahren 1202—1228 vorkommt (Ehmck a. O. Note 4 S. 130); er war ein Sohn Gebbard's, des ersten bekannten Edelherrn von Stotel. Diesen hat Wolter mit dem in Note 100 zu Seite 48 erwähnten Grafen Gerbert von Warfleth verwechselt, und so ist jene Sage entstanden, mit welcher die Stiftung des St. Paulsklosters vor Bremen in Verbindung gebracht ist. Rudolph's Vater ist seit dem Jahre 1171 erwähnt (Br. Urkdb. I. Nr. 56 S. 64; Hamb. Urkdb. Nr. 334 S. 293). — Mit Rudolph beginnt der Aufschwung des Geschlechtes, der nicht zum Vortheil der Stedinger gewesen sein wird. Auf eine Machtvergrösserung der Stoteler Edelherrn weiset zunächst der Umstand hin, dass ihr Geschlecht mit dem gräflichen Hause von Oldenburg sich verschwägerte. Die Rasteder Jahrbücher (a. O. S. 274, 275) melden: Isti duo fratres Hinricus et Borchardus habuerunt duas sorores de Schodis, ex quibus istos prenominatos comites genuerunt. Lappenberg bemerkt, es scheine „Stotel" gelesen werden zu müssen „in Uebereinstimmung mit glaubwürdigen Nachrichten", wobei der Meinung gedacht wird, dass jene Grafen zwei Prinzessinnen von Schottland zur Ehe gehabt hätten. Diese letztere seltsame Annahme lehrt zum Mindesten, dass „de Schodis" ein an sich unverständlicher Ausdruck ist, dass in den Worten ein Schreibfehler steckt. v. Hodenberg hat nun zwar erklärt (Verdener Geschichtsquellen II. S. 227), dass die Verbesserung dieses Ausdrucks in „de Stotle" nicht begründet sei; er hat darzuthun gesucht, dass die Gemahlinnen der beiden Oldenburger Grafen Erbtöchter der alten Grafen von Bruchhausen gewesen seien; allein der Nachweis ist nicht befriedigend gegenüber dem bestimmten Ausdruck der Rasteder Jahrbücher. Mit Ausnahme der Stotler giebt es kein bekanntes Geschlecht, an das bei jener Nachricht gedacht werden könnte. Mit einer solchen Verschwägerung wäre auch der jetzt angenommene, aber verkehrte Satz in Verbindung zu bringen, dass das Land Wührden, jene Wesergegend, in der das alte Stotel lag, 1218 „als Brautschatz der Gräfin Kunigunde von Stotel" an die Wildeshauser Linie gekommen sei; Hamelmann (a. O. S. 64), Allmers (a. O. S. 190), v. Halem (a. O. S. 215), Böse (a. O. S. 223). — Gewiss verschwägerten sich die Stoteler mit der anderen Linie des Oldenburger Hauses, mit dem jüngeren Zweige; Rudolph's Sohn, der früher schon namhaft gemachte Gerbert, der in den Jahren 1228—1250 urkundlich vorkommt und sich im August des für die Geschichte der Stedinger verhängnissvollen Jahres 1234 zuerst Graf von Stotel nennt (Vergl. v. Wersebe, Colonien I. S. 198), heirathete die Tochter des Grafen Otto III. von Oldenburg (1209—1251), Salome mit Namen. Wann diese Heirath geschlossen wurde, ist nicht nachzuweisen; aber selbst wenn dieses 1214 noch nicht geschehen war, erklärt es sich leicht, dass Rudolf von Stotel nicht die Partei ergriff, auf deren Seite die Stedinger fochten, sondern zu der kaiserlichen sich stellte, die der Oheim seiner Schwestern, der Oldenburger Graf Gerhard von Osnabrück vertrat.

⁴⁷) Dei gratia in Bremensem archiepiscopum a domino papa confirmatus nennt sich Gerhard I. im Hamb. Urkdb. Nr. 393, S. 346. Dieser Titel ist von denen missverstanden, welche die Behauptung aufstellen, Gerhard I. sei gar nicht gewählt, sondern vom Papst direct ernannt. Die Wahl ergiebt sich aus Hamb. Urkdb. Nr. 378, S. 333; v. Hodenberg irrt aber darin, dass die Wahl am 30. Januar 1210 stattgefunden habe (Hoyer Urkdb. VIII. Nr 37, Note).
⁴⁸) Huillard-Bréholles, Historia diplomatica Friederici II. imperatoris, auspiciis et sumptibus H. de Albertis de Luynes (Paris 1852·sq.) I. S. 399, 405, 407, 408.
Seite 66. ⁴⁹) Aus Usinger, a. O. S. 173. Das Schreiben von Innocenz III. war „Frisonibus non cruce signatis, per Bremensem provinciam constitutis" mitzutheilen (Hamb. Urkdb. Nr. 397 S. 350).
⁵⁰) Ueber die Gründe zum Parteiwechsel der Stedinger sind sehr verschiedene Conjecturen aufgestellt. Albert von Stade (a. O. S. 256) meldet nur: Stedingi in gravamen Bremensium Gerardo episcopo et ministerialibus sociantur, contra quorum insultus Bremenses ducem Heinricum invitant; diese Stelle ist von den Bremischen Jahrbüchern recipirt (a. O. S. 856); die Sachsenchronik kennt nur die letzte Thatsache. Es heisst (Massmann S. 458; Schoene S. 83): Dosilves namen de van Bremen den hertogen Henrike in de state weder den biscop. Diese Notiz wird in das Todesjahr des Königs Johann von England gesetzt, der am 19. Octbr. 1216 starb. Wolter unterscheidet in seiner Bremischen Chronik (a. O. S. 56) diesen Uebertritt der Stedinger nicht gehörig vom Uebertritt der Stadt; Krantz hat dagegen die richtige Angabe. Er sagt (Saxonia lib. VII. c. 36 a. O. S. 198): Interim Stedingi, qui hactenus Waldemarum episcopum defensitaverant, Gerhardo se archiepiscopo conjunxerunt et Bremenses cum Waldemaro impugnarunt, contra quorum impetus Bremenses Henricum Palatinum, Ottonis fratrem, invitant. Aus Albert ist deutlich, dass die Mehrzahl der Dienstmannen der Bremischen Kirche auf Seite Gerhard's stand und der Schritt der Stedinger eine Feindseligkeit gegen die Stadt Bremen in sich schloss, welche standhaft zu Waldemar's Partei hielt und dem Pfalzgrafen Heinrich, der schon früher als Gegner Gerhards aufgetreten war, ihre Thore öffnete. — Es sind, abgesehen von der Andeutung Usinger's, sehr verschiedene Ansichten aufgestellt, den Abfall der Stedinger von Waldemar zu erklären. Lappenberg (Kreuzzug S. 12) hat freilich die Resignation, es auszusprechen, dass der Grund derselben unerfindlich sei; allein er selbst hat später zu Vermuthungen gegriffen. Emmius (lib. X. S. 144) nimmt an, ein tödtlicher Hass habe zwischen den Stedingern und den Bremern gewaltet, und aus Hass gegen diese hätten jene den Kirchenfürsten verlassen, dem die Stadt zujauchzte. Eine ähnliche Idee scheint Krantz (Metropolis lib. VII. c. 37 a. O. S. 188) gehabt zu haben. Sie ist entstanden aus den Worten der Stader Chronik „in gravamen Bremensium", die aber solchen Sinn nicht zu haben brauchen; zumal die Geschichte des Jahres 1216 die völlige Unrichtigkeit der Prämisse lehrt. — Eine andere Annahme ist ebenso verkehrt und ebensowenig geistreich; man hat gemeint, Ueberschwemmungen und Deichbrüche hätten in dem fraglichen Jahre die Kraft der Stedinger in Anspruch genommen, und hat vergessen, dass sie zu Gerhard in einer Zeit übertraten, in welcher noch die Stadt Bremen und der Pfalzgraf Heinrich auf Seiten seines Gegners standen. So Lappenberg (Grundriss S. 318), und obwohl sich schon Scharling (a. O. S. 67) hiergegen erklärt hat, sagt Wiedemann (a. O. S. 174): „Die Stedinger traf jetzt (1216) ein grosses Unglück. Ein Sturm zerriss ihre Deiche und die Wasserfluthen überströmten das Land. Sie bekamen alle Hände voll im eigenen Hause zu thun. Vielleicht aus diesem Grunde, vielleicht auch durch die Unbeständigkeit, welche aller Volksherrschaft innewohnt, fielen sie plötzlich von Waldemar ab." Diese Unbeständigkeit möge auf sich beruhen; der

andere Grund ist aber falsch. 1216 ist ein Ereigniss jener Art gar nicht eingetreten, obwohl auch Allmers (a. O. S. 41) von ihm redet. Rynesberch (a. O. S. 68) kennt eine Sturmfluth von 1217 und giebt nicht an, wo sie ihre Zerstörungen angerichtet. Die Friesischen Quellen verlegen sie auf den 17. November 1218, wofür besonders eine gelegentliche Notiz von Bedeutung ist, die Ehrentraut (Fries. Archiv I. S. 316) mittheilt. Vergl. v. Halem (a. O. S. 186), Kobli (a. O. S. 78), Visbek (a. O. S. 20), v. Ronzelen (der Bau des Leuchtthurms auf dem hohen Wege, S. 10); Bulling (a. O. II. § 8). Jedenfalls hat diese Fluth nichts mit dem Stedingerlande zu schaffen; sie zerriss den Schlickersiel in Rustringen (vergl. Renner a. a. 1218), und es ist nicht zu vermuthen, dass die Folgen dieses Ereignisses im Stedingerlande gespürt werden konnten. Wieder ist Wolter die Ursache der verkehrten Angabe, da er in seiner Bremischen Chronik die grosse Fluth ins Jahr 1216 verlegt und „circa Bremam" geschehen lässt (a. O. S. 56). — Annehmbarer ist eine dritte Conjectur, welche besonders Möser (Osnabrückische Geschichte III. S. 24, 25) hervorhebt. Er meint, dass „die Stedinger mit Gerhard vermuthlich eben nicht zum Besten des Erzstiftes, dem sie bisher den Zehnten verweigert, sich geeinigt hätten"; er hält es für wahrscheinlich, dass „sie damals für zehntfrei erklärt worden seien." Aehnliche Annahmen finden sich bei Ritter (a. O. S. 25) und Muhle (a. O. S. 326).

Seite 67. [51]) Aus Usinger a. O. S. 173.

[52]) Aus Winkelmann, Geschichte Kaiser Friedrich des Zweiten und seiner Reiche. S. 87. Albert von Stade berichtet kurz: Bremenses cum Stedingis, Waldemaro ejecto, Gherardum episcopum introducunt (a. O. S. 356).

Seite 68. [53]) Br. Urkdb. I. Nr. 109. S. 129.

[54]) Albert setzt obiger Stelle hinzu: Unde imperator cum fratro Bremensem provinciam diruit et incendit. Ueber Friedrich's Zug nach Sachsen Huillard-Bréholles a. O. I. S. 525. Waldemar's Eintritt in den Cistercienser Orden erwähnt Usinger a. O. S. 184.

Seite 69. [55]) Seit 1217 treten in Gerhard's Begleitung zwei Männer auf, deren Namen auf Stedingen hinweisen. In einer auf der Reise nach Schleswig am 24. Februar 1217 ausgestellten Urkunde, betreffend die Herrschaft Lesum, werden unter den Dienstmannen des Erzstiftes genannt Hildeward von Hörspe und Rainald von Bardenfleth (Hamb. Urkdb. Nr. 403 S. 355). Der erste erscheint neben den Oldenburger Grafen, dem Abte von Rastede und dem des Paulsklosters vor Bremen, neben Bremischen Domherren und einem Heinrich von Hasbergen als Zeuge eines auf das Kloster Heiligenrode bezügliche Vertrages von demselben Jahre (a. O. Nr. 408 S. 359). v. Wersebe hat in diesen beiden Ministerialen „Deputirte der westlichen Stedinger" gesehen, die in Neumünster mit dem Truchsess des Dänenkönigs und den anderen einflussreichsten Dienstmannen des Erzstiftes den Plan des nächsten Feldzuges hätten berathen sollen (a. O. I. S. 207, Note 43. Archiv I. S. 289. II. S. 125). Dieser Annahme folgte Muhle (a. O. S. 326). Sie ist aber schwerlich begründet; denn hätten jene Männer im Auftrage der Stedinger gehandelt, so würde dies unfehlbar in einer anderen Urkunde hervorgehoben sein, bei deren Unterzeichnung solch ein Umstand von grosser Bedeutung gewesen wäre. Dieselben beiden Ministerialen waren nämlich ebenso, wie Graf Burchard, bei dem Abschluss jenes Schutz- und Trutzbündnisses zugegen, das 1218 zwischen Gerhard und König Waldemar statt fand. Eine diesen Vertrag betreffende Urkunde hat zuerst Usinger (a. O. S. 176, 177) in Deutscher Uebersetzung bekannt gemacht. Gerhard hielt seine und des Dänenkönigs Interessen für eng verwachsen. „Hierzu wird aber ein doppelter Grund vorgelegen haben. Einmal die so eigenthümlichen Verhältnisse des zur Hamburger Kirche gehörigen Sprengels, welcher mit der Stadt Hamburg selbst, im Gebiete des Dänenkönigs lag. Sodann aber auch der Wunsch die Grafschaft Stade seiner Kirche ungeschmälert zu erhalten, was gegen die starken Pfalzgrafen nur durch Waffengewalt, die der König Waldemar ihm nöthigenfalls geben konnte, zu erreichen war." (Usinger a. O. S. 178.) Bei solchem Kampf gegen Heinrich den Welfen wäre es entscheidungsvoll gewesen, wenn Abgeordnete der Stedinger dem Vertrage sich angeschlossen hätten. Dies ist aber nicht anzunehmen, da die beiden genannten Ministerialen durch keinen Zusatz hervorgehoben, sondern unter den gewöhnlichen Zeugen genannt werden. — Der Stedinger geschieht hiernach bei diesen Angelegenheiten keine Erwähnung, und eine directe Betheiligung derselben ist nicht zu vermuthen. Die Anwesenheit jener beiden Ministerialen bei Erzbischof Gerhard hat aber doch eine gewisse Bedeutung; der Herr von Bardenfleth war unstreitig eine in Niederstedingen, der Herr von Hörspe eine in Oberstedingen angesehene Persönlichkeit, wie denn schon oben die Stellung der Ministerialen in den Stedingerlanden charakterisirt worden ist. Waren sie als gewöhnliche Dienstmannen des Erzstiftes im Gefolge Gerhard's, so zeigt dies die Fortdauer des 1217 begründeten guten Einvernehmens zwischen diesem und den Stedingischen Bauern, deren Interessen keine anderen waren, als die der Ministerialen in ihrer Mitte.

Seite 70. [56]) Von Gerhard des Zweiten Wahl berichtet am besten Usinger a. O. S. 179 ff. Quelle sind die im Hamb. Urkdb. Nr. 436, S. 380 abgedruckten Akten des späteren Processes zwischen den Domcapiteln des Erzstiftes. Wiedemann (a. O. S. 176 und 181) verwirrt die Daten völlig.

[57]) Auf die Finanzverhältnisse des Hochstiftes beziehen sich mehrere Diplome: Hamb. Urkdb. Nr. 410, S. 360; Nr. 413, S. 361; Nr. 424 und 427, S. 370.

[58]) Der ins Jahr 1220 fallende Kampf wegen der Witteborg ist behandelt bei Rynesberch a. O. S. 69 ff. Beachtenswerth ist, dass das feste Haus ein Steinbau war.

[59]) Gerhard's Betheiligung an dem nordalbingischen Kriege ist besonders von Usinger (a. O. S. 332 ff.) hervorgehoben. Gerhard war mit König Heinrich in Blekede (Huillard-Bréholles a. O. II. S. 807).

[60]) Auf den Kampf zwischen Pfalzgraf Heinrich und Erzbischof Gerhard bezieht sich die Erbauung der Feste Langwedel „ad destructionem perpetuam ecclesiae Bremensis", die im Br. Urkdb. I. Nr. 142 S. 164 erwähnt ist. Conrad, Bischof von Porto, mahnt dann als päpstlicher Legat zum Frieden (Sudendorf, Registrum III. S. 56, N. 38); Pfalzgraf Heinrich stirbt am 28. April 1227. Ueber die Stellung Otto's von Lüneburg vergl. Usinger a. O. S. 374.

Seite 71. [61]) Im Juni 1230, als es am kaiserlichen Hofe in Süditalien noch nicht bekannt sein mochte, dass die Stedinger vor Kurzem als Ketzer verurtheilt seien, belohte sie Friedrich II. wegen der bisher dem Deutschen Orden bewiesenen Unterstützung. Er schrieb zu Capua am 14. jenes Monates an Universi homines Stedigne, erwähnte Commoda plurima, honorem et gratiam, die sie dem Spitalhause Unserer Lieben Frau in Jerusalem und den Brüdern desselban gewährt hätten, und empfahl dem Gemeinwesen (universitas) der Stedinger: Quatinus in omnibus negotiis, que ad domum pertinent antedictam, vos exhibeatis benivolos et attendentes, nec permittatis, quantum in vobis est, quod ab aliquibus personis in possessionibus et bonis suis dampnum vel minorationem sustineant vel jacturam, set ... manuteneatis et defendatis eosdem u. s. w (Br. Urkdb. I. Nr. 154 S. 176). Diese Urkunde fand sich im Archiv der Bremischen Komthurei des Deutschen Ordens; es ergibt sich also aus ihren Geschicken nichts für ihren Inhalt. Im Jahre 1233 erscheinen die ersten Deutschherrn in Bremen, und in Rücksicht auf die Gründung einer Commende des Ordens in Bremen ward jene Urkunde sicherlich ausgestellt. Eine andere Frage ist es, ob die in ihr erwähnte, von den Stedingern ausgegangene Unterstützung der Deutschherrn mit dieser Gründung in Verbindung zu bringen ist, wie Ehmck anzunehmen scheint (Vergl. a. O. S. 210, Note 1). Dies ist nicht thunlich, weil keine Spur von früheren Besitzungen der Bremischen Commende in den Stedingerlanden sich zeigt, obwohl die älteren Güter derselben sich genau nachweisen lassen (Vergl. Die Abhandlung über die Deutschherrn-Commende zu Bremen im Bremischen Jahrbuch II). Die Gründung begann in Bremen selbst, und das dortige Ordenshaus erwarb erst nach und nach ausserhalb der Mauern Landbesitz, in den früheren Jahren aber keine Güter aus der Hand der Stedinger, so dass es unerklärlich ist, wie die Stedinger die Stiftung in Bremen sollten haben unterstützen können. Sieht man von solcher Vermuthung ab, die nur durch schwache Hypothesen zu stützen wäre, so bietet sich auf Grund einer besseren Hypothese die Vermuthung, dass die Stedinger am Kreuzzuge von 1227 sich betheiligt haben. Ueber diesen vergl. Wiarda a. O. I. S. 182 und Emo's Chronik zum Jahre 1227 (a. O. S. 87); die Agitation im Bremischen Stifte beweiset die Urkunde bei Huillard-Bréholles a. O. II. S. 706. Am Ende der zwanziger Jahre kann von einer Unterstützung des Deutschen Ordens in dem mit Bremen in enger Beziehung stehenden Livland keine Rede sein; die Verhandlungen zwischen den Schwertbrüdern und den Deutschherrn begannen erst nach dem 1229 erfolgten Tode des Bischof Albert von Livland. Vergl. Rutenberg, Geschichte der Ostseeprovinzen Liv-, Esth- und Kurland (Leipzig 1859) I. S. 108 ff. An eine Theilnahme der Stedinger an den 1226 beginnenden Kämpfen der Deutschherrn in Preussen ist gewiss nicht zu denken.

Seite 74. [62]) Am 12. Januar 1222 verleiht Gerhard II. an das Kloster Osterholz den Zehnten zu Hörspe. Hamb. Urkdb. Nr. 454 S. 399. Vergl. vorn Note 65 zu Seite 40.

[63]) Ueber die Misshandlungen erzbischöflicher Boten, die vor der Verketzerung der Stedinger fallen, sprechen die in Note 5 zu Seite 6 angeführten Erfurter Annalen. Hinsichtlich ähnlicher Angaben vergl. Note 11 zu Seite 83.

[64]) Quellenangaben über den Zug Hermann's von der Lippe sind, abgesehen von den in Note 5 zu Seite 6, auch in Note 25 zu Seite 9 angeführten Schriften, die folgenden. Albert von Stade erzählt zum Jahre 1230 (a. O. S. 361): Bremensis archiepiscopus, Stedingorum insolentiam repressurus, die natali domini valido eos bello aggreditur, ubique frater ejus Hermannus de Lippia, vir utique sapiens et illustris, solus occiditur, unde subita confusione facta, totus ille bellicus apparatus dissolvitur. Etwas anders lautet die Nachricht aus dem Rasteder Kloster. In den Jahrbüchern heisst es vom Erzbischof Gerhard zur Regierungszeit des Rasteder Abtes Meinrich (1180—1230): Hic cum injuriam et violentiam ecclesiae Bremensis et saecularium personarum, videlicet vassallorum et ministerialium suorum, monachorum etiam et monialium et clericorum sibi subditorum a Stedingis pro detentione decimae et tributi debiti solvendi ipsis personis egre ferret, exercitum magnum et validum contra eosdem Stedinegos applicuit, cui Hermannum, nobilem de Lippia, filium fratris sui, uirum strenuum et fortem, primicerium constituit, qui viriliter bellum duxit, sed bello hinc indeque ducto, isdem strenuus occubuit gladio Stedinegorum (a. O. S. 270). Kein Motiv, das dieser Bericht hervorhebt, rechtfertigt Zweifel, zumal der Werumer Abt in ganz gleicher Weise den Ausbruch des Kampfes motivirt. Emo erzählt, nachdem er von der Erhebung der Stedinger gegen die Burgen in ihrem Lande gesprochen hat (a. O. S. 97): Interim redditus episcopi et ecclesiarum non reddiderunt, propter quod sacramentis ecclesiasticis et sacerdotum ministerio privati sunt. Die Weigerung der Zehntleistung und der Tributzahlung ist seit dem Bündniss mit Gerhard I. sehr erklärlich; ebenso dass die Stedinger dadurch in Zwist und Streit mit Klöstern und Stiftern und erzbischöflichen Ministe-

rialen kommen mussten. Die Sachsenchronik erzählt (Massmann S. 478, Schoene S. 87): Darna in den Winachten dage vor de Bischop van Bremen mit groteme here, de waren geprieset upp twintich unde twe hundert ors vordeket unde anders volkes unmate vele uppe de Stedinge, dar verlos he sinen broder hern Hermanne van der Lippe unde schet ane vromen danen. Vergl. Lüneburger Chronik a. O. S. 1404 und 1405, Detmar a. O. S. 108. Dass Hermann von der Lippe nicht Gerhard's Neffe war, wie die Rasteder Annalen angeben, steht fest. — Ueber den Kriegszug selbst wissen wir wenig mehr, als den trotz der günstig scheinenden Jahreszeit ungünstigen Ausgang. Tendenziös scheint die Angabe Albert's von Stade zu sein, dass bloss der Befehlshaber gefallen und nur ein einziges Treffen geliefert sei; der Abt sprach wohl nicht gern über die Heldenthaten der Ketzer, von denen man sich in Erfurt erzählte. Dass der Erzbischof dem Heere sich angeschlossen habe, melden freilich nur die Schauenburger und die Osnabrücker Chronik (a. O. S. 511, a. O. S. 213); dies ist aber wegen Gerhard's ritterlicher Art sehr wahrscheinlich. Specielles erfahren wir über die Ausführung des Unternehmens gar nicht. Es ist lediglich Erfindung von Wolter (a. O. S. 58), dass ein Schiffsheer gebildet worden sei; ebenso ist die Angabe grundlos, dass für den fraglichen Feldzug drei Heere sich vereinigt hätten, von denen der Lippische Graf das eine, sein Bruder das andere, der Graf Burchard das dritte angeführt hätten; so berichtet Vollers und nach ihm Allmers (a. O. S. 306), der ausserdem auch fälschlich Hemmelskamp als Ort der Entscheidungsschlacht hinstellt. Kohlmann (Stader Archiv I. S. 1) spricht von Durchstechung der Deiche, kann hierfür aber keine andere Quelle als Renner's Chronik anführen, deren werthlose Angabe auf einer Verwechslung mit dem dritten Kreuzzuge des Jahres 1233 beruht. Auch ist in den Quellen nichts angegeben über die Richtung der Heerfahrt oder über den Ort des Entscheidungstreffens; falsch ist es, wenn Muhle (a. O. S. 333) erzählt, dass der Zug gegen Osterstade unternommen sei. Jede Vermuthung ähnlicher Art wird ausgeschlossen, da nicht einmal der Sammelplatz des Heeres bekannt ist. Wachsmuth (a. O. S. 344) verwechselt Gerhard's Heerfahrt mit der Unternehmung Hartwig's, und wenn Havemann (a. O. S. 371) von einer Theilnahme des Bischofs Bernhard von Paderborn redet, so ist dies völlig aus der Luft gegriffen und ebenso verkehrt, wie wenn er Hermann von der Lippe „zugleich" mit Burchard von Oldenburg den Tod finden lässt. — Sodann ist es Anachronismus, wenn Wolter in der Rasteder Chronik (a. O. S. 100) diese Heerfahrt als den ersten Stedinger-Kreuzzug darstellt, obwohl die Kreuzpredigt frühestens 1231 begann. Ihm sprechen unter vielen Anderen nach Lappenberg (Kreuzzug S. 13, Grundriss S. 544), v. Halem (a. O. I. S. 199); wie es denn auch Dichtung von Muhle ist, dass Kreuzfahrer aus den Grafschaften Lippe und Schwalenburg, aus den ganzen Diöcesen Bremen und Paderborn sich unter Hermann's Führung gestellt haben. v. Wersebe (Archiv I. S. 291, 292) hat in diesem Punkt das Richtige erkannt. — Dass die misslungene Heerfahrt des Grafen von der Lippe den ersten Schlag bildete, den Gerhard gegen die Stedinger zu führen gedachte, geht aus der Fassung der Rasteder und Erfurter Jahrbücher deutlich hervor; für ein Gericht Gottes erachten die Letzteren das Fehlschlagen des Unternehmens. An Memorien für seinen Bruder dachte Gerhard I. noch lange Zeit nach den Stedingerkämpfen. Das Gedächtniss desselben sollte im Kloster Lilienthal gefeiert werden (Vergl. Note 16 zu Seite 87). Am 29. August 1237 verlieh er zum Seelenheil desselben dem Kloster Heiligenrode Zehnten in den Ortschaften Hoyenhausen und Pestinghausen (Hoyer Urkdb. V. S. 21); 1245 dem Kloster Osterholz zu demselben Behuf ein Haus in Wellen und einen bei der Bardewischer Kirche gelegenen, Halbhof zu Hörspe im Stedingerlande (Pratje, Die Herzogthümer Bremen und Verden IV.

Urk. Nr. X, S. 25. Vergl. Nr. XI, S. 27, wo statt Bernhardus de Lippia Hermannus d. L. zu lesen ist).

Seite 75. ⁶⁵) Die Rasteder Jahrbücher (a. O. S. 266) berichten: Quosdam tamen de Keyhusen pro auxilio receperunt, qui tamen ab eis ante proditionis terrae tempora recesserunt. Diese Angabe ist nur auf die Zeit zu beziehen, in der die Feindseligkeiten zwischen Gerhard II. und den Stedingern ausbrachen. Die Veränderung des Namens in „von Weyhausen", die von Muhle (a. O. S. 321), v. Halem (a. O. II. S. 513) und mehreren Anderen vorgenommen ist, muss verworfen werden.

IV. Der Religionskrieg gegen die Stedinger.

Seite 80. ¹) Ueber den Kampf, den Bischof Ludolf von Münster mit den Friesischen Bauern führte, meldet Emo's Chronik a. O. S. 85, 87. Vergl. Wilmann's Münstersches Urkdb. Nr. 211 S. 115; Nr. 233 S. 128.

²) Wilbrand, Graf von Oldenburg, Sohn des Heinrich II. von Oldenburg und der Beatrix von Hallermund, ward im Jahre 1228 als Bischof von Utrecht inthronisirt und überzog sofort das Drentherland mit Krieg; die Kämpfe dauerten jedenfalls bis zum Sommer 1231; ein Feldzug gegen die Uthuser kam hinzu. Vergl. das Leben Wilbrand's von Oldenburg in Laurent, Wilbrand's von Oldenburg Reise nach Palästina und Kleinasien (Hamburg 1859) S. 33-40.

³) Die freien Drenther Bauern skalpirten am 28. Juli 1227 den Bischof Otto II. von Utrecht und nahmen dessen Bruder Ditrich, Propst von Deventer, zugleich mit dem Grafen Gerhard von Geldern gefangen. Die beiden erst Genannten waren Edelherrn von der Lippe und Gerhard's von Bremen Brüder. Vergl. Emmius a. O. lib. IX. p. 134 ff.; v. Kampen, Geschichte der Niederlande I. S. 100 ff.; Laurent a. O. S. 35 ff.

⁴) Die Kreuzpredigt gegen die Drenther zu erlangen war die erste Handlung, die Wilbrand von Oldenburg gegen die Drenther ergriff; 1228 begann die Kreuzpredigt und dauerte bis Sommer 1230; vergl. Laurent a. O. S. 37, 38.

Seite 81. ⁵) Erzbischof Gerhard war nach der im Mecklenburger Urkdb. I. Nr. 374 S. 359 abgedruckten Urkunde im Anfange des Jahres 1230 in Schleswig. Vergl. Usinger a. O. S. 387—89.

⁶) Ueber die Verlegung dieser Synode in das Jahr 1230 vergl. Anhang III. Gerhard des Zweiten erster Kampf mit den Stedingern. Die übersetzte Urkunde ist von Sudendorf zuerst zum Druck gebracht (a. O. II. S. 156).

Seite 82. ⁷) Abt Emo von Werum characterisirt das Verfahren gegen die Stedinger durch die Worte (a. O. S. 97): Ut multis innotuit, inter cetera reprehensibilia principalior causa fuit inobedientia, quae scelere idololatriae non est inferior, dicente Salomone: Nolle obedire scelus est idololatriae. Diese Stelle findet sich nicht in den Schriften Salomo's; wohl aber lautet 1 Buch Samuelis Capitel 15, Vers 23 nach Luther's Uebersetzung: „denn Ungehorsam ist eine Zaubereisünde und Widerstreben ist Abgötterei und Götzendienst".

⁸) Ueber heidnischen Aberglauben in christlicher Zeit melden die geschriebenen Quellen wenig. Bemerkenswerth ist indessen die Stelle Adam' von Bremen (Mon. Germ. SS. VII. S. 322), in der auf die Ritus paganicos, quorum adhuc superstitio viguit in hac regione, auf die Lucos, quos nostri paludicolae stulta frequentabant reverentia, hingewiesen wird. Charac-

teristisch ist auch die Erzählung der Sachsenchronik (Massmann S. 461; Schoene S. 83) von jenem Otbern, der sich unterwand, dat he tekene dede, unde droc manigen man unde wande al dat mene volc, dat he hilich waere, unde sochte ene dat volc van manigene lande unde brachten eme opfer.

⁹) Der Mangel der Weserflussmarschen an Gotteshäusern wird von den Erfurter Jahrbüchern besonders betont. Vergl. vorn Note 5 zu Seite 6. In Oberstedingen haben wir nur Kirchen zu Berne und Warfleth anzunehmen. Vergl. vorn Note 38 zu Seite 35 und hinten Note 101 und 103 zu Seite 121. In Niederstedingen ist an eine Kirche in Elsfleth zu denken (Vergl. Note 40 zu Seite 35) und an das in Note 59 zu Seite 39 erwähnte Gotteshaus. In Oststedingen bieten sich uns die Kirchen zu Sandstedt und Dedesdorf. Vergl. Note 42 zu Seite 35. — Ueber später entstandene Gotteshäuser vergl. Note 103 zu Seite 121, Note 11 zu Seite 127 und Note 48 zu Seite 137.

Seite 83. ¹⁰) Die Zerstörung des Cistercienser-Klosters zu Hude verlegen die Rasteder Jahrbücher in die Regierungszeit des Abtes Conrad, also in die Jahre 1230—1234. Ihre Nachricht lautet (a. O. S. 272): Huius abbatis temporibus monachi ordinis Cisterciensis in Bergthorpe, ubi comes Christianus occisus fuerat, claustrum edificare nitebantur; sed loco ipso existente nimis arido, alium locum, in quo nunc claustrum eorum situm est, a Mauritio comite petiverunt. A quo tamen loco ipsos monachos Stedinegi amoventes, mansiunculas suas parvas, quas adhuc, ut pauperes, inhabitabant, penitus confregerunt. Dieser Bericht ist wörtlich in Wolter's Rastedische Chronik aufgenommen (a. O. S. 101); er redet von der Zerstörung der Mönchshütten, welche bei der Ortschaft Hude von den aus Bergedorf übergesiedelten Cisterciensern während der Regierungszeit des Grafen Moritz von Oldenburg angelegt waren; Graf Moritz, der Vetter von Erzbischof Gerhard I., starb 1211; somit bestand seit Anfang des dreizehnten Jahrhunderts eine Cistercienser-Niederlassung bei Hude. Es mag Tendenzfärbung sein, wenn der Rasteder Mönch diesen ersten Bau in Hude als ausserordentlich ärmlich hinstellt; im Vergleich mit den herrlichen Bauten, deren Errichtung später zu besprechen ist, konnte er freilich als unbedeutend erscheinen; aber schwerlich war er es zu seiner Zeit. Das einfache Factum, das die Rasteder Jahrbücher berichten, ist durch spätere Schriftsteller ausgeschmückt worden. Als wolle man der Anklage buchstäblich gerecht werden, hat man die Stedinger nicht bloss den unmittelbar an ihren Grenzen liegenden Bau der Cistercienser, sondern auch die Ansiedlung zu Bergedorf zerstören lassen; so Muhle, das Kloster Hude im Herzogthum Oldenburg (1826) S. 20 und 21. Die Wolter'sche Chronik von Rastede ist der Ursprung dieser Annahme; wie sie völlig willkürlich erzählt, beweist der Umstand, dass sie das fragliche Ereigniss zweimal neben einander berichtet. Die Quellen sagen bloss, dass das Cistercienser Kloster zu Bergedorf, dessen Ursprung in das Ende des 12. Jahrhunderts fällt, wegen der Dürre seines Standortes nach Hude verlegt wurde; sie kennen nur Eine Klosterzerstörung, die den Stedingern zur Last zu legen ist. Ueber das Kloster zu Hude vergl. Note 9 u. 10 zu Seite 126.

¹¹) Gewaltthaten gegen die Geistlichkeit, auf die schon in Note 63 zu Seite 74 hingedeutet ist, werden zunächst von den Rasteder Jahrbüchern berichtet (a. O. S. 272) und zwar zu den in Note 10 angeführten Jahren. Es heisst bei ihnen: Quendam etiam fratrem ordinis S. Dominici, ipsos Stedingos pro eo, quod decimas suas et tributa non solverent, arguentem, capitali decollatione tamquam martirem punierunt. Es erscheint als das Passlichste, jene Thatsache vor den März 1230 zu verlegen, da nach der Verurtheilung wegen Ketzerei die Aufforderung zur Zahlung des Zehnten und des Tributes nicht angemessen war. Die Quelle meldet nur von dem Erhenken eines Dominicanermönchs; ihre Erzählung ist hernach

sehr ansgeschmückt und zwar zunächst durch Wolter. In seiner Rasteder Chronik (a. O. S. 98) erzählt dieser: Pius praesul mittens ibi quosdam de sacerdotibus et religiosis. qui pro decimis et reditibus dandis eos admonerent, foede eos tractarunt. nam nudis natibus eos. quasi in aggere congregantes traxerunt. Sed quidam fratres religiosi diutius praedicantes, ut infra patebit, martyrisati sunt, quorum corpora sub maiori altari Praedicatorum requiescunt, fulgentia miraculis. In Anhang II. „Hartwig der Zweite und die Stedinger" ist nachgewiesen, dass diese Angabe sich nicht auf Hartwig beziehen kann; bei Wolter folgt dann die Copie der obigen Stelle. und dabei der Zusatz: cujus corpus in ara altiori in Brema quiescit (a. O. S. 101). Lerbeke (a. O. S. 510. 511) führt diese Erzählung später zur grösseren Verherrlichung seines Ordens weiter aus; er kennt auch den Namen des Predigermönches, bezeichnet ihn als vir dei Henricus, crucis praedicator und erzählt eine rührende Historie von dem Dialog, den dieser in Erwartung des selbst herbeigeführten Todes mit seinem Begleiter über die Abendcollecte anknüpfte. Vergl. auch Klippel, die Stedinger. in Herzog's Real-Encyclopaedie für protest. Theologie und Kirche (1862) XV. S. 25.

Seite 84. [12]) Wie in Anhang VI. „die Verschanzungen der Stedinger" ausgeführt ist, geben die Nachrichten der Rasteder Jahrbücher über die Stedingischen Befestigungswerke erst dann den angemessenen Sinn, wenn man sie auf die Zeit nach der Verketzerung der Stedinger bezieht. Mit jenen Angaben steht die andere in Verbindung: Terram circumiacentem Bremam libertati suae totaliter subdiderunt (a. O. S. 206).

[13]) Die Rasteder Jahrbücher (a. O. S. 269) sprechen von den Dörfern der Stedinger, in quibus tantus populus ex alienis partibus propter suam libertatem confluxerat, ut omnes urbes vicinarum partium subvertere conarentur.

Seite 85. [14]) Der Lauf der Lintow und die Herstellung eines Theiles ihres Bettes zur Landwehre ist in Note 18 zu Seite 29 besprochen.

[15]) In Betreff der Heerstrasse von Bremen nach Oberstedingen vergl. Note 37 zu Seite 63.

Seite 87. [16]) Aus von Wersebe, Colonien I. S. 187, Note 120. — Ueber die Gründung des Klosters Lilienthal ist folgende Nachricht erhalten: Anno domini MCCXXX venerabilis archiepiscopus Bremensis Gerhardus secundus pro anima fratris sui, domini Hermanni de Lippia, occisi a Stedingis... fundavit ecclesiam nostram, quam inchoavit Helwicus Turingus, burgensis Bremensis... mense Martio in solempni scilicet die annuntiationis dominicae in hec loco. qui tunc dictus fuit Northusen (Lappenberg. Geschichtsquellen S. 185). Hiernach ward der Bau einer Kirche zu Nordhausen bei Trupe bereits am 25. März 1230 begonnen. Lappenberg (a. O.) und Ehmck (Br. Urkdb. I. Nr. 165, S. 195) setzen ohne haltbaren Grund statt dieser Jahreszahl 1231. Noch in demselben Jahre, d. h. ad annum ut supra, ward Johann von Beverstedt Provisor der Stiftung; dagegen sind die aus der Kölner Diöcese herbei gerufenen Nonnen erst in dem Jahre vor der feierlichen Constituirung des Klosters eingetroffen, d. h. 1231. Diese geschah 1232 und primo anno post adventum dominarum. Erzbischof Gerhard sagt in diesem Jahre: Hinc est, quod nos dedimus in remissionem peccatorum nostrorum. patris scilicet et matris et fratris nostri de Lippia, qui pro liberatione Bremensis ecclesiae interiit... locum illum. qui vocatur Trupa, ad claustrum Cisterciensium dominarum construendum (Vogt, Monumenta inedita II. S. 17). Vor dieser Zeit ist kein Nonnenconvent in Lilienthal anzunehmen. sondern nur ein Kirchlein bei Trupe: die Anfänge eines Frauenklosters waren schwieriger, als die einer Mönchscongregation; hätte ein Nonnenconvent schon vor 1232 bestanden, so wäre in jenem Diplom sicher „Aebtissin und Convent" genannt. wie dies in den Urkunden von 1234 und 1235 der Fall ist (a. O. S. 23 u. 24). Die

Theilnahme der Dominicaner an der Stiftung ergiebt sich aus der hervorragenden Rolle, die ein frater Wilhelmus de ordine Praedicatorum in Brema während der ersten Jahre der Klosterniederlassung spielte. Vergl. Ehmck a. O. S. 221, Note 1.

[17]) Das Cistercienserkloster vor Bremen, das bei Redingstede lag, ist im Br. Urkdb. I. Nr. 82 S. 94, Nr. 83 S. 96 erwähnt. Es ist dasselbe, das später nach Bergedorf und dann nach Hude verlegt wurde.

[18]) Die Dominicaner sollen nach Rynesberch (a. O. S. 72) am 9. October 1225 in Bremen angekommen sein; eine weitere schriftliche Quelle fehlt; doch wird die Jahreszahl bestätigt durch die Inschriften auf dem Gestühl mehrerer Dominicanerkirchen, so der Paulinerkirche zu Göttingen (Vergl. Gruber, Zeit- und Geschichtsbeschreibung der Stadt Göttingen 1736 II. S. 164) und der Klosterkirche zu Röbel (Vergl. Riedel, Codex diplomaticus Brandenburgensis I. 4. S. 281). Diese Inschriften ergeben ferner, dass die Niederlassung der schwarzen Mönche in Bremen zu den ersten in Norddeutschland gehört; das Kloster in Magdeburg ward erst 1228, die zu Erfurt und Lübeck erst 1229, die zu Soest und Halberstadt erst 1231 gegründet (vergl. Ehmck a. O. S. 167, Note). Ueber die Ausdehnung der Dominicaner durch Norddeutschland während der dreissiger Jahre handelt: Zeitschrift für Westfälische Geschichte und Alterthumskunde XVII. S. 267 ff. Die Kirche der Dominicaner kann nicht, wie Cassel (vom St. Katharinenkloster in Bremen 1778 S. 7) angiebt, erst 1285 errichtet sein; denn schon 1253 wird sie als bestehend angeführt (Br. Urkdb. I. Nr. 257, S. 297); schon 1231 kann nach ihr der Vorstand des Dominicanerconventes in Bremen „prior sancte Catharine" genannt werden (a. O. Nr. 166, S. 196).

[19]) Vergl. Br. Urkdb. I. Nr. 145, S. 167.

[20]) Vergl. Br. Urkdb. I. Nr. 161, S. 195. Der Cardinal Otto von St. Nicolaus in carcere Tulliano, apostolischer Legat, ernannte wie anderswo, so auch in Bremen, Dominicaner zu Klostervisitatoren. Vergl. über seine Thätigkeit im Norden des Deutschen Reiches von 1228 bis 1232 die Regesten bei Schirrmacher a. O. I. S. 312 ff.

Seite 88. [21]) Frater Johannes de ordine Predicatorum, domini pape penitentiarius, stellt am 14. November 1230 in Bremen eine Urkunde aus und bezieht sich dabei auf eine ihm am 8. November zu Bremen gegebene Vollmacht des in vorstehender Note erwähnten Cardinals. Br. Urkdb. I. Nr. 158. S. 184. Die Annahme, dass jener Dominicaner Johann mit dem Dominicaner Johannes de Schio, dem Sohne des Rechtsgelehrten Manelino von Vincenza, identisch sei, rechtfertigt sich dadurch, dass dieser letztere zu Gregor in sehr nahen Verhältnissen stand und mehrfach mit dem genannten Cardinal zugleich vorkommt. Vergl. Winkelmann a. O. S. 420 ff. Schirrmacher a. O. II. S. 300. Ehmck a. O. S. 185, Note 1 nennt den Johannes von Vicenza irrthümlich Bischof. Die Wirksamkeit desselben in Oberitalien beginnt erst im Jahre 1233 und wird bei dieser nicht erwähnt, dass er päpstlicher Beichtiger gewesen. Echard, Scriptores ordinis Praedicatorum recensiti (Lut. Par. 1729) I S. 150 ff. giebt über die Wirksamkeit des Vicentiners im Jahre 1230 nichts Genaueres an.

Seite 89. [22]) Das bei Huillard-Bréholles a. O. IV. S. 254 abgedruckte Diplom macht auch Gerhard von Bremen namhaft; doch ist hieraus nicht zu folgern, dass derselbe in Rom anwesend war, wie dies im Br. Sonntagsblatt XIII. S. 58 geschehen ist. Gerhard's Aufenthalt in den ersten Jahren des Krieges gegen die Stedinger ergiebt sich aus mehreren Urkunden. Er war Frühling 1230 in Schleswig (vergl. vorn Note 5 zu Seite 81), am 14. Mai 1230 in Achim (Br. Urkdb. I. Nr. 153, S. 176), am 23. Juni 1230 in Buxtehude (Hamb. Urkdb. Nr. 494, S. 425), Februar 1231 in Bremen (Br. Urkdb. I. Nr. 163, S. 193), October 1231 zu Stade

(Urkdb. der Stadt Lübeck II. Nr. 9. S. 8), am 10. December 1231 in Horneburg (v. Hodenberg, Verdener Geschichtsquellen II. Nr. 57, S. 100).

[23]) Ueber den Streit wegen des Bisthums Livland vergl. Rutenberg a. O. S. 100. Albert von Stade a. a. 1229 a. O. S. 361. Bunge, Liv- Esth- und Kurländisches Urkundenbuch I. Nr. 107, S. 142. Nr. 108, S. 143

Seite 90. [24]) Vergl. Winkelmann a. O. 432. Schirrmacher a. O. I. S. 222, 223.

[25]) Dass Friedrich im Jahre 1231 um die Angelegenheiten Gerhard's sich kümmerte, folgt schon aus der kaiserlichen Urkunde vom Juli 1231, in welcher dilectus princeps Gerhardus die Bestätigung seiner Güter erhält. Hamb. Urkdb. Nr. 495, S. 426.

[26]) Die älteste Stedingerbulle des Papstes ist nicht erhalten. Das betreffende nach Münster gesandte Schreiben hat sich, wie Herr Archivrath Dr. R. Wilmanns besonders bestätigt, nicht gefunden; es ist erwähnt in der Note 28 genannten Bulle, in der es heisst: Praepositus Monasteriensis ejusque college auctoritate apostolica sententiam excommunicationis usque ad satisfactionem condignam mandaverunt observari.

[27]) Die Wiederholung des Anathems liegt im alten Rechte allen Bischöfen ob, denen die Verhängung desselben amtlich mitgetheilt ist. Vergl. Kober, der Kirchenbann (Tübingen 1857) S. 64 ff.

[28]) Die Stedingerbulle vom 26. Juli 1231 beginnt: Si ea que de hominibus, qui Stedigni dicuntur; zum ersten Mal gedruckt im Br. Urkdb. I. Nr. 166, S. 196. Sie hebt an: Gregorius episcopus, servus servorum dei, venerabili fratri episcopo Lubicensi et dilectis filiis, priori sancte Catarine Bremensis et fratri Johanni, poenitentiario nostro de ordine Predicatorum salutem et apostolicam benedictionem.

Seite 92. [29]) Ueber Bischof Johann von Lübeck, den Nachfolger von Berthold, dessen Tod gleich nach dem 1229 unternommenen Zuge gegen die Stedinger gemeldet wird, berichtet Albert von Stade a. O. S. 361.

Seite 93. [30]) Der Wiederaufbau des Schlütterberges wird von Albert ins Jahr 1232 gesetzt (a. O. S. 361): Bremensis archiepiscopus castrum Sluttere contra Stedingos rursus aedificavit. Die Sachsenchronik (Massmann S. 480; Schoene S. 88) ist undeutlicher in der Zeitangabe, indem sie sagt: Des anderen iares na deme hove to Ravene buwede de biscop van Bremen Sluttere. Diese Nachricht geht der Notiz über den Beginn der Kreuzpredigt voran (vergl. Note 43 zu Seite 97); der Reichstag zu Ravenna begann im December 1231 und endete im März 1232. Vergl. Boehmer, Reg. imp. S. 148. Bei Detmar (a. O. S. 110) ist obige Nachricht ins Jahr 1233 gesetzt, während in der Lüneburger Chronik (a. O. S. 1403) die richtige Chronologie beibehalten ist. Die Notiz in dem Registrum des Erzbischofs Johann Rhode, dass die Feste 1230 zerstört sei, verdient keinen Glauben. Ueber die Zeit ihrer ersten Zerstörung haben wir, wie schon bemerkt ist, keine Nachricht. Hinsichtlich eines dritten angeblichen Neubaues vergl. Note 48 zu Seite 98.

[31]) Ueber Bischof Gottschalk von Ratzeburg ist zu vergleichen Masch, Geschichte des Bisthums Ratzeburg (Lübeck 1856). S. 128. Gottschalk war Bischof von 1229 bis 1235, Dec. Masch sagt bezüglich der Stedingerkriege mit Recht: „Ueber die fernere Theilnahme des Bischofs an denselben schweigt die Geschichte."

[32]) Bischof Konrad von Minden regierte von 1206 bis 1238. Den diesem Bischof und seinen beiden Genossen gegebenen Auftrag heben auch die annalistischen Quellen hervor. Albert (a. O. S. 361) fügt seinem Bericht über die Stedingische Ketzerei hinzu: sicut per Mindensem, Lubicensem et Raceburgensem episcopos papae auribus intimatum. Emo von Werum schreibt (a. O. S. 97): Papa caussam tribus episcopis delegavit. Die Rasteder Jahrbücher berichten dagegen bloss (a. O. S. 274): Dominus

apostolicus, auditis his, quae adversus Stedingos contra fidem catholicam proponebantur, persecutionem contra eos fieri constituit.

Seite 94. [33]) Vergl. Winkelmann a. O. S. 151. Hoefler, Kaiser Friedrich II. (München 1844) S. 335.

[34]) Friedrich's Ketzergesetze aus den dreissiger Jahren finden sich bei Pertz, Monumenta Germaniae LL. S. S. 287. Vergl. Hoefler, a. O. S. 330 ff.

[35]) Br. Urkdb. I. Nr. 169 S. 200: Ad haec notum fieri volumus universis, priorem et fratres ordinis Praedicatorum de Prema pro fidei negotio in partibus Teutonie contra haereticos deputatos, fideles nostros... eundo, morando et redeundo sub nostra et imperii speciali defensione receptos et quod eos apud omnes sub ope ac recommendatione fidelium imperii esse volumus inoffensos. Im März des Jahres 1232 bestätigt Friedrich zu Ravenna auch den Stader Vertrag von 1219 auf Bitten Gerhard's (Huillard-Bréholles a. O. IV. S. 383).

Seite 95. [36]) Vergl. Aspern, Urkundliches Material zur Geschichte und Genealogie der Grafen von Schauenburg. II. 1204—1300 (Hamburg 1850) Nr. 35, Nr. 36—40.

[37]) Vergl. Aspern a. O. zu Nr. 40.

[38]) Br. Urkdb. I. Nr. 170, S. 203 nennt comes Adolfus de Scowenborg als ersten der weltlichen Zeugen.

[39]) Die Verhängung der Reichsacht über die Stedinger ist nicht ohne Weiteres zu folgern aus dem Reichsgesetze vom 26. April 1220, nach dessen siebtem Artikel Jeder, der über sechs Wochen im Bann verharrte, der kaiserlichen Acht verfallen sein sollte. Lange ist die Aechtung der Stedinger, die auch jetzt noch nicht ganz deutlich ist, zweifelhaft gewesen, aber gläubig angenommen. Schlosser, Allgemeine Geschichte der Zeiten der Kreuzzüge, 1821 III. 2. S. 131 und 132, äussert sich sogar dahin: „Friedrich II., der geschworene Feind jeder Art von freier Verfassung, erklärte sich gegen sie, indem er das Reich aufbot", wo und wie dieses geschehen, finde er zwar nicht; doch habe er auch keinen Grund Unwahrscheinlichkeit oder Unwahrheit in Hamelmann's Bericht (a. O. S. 98) zu finden, oder in der Angabe von Eggeric Beninga. Vergl. Note 29 zu Seite 10. Es liegt auf der Hand, dass man für diese wichtige Frage sich nicht auf einen Fabulanten, wie Hamelmann berufen kann; sein Gegner Emmius spricht aber ebenfalls von dem commune principum decretum in comitiis (a. O. lib. X. S. 410). Endlich kennt v. Halem (a. O. I. S. 202) sogar die Achtformel, die gebraucht ist; diesem schreiben Miesegaes (a. O. S. 356), Muhle (a. O. S. 344), Wiedemann (a. O. S. 192) und Andere nach. Alle diese Angaben über die Reichsacht schweben in der Luft. Dass dieselbe ausgesprochen und zwar vom Kaiser, nicht von König Heinrich, wie Klopp (a. O. S. 115) angiebt, ist einzig und allein dem Vertrage von März 1233 zu entnehmen (Br. Urkdb. I, Nr. 172 S. 204), in welchem eine gegen die Stedinger gerichtete imperialis auctoritatis proscriptio und eine an die Gläubigen ergangene imperialis perceptio erwähnt wird. Unklar ist, ob die Aussprechung der Oberacht wirklich formell geschah, oder ob der Kaiser die Stedinger ohne Weiteres als Geächtete ansah. Jedenfalls ist die bei v. Halem angegebene Achtformel lediglich erdichtet. Die Schreiben, auf die in der erwähnten Urkunde Bezug genommen wird, müssen zwischen dem Spätherbst 1232 und dem Frühling 1233 ausgestellt sein, und so bietet sich als Gelegenheit ihrer Abfassung der Reichstag von Ravenna und Friaul.

[40]) Die zur Kreuzpredigt gegen die Stedinger authorisirende Bulle: Intenta fallaciis sathanae ist (leider ohne Schluss) gedruckt bei Raynaldus, Annales ecclesiastici anno 1232. § 8 S. 388. Sie schliesst sich der in Note 28 zu Seite 90 angeführten Bulle an; ein zwischen dem 26. Juli 1231 und 29. October 1232 ausgestelltes päpstliches Schreiben wegen

der Stedinger existirt nicht. Wiedemann (a. O. S. 191) behauptet zwar, es gäbe im Stader Archiv noch jetzt „einen sehr vorsichtig gehaltenen Brief Gregor's" und zwar ein Schreiben vom 25. August 1232, welches darthue, wie der Papst „nur zögernd der Sache näher getreten sei"; ausserdem zwei von Gregor, im Jahre 1232 gesandte Excommunicationsformeln ohne Begleitschreiben, aber mit der Bemerkung, diese Verfluchungsformulare seien gegen Katharer, Arnoldisten, Pauperes de Lugduno, Speronisten und andere Ketzer gebräuchlich; indessen findet sich weder von jener angeblichen Bulle, noch von den Bannformularen, die Wiedemann gesehen haben will, irgend eine Spur unter den Originalurkunden, die Herr Archivrath Dr. Grotefend einer eigenen Durchsicht unterzog; ebenso wenig bieten die Mühlmann'schen Repertorien einen Anhalt. Somit ist Wiedemann's Angabe zu den sonstigen unerklärlichen Fehlern seines Buches zu rechnen. Die Phrasen der Bulle: Intenta fallaciis sathanae werden in allen späteren Schreiben des Papstes bis zum Jahre 1234 wiederholt; sie finden sich auch in der Beschreibung vom Treiben der Stedinger, welche Albert von Stade, der selbstverständlicher Weise nicht die Ketzerei der Bauern mit eigenen Augen und Ohren beobachtet und erforscht hat, in seine Chronik aufnahm. Aus dem päpstlichen Schreiben stammen mit geringen willkürlichen Aenderungen die Worte: Ipsi doctrina matris ecclesiae penitus vilipensa, ipsius libertatem conculcaverunt, nulli parcentes sexui vel aetati; quaesierunt responsa demonum: simulachra fecerunt cerea, consulentes etiam in suis spurciciis erroneas pythonissas, et quod deterius est omnibus, viaticum salutis aeternae horribilius, quam deceat exprimi, pertractantes; clericos etiam et religiosos impie lacerantes cruciabant (a. O. S. 361, 362).

Seite 96. 41) Dass die in vorstehender Note erwähnte Bulle nicht den vollen Ablass verhiess, ergiebt sich aus dem päpstlichen Schreiben vom 17. Juni 1233, in welcher es von denen, die im Frühling 1233 gegen die Stedinger das Kreuz nahmen, heisst: illa indulgentia non gaudebant, que datur euntibus in subsidium terre sancte.

Seite 97. 42) Die päpstliche Bulle vom 12. November 1232 ist abgedruckt bei Lünig, Specilegium ecclesiasticum des deutschen Reichsarchives, cont. III. Nr. 61 S. 950. Wiedemann (a. O. S. 195) verlegt sie irrthümlicher Weise ein Jahr später. Mit der Stedlingischen Angelegenheit steht vielleicht auch ein ungedrucktes Schreiben des Papstes in Verbindung, in welchem unter dem 8. Februar 1233 dem Propst, Scholasticus und Kantor von Münster der Auftrag gegeben wird, die der Bremischen Kirche entzogenen Güter Einkünfte und Rechte aufzusuchen und einzuziehen.

43) Die auf Grund der Bulle: Intenta fallaciis sathanae von dem Ratzeburgischen, Lübeckischen und Minden'schen Bischofe erhobene Kreuzpredigt begann frühestens December 1232. Die in Note 5 zu Seite 6 angeführten Erfurter Annalen reden in der Hauptsache von der Kreuzpredigt gegen die Stedinger und verlegen diese ins Jahr 1232. Die Sachsenchronik (Massmann S. 480; Schoene S. 88) sagt: h. des silven jares let de paves predeken dat kruze up de Stedinge, h. des anderen jares na deme hove to Ravene (Vergl. Note 30 zu Seite 93). Die Gothaische Handschrift setzt die Jahreszahl MCCXXXIII hinzu; die Lüneburger Chronik und Detmar reden ebenso, während Rynesberch keinen ähnlichen Passus hat. Luden, Geschichte des teutschen Volkes, XII. „Die Stedinger", S. 524, legt den Anfang der Kreuzpredigt um ein Jahr zu spät.

44) Ueber Heinrich von Bexhövede, welcher 1231 zuerst als Dompropst auftritt, vergl. Br. Urkdb. I. Nr. 163 S. 194, Lappenberg, Geschichtsquellen S. 197, Krause's Nachträge dazu, Stader Archiv II. S. 153 u. 156; hier ist auch ein Alexander von Bexhövede erwähnt; ein Engelbert und Bernhard dieses Geschlechtes erscheinen Br. Urkdb. I. Nr. 192 S. 227.

Ueber Bernhard von Seehausen ist zu vergleichen Lappenberg a. O. S. 207. Hamb. Urkbd. Nr. 510 S. 438. Br. Urkdb. I. Nr. 192 S. 227.
Seite 98. [45]) Von dem Edelherrn Johann von Diepholz handelt v. Hodenberg (Hoyer Urkdb. V. S. 19, 20). Ueber Johann von Beverstedt, einer damals sehr einflussreichen Persönlichkeit vergl. z. B. Hamb. Nr. 409 S. 419. Br. Urkdb. I. Nr. 188 S. 223. Lappenberg, Geschichtsquellen S. 184 Note 9. Von Abt Conrad von Rastede heisst es in den Rasteder Jahrbüchern (a. O. S. 272): archiepiscopus... Conradum, cognatum suum, in abbatem eligi postulavit, quem cum conventus, motus hac petitione, in abbatem concorditer elegisset, idem archiepiscopus.. rite et debite decoravit. Vergl. Ehmck a. O. S. 222 Note 2. Bernhard von Hoya erscheint 1231—1242. Vergl. v. Hodenberg, Stammtafel der Grafen von Hoya Note 26—28.

[46]) Deutschherrn in Bremen sind zuerst erwähnt: Br. Urkdb. I. Nr. 175 S. 210. Vergl. die Abhandlung über die Deutschherrncommende zu Bremen im zweiten Bande des Bremischen Jahrbuchs; auch Note 61 zu Seite 71.

[47]) Johannes de Suderbroke erscheint als Zeuge bei Abschluss des gegen die Stedinger gerichteten Vertrages zwischen Gerhard II. und Bremen (Br. Urkdb. I. Nr. 172 S. 207). Aus der Luft gegriffen ist die Notiz von Boese (a. O. S. 131), dass „Moorriemer Edelleute in viel grösserer Zahl, als Stedinger, bei den Kämpfen gegen die Stedinger auf der Seite der Oldenburger Grafen gestanden und gekämpft" hätten. Ministerialen, deren Sitze im Moorriem lagen, sind in jener Zeit gar nicht bekannt.

[48]) Für den ersten gegen die Stedinger gerichteten Kreuzzug ist Hauptquelle die in Note 65 zu Seite 107 erwähnte Bulle vom 17. Juni 1233. In dieser heisst es von den Stedingern: Castrum munitissimum Bremensis ecclesiae funditus destruxerunt. Schon Ehmck (a. O. S. 213 Note 5) hat darauf hingewiesen, dass unter dieser Feste der Schlütterberg zu verstehen sei, wie auch eine Randnote des Originaldocumentes bemerkt. Mit diesen Angaben stimmen die Worte, die in den Chroniken der oben in Note 30 zu Seite 90 mitgetheilten Nachricht über den Neubau des Schlütterberges folgen. So sagt Albert von Stade zum Jahre 1232: Sed ipsi protinus illud (castrum) everterunt; die Sachsenchronik hat auch den Zusatz: dat (Sluttere) wunnen de Stedinghe (Massmann S. 480; Schoene S. 88). Die Rasteder Jahrbücher melden: Stedingi castrum in Sluttherberge situm expugnantes funditus vastaverunt (a. O. S. 273). Ueber die Zeitfolge gilt das in jener Note Bemerkte; die Zerstörung des 1232 neu errichteten festen Hauses geschah im Frühlinge 1233 oder noch in den letzten Monaten des Jahres 1232. Nach der fraglichen Zerstörung ward die Feste nicht wieder aufgebaut (vergl. Kohli a. O. S. 322); statt ihrer errichtete man, wie in Note 22 zu Seite 129 ausgegeben ist, die Burg Delmenhorst. Die Annahme eines zweiten Wiederaufbaues, der 1233 geschehen sein soll, findet sich bei Muhle (a. O. S. 353) und Andern, ist aber irrig, da sie lediglich daraus entstanden ist, dass Wolter in seiner Bremischen Chronik (a. O. S. 58) dasselbe Factum zweimal berichtet, zuerst nach Albert von Stade, dann nach der Sachsenchronik. Schon Renner ist ihm hierin gefolgt, und seitdem ist der quellenmässige Sachverhalt entstellt.

[49]) Die Nachricht vom Zuge der Stedinger gegen Oldenburg findet sich in den Rasteder Jahrbüchern, denen Wolter in seinem Rasteder Geschichtswerke wörtlich folgt (a. O. S. 101), unmittelbar nach der Notiz über die Zerstörung des Schlütterberges. Oldenburg, 1108 zuerst erwähnt, ward 1148 durch Christian II. befestigt, und von dieser Feste heisst es in der angegebenen Quelle (a. O. S. 273): Oppidum quoque in Oldenborgh sine dubio subvertissent, si non Wige, ductor Stedincgorum, Ottoni, tunc temporis comiti, secreto per nuntios demandasset. Stedincgi tamen, hoc secretum nuntium nescientes, oppidum invaseruut. Sed milites

et famuli viriliter rebellantes ipsos Stedinegos in magna potentia suae fortitudinis amoverunt. In diesem Satze, dem die oben erwähnte unrichtig gestellte Angabe über den Angriff auf Hoya folgt, sind mehr als zehn Namen von Milites und Militares genannt, welche die Stedinger zurückgetrieben haben sollen; darunter Johannes und Gerhardus de Apen, Willehelmus de Westerholte, Thidericus de Mulen, die als Mitcontrahenten auftraten beim Landfriedensvertrage, der zwischen der Stadt Bremen, dem Erzbischof und den umwohnenden Grossen 1233 abgeschlossen wurde, während statt der in den Jahrbüchern genannten Oltmannus und Liborius de Brema Sigfrid und Gerard, statt des Nicolaus de Mansinge ein Johannes de Mansinge beim Abschluss dieses Vertrages erscheint. Jener Graf Otto ist der ebenfalls in dieser Urkunde erwähnte Otto III., Moritzens Sohn, der von 1209—1251 vorkommt. Die Nachricht steht unter den auf die Regierungszeit des Abtes Konrad bezüglichen Aufzeichnungen, wird also von dem Verfasser in die Jahre 1230—1234 verlegt. — Alle diese Daten geben keinen ganz sicheren Anhalt; wesshalb Ritter (a. O. S. 28) und Meyer (a. O. S. 79) an chronologischer Fixirung verzweifeln; indessen spricht Alles dafür, dass wir den Zug gegen Oldenburg in die Zeit des ersten Kreuzzuges versetzen; jedenfalls ist es völlig grundlos, wenn ihn v. Halem (a. O. S. 197) in die Zeit von 1208—1216, Muhle (a. O. S 328) ins Jahr 1223 verlegt. Uebrigens ist diese Datirung nicht der einzige Irrthum, der hinsichtlich jenes Zuges sich eingeschlichen hat. Zunächst ist es Erfindung, wenn v. Halem (a. O. S. 197) und Muhle (a. O.) erzählen, dass der Versuch jenes Ueberfalls im Bunde mit den Rustringern geschehen sei; erst nach der Bezwingung der Stedinger, nach 1234, als es zu spät war, entschlossen sich die Friesischen Lande für die Interessen der neuen Colonien in ihrer nächsten Nachbarschaft das Schwert zu ergreifen (Vergl. hinten Note 99 zu Seite 120). Sodann soll den von der Feste Oldenburg zurückziehenden Stedingern bei Huntebrück, also mitten in ihren Landen, eine Niederlage beigebracht sein, in Folge der Graf Otto viele Gefangene gemacht hätte, die zum Tragen des glühenden Eisens und dann zur Erhenkung verurtheilt seien. Dies ist Hamelmann's Bericht (a. O. S. 62), welcher eine Angabe der Rasteder Jahrbücher, die in sehr viel spätere Zeit gesetzt wird, willkürlich mit jenem Zuge verbindet. Scharling (a. O. S. 82) und Muhle (a. O. S. 329) haben ihm Glauben geschenkt und bringen in Anschluss an diese erdichtete Niederlage Ereignisse in die Zeit des Zuges gegen Oldenburg, welche viele Jahrzehnte später geschahen (vergl. hinten Note 27 zu Seite 130). — Zunächst sollen abermals die Rustringer für die Stedinger zu den Waffen gegriffen haben, aber zwischen Elsfleth und Huntebrück von dem Oldenburger Grafen besiegt sein; dann heisst es, hätten sie das von diesen besetzte Niederstedingen angegriffen, den Hammelwarder Siel zerstört, seien von dem gräflichen Drosten Nicolaus von Fleckschild abermals geschlagen und endlich, nachdem sie nochmals Niederstedingen völlig verwüstet, in der Schlacht bei Boitwarden an der Grenze zwischen Rustringen und Stedingen Sieger geblieben. So reden Scharling und Muhle, veranlasst durch obigen Zug gegen Oldenburg und den Fabeln Hamelmann's folgend, von gewaltigen, noch vor Gerhard des Zweiten erstem Angriffe ausgefochtenen Kämpfen, deren Schauplatz das Land zwischen Dornebbe und Hunte gewesen sein soll; Ereignisse der fünfziger Jahre werden bei dieser Darstellung in die zwanziger verlegt. Endlich sollen nach dem Siege bei Boitwarden die Rustringer sich beruhigt haben. Was aus Niederstedingen geworden sei, darüber schweigt die Dichtung; doch erzählt Muhle (a. O. S. 331), dass Graf Burchard von Oldenburg den Theil desselben, der den Moorriem bildet, in Besitz genommen habe, und beruft sich dabei auf die Notiz eines Pastor Schroeter in Strückhausen zur Hamelmann'schen Chronik. Mit dem Zuge gegen Oldenburg verbunden, als unmittelbare Folgen seines Misslingens dargestellt, haben diese Thatsachen den wahren Verlauf der Stedingerkriege verkehrt.

⁵⁰) Vom Zuge der Stedinger gegen die Stadt Bremen meldet allein die in Note 48 zu Seite 98 erwähnte Bulle. In ihr heisst es von den Bauern: Civitatem Bremensem hostiliter adeuntes, ecclesias, monasteria et loca circumquaque vicina... destruxerunt. Schwerlich wird der hier mitgetheilte Angriff gegen die Stadt auf dem linken Weserufer ausgeübt sein; denn obwohl eine Brücke bei Bremen über die Weser führte, war von jener Seite des Stromes der Ort selbst nicht wohl anzugreifen.

Seite 99. ⁵¹) Ueber das Verhalten Otto's von Lüneburg seit Ausbruch der Stedingerkriege und seit Beendigung seiner Kämpfe mit der Braunschweigischen Ministerialität vergl. Usinger a. O. S. 398.

⁵²) Ueber Otto's Zug gegen Bremen heisst es in den niederdeutschen Chroniken: Darna vor pinxten sandte de hertoghe van Luneborch syne lude unde brande all wente vor Bremen, wente hie wolde helpen den Stedingern dorch den hat, den he hadde to deme erczebiscuppe Gerardum. Diese Angabe findet sich in der Lüneburger Chronik mit der Jahreszahl 1233 (a. O. S. 1105); ebenso in Detmar's Geschichtswerk (a. O. S. 110). Ohne Jahresangabe folgt sie in der Sachsenchronik (Massmann S. 480; Schoene S. 88) der Notiz über den Beginn der Kreuzpredigt, deren Datirung in Note 43 zu Seite 97 besprochen ist. In die Chronologie hat Rynesberch grosse Verwirrung gebracht; bei ihm (a. O. S. 72) trägt jenes Factum ebenfalls keine Jahreszahl; der Angabe über dasselbe geht aber eine auch der Sachsenchronik entlehnte, ganz vereinsamt dastehende Nachricht voran, die sich auf das Jahr 1237 bezieht, aber kein Datum trägt. Die letzte Jahreszahl, die bei Rynesberch sich findet, betrifft den Streit wegen der Witteborch, und ergiebt das Jahr 1222. Unmittelbar an diese Nachricht schliesst nun Wolter seine Angabe über die Züge des Lüneburgers und versetzt sie dadurch in eine verkehrte Zeit. Seiner Angabe sind blindlings Otto (a. O. S. 793), Lerbeke (a. O. S. 510), Korner (a. O. S. 862), Scharling (a. O. S. 78) gefolgt, so dass der Zusammenhang der Thatsachen völlig verrückt wurde. Die durch den angegebenen Irrthum verkehrt datirten Züge Otto's richteten sich gegen die Residenz des Erzbischofs und führten den Lüneburger in die Nähe des Schauplatzes der Stedingerkämpfe. Mit den Kriegsfahrten, die er im Anfang des Jahres 1233 unternahm, hat v. Wersebe eine Urkunde von 1233 (Hoyer Urkdb. V. Nr. 15 S. 20) in Verbindung gebracht. Er schrieb sie zuerst dem Sohne Otto's zu, „da er wahrscheinlich mit seinem Vater auf dem Zuge gegen Erzbischof Gerhard II., zur Assistenz der Stedinger begriffen war", hat aber dann selber nachgewiesen (N. V. Archiv 1825 I. S. 21—23), dass sie vom Vater ausgestellt worden. Auf Fürbitten des Hoyer Grafen Heinrich's, des diesem verwandten Grafen von Danneberg und anderer Getreuen werden in diesem Diplom die Rechte am Hofe Machtenstedt bestätigt. Graf Heinrich von Hoya-Stumpenhausen war 1233 eben so wenig, wie der Graf von Danneberg, ein Kampfgenosse des Erzbischofs; doch erscheint er am 10. Januar 1234 neben Guntberus miles de Hoya, Rodolfus dapifer de Hoya, Jacobus miles de Wolde in Bremen (Hoyer Urkdb. III. Nr. 12 S. 14). Auch mit dem Oldenburger scheint Otto von Lüneburg 1233 nicht in feindliche Berührung gekommen zu sein. Es heisst im alten Register der Bruchhauser Güter: curiam in Aldorpe cum domibus attinentibus dedit dux Brunsvicensis comiti Heinrico occiso apud Stetigiam (Hoyer Urkdb. I. Anh. S. 17 Zeile 3 ff.) und wird diese Vergabung in den Anfang des Jahres 1233 zu verlegen sein.

⁵³) Die Bulle vom 19. Jan. 1233, beginnend: Clamante ad nos, ist vielfach gedruckt; vergl. Lindenbrog, Scriptores rerum Germanicarum septentrionalium (Hamb. 1706) Nr. 65 S. 171. Staphorst, Hamburger Kirchengeschichte I. S. 18. Heineccius, Antiquitates Goslarienses S. 244.

Muhle (a. O. S. 342) und Schaten (Annales Paderbornenses II. S. 18) setzen die Bulle in ein falsches Jahr. Vergl. Moehlmann a. O. S. 73. Die Inhaltsangabe bei Winkelmann (a. O. S. 438 Note 6) ist nicht ganz correct. Vergl. auch Henke a. O. S. 49 Note 25.

Seite 100. [54]) Gerhard des Zweiten Bruder Bernhard war zuerst Propst in Emmerich, dann zu Paderborn seit 1227 Nachfolger des in Note 2 zu Seite 80 genannten Bischofs Wilbrand bis zum Jahre 1247 (14. April).

[55]) Die Betheiligung des Bischofs von Münster wird besonders von Eggerik Beninga und von der Clevischen Chronik hervorgehoben (Vergl. Note 25 zu Seite 9 und Note 29 zu Seite 10). Wegen Bremischer Sachen ist an Münstersche Geistliche gerichtet die Bulle vom 23. December 1231 (Br. Urkdb. I. Nr. 167 S. 197) und die vom 8. Februar 1233 (Vergl. Note 42 zu Seite 97).

[56]) Graf Iso von Wölpe war seit 1205 Bischof von Verden und erlebte also in seiner Würde den ganzen Verlauf der Unruhen, die in der Nachbarschaft seines Stiftes an der Niederweser sich regten; er war Oheim der Richenza von Wölpe, die den Grafen Heinrich II. von Hoya († 1235) heirathete. (Vergl. Note 24 zu Seite 59). Er starb indessen bereits am 5. August 1231; sein Nachfolger war Lüder von Borg. Vergl. Pfannkuche, Aeltere Geschichte des vormaligen Bisthums Verden (S. 111); auch v. Hodenberg, Verdener Geschichtsquellen II. S. 231 ff. Stader Archiv I. S. 160 und II. S. 296.

[57]) Der Bischof von Osnabrück steht unter den Zeugen, die im Januar 1232 die gegen die Autonomie der Bischofsstädte gerichtete Constitution Kaiser Friedrich's II. unterzeichneten; es war Konrad von Veltberg (1227 — 30. Dec. 1238).

[58]) Ueber die Bedeutung des Bischofs Konrad von Hildesheim für die Ketzerfrage in Deutschland, sein früheres Wirken gegen die Albigenser und seine Bedeutung für die kaiserliche Partei vergl. Winkelmann a. O. S. 434. Wachsmuth, Geschichte von Hochstift und Stadt Hildesheim (Hildesh. 1863) S. 38 sagt von ihm: „In seinem Sprengel fand er wenig Stoff sein Strafamt zu üben: die Ketzerei der Stedinger aber, die ihn beschäftigte, lag weit ab von jenem. Ob seine Kreuzpredigten gegen jene bei den Hildesheimern eine lebhafte Bewegung zur Theilnahme an der Kreuzfahrt in Stedingerland zur Folge gehabt haben, ist kaum anzunehmen, mindestens nicht sicher überliefert worden."

Seite 101. [59]) Das Schreiben des Papstes an die Stadt Bremen ist, wie die in Note 34 zu Seite 95 erwähnte Zuschrift des Kaisers, nicht erhalten; es wird aber in dem zu Note 62 genannten Diplome vom März 1233 auf dasselbe Bezug genommen, indem es dort heisst: Dominus papa civibus Bremensibus speciali mandato in remissionem peccatorum suorum injungens, ut se ad hoc negotium debita percingerent strenuitate.

Seite 102. [60]) Ueber die Massregeln der Fürsten und besonders der Bischöfe gegen die Städte vergl. Loeher, Fürsten und Städte zur Hohenstaufenzeit (Halle 1840). Die Darstellung der älteren Verfassungsgeschichte Bremens, die bei Donandt, Versuch einer Geschichte des Bremischen Stadtrechts (Bremen 1830) I. S. 116 ff. sich findet, bedarf einer Revision; das Material ist bei Gengler, Codex juris municipalis Germaniae medii aevi (Erlangen 1864) I. S. 314 ff. zusammengestellt. Schon Hartwig II. soll jura civitatis verliehen haben (Br. Urkdb. I. Nr. 109 S. 129); doch erscheint der Stadtrath erst 1225 urkundlich (a. O. Nr. 138 S. 159).

Seite 103. [61]) Br. Urkdb. I. Nr. 171 S. 203. Loeher a. O. S. 47 hat auf die Bedeutung dieser königlichen Urkunde schon hingewiesen.

[62]) Der Hauptvertrag zwischen Gerhard und Bremen ist abgedruckt: Br. Urkdb. I. N. 172 S 204; er ist ohne Datum; die Bestimmungen von „Similiter injuste" bis „sufficienter cavebit" sind als zu detaillirt in der Uebersetzung weggelassen. Die Beitrittserklärung des Domkapitels

trägt das Datum März 22. und ist abgedruckt a. O. Nr. 173 S. 208; nach ihr ist der erste Vertrag geschlossen: pro mutuo sibi invicem contra Stetingos praestando auxilio. Die beiden beglaubigten Abschriften des Diplomes finden sich a. O, Nr. 174 u. 175, S. 209 u. 210.

Seite 107. [63]) Beim zweiten Stedingerkreuzzuge beschränkt sich Albert von Stade auf die Notiz (a. O. S. 362): Orientalis Stedingia a peregrinis, occisis Stedingorum plurimis, devastata. Während die Rasteder Annalen schweigen, haben die niederdeutschen Chroniken die Nachricht: (de pelegrime) voren mit groteme here unde volke, beyde mit scepen to watere unde aver Land unde wunnen Osterstad des negesten dages Johannis et Pauli to myddensommere unde roveden alle dat Land unde branden it; man unde wif unde kinder sloch men dot mer den verhundert, unde de men levende veng, de brande men. So die Sachsenchronik (Massmann S. 480; Schoene S. 88). Die Lüneburger Chronik (a. O. S. 1405), Detmar (a. O. S. 110) und Rynesberch (a. O. S. 72) berichten ähnlich; doch giebt die erstere als Tag der Hauptentscheidung nicht den 26. Juni an, sondern den 29., den Tag vor dem Peter- und Paulstage. Dieser Angabe folgt Winkelmann (a. O. S. 439), der „dat Osterstad" für eine Stadt zu halten scheint. Die Datirung der Sachsenchronik ist für die richtigere zu achten; sie ist auch von Wolter in der Bremischen Chronik (a. O. S. 57) nachgeschrieben, wo die Zahl der getödteten Stedinger von 400 auf 4000 erhöht ist. Ohne eine Jahreszahl anzugeben, schreibt v. Lerbeke: Interim populus innumerabilis cruce signati Brema venientes per Wiseram et terram transeuntes, partem terrae juxta Bremam, quae Osterstat dicitur, in crastino S. S. Johannis et Pauli intrante, et plus quam quadringentis interfectis, ceteri, qui vivi reperti sunt, igni traditi sunt (a. O. S. 510). Das Osterland, welches die in Note 25 zu Seite 9 erwähnte Clevische Chronik benennt, ist offenbar identisch mit Oststedingen. In Folge der schon in Note 52 zu Seite 99 erwähnten Verwechselung giebt Otto (a. O. S. 793) 1222 als Jahr dieser Kreuzfahrt an, das Datum des Zuges der Bremer gegen die Witteborch auf diese Heerfahrt übertragend. Havemann (a. O. S. 372) geht in der Confundirung der Thatsachen so weit, mit dem zweiten Kreuzzuge die Namen der drei Anführer der Stedinger in der Altenescher Schlacht in Verbindung zu bringen. Sodann hat man die Notiz über eine dritte Kreuzfahrt auf diese zweite bezogen, indem während des letzteren Feldzugs Graf Burchard von Oldenburg gefallen sein soll, z. B. Wersebe (Archiv I. S. 298). Allmers (a. O. S. 308). In dem Monate, der diesem Zuge voranging, hielt sich Gerhard zu Stade auf (Mecklenburger Urkdb. I. Nr. 417 S. 420).

[64]) Ueber die Unternehmungen Otto's von Lüneburg, die in die späteren Monate des Jahres 1233 fallen, berichtet Albert von Stade, nachdem er von zwei ins Jahr fallenden Kreuzzügen gegen die Stedinger erzählt hat: Dominus de Brunsvich contrarius Bremensis ecclesiae comitiam Stadensem interea populatur (a. O. S. 361). So setzen auch die niederdeutschen Quellen der Angabe über die Frühjahrszüge Otto's den Schlusssatz bei: Dar na voor hie sulven vor Stade unde rovede unde brande in dem Lande. — Diese Züge gegen die Burg Stade, die der Erzbischof noch seit 1227 in Besitz hatte, dürfen nicht mit jenen vor Pfingsten geschehenen Angriffen auf Bremen verwechselt werden; aber auch sie waren nicht ohne Beziehung zu den Stedingerkämpfen. Wolter's Bremische Chronik (a. O. S. 58) giebt hier ihre erste und einzige brauchbare Notiz: Tum destructum est Harborg, quod erat Archiepiscopi, per ducem Lüneburgensem pro subsidio Stedingorum, sed papa ducem compescuit, alias etiam crucem contra eum praedicasset. Aus den Quellen stammt die Nachricht über die Zerstörung der vormals von den Dänen errichteten, dann in Folge des Stader Vergleiches von 1219 niedergerissenen, aber schon 1222 wieder aufgebauten

Feste Harburg, die 1228 vom Erzbischofe in Besitz genommen wurde. Andererseits deutet aber Wolter auf ein Eingreifen des Papstes hin, das die annalistischen Nachrichten nicht kennen und später in Note 69 zu Seite 112 zu erwähnen ist. Eine merkwürdige Verdunkelung des Sachverhalts zeigt sich in Bothe's Chronik, wo es heisst: De greve van Oldenborch, de greve van der Lippe, de hulpen dem bischoppe; Hertoghe Otto to Sassen unde eyn Here to Lunenborch, de halp den Stedingh, so dat se vaken to samende kemen unde slogen sick unde worden geschoten vor den borgen (a. O. S. 361, 362).

⁶⁵) **Die fünfte uns erhaltene Stedingerbulle** beginnt: Literae vestrae; sie ist abgedruckt bei Ripoll, Bullarium ordinis ff. praedicatorum s. ausp. SS. D. N. D. Benedicti XIII. p. m. (Romae 1729) I. a. a. 1215—1280. Nr. 83 S. 54, ferner bei Sudendorf (a. O. II. Nr. 79 S. 167 und 170) und im Bremischen Urkundenbuche (I. No. 176 S. 211); in den beiden letzten Werken nach einem für die Bremische Kirche bestimmten Transsumte; bei Ripoll anscheinend nach dem Originale. Während dort deutlich Stedingi zu lesen ist, hat Ripoll die Bezeichnung „Schetici" und fügt gelehrt hinzu: Sic Stedingenses haeretici a voce σχετικός, id est unitus, dicti sunt ob horrenda impudicitiae flagitia, quibus sese contaminabant. Es ist klar, dass Ripoll falsch gelesen hat. Der Schluss der Bulle harmonirt mit dem Ende der in Anhang IV. besprochenen Bulle: Vox in Roma andita; diese ist vom 13. und 14. Juni, jene vom 17. Juni. Dass die Römische Canzlei nach Phrasenformularen stilisirte, ist bekannt. Vergl. Raynaldus a. O. § 46 S. 407.

Seite 111. ⁶⁶) **Vom dritten Stedingerkreuzzuge** meldet Albert von Stade unmittelbar nach den Notiz über den Einfall in Oststedingen in seiner aphoristischen Weise ohne Zwischensatz: Borchardus, comes de Oldenburg, a Stedingis paene cum 200 prosternitur peregrinis, relinquens post post se heredem Heinricum Bogenarium (a. O. S. 361). Die Rasteder Jahrbücher (a. O. S. 270) berichten: Hic Borchardus in alia expeditione contra Stedingos in loco, qui Hemmelskampe dicitur, occiditur. Die niederdeutschen Chroniken kennen den Ort der Schlacht nicht, erzählen aber im Anschluss an den oststedinger Zug: To haut dar na sloghen de Stedinge greven Borgarde van Oldenborch und mit eme wol twe hundert man. So die Sachsenchronik (Massmann S. 481; Schoene S. 88), Chronik von Lüneburg (a. O. S. 1405), Rynesberch (a. O. S. 72) und Detmar (a. O. S. 110). Aus der Combination jener drei Quellen ist deutlich, dass der Zug Burchard's in den Spätsommer des Jahres 1233 fällt und nicht gegen Oststedingen gerichtet war, sondern gegen das weststedingische Land. Die abweichenden Notizen späterer Schriften (z. B. der Cleviscben Chronik) kommen hiergegen gar nicht in Betracht; trotzdem ist die den Quellen widersprechende Wolter'sche Angabe, Burchard sei erst 1234 gefallen, meistens nachgesprochen; so von Schiphower (a. O. S. 148), Hamelmann (a. O. S. 64), Scharling (a. O. S. 109), auch Klopp (a. O. S. 116). Dieser Irrthum hat zu einer verkehrten Combination des dritten Kreuzzuges mit dem fünften und letzten Anlass gegeben. Für Memorien zum Seelenheil des Grafen erhielt später das Kloster Hude besondere Einkünfte (Muhle, Hude S. 47, 84); doch findet sich bei diesen Stiftungen keine genauere Angabe des Todestages. Dass in der Schlacht beim Hemmelskampe Lüneburgische Truppen in den Reihen der Stedinger gefochten haben, ist reine Erfindung. Man hat die Vermuthung aufgestellt, Graf Burchard sei der Schwager des Grafen Adolph IV. von Schauenburg gewesen (Aspern a. O Nr. 97 S. 153; S. 39); allein für diese Annahme fehlt gegenüber dem Ausspruch der Rasteder Jahrbücher (Vergl. Note 45 zu Seite 65) genügende Begründung.

Seite 112. ⁶⁷) **Von der dritten Kreuzfahrt des Jahres 1233** meldet der Stader Chronist nichts. Die niederdeutschen Berichte erwähnen nach

Burchard's Zug zunächst nichtstedingische Ereignisse; dann heisst es: Do vor de biscop van Bremen up de Stedinge unde to graf ere dike unde wolde se bedrenken mit water: dar wart oc en del geslagen des biscopes lude. So die Sachsenchronik (Massmann S. 432; Schoene S. 88), Chronik von Lüneburg (a. O. S. 1405) und Detmar (a. O. S. 110). Dadurch, dass Rynesberch (a. O. S. 72) die ausserbremischen Ereignisse weglässt und gleich nach Burchard's Züge von diesem Unternehmen Gerhard's spricht, haben sich selbst diejenigen Schriftsteller, welche die dritte Stedingerkreuzfahrt vom Einfall· in Osterstade trennen, verleiten lassen, diesen vierten Kreuzzug mit der Heerfahrt gegen Oststedingen in Verbindung zu bringen und zu erklären, auf dem Rückwege von Stedingen nach Bremen wäre im Uebermuth des Sieges der Angriff auf die Deiche geschehen; so Lerbeke a. O. S. 510, Visbeck, a. O. S. 49, Muhle, a. O. S 348, Wiedemann a. O. S. 194. Zu solcher Combination fehlt bei der in den Quellen obwaltenden Trennung der bezüglichen Berichte jeder Grund. Ebenso willkürlich ist es, dass diesen Zug Winkelmann (a. O. S. 439) ins Jahr 1234, oder Lappenberg (Kreuzzug S. 13) ins Jahr 1230 verlegt, oder gar, dass ihn Kohlmann (a.O.) und Klopp (a. O.S.111) mit der Heerfahrt des Edelherrn von Lippe verbinden und somit in's Jahr 1229 versetzen.

⁶⁸) Dass Graf Florentin von Holland in Stade anwesend war, ergiebt sich aus Brem. Urkdb. I. Nr. 177 S. 213. Das hier abgedruckte Diplom ist am St. Gallustage ausgestellt; doch fehlt die Jahreszahl. Herr Bakhuisen van den Brink versetzt es mit Recht in die Jahre 1230 bis 1233; im Jahre 1234 kann es nicht ausgestellt sein, da der Graf am 28. Juli 1234 starb; vor 1233 wird es indessen auch nicht ausgefertigt sein, da eine frühere Reise des Grafen nicht erklärlich ist. Dass Gerhard auch im Mai 1233 in Stade sich aufhielt, ist in Note 63 zu Seite 107 erwähnt.

⁶⁹) Ueber das Gericht, das wegen Otto's von Lüneburg zusammentrat, erfahren wir nur aus der päpstlichen Bulle vom 17. August 1235, in welcher erwähnt ist die excommunitatis sententia, quam episcopus Mindensis et sui conjudices pro archiepiscopo Bremensi in Ottonem, dominum de Luneborch, Verdensis dioecesis exigentem ipsius contumacia manifesta auctoritate apostolica promulgarunt. Vergl. Sudendorf, Urkundenbuch zur Geschichte der Herzöge von Braunschweig und Lüneburg und ihrer Lande I. Nr. 14 S. 14. Wann die Richter gegen Otto zusammengetreten sind, ist nicht bekannt; doch verlegt auch Sudendorf (a. O. S. XV) die Bestellung des Gerichtes gleich nach den Kriegszügen des Jahres 1233. Vergl. die beiden folgenden Noten.

Seite 113. ⁷⁰) Die Bulle, die der Papst am 11. Februar 1234 Ottoni, cruce signato, sendete, findet sich abgedruckt in den Origines Guelficae IV. Nr. 45. S. 138. In ihr heisst es: Fidei tue zelum, quo successus ad predicationem venerabilis fratris nostri, Episcopi Ildesemensis, signum crucis contra hereticos accepisti, sollicite attendentes, non immerito specialis dilectionis et gratie te favore prosequimur et paterna benivolentia conferemus. Ein zweites Schreiben vom selbigen Tage empfiehlt den Fürsten der besonderen Fürsorge der Bischöfe von Hildesheim und Merseburg, sowie des zum Erzbischof gewählten Propstes von Magdeburg. Vergl. Origines Guelf. Nr. 46 S. 139.

⁷¹) Otto von Lüneburg stellte seine Fehde gegen Gerhard bis nach seiner Belehnung mit dem Herzogthum Braunschweig-Lüneburg ein; diese erfolgte zu Mainz am 21. August 1235; erst im November 1235 zog er gegen Bremen und belagerte die Stadt (Albert von Stade a. O. S. 362); 1236 war Gerhard zu einem für Otto äusserst günstigen Friedensschlusse genöthigt. Vergl. Sudendorf a. O. Nr. 19 S. 17.

⁷²) Emo von Werum schreibt (a. O. S. 97): Eodem anno (1234)

Praedicatores hac et illac versus Rhenum, Westphaliam, Hollandiam, Flandriam, Brabantiam quasi nubes volabant et principes et populos contra Statingos concitabant. Praedicatores sind bei Emo stets Predigermönche, Dominicaner, nicht andere Kreuzprediger. Die Theilnahme jenes Ordens an der Agitation gegen die Weserflussmarschen hebt Emo auch an anderer Stelle hervor; so sagt er (a. O.): Episcopi ... causam sibi commissam Praedicatoribus commiserant, quatenus ad cohertionem ipsorum crucem darent omnibus peregrinari volentibus in remissionem omnium peccatorum. Non parva ergo multitudo signata est in praefatis partibus. Vergl. auch über die Kreuzpredigt der Dominicaner unten Note 77.

⁷³) Die Betheiligung der Cistercienser, Benedictiner, Praemonstratenser und Franciscaner wird nicht besonders hervorgehoben; es ist aber wohl an sich klar, dass die Mönche von Rastede und St. Pauli bei Bremen nicht gleichgültig dem Gang der Dinge zuschauten, und dass der Cistercienserorden wegen seiner Besitzungen in Hude und Lilienthal in den Streit hineingezogen wurde. Dem Prämonstratenserorden gehörte der Abt an, welchem nach der in Note 7 zu Seite 6 angeführten Chronik Alberich's der Propst „Friedrich de sinu Mariae", eine leider nicht näher nachweisbare Persönlichkeit, von den Stedingern ausführlich berichtete. Ueber die Verbreitung der Franciscaner durch Norddeutschland fehlen noch genauere Angaben; in Bremen erscheinen bereits 1241 die Vertreter ihres constituirten Conventes (Br. Urkdb. I. Nr. 217 S. 252).

⁷⁴) Die Bulle vom 17. Juni 1233. die in Note 65 zu Seite 107 erwähnt ist, trug neun noch bekannte Wachssiegel, und diese gehörten: dem Probst der St. Walpurgiskirche zu Tuil bei Nymwegen in Geldern; sodann dem Prior der Dominicaner, dem Domdechanten, dem Domscholaster, sowie den Pröpsten von St. Maria zu den Staffeln und von St. Georg in Köln; endlich dem Dompropste von Utrecht. Ausserdem werden noch Propst und Scholaster eines anderen Georgsstiftes genannt, die nach Ehmck's Vermuthung (a. O. S. 213, Note 1) dem Stader Georgskloster angehörten und in diesem Fall bezeugten, dass auch die Stader Geistlichen an der Agitation sich betheiligten.

⁷⁵) Vergl. die Notiz in Alberich's Chronik vorn Note 7 zu Seite 6.

Seite 114. ⁷⁶) Ueber die Kämpfe der Friesen mit den Bischöfen erzählt Emo's Chronik; vergl. die Noten 1—4 zu Seite 80.

⁷⁷) Emo von Werum erzählt (a. O. S. 95): Anno gratiae MCCXXXIV circa Epiphaniam duo de Praedicatoribus Bremensis collegii Fivelgoniam intraverunt ad cruce signandum contra Stethingos. Sed post negotium eorum in ecclesia Damensium declaratum aliquanto tumultu populi vexati sunt, et ideo Groningam se transtulerunt, et Damenses excommunicatos denunciaverunt in Groninga et per Huncsgoniam stationes instituerunt et adulati sunt invicem cum Groniensibus et Hunesgonibus, ac Statingos, Trentones, et Fivelgones pares esse propter inobedientiam dicere non timuerunt. Illi inquam Praedicatores inclusi, quorum fuit ingens multitudo, propter abusiones, quibus simplices alliciebant, valde insultabant, et praecipue uni illorum de Steteswerth, qui incorrigibilis apparuit, et illusionibus deceptus simplices alliciebat, et contra eum adeo processerunt, ut ejicerent de Clusa et per manum armatum Groniensium duceretur Groninge. Qui post confessionem multarum blasphemiarum vix quod non combureretur, evasit, et in poenitentiam perpetuam in specu subterraneo peragendam Abbati suo de Rottum redditus est. Nam ibi olim conversus fuit. Isti inquam Praedicatores, ut multis visum est, sine discretione usi sunt auctoritate ligandi et solvendi, quasi gladio in manu furentis. Pauci igitur cruce signati sunt contra Stathingos. Damenses itaque post multas comminationes vix optinuerunt reconciliari post castigationem virgae profusis genibus nudi et prostrati per aliquot signatos emissos contra praetaxatos Stadingos. Die diesem Bericht eingeflochtene Erzählung über das Verfahren der Dominicaner gegen den

von Stetesworth charakterisirt den Geist der Kreuzprediger und Ketzerverfolger. Wiedemann, der jene Episode nach Emmius erzählt, zeigt in seiner Darstellung (a. O. S. 193) die unglaubliche Befangenheit seines Standpunktes. Renner (a. O. Fol. 198,a) hat Emo übersetzt.

[78]) Vergl. die Annalen von Tewkesbury in Note 9, die von St. Albans in Note 8 zu Seite 6.

[79]) Die Bedeutung des Frankfurter Reichstages hebt schon Winkelmann a. O. S. 446 hervor; über den dort beschlossenen Landfrieden (Pertz, Mon. Germ. LL. II. S. 301) sagt derselbe (a. O. S. 448): „Dieses Gesetz kann, wenngleich die Kämpfe mit den Stedingern erst einige Monate später zu Ende gingen, geradezu als der erste Abschluss der fanatischen Bewegungen betrachtet werden." Bei Schirrmacher (a. O. I. S. 227) lesen wir: „Seit diesem Gesetz wurde Deutschland auf lange hin nur vereinzelt durch die Inquisition heimgesucht, aber in derselben Zeit, da der Unwille des Volkes und der Fürsten dieselbe brach, unterlag wegen angeblicher Ketzereien ein ganzer germanischer Stamm, das Volk der Stedinger, dem Strafgericht."

Seite 115. [80]) Gerhard II. war noch am 10. Januar in Bremen; Ehmck (a. O. S. 220, Note 2) setzt mit Recht die im Hoyer Urkdb. III. Nr. 21 S. 14 abgedruckte Urkunde ins Jahr 1234. Das am 6. Februar 1234 in solemni curia Frankenvort ausgestellte Diplom nennt Gerhard unter den Zeugen. Huillard-Bréholles a. O. IV. S. 634. Sieben Tage später stellte ihm der König den Brief aus, der die Bürger von Bremen und Stade vom Lübecker Zoll befreite, und zwar: peticioni dilecti principis nostri G., venerabilis Bremensis ecclesiae archiepiscopi, satisfacere cupientes. Vergl. Br. Urkdb. I. Nr. 178 S. 214.

[81]) Vergl. Winkelmann a. O. S. 446, 447. Hausrath, der Ketzermeister von Marburg S. 52 ff. Die Verbindung, welche Hahn, Geschichte der neu-manichäischen Ketzerei (Stuttgardt 1849) S. 394, 404, zwischen der Stedingischen Angelegenheit und den Mainzer Verhandlungen im Jahre 1233 herstellen will, existirt nicht.

Seite 116. [82]) In der bei Note 65 zu Seite 107 erwähnten Bulle vom 17. Juni 1233 heisst es: habet hoc proprium apostolica sedes, ut in hiis, in quibus est majus periculum ad inquirendam plenissime veritatem, ne fucato decipiatur errore, cum gravitate procedat. Es sind diese Worte wohl nur auf eine nicht genau nach den Formen des kanonischen Rechtes vorgenommene Untersuchung zu beziehen.

[83]) Der päpstliche Legat, der im Frühlinge 1234 sich der Stedingischen Angelegenheit annehmen sollte, gehörte zu den ersten Diplomaten der Römischen Curie. Wilhelm war als Vicekanzler von Honorius III., seit 1222 Bischof von Modena, in den Jahren 1228 bis 1230 mit der ersten Legation nach Preussen betraut, dann 1231 und 1232 bei dem Fürstencongress in Norditalien. Seine zweite Mission in die nordischen Länder, die übrigens besonders auf die Livländisch-dänischen Verhältnisse sich bezog, geschah im Winter 1233 auf 1234. Vergl. Schirrmacher a. O. I. S. 199. Usinger a. O. S. 392. Die päpstliche Bulle, die ihn zum apostolischen Legaten in Preussen, Livland, Gothland, Wierland, Esthland, Semgallen und Kurland ernennt, ist vom 21. Februar 1234; Bunge a. O. I. Nr. 139, S. 169. — Vergl. überhaupt Ughelli, Italia sacra I. S. 171, II. S. 120. Ein Bischof von Mantua, von dem Wiedemann (a. O. S. 193) spricht, hat mit den Stedingern nichts zu schaffen gehabt.

[84]) Die päpstliche Bulle (Br. Urkdb. I. Nr. 179 S. 215) war bisher nicht zum Druck befördert. In der Mitte ist sie nicht lesbar und musste darnach die Uebersetzung bearbeitet werden. Wiedemann (a. O. S. 195) giebt ein falsches Datum an. Ehmck verlegt das Schreiben, ohne auf Grund seines Inhalts Zweifel zu hegen, in's Jahr 1234. Da Gregor am 19. März 1227 geweiht wurde, so trifft es sich, dass diese Bulle vom letzten Tage

seines 7. Regierungsjahres datirt ist. Dies könnte Anlass geben, einen Fehler in der Datirung anzunehmen und die Bulle auf den 18. März 1233 zu setzen: also zwischen die erste uns erhaltene Bulle und die vom 13. Juni. So liesse sich scheinbar ihre Milde leichter erklären; aber die Absendung des päpstlichen Legaten, an den sie gerichtet ist, geschah nach der vorstehender Note nicht vor dem Spätherbste des Jahres 1233.

Seite 117. ⁸⁵) Die Betheiligung des Grafen Heinrich von Oldenburg ergiebt sich aus der Erwähnung desselben beim Altenescher Treffen. Vergl. Note 96 zu Seite 120.

⁸⁶) Die Theilnahme Ludwig's von Ravensberg bezeugt Gerhard selbst. Bei Lamey, Codex diplomaticus comitatus Ravensbergensis in Westphalia (Nr. XXI. S. 27), findet sich eine am 15. November 1235 in Bremen ausgestellte Urkunde, in welcher der Erzbischof sagt: Cum comes Luthewicus de Ravensberge nobis et ecclesie nostre semper extiterit devotus ad repellendam injuriam Stedingorum hereticorum et domini Ottonis, ducis de Brunswic, qui ecclesiam nostram modis omnibus nititur devastare. Ueber Herzog Otto's Zug gegen Bremen vergl. Note 71 zu S. 113. Gerhard's Schwester Gertrud war mit dem Grafen Ludwig vermählt; in den zwanziger Jahren theilte derselbe die väterliche Erbschaft, die alte Grafschaft der Ravensburger, von der ihm die Schlösser Ravensburg und Sparenberg nebst der Stadt Bielefeld zufielen, während sein Bruder Vloth und Vechta erhielt; es geschah diese Theilung unter Vermittlung zweier Lippischer Herren, Hermann's von der Lippe und Bernhard's, Bischofs von Paderborn. Vergl. Lamey, Geschichte der alten Grafen von Ravensberg S. 25. Ludwig von Ravensberg erscheint von 1217 bis 1249. Mooyer, Beiträge zur Genealogie der Grafen von Ravensberg, in den Westphälischen Provincialblättern III 4. S. 117. ff.

⁸⁷) Ueber Florentin von Holland vergl. Note 68 zu Seite 112. Seinen Antheil an dem Kreuzzuge heben die Chroniken besonders hervor. Albert von Stade erzählt (a. O. S. 361): Heinricus, dux Brabantiae et Florentius, comes Hollandiae, Bremae existentes, contra Stedingos viriliter se accinxerunt. Der Werumer Abt schreibt (a. O. S. 97): Affuit comes Hollandiae cum multa acie pugnatorum in multis navibus. In der Sachsenchronik (Massmann S. 482; Schoene S. 88) heisst es: Dar na nam dat krutze de hertoge van Brabant unde de graeve van Hollande.. unde voren.. mit groteme schiphere up de Weser. Die Historia imperatorum übersetzt (a. O. S. 482): Comes Hollandie cum navali exercitu ad Weseram appropinquavit. Vergl. auch die in Note 5 zu Seite 6 erwähnten Erfurter Annalen. Florenz IV. war der Sohn Wilhelm's I. von Holland und der Adelheid von Geldern; er starb auf der Heimkehr von dem Stedingerkreuzzug am 28. Juli 1234 beim Turnier zu Nymwegen; ein Friedrich von Holland, den man Wolter in seiner Bremischen Chronik (a. O. S. 58) redet, hat in jener Zeit gar nicht existirt.

Seite 118. ⁸⁸) Otto, Graf von Geldern war ein Bruder der eben erwähnten Adelheid, ein Enkel jenes Heinrich von Geldern, dessen Schwester den Grafen Heinrich I. von Oldenburg geheirathet hatte (Vergl. Stammtafel). Seine Theilnahme am Kreuzzuge bezeugt die Werumer Chronik: aderat et comes Geldriae. Die Rasteder Jahrbücher (a. O. S. 274) nennen ihn unter den Fürsten, die zu Schiff heranzogen. Die Erwähnung Wilbrand's von Utrecht ist gerechtfertigt, da dieser erst am 27. Juli 1234 zu Zwoll gestorben ist, nicht bereits im Jahre 1233. Dieses ist nachgewiesen von Laurent a. O. S. 40, Note ***).

⁸⁹) Auf die Theilnahme des Herzogs von Brabant, der 1235 zur Regierung kam, legen die Quellen besonderen Nachdruck. Es wird von allen in erster Linie genannt; vergl. oben Note 87. Die Werumer Chronik sagt (a. O. S. 98): Adfuit dux Brabantiae cum incredibili multitudine bellatorum; princeps exercitus Christianorum fuit dux Brabantiae. Die

Annales Parchenses (Mon. Germ. XVI.), im Prämonstratenser Kloster Parkum bei Löwen verfasst, melden sehr richtig: Henricus, major filius ducis Henrici Lotharingi, fecit victoriam contra hereticos de Stedingen, qui omnes consumpti sunt in ore gladii 6 Kalendas Junii, suffragante gratia Jesu Christi (a. O. S. 607). Die Quellen geben den Namen des Grafen richtig an; v. Halem (a. O. S. 104) nennt ihn irrig Friedrich. Am 3. Februar 1232 richtete Gregor IX. an den Herzog die Aufforderung, die Dominicaner zu unterstützen (Vergl. Ripoll a. O. Nr. 51 S. 37). Renner (a. O. Fol. 199,a) verwechselt den Vater mit dem Sohn.

[90]) Der in Note 25 zu Seite 9 angeführten Clevischen Chronik ist soweit wohl zu trauen, als ihr besondere Kunde beiwohnen kann. Obwohl ihre Angabe, dass Herzog Leopold von Oesterreich gegen die Stedinger gezogen sei, aus der Luft gegriffen ist (indem Leopold IV. der Glorreiche schon 1230 und sein Sohn Leopold bereits 1216 verstorben sind), verdient ihre Nachricht über die Grafen von Berg und Jülich Glauben. Der dort genannte Graf von Berg war der damals noch nicht regierende Adolf VII. 1247—1257, Sohn der Irmgard und des Herzogs Heinrich von Limburg; die Theilnahme eines Herzogs Dietrich von Limburg, die Havemann (a. O. S. 373) und Klippel (a. O. S. 25) behaupten, ist durch nichts beglaubigt. Wilhelm von Jülich regierte von 1219 bis 1276, ein Sohn des Grafen Wilhelm III. und einer Limburger Gräfin, der Gemahl der Margaretha von Geldern. Vergl. Loersch, de ortu et incremento superioritatis territorialis in comitatu Juliacensi (Bonnae 1860), Stammtafel auf Seite 17. Diesen Wilhelm, Grafen von Jülich, hat man wohl mit Wilhelm, Herrn von Egmond verwechselt. Das Chronicon Egmundanum Johann's von Leiden erzählt (a. O. S. 45): Anno 1234: Wilhelmus de Egmunda miles, pergens ad dioecesim Bremensem cum caeteris christianis principibus contra Stadenses infideles, ipse ibidem cum omnibus suis fidelibus in bello occiditur; wie auch später (S. 46) des Wilhelmi de Egmunda, occisi in Stadingelant, Erwähnung geschieht. So oft diese Angabe auch in genealogischen Werken nachgesprochen worden, ist sie durchaus irrig. Wilhelm I., Herr von Egmond, der Sohn Walter's von Egmond, lebte noch 1266, wie ein Document vom 19. December dieses Jahres beweist, das bei van Mieris, Cod. dipl. I. S. 345 abgedruckt ist. Vergl. L'art de vérifier les dates des faits historiques etc. (Paris 1787) III. Suppl. S. XXXIV.

[91]) Die Anwesenheit des Grafen von Cleve ist ganz ausser Zweifel; Albert von Stade nennt ihn bei der Altenescher Schlacht Vergl. Note 98 zu Seite 120. Emo von Werum erwähnt ihn nach dem Grafen von Geldern; aus der Sachsenchronik ist zu entlehnen: Dar na nam dat kruze... de graeve van Cleve unde manich edele man uppe de Stedinge unde voren mit groter kraft over land. (Massmann S. 482; Schoene S. 88). Gemeint ist hier Graf Dietrich V., der Sohn Arnold des Ersten, der seit 1212 regierte. Vergl. v. Ledebur, Dynastische Forschungen (1853) Nr. 2 und ist es eine Verwechslung des Clevischen mit dem Holländischen Grafen, wenn Renner, Hamelmann, Muhle ihn auf der Heimfahrt von der Weser 1234 sterben lassen, während er bis 1260 regierte. Korner's Angabe (a. O. S. 310), ein Wilhelm von Cleve habe gegen die Stedinger gefochten, ist irrig, ebenso die Notiz Muhle's (a. O. S. 363), Heinrich von Cleve sei der Befehlhaber der Reiterei gewesen. Falsch ist auch Hamelmann's Bericht (a. O. S. 99), dem Scharling (a. O. S. 111), Allmers (a. O. S. 308) und Andere folgen, dass neben dem Grafen Dietrich von Cleve ein Graf Dietrich von der Mark bei Gerhard sich eingestellt habe; es ist dies eine und dieselbe Person mit dem Clevischen Grafen. Hierdurch erledigen sich auch die späteren Annahmen, dass Graf Adolf I. von der Mark (1203—1249), der Sohn des Grafen Friedrich von Altena, Theilnehmer des Kreuzzuges gewesen (Havemann

a. O. S. 372, Steinen, Westfälische Geschichte I. S. 119). Die Quellen melden von seiner Anwesenheit nichts.

⁹²) Vergl. vorn die Angabe der Tewkesburyer Annalen in Note 9 zu Seite 6. Unter den Herren von Bethune, den Söhnen Wilhelm des Rothen, erscheint keiner, der den Namen Balduin trägt. Unklar ist die Beziehung zwischen Tewkesbury und Bethune; doch ist von Interesse, dass gleich nach den Stedingerkriegen beim Oldenburger Grafen ein Wilhelmus Anglicus sich zeigt, z. B. 1249 (Muhle, Kloster Hude, Urk. Nr. 3 S. 90).

Seite 119. ⁹³) Die Bewaffnung der Stedinger ist aus der Miniatur der Bremischen Handschrift der Sachsenchronik zu ersehen, die auf dem Titel dieses Buches sich findet. Zu vergleichen ist das Sigillum judicum Selandiarum Frisiae anno 1324 in Upstallesbome congregatorum, das bei Ehrentraut, a. O. II. abgebildet ist.

⁹⁴) Albert von Stade berichtet (a. O. S. 362): Clerus, qui eminus astans rei exitum exspectabat: „Media vita" et alia miserationis carmina cum moerore cecinit et pro crucis victoria supplivit. Das Lied „Media vita", eine Antiphona pro peccatis, die regelmässig am Sonnabende vor dem Sonntage Laetare zum Completorium gesungen wurde, war im dreizehnten Jahrhundert sehr üblich und ward sogar von der Kirche verboten, weil sich mit ihm Aberglauben und Zauberei verknüpfte. Vergl. Rambach, Anthologie christlicher Gesänge aus allen Jahrhunderten der Kirche I. S. 248, 425. Das Lied war vom St. Gallener Mönche Notker Balbulus gedichtet; Näheres bei Daniels, Thesaurus hymmologicus (Lips. 1855) II. S. 329. II. Canticarum et antiphonarum delectus Nr. XX. Die Angabe, dass die Klerisei während der Schlacht auch „Da pacem Domine" gesungen habe, gehört wohl zu den willkürlichen Zusätzen der Bremischen Chronik von Wolter (a. O. S. 59). Auch beim späteren Kirchenfeste wegen des Altenescher Sieges wurde dieses Lied nicht gesungen.

Seite 120. ⁹⁵) Albert von Stade erzählt (a. O. S. 362): Boleke de Bardenflete, Tammo de Hunthorpe, Thedmarus de Aggere et alii pessimi malesuadae eorum, ut vitam et patriam defenderent, ipsos fortiter hortantur, dicentes, quod ipsos aut oporteret succumbere, aut, sicut canes rabidos, insanire. Emo von Werum gebraucht solch Gleichniss nicht; er sagt mit einfacher Würde (a. O. S. 98): Statingi ergo quid facerent pauci inter multos, inobedientes inter catholicos, praemoniti et obstinati nolentes relinquere glebam patriam. Wegen der Vergleichung, die Albert von Stade gebraucht, schreibt Wiedemann (a. O. S. 196): „Einer ihrer Führer forderte sie zur Vertheidigung des Lebens und des Landes auf und sagte, wenn sie nicht unterliegen wollten, müssten sie um sich beissen, wie tolle Hunde; dies derbe bäurische Wort hat die neue Geschichtsschreibung in eine edle Ansprache und wohlgelegte Beredtsamkeit verklärt". (!!)

⁹⁶) Ueber den Tod des Grafen Heinrich von Oldenburg meldet Emo (a. O. S. 97): Et in primo congressu comes de Oldenburch civitatis habenis cum equo cadente corruit et occisus est. Die Sachsenchronik (Massmann S. 483; Schoene S. 88) berichtet: Dar wart och graeve Hinric van Oldenborg geslagen unde mit eme unmenich der pelegrime. Albert von Stade hat dagegen die Worte: Comes Heinricus de Oldenburch ibidem cecidit et cum eo peregrini aliqui circiter novem. (!!) Die Rasteder Jahrbücher geben an (a. O. S. 274): Ipso quoque tempore occubuerunt Heinricus de Oldenborch, qui duos reliquit sorores... In der Bremischen Chronik (a. O. S. 59) folgt Wolter den Stader, in der Rasteder (a. O. S. 101) den Rasteder Jahrbüchern. Wiedemann (a. O. S. 197) spricht von zwei Grafen Heinrich, die bei Altenesch gefallen sein sollen, und nennt den einen Heinrich von Wilthausen; Muhle (a. O. S. 365) hat eine Notiz von Hamelmann (a. O. S. 100) missverstanden und Wiedemann ihm kritiklos nachgesprochen; Heinrich der Bogener von Wildeshausen starb 1270.

⁹⁷) Nach den in vorstehender Note mitgetheilten Angaben der Rasteder

Jahrbücher heisst es bei ihnen: (Occubuerunt) Gerhardus de Mulswerth et alter quidem nobilis Gerhardus de Dest, qui in Versvlote sunt sepulti. Es ist nicht gelungen, die beiden Persönlichkeiten nachzuweisen. Ueber Mulswerth, Malswarden, Molswerde, ist schon oben in Note 19 zu Seite 56 geredet; ein Geschlecht der Herren von Malswarden erscheint in einer ungedruckten Urkunde um 1292. Der Edelherr Gerhard von Diest kann nicht mit Gerhard, Grafen von Dietz oder Diest, identisch sein, der zu den „hemeliken luden" Kaiser Friedrich des Zweiten gehört. Vergl. Winkelmann a. O. S. 271. Dieser sehr einflussreiche Mann erscheint noch am 18. März 1234 bei König Heinrich „apud Lutram" (vergl. Huillard-Bréholles a. O. IV. S. 841) und tritt dann in den vierziger Jahren bei König Wilhelm von Holland auf. Vergl. Schirrmacher a. O. I. S. 129, 130. Woher Hamelmann (a. O. S. 100) die Notiz genommen hat, dass auch ein Herr von Maten bei Altenesch gefochten habe, ist nicht zu sagen; Moehlmann (a. O. S. 74) bringt den Namen mit dem der Holländischen Familie von Matenes in Verbindung.

[98]) Die Katastrophe der Schlacht bei Altenesch erzählt Albert von Stade in den Worten (a. O. S. 362): Stedingi summo conamine se defenderunt; statim comes de Clivo, cum suis a latere irruens super illos, ipsorum aciem dissipavit. Emo von Werum stellt dies ähnlich dar: Dux Brabantiae... coacta militia hinc inde illos perditos et lassos jam circumcinxit et facto impetu in ore gladii consumpsit. Die Quellen sprechen nicht von einem Reiterangriff; das Nähere über den Kampf in Anhang VII.

[99]) Die Flucht der Stedinger zu den Friesen berichten die in Note 6 zu Seite 6 angeführten Kölner Jahrbücher; sie ergiebt sich auch aus der Stelle der Rasteder Annalen, die in Note 26 zu Seite 130 mitgetheilt ist. Emo von Werum sagt nur (a. O. S. 98): Fama fuit multos viros et mulieres exitu praeconsiderato in palude et alibi se per fugam servasse. Er hatte vielleicht seine Gründe, von dem Aufenthalt, den die Entflohenen genommen hatten, zu schweigen. Auch Albert von Stade redet nur in allgemeinen Ausdrücken von der Flucht (a. O. S. 362): Plurimi ex iis fugae praesidium postulantes in proxima fovea se et in Wisera submerserunt; si qui evaserunt, sub coeli ventis quatuor sunt dispersi. Diese Darstellung erinnert an die sagenhafte Erzählung des Matthäus Paris, die in Note 8 zu Seite 6 abgedruckt ist. Irrig sind die Angaben von Allmers (a. O. S. 217), dass die Wurster die Stedinger unterstützt hätten; in keinem Worte deuten die Quellen dieses an. Mit Recht sagt Luden (a. O. S. 704 Note 3) nicht ohne Bitterkeit: „Zwar nahmen die Friesen keinen Antheil an dem Kreuzzuge gegen die Stedinger, aber dem Unglücke derselben sahen sie ruhig zu".

Seite 121. [100]) Von den nächsten Folgen der Altenescher Schlacht reden fast alle Quellen in triumphirendem Tone. Die Sachsenchronik (Massmann, S. 483; Schoene, S 88) meldet: Unde wart dat landt der Stedinge al vorbrant unde gerovet. Aldus namen de Stedinge eren ende, de grote gewalt unde unrecht hadden gedreven, mer dan drittich unde dre jar; unse herre got slog se do mit siner gewalt. Die Rasteder sagen von den Kreuzfahrern (a. O. S. 274): Devicerunt occidentalem Stedinegiam ab utraque parte Huntae, ita quod omnes Stedinegi gladio occisi sunt, et eadem terra destructa est incendiis et rapinis. Diese Sätze der Quellen sind in den späteren Chroniken wiederholt.; Korner (a. O. S. 379) führt sie indessen weiter aus: Exercitus Christi terram illorum pervagans, occidit omne, quod vivebat, praeter jumenta, quorum maximam praedam abduxit. Sicque divina favente gratia exterminati pessimi illi homines utriusque sexus, nec parcitum est pueris eorum, quod de malo ovo pullus generatur semper pessimus.

[101]) Die Notiz der Rasteder Jahrbücher, welche von dem Begräbniss der Edlen von Mulswerth und Diest handelt, sagt, dass auch Alii quidam

peregrini in Warfleth beerdigt seien. Vergl. Note 97 zu Seite 120. Ueber Bestattungen in Berne und Elsfleth melden die Quellen nichts; die Literatur hat indessen mehrfach Elsfleth mit Warfleth verwechselt. Vergl. Kohli a. O. S. 262; Visbeck a. O. S. 120; Hamelmann a. O. S. 100.

[102]) Die päpstliche Bulle vom 28. November 1234 ist abgedruckt bei Lindenbrog a. O. Nr. 67 S. 172; Staphorst a. O. S. 20. Raynaldus a. O. nennt dieses Schreiben nicht.

[103]) Die Pfarrkirche zu Süderbrok, dem heiligen Gallus geweiht, soll im Jahre 1299 erbaut sein; doch erwähnt den Pfarrer von Süderbrok schon eine Rasteder, etwa ins Jahr 1289 fallende ungedruckte Urkunde, die das Stader (jetzt in Hannover befindliche) Archiv aufbewahrt. Steinfeld (a. O. S. 27) bringt die Erbauung dieses Gotteshauses mit dem Begräbniss der in der Schlacht Gefallenen in Zusammenhang und nicht ohne Grund. Die in Folge der Bulle vom 28. November 1234 geweihte grosse Grabstätte beim Schlachtfelde zeichnete sich als consecrirter Platz sicher in besonderer Weise vor den übrigen Theilen des Blachfeldes aus, wahrscheinlich durch einen Todtenhügel. In der Nähe des Schlachtfeldes trifft man nun keine andere Stelle, die sich irgend wie hervorthäte, als den Platz der Süderbroker Kirche und die Stätte der ehemaligen St. Veitskapelle. Die Kirche des entfernt liegenden Sannau hatte sicher keine Beziehung zur Schlacht, wie Muhle (a. O. S. 366) annimmt; die St. Veitskapelle stand aber nicht über einem Todtenfelde; Nachgrabungen, die im Sommer 1864 stattfanden, haben es zweifellos gemacht, dass unter der niedrigen Wurt, welche die Kapelle trug, Leichen niemals gelegen haben. Es bleibt nur die Höhe der Süderbroker Kirche übrig, auf der keine Nachgrabungen anzustellen waren, weil sie als Friedhof dient.

Seite 122. [104]) Im Br. Urkdb. I. Nr. 181. S. 216 ist die dem dreizehnten Jahrhundert angehörende Vorschrift über die Feier der Schlacht bei Altenesch veröffentlicht, welche beginnt: Dies victorie habite contra Stedingos pro libertate ecclesie, que semper erit proximo sabbato ante ascensionem domini et erit celebris per totum episcopatum cantus in divinis officiis singulis annis ad honorem beatae virginis. — Die Rasteder Chronik von Wolter sagt über dieses Dankfest (a. O. S. 102): Gerhardus igitur secundus archiepiscopus Bremensis in honore beatae virginis Mariae propter victoriam sanctae crucis contra Stedingos eo, quod in Stedingia est victa, venerari instituit per provinciam suam sabbato ante rogationem.

[105]) Eodem die, bestimmt die in vorstehender Note angeführte Vorschrift, erit processio cum pulpuis et fiet sermo. Renner (a. O. Fol. 199, b.) meldet: Disser victorien halver holden de van Bremen grote procession.

[106]) Eodem die, heisst es ferner, fiet indulgentia XX dierum omnibus, qui elemosinam suam comportaverint ad usus pauperum. (Vergl. Note 104).

[107]) Das Missale secundum ritum ecclesiae Bremensis, dessen Vorwort vom 24. Aug. 1511 datirt ist, bestimmt: Sabbato ante vocem jucunditatis agitur solenne officium de beata virgine propter victoriam habitam contra Stedingos (Fol. 101, a). Das Ritual für das Fest ist noch ähnlich dem im dreizehnten Jahrhundert aufgezeichneten; wir lesen (Fol. 217, b.): Suscepimus deus. Kyrie paschale. Collecta. Concede nos famulos. Epistola: Fortitudo et (decor). Halleluja. Virga Yesse. Aliud (halleluja). Surrexit pastor bonus. Sequentia: Ave praeclara. Evangelium: Stabant juxta crucem. Credo. Offertorium: Ave Maria gratia. Secundum dominicale. Tua domine. Praefatio: Et te in veneratione. Communio. Beata viscera. Completorium: Sumtis, domine, salutis.

V. Die Stedinger nach der Schlacht bei Altenesch.

Seite 126. ¹) Hinsichtlich der nach der Niederlage von 1234 eintretenden Behandlung des eroberten Landes sagt v. Wersebe (Archiv I., S. 299) mit Recht: „So viele Einbusse die Stedinger auch durch Plünderung und Brandschatzung erlitten haben müssen, so ist doch nicht daran zu zweifeln, dass ihnen der erbliche Besitz ihrer Grundstücke grossentheils geblieben ist." Die Darstellungen von der Ausrottung des Bauernvolkes, die bei Scharling (a. O. S. 119) und Anderen sich finden, sind übertrieben. Anderentheils ist aber auch nicht zu bezweifeln, dass die Grundsätze über den durch Ketzerei geschehenen Verlust des Eigenthums in den Stedingischen Landen vielfach zur Anwendung kamen. Eine Reihe von einzelnen Angaben weiset darauf hin. So heisst es 1245 bei Verleihung des Zehnten von zwei Hofstellen, welche dem erzbischöflichen Marschall Dietrich und dessen Bruder Heinrich gehören: Dicte due terre sunt, quos quondam ante evictionem Stedingorum coluerunt Wulbero et Elverus. (Br. Urkdb. I. Nr. 230, S. 266). Dann finden sich charakteristische Angaben in dem Hoyer Lehnregister, welches Graf Otto von Hoya 1581 für seinen Lehnsherrn, den Herzog Julius von Braunschweig-Lüneburg, nach verschiedenen Aufzeichnungen, von denen die jüngsten dem Anfange des vierzehnten Jahrhunderts, der Zeit des Grafen Gerbard III von Hoya, angehören, hat anfertigen lassen. Hier ist eine Reihe von Stedingischen Ortschaften genannt, in denen die Hoyer Grafen Besitzungen hatten. Grösstentheils sind dieselben, wie die angeführten Details zeigen, gleich nach den Stedingerkriegen erworben. Es heisst dort z. B. (Hoyer Urkdb. I. Anh. S. 28. Z. 14 ff.): Item Heinricus Steding nnam aream in Berne, unam aream in Glusinghusen et advocatiam super unam domum in Glusinge ex parte domini Bruchhusen — ein Heinricus Stedingus erscheint bei den Oldenburger Grafen urkundlich 1244 (Hoyer Urkdb. V. Nr. 18 S. 23) und 1249 (Muhle, Hude Nr. 3. S. 90); ein Johannes Stedingus 1257 (Hoyer Urkdb. V. Nr. 21. S. 26) — Item Conradus de Weye, filius Engelberti, una domus in Lahusen, et integra terra in Bardenvlete (a. O. S. 38. Zeile 6) — Conrad von Weihe erscheint als armiger in einer Urkunde von 1298 (Hoyer Urkdb. V. Nr. 66, S. 58) und Engelbert von Weihe 1259 im Gefolge des Grafen Johann von Oldenburg (Hoyer Urkdb. V. Nr. 24. S. 28); ein Revardus Weia ist 1244 Bürger von Bremen (Br. Urkdb. I. Nr. 229, S. 265). Item Syfrydus de Brema (Vergl. Note 49 zu S. 98. Br. Urkdb. I. Nr. 172 S. 206; Nr. 188, S. 223) terram unam, quae dicitur ein Helland, in Bardenflete; item Swederus de Wysch miles domum unam in Ochtmunde (a. O. S. 39. Zeile 2 ff. vergl. S. 41 Zeile 9). Item Heinricus de Rode decimam in Glusinge (a. O. S. 40. Zeile 17) — Heinricus Rufus erscheint seit 1243 als Bürger von Bremen.— Item dominus Arnodus de Clawenbeke miles domum in Barvikele (a. O. S. 42. Zeile 29). — Sehr wichtige Angaben über Hoyer Güter in Oststedingen und in beiden Theilen Weststedingens enthält dann die folgende Stelle (a. O. S. 52. Zeile 20 ff.): Item in Slute decimam et septem terras et mediam habet Comes de Hoy.: curiam habet Werdere cum suis attinentiis, quatuor quadrantes Beetweede — diese Namen werden in späteren Uebersetzungen durch Herewerder und Berewerder erklärt (Hoyer Urkdb I Anh. S. 34) — decimam Sandstede, mediam et tres terras, septem terras Wortvlete, Hindebeke mediam. — die letzten Ortschaften sind sämmtlich oststedingisch. — Geltmarus de Slute habet mediam terram in Slute, quam ipse et frater suus dederunt ei in proprietatem... Geltmarus de Slute quadrantem in Sandow, quam ipse et frater suus post occisionem Stedingorum dederunt ei in proprietatem — 1249 erscheint Geltmarus advocatus beim Grafen Otto II. in Oldenburg (Muhle, Hude Nr. 3. S. 90), 1254 Geltmarus dapifer im Gefolge des Grafen von Oldenburg (Br. Urkdb. I. Nr. 260. S. 300). Es heisst ferner: Dominus Reimerus et dominus Berner fratres ad Aldenam XII. virgas terrae, Hekelingen VIII., quas dederunt in proprietatem — 1249 wird Reimerus de Wege, 1247 Jacobus Berneri (a. O. Nr. 235. S. 274. Nr. 234, S. 275). Jacobus, filius Berneri, erwähnt (a. O. Nr. 243. S. 281; Nr. 244. S. 283) — Dominus Henricus Bulsinc mediam terram in Hekelinge, quam ipse dedit ei in proprietatem — ein Eberhard Bulsing wird 1232 genannt (Br. Urkdb. I. Nr. 172. S. 207). — Burwigus Boch (puto) quattuor terras in Sandowe, quae pertinent in curiam Wallen — Heinricus Bog findet sich 1252, Hermannus Buc 1254 (a. O. Nr. 237. S. 291; Nr. 258. S. 299; Nr. 293. S. 252; Bernwiens Bock (Nr. 258. S. 259) — decimam Gansibbe, quam dominus Thidericus de Benne quondam habuit de domino Boldewino, decimam in Bardenvlete — 1235 erscheint ein Godefridus de Bente (a. O. Nr. 196 S. 231) — has duas decimas tenet a comite marchione, unam terram dominus Gerlacus Bussce in Bardenvlete trans Huntam. decimam Butle Ludolfi, quam habet dominus Conradus de Lon et uxor ejus Elisabeth, quam auferet ei dominus Fredericus de Reken et uxor domini Lifridi de Hekelinge — die von Lon zeigen sich in der zweiten Hälfte des dreizehnten Jahrhunderts urkundlich sehr oft, seltener die von Reken, Hermann 1260 (Hoyer Urkdb. V. Nr. 25 S. 28; die von Hekeling sind sonst nicht erwähnt — decimam Sandowe et Horsibbe habet Otto Advocatus et frater suus Johannes de Verda — ein Theodericus advocatus erscheint in Bremen 1234 (Br. Urkdb. I. Nr. 182 S. 218, Nr. 198 S. 232). Otto Advocatus in einer Urkunde v. 29. Aug. 1237 (a. O. Nr. 205 S. 239). Otto quondam advocatus: Nr. 229 S. 265, Nr. 236 S. 274. Nr. 237 S. 277 und Note 3. ferner Nr. 244 S. 283, Nr. 246 S. 285, Nr. 249 S. 291. Nr. 252 S. 293; auch die de Verda treten in Bremen zur Zeit der Stedingerkriege auf (a. O. Nr. 184 S. 220, Nr. 207 S. 241, Nr. 266 S. 310). Der Nachweis, dass die Mehrzahl der namhaft gemachten Persönlichkeiten dieser Zeit angehört, und der Umstand, dass die Grafen von Hoya, denen dieselben lehnspflichtig waren, vor den Stedingerkriegen kein Land in den Flussmarschen der Unterweser besassen, berechtigt dazu, den Erwerb der angeführten Güter mit den Vorgängen nach der Schlacht bei Altenesch in Verbindung zu bringen. Ueber die Theilnahme der Grafen von Hoya an den Stedingerkriegen vergl. Note 52 zu Seite 92. — Vermuthungen, die in der Luft schweben, sind die bisherigen Angaben; durch Unrichtigkeit zeichnen sich besonders die von Wiedemann (a. O. S. 198) aus, welcher die Behauptungen aufstellt: „Die Kreuzfahrer wurden (in Weststedingen) mit Land belohnt; sie erhielten es als freies, aber den landesherrlichen Schatzungen unterworfenes Eigenthum; die Edelleute unter ihnen empfingen auch Ländereien, aber als adlige, d. h. von allen Abgaben freie Höfe; wenige Fremde haben diese Freigebigkeit des Erzbischofs benutzt, am wenigsten Edelleute".

*) In der am 15. November 1235 ausgestellten Urkunde (vergl. Note 86 zu Seite 117) erklärt der Erzbischof zu Gunsten seines Schwagers Ludwig von Ravensberg: Nos dicti comitis devotionem, labores et expensas attendentes.. quindecim integras terras de liberis bonis Stedingorum, in terra Stedincgorum sitas, eidem porreximus perpetuo feodali jure possidendas. Verum si de liberis bonis Stedincgorum quindecim terras expeditas non possumus invenire, de aliis bonis feodalibus in terra Stedincgorum, ab herecis Stedincgis nobis vacantibus, eidem comiti porreximus, ut sic plene sive de liberis sive de aliis bonis, sicut dictum est, numerum quindecim terrarum libere valeat possidere. Lamey, a. O. Nr. XXI. S. 27. Vergl. auch Nr. XXII. S. 28, eine Urkunde vom 17. April 1236, in der Gertrud, Ludwig's Gattin, als Leibgedinge jene Güter zugesichert erhält.

³) Ueber die Besitzungen der Stotler ist kein zusammenhängendes Verzeichniss da. 1236 verfügte Graf Gerhard über Land zu Hinnebeck (Vogt a. O. I. S. 391), zwei Jahre später über Land zu Waldesbüttel und über den Zehnten in Mansfleth (Vogt a. O. II. S. 35). Nach Muhle (Hude. S. 36 und 39) vergab der Graf 1249 Land in Schlüte, 1267 Land zu Dalsper. Später verfügte Graf Johann von Stotel über Güter in Bardenfleth (Vogt a. O. I. S. 91). Die wichtigsten Besitzungen der Stotler werden in Oststedingen gelegen haben. Unter den Lilienthaler Gütern, die Gerhard II. am 23. April 1257 bestätigte, kommt vor: Item proprietatem trium quadrantum in Hynnebecke, quos Jacobus Thodo et Elerus fratres, a comite de Stotle in feodo tenentes, resignaverunt et idem comes nobis; aliud privilegium continens bona villae Woldesbutle, quae comes Gerbertus de Stotle jure haereditario possidebat. Vergl. Muhle a. O. S. 369.

⁴) Ueber die Güter der Oldenburger Grafen älterer, wie jüngerer Linie, welche in Stedingen lagen, giebt uns besonders das Hoyer Lehnverzeichniss Aufschluss, welches von den Verleihungen Heinrich des Aelteren, des Bogeners (1233—1270), Heinrich des Jüngeren, des Fünften, (1233—1268) und Ludolph des Zweiten (1241—1301) redet. Von beiden Linien spricht zunächst die Notiz: Boldewinus de Blankenborg habuit a comitibus H(einrico) et L(udolpho), fratribus decem domos in Oldentorpe in Merica (Hoyer Urkdb. Anhang I. S. 18, Zeile 9); die Localitätsangabe weist auf Altendorf im Kirchspiel Oldenbrok hin; Balduin von Blankenburg erscheint 1239 urkundlich im Gefolge Otto's von Braunschweig. (Hamb. Urkdb. Nr. 517, S. 443) — Bruchhäuser Güter werden dann noch besonders namhaft gemacht. Es heisst: Albertus Grasegel habet unam integram terram in Glusinge et octo virgas in Hekelinge, de his virgis exposuit comes L(udolphus) quatuor ad bona, quae Volbertus possedit in Hekelinge et quattuor obligavit Albertus cum duobus agris in Linebroke cuidam Ludero et haec habet a comite L(udolpho). Vergl. a. O. S. 15 Zeile 26 ff. — Die Persönlichkeiten sind leider so undeutlich bezeichnet, dass ihre nähere Bestimmung unmöglich ist. — Sodann ist notirt: Item filii domini Werneri de Ryda habent quattuor agros in Linebroke a fratribus H(einrico) et L(udolfo) (a. O. Zeile 35); item comes H(einricus) confert dimidiam terram in Dalsippe (a. O. S. 16 Zeile 3); filius domini Alexandri habet dimidiam terram in Bardenvlete et haec pertinent H(einrico) et L(udolpho) comitibus (a. O. Zeile 29 ff.). — Ritter Werner von Rida erscheint 1239 (Br. Urkdb. I. Nr. 212, S. 247; vergl. Hoyer Urkdb. I. Nr. 7, S. 8); 1243 ist ein Barnerus de Ride genannt (Br. Urkdb. I. Nr. 221, S. 257); Alexander von Bardenfleth findet sich urkundlich 1242 (Rasteder Jahrbücher a. O. S. 276), 1254 (Br. Urkdb. I Nr. 260, S. 301), 1256 (a. O. Nr. 272, S. 313) und öfter. — Auf die Zeit, die den Stedingerkriegen folgt, verweisen auch die folgenden Angaben des Hoyer Lehnregisters (Hoyer Urkdb. I. Anhang S. 25, Zeile 26 ff.): Dit gut na bescreven hadde Constantines vader Grope van greven Hinrick unde Ludolve siuem brodere: also to Sandowe en half land, dat her Ernst heft von Horsbe — Ernst von Hörspe tritt auf in einer Urkunde vom 14. August 1262 (vergl. Note 43 zu Seite 135); — to Edenebutle en ganz land, dat heren Hinrik unde Diderik erben hebbet vau Oumunde — Heinrich von Aumund erscheint 1243 (Br. Urkdb. I. Nr. 223. S. 259) — to Strebolinghusen twe stucke, de her Costin hadde von Elmenlo... en land to Utharingen, de deyt twyntich amber boteren, de her Hinrik von Bremen heft — ein Heinrich von Bremen zeigt sich seit 1244 häufig — en half to Bardenflethe, dat Gerh heft von Bardenvlete — Gerhardus de Bardenvlete, filius Johannis, frater Willehelmi et Johannis, famulus erscheint 1278. (Hoyer Urkdb. III. Nr. 48 S. 34) — vif del to Linbroke, de mid

sylf wolt heft Frederik van Koyhusen, — über die von Kaibusen vergl.
Note 65 zu Seite 75 — echt twe del in Linrebroke, de beren Volequines sone heft Lungemen; acht to Lynebroke twe del, de heren Hinrike
sone heft des Witten — Heinricus Albus erscheint 1233 (Br. Urkdb. I.
Nr. 172, S. 207) — Priscel heft ses del to Linrebroke, en half verdel in
Suderbroke, de Hinrike wif heft Stedinge wedewe; twe vordel by
dem Suderbroke, de Johann heft von Bardenvlete in wesle von hern
Clawese Vleckeschilt — Johann von Bardenfleth ist soeben
erwähnt, Heinrich Steding in Note 1 zu Seite 126, Nicolaus Fleckschild
in Note 23 zu Seite 131. — Auch die Rasteder Jahrbücher melden von
Besitzungen der Bruchhäuser Grafen, die in Stedingen lagen (a. O. 282):
Abbas emit decimam in Nortbroke a Ludolfo et Hinrico, comitibus de
Oldenbrogh et Brochusen, cuius proprietas ad monasterium Rastedense
fundatorum largitione pertinebat, womit die Notiz des Güterverzeichnisses
zu vergleichen ist: Heinricus et Ludolfus fratres habent solummodo decimam in Linenbroke (Hoyer Urkd. I. Anhang. S. 21 Zeile 1). Die betreffenden Urkunden sind aus den Jahren 1272 und 1273; über die Besitzungen des Rasteder Klosters in Niederstedingen vergl. Note 59 zu Seite 39.
— Güter der anderen Linie des Oldenburger Grafenhauses, des Wildeshauser Zweiges treten ebenfalls in den Stedingerlanden hervor. Es
heisst in jenem Güterregister: Pheodalia bona comitis Hinrici Bogenarii: ... Item Meynardus habet unum verdendel in Suderbroke a
comite Hinrico sibi porrectum; item Reinerus Dalebach unum verdeil
ibidem; item Hildebrand de Schonemore unum verteil ibidem; Gernandus Berner unum verteil ibidem; item Christianus miles de
Suderbroke, pater Vlekenschilt, duo verteil in superiori parte villae
Suderbroke habet a comite Hinrico de Oldenborg; Bernhardus de
Boclo locavit bona Meinardi in Suderbroke; item Thidericus Doleboch possidet bona patris ibidem; Otto Stuve possidet bona Hildebrandi de Sconemore in Suderbrucke (a. O. S. 20 Zeile 5 ff.). Comes
Heinricus senior vendidit domino Eilardo Frisoni agros in more
Mildehameswrten (a. O. S. 16 Zeile 27); Arnoldus Hake domum steke
in Slute, unam terram in Glusinge (a. O. S. 23 Zeile 13). Von den in
diesen Notizen genannten Personen sind die Herren von Schonemoor schon
in Note 17 zu Seite 56, die von Süderbrok in Note 47 zu Seite 98 erwähnt; das Geschlecht der Frisones zeigt sich in der Mitte des dreizehnten
Jahrhunderts sehr häufig; ein Ratzeke Boclo, filius Alberti, erscheint 1295
(Hoyer Urkdb. V. Nr. 61 S. 54); die anderen Namen sind bis jetzt noch
nicht nachzuweisen. — Das Kloster Hude erhielt von Heinrich dem Bogener 1243 Land in Süderbrok, 1246 und 1248 Güter in Huntdorf, 1256
Grundbesitz zu Neuenkoop bei Berne (Muhle, Kloster Hude S. 36, 43).
— Aus allen diesen Daten ergiebt sich, dass bedeutende Landcomplexe in
Weststedingen von allen Oldenburgischen Grafen beansprucht wurden.

[5]) Die Rasteder Jahrbücher melden (a. O. S. 282): Abbas comparavit
decimam in Oldenbroke, quam emit a militibus de Lunenberge, cuius etiam
proprietatem pertinentem ad ecclesiam Bremensem ab archiepiscopo Hildeboldo ejusdem ecclesiae et a capitulo multis serviciis et petitionibus instantiis impetravit. Die erzbischöfliche Urkunde ist vom Mai 1273.

[6]) Besitzungen der von Aumund, die in Stedingen lagen, sind schon
in Note 4 zu Seite 126 erwähnt worden; Besitzungen in Süderbrok sind
in einer ungedruckten Urkunde vom 27. April 1263 namhaft gemacht,
andere in einem ebenfalls ungedruckten Diplom vom 5. Juni 1296.

[7]) Die Zahl der nach den Stedingerkriegen in den Weserflussmarschen hervortretenden neuen Geschlechter kann, wie leicht erklärlich,
nicht genau angegeben werden. Falsch ist die Angabe von Wiedemann
(a. O. S. 198), dass die sog. Osterstader Junker fremde Adlige wären, die
bei Gelegenheit der Besiegung der Stedinger ihrer späteren Güter sich be-

mächtigt hätten; alle bisherigen Untersuchungen haben völlig andere Resultate ergeben (v. Kobbe Archiv S. 295—337. Geschichte I. S. 82—86; v. Wersebe Colonien I. S. 211 ff.). v. Wersebe (a. O. S. 206) hat es wahrscheinlich gemacht, dass die Angesehenen unter den Oststedingern „nach geschlossenem Frieden von dem Erzbischofe Gerbard, der dadurch seinen Einfluss in der Marsch zu befestigen suchte, durch Begünstigungen vermocht wurden, sich auf der Geest anzusiedeln", dort ihren Stammsitz zu wählen, fern von ihren alten Besitzungen in der Marsch. Die Anbaubestrebungen wurden hier nach der Unterbrechung der Kriegsjahre fortgesetzt, und v. Wersebe (a. O. S. 195) hat mehrere Anlagen aufgezählt, von denen er mit Recht sagt, sie seien wahrscheinlich in der Zeit veranstaltet, da die „Stedinger und Osterstader durch die Niederlage von Altenesch völlig zu Gehorsam gebracht waren". Die oststedingischen Geschlechter der von Hassel und von Wersebe erscheinen auch nach den Stedingerkriegen. Unter den Weststedingischen sind die von Bardenfleth und von Hörspe schon in Note 4 zu Seite 126 namhaft gemacht. Hermann von Line tritt 1249 auf (Hamb. Urkdb. Nr. 551 S. 463), Reimbertus von Line 1244 (Hoyer Urkdb. V. Nr. 18 S. 23); dass dies Geschlecht nicht erst nach den Stedingerkriegen sich zeigt, wie Wiedemann (a. O. S. 198) behauptet, ergiebt sich aus Note 88 und 89 zu Seite 45. Arnold von Schiffsdorf erscheint 1235 (Br. Urkdb. I. Nr. 195 S. 229) und ist der Ort, nach dem er sich nennt, dicht an der Grenze von Oberstedingen zu suchen. Ritter Bernhard von Hiddigwarden wird 1255 neben seinem Bruder Constantin erwähnt (a. O. Nr. 266 S. 309), Ritter Meinhard von Altenesch 1259 (Hoyer Urkdb. V. Nr. 23 S. 27); 1288 ist dessen Sohn Ritter Dietrich genannt (a. O. Nr. 35 S. 35); 1301 kommt er neben seinem Bruder Heinrich Moylike zuletzt urkundlich vor; über sein Auftreten im Jahre 1241 vergl. Note 22 zu Seite 129, im Jahre 1260 vergl. vorn Seite 134.

8) Die von der Hunte werden genannt im Br. Urkdb. I. Nr. 223 S. 259: Walo de Hunte, dann a. O. Nr. 260 S. 300 (1254): Wal de Hunta, Hartwicus de Hunta. Ausserdem wäre noch zu erwähnen: Rederus de Dalsebe, der 1248 erscheint (Br. Urkdb. I. Nr. 227 S. 277, Nr. 238 S. 278), sodann die in Note 1 zu Seite 126 genannten Herren von Schlüte und von Hekelingen.

9) Den Bau des Klosters zu Hude ergiebt die in der folgenden Note mitgetheilte Urkunde. Mit Recht sagt Muhle (Kloster Hude S. 21): „Die Errichtung des letzten Klosters zu Hude, von dessen Kirche die jetzigen Trümmer herrühren, fällt entweder in das Jahr 1234 oder bald nach demselben". Stock, die mittelalterlichen Baudenkmäler Niedersachsens (1865) S. 257, sagt von den Mönchen: „Sie fanden ruhigen Sitz erst im Jahre 1234, als die Stedinger bei Altenesch besiegt waren; es hat Hude schon vor dieser Zeit grosse Besitzungen gehabt und vergrösserte sich jetzt durch Ankauf von Gütern und Zehnten. Die letzte Einrichtung des Klosters fällt entweder in das Jahr 1234 oder bald nachher; als Stifter erklären sich die Gräfin Richenza und ihre Söhne Otto, Christian, Moritz und Heinrich". — Cum simus fundatores monasterii, quod vocatur Portus sancte Marie, heisst es in einer 1272 zu Bremen ausgestellten Urkunde, in welcher dem Kloster niederstedingische Güter vergeben werden; dieselben liegen bei Dalsper, und es wird besonders hervorgehoben, dass dabei ein Grundstück sich findet, welches, pertinens ad capellam archiepiscopalem in Brema, dare decimam non consuevit. Die Ausstellerin dieses Diploms ist die Gräfin Richenza von Hoya, Gemahlin von Johann I. von Oldenburg. 1237 erhält das Kloster von der Priorin Adelheid von Malegarde eine possessio in terra Stedingorum in villa, quam Slute nuncupant, d. h. quosdam agros, quos coenobium in Malegarden ex largitate Gerardi militis de Thonswe (Donnerschwede) accepit (Muhle a. O. Urk. Nr. 2 S. 88). Muhle (a. O. S. 36 ff.) hat eine ganze Reihe von Besitzungen in Altenesch

und Süderbrok, in Bardenfleth, Hörspe. Dalsper. Hammelwarden, Huntdorf, Linenbrok und Oldenbrok, Mansfleth und Schlüte aufgezählt, welche das Kloster in den Jahren, die den Stedingerkriegen unmittelbar folgen, erworben hat. Die Documente des Oldenburger Archivs, auf die Bezug genommen wird, liegen leider noch nicht gedruckt vor. In den Wesermarschen näher bei Bremen belegene Güter des Klosters Hude sind genannt im Br. Urkdb. I. Nr. 226 S. 262; Nr. 227 S. 263.

¹⁰) Für die Cistercienser von Hude stellte Heinrich der Bogener 1236 zu Wildeshausen mit Consens seiner Mutter Kunigunde ein Document aus, in dem es heisst, quod locus aedis Cisterciensis altera vice in loco, quem vulgus Hntha appellat, nunc autem Rubus sancte Marie dicitur, sumpsit exordium. Alsdann wird darauf hingewiesen, dass noch zur Zeit der Ausstellung am Ufer des Berneflusses der Ban der Mönche fortdauere (Muhle, Kloster Hude. Urk.Nr. 1 S. 87). Die Verleihung, die der Wildeshauser Graf vornahm, geschah: Pro anima patris mei, Borchardi et Henrici, patrui mei, comitibus de Aldenborch sub sancte crucis vexillo a Stedingis occisorum; sie schloss sich an eine andere an, die Otto von Oldenburg vor Kurzem gemacht hatte.

Seite 127. ¹¹) Zu Bardewisch erscheint 1245 eine Kirche (Pratje, Bremen und Verden IV. S. 25; vergl. vorn Note 64 zu Seite 74). 1261 wurde unter Consens des Bremischen Erzbischofs und der Grafen Moritz und Ludolf von Oldenburg die Marienkapelle zu Neuenhuntdorf erbaut; der Platz auf dem sie stand, liegt zu Köterende und wird noch jetzt der „alte Kirchhof" genannt (Hoyer Urkdb. V. S. 6) Note). Die in Note 56 zu Seite 39 erwähnte Hollenderkirche zu Holle wird urkundlich zuerst 1277 namhaft gemacht. Das Kirchlein zu Lemwerder scheint seiner Bauart nach ebenfalls der zweiten Hälfte des 13. Jahrhunderts zu entstammen. Ueber die Kirche zu Süderbrok vergl. Note 103 zu Seite 121; über die zu Sannau und die zu Ochtum Note 48 zu Seite 137.

¹²) Von den zu den Friesen geflüchteten Stedingern sprechen die in Note 5 zu Seite 6 angeführten Erfurter Annalen und die in Note 26 zu Seite 130 abgedruckte Notiz der Rasteder Jahrbücher. Vergl. Note 99 zu Seite 120.

¹³) In Hamburg traten nach einander urkundlich auf (Hamb. Urkdb. I. S. 641, 644, 653, 735, 763. Zeitschrift für Hamb. Geschichte I. S. 329 ff.): Johannes, Heinrich, Bernard, Odekin. Conrad, Ludekin, Lubeko, Johann Stedinc. Männer, von denen einige schon in den siebziger Jahren sich zu Rathsstellen emporgeschwungen haben. Mit Recht hat J. M. Lappenberg (Zeitschrift N. F. II. S. 243 Note *) darauf hingedeutet, wie „die Zeit des Auftretens dieses Geschlechtes in Hamburg vermuthen lässt, dass es nach der Unterdrückung der Stedinger an der Weser nach der Stadt gezogen ist". Ueber ein im Gefolge der Oldenburger Grafen hervortretendes Geschlecht der Steding vergl. Note 1 zu Seite 126. In Bremen erscheinen die Steding, die später zu den ersten Familien zählen, urkundlich erst im vierzehnten Jahrhundert.

¹⁴) Im Urkundenbuche der Stadt Lübeck I. Nr. 532 S. 485 findet sich eine Urkunde vom 10. Februar 1289, in deren Zeugenreihe „Henricus Stedinc" genannt wird; indessen gehört dieser zu den armigeri von Bogislaw, Herzog von Slaven; es bezieht das Diplom sich auf Greifswalde und ist ausgestellt zu Uznim. Die „von Stade" in Lübeck sind nicht als Stedingisch zu betrachten.

¹⁵) In einer Urkunde 1250—58 wird unter den Wismarer Rathsleuten ein Theodoricus Stedighe genannt (Mekl. Urkdb. I. Nr. 656, S. 607). Auffallend ist auch, dass unter einer etwa 1260 ausgefertigten Urkunde des Grafen Gunzelin von Schwerin ein Johannes Stedingus als sacerdos erscheint (a. O. II. Nr. 881 S. 103).

¹⁶) 1248 treffen wir unter den Zeugen einer bei Dorpat ausgestellten Urkunde des Vicelegaten Nicolaus einen Hermannus Stedingensis (Bunge,

a. O. III. Nr. 100 S. 37, Meklenb. Urkdb. I. Nr. 614, S. 583). 1254 findet sich ein Fridericus Stedingus in einer Urkunde Jaromar's II. von Rügen (Dreger, Cod. dipl. Pomeraniae Nr. 280).

[17]) Die päpstliche Bulle vom 21. August 1235 ist abgedruckt bei Lindenbrog a. O. Nr. 65 S. 172; Orig. Guelf IV. Nr. 37 S. 132; Staphorst a. O. S. 20. Beachtenswerth ist, dass der Papst eine Universitas Stedingorum anzuerkennen scheint. Mit Recht bemerkt Hausrath (a. O. S. 51) über dies Schreiben des Papstes: „Von der Ketzerei, wegen deren er seiner Zeit in solche Deklamationen ausgebrochen und wegen deren er die Stedinger der Schlachtbank überliefert, ist mit keiner Silbe mehr die Rede. Uebrigens scheint es ihm selbst übel dabei zu Muthe gewesen zu sein. Denn so salbungsvoll er sich sonst in seinen Erlassen zu ergehen liebt; in diesem ist er trocken und über die Maassen kurz".

Seite 128. [18]) v. Wersebe (Archiv I. S. 300) sagt von der Besiegung der Stedinger: „Die Folgen dieser Ereignisse sind in Hinsicht des Osterstade dahin klar, dass dieses den Erzbischöfen seitdem stets unterworfen geblieben ist, welche denn auch die zu dessen Behauptung dienende Burg zu Hagen immer in Händen behalten haben". Ueber die Lage der Feste vergl. Note 40 zu Seite 63. In Schloss Hagen sind z. B. folgende Urkunden ausgestellt: 17. December 1245 (Herzogthümer Bremen und Verden IV. S. 20), 1248 juxta castrum Hagen (Ehrentraut a. O. II. S. 418), 1250 (Vogt a. O. II. S. 52; Herzogthümer IV. S. 72).

[19]) Der Wiederaufbau von Warfleth ergiebt sich aus den in Note 9 zu Seite 55, in Note 36 zu Seite 133, sowie in Note 41 und 43 zu Seite 135 angeführten Daten. Dass der Erzbischof die Lechterinsel erhielt, geht daraus hervor, dass er erst im vierzehnten Jahrhundert dieselbe an die Oldenburger Grafen abtrat.

[20]) Der erste Graf von Stotel erscheint drei Monate nach der Schlacht bei Altenesch zum ersten Male in einer zu Bremen ausgestellten Urkunde; es ist Gerbert, der Sohn des Edelherrn Rudolf von Stotel, der Gemahl der Gräfin Salome von Oldenburg, der bis 1260 in Urkunden zu verfolgen ist. Vergl. Br. Urkdb. I. Nr. 182 S. 218; v. Wersebe, Colonien I. S. 198; vorn Note 46 zu Seite 65.

[21]) Von der Lage der neuen Burg Stotel an der Lüne ist bereits in Note 45 zu Seite 65 die Rede gewesen.

Seite 129. [22]) Die Erbauung der Feste Delmenhorst erzählt Wolter's Rasteder Chronik in der bisher als glaubhaft angesehenen Weise. Dort wird bei Erwähnung der zu Schlütter belegenen Güter des Kapitels berichtet (a. O. S. 98): Castrum Delmenhorst nondum erat, nec erat comitum Rustrine, sed area prope Delmenhorst, vocata de Horst, unde modo nomen castri, erat de pheudo ecclesiae Bremensis et habebant militares et ministeriales dicti de Brunsten, alias Mulen, qui permutaverunt postea cum quodam Ottone, dicto de Oldenborg, qui et castrum aedificavit cum fratre Christiano longe post et accepit in pheundum ab ecclesia Bremensi. Hernach heisst es dann abermals von Otto dem Dritten (a. O. S. 102): Iste comes aedificavit castrum Delmenhorst et cambium fecit cum ministerialibus ecclesiae Bremensis dictis Brunsten, alias Mulen, in bonis feudalibus ecclesiae et dimisit bona prope Delmenhorst et locum cum praefectura in Stura pro bonis in Ambria propter homicidium factum in dioecesi; iste comes accepit Delmenhorst in feudum ab ecclesia Bremensi et promisit fidelitatem et servitium archiepiscopo. Abgesehen von der hernach sagenhaft ausgeschmückten Angabe über die Mordthat, die den Anlass zur Erwerbung von Delmenhorst gegeben haben soll, verdient die Erzählung im Allgemeinen Glauben; sie giebt indessen nicht die später vielfach wiederholte Jahreszahl 1247 für die Erbauung an, die keine urkundliche Beglaubigung erhält. Wichtig ist eine nicht ganz deutliche Notiz in dem Hoyer Lehnregister aus der letzten Hälfte des 14. Jahrhunderts, welche bei Erwähnung der Bruchhäuser Güter berichtet: Desses greven vader kofte dat dal to Slutere, dar dat slot inne was unde de molen von dem edelem Rotberte von Sluttere dat her Steneke, besyd gheheten Mule, ane vulbort der greven, der it er erve is (Hoyer Urkdb. I. Auh S. 26 u. 27). Der genannte Graf scheint Graf Heinrich III. zu sein, der bei Altenesch erschlagen wurde. Ueber dem Edelherrn Rotbert von Schlüter haben wir freilich keine nähere Kunde, wie aus dem früheren Verschwinden des Schlütterberges sich erklärt (vergl. Note 48 zu Seite 98); wohl aber treffen wir Steneke Mulen und zwar in der ersten die Burg Delmenhorst erwähnenden Urkunde. Es ist dies das bei Vogt (a. O. II. S. 41) abgedruckte Diplom, welches mit den Worten schliesst: Datum et actum in Delmenhorst anno Domini MCCXXX primo. Schon v. Wersebe (Archiv I. S. 300 Note 149) hat ausgeführt, dass die Jahreszahl nicht richtig sein könne. v. Wersebe's Hauptgrund ist indessen die Annahme, dass das Kloster Lilienthal, das nach dieser Urkunde beschenkt wird, erst 1232 gestiftet sei, und die Unrichtigkeit dieser Ansicht ist vorn in Note 16 zu Seite 87 dargelegt. Dort ist aber auch ausgeführt, dass vor 1232 ein Nonnenconvent in Lilienthal nicht bestanden habe, und dieser wird in der fraglichen Urkunde erwähnt, da ihn Ritter Meinhard von Altenesch beschenkt. Ueber diesen ist Note 7 zu Seite 126 zu vergleichen. 1231 lag der Schlütterberg in Trümmern, der nach Note 30 zu Seite 93 im Jahre 1232 wieder aufgebaut wurde; dieser Neubau wäre unerklärlich und die Zerstörung der Feste im Winter von 1233 auf 1234 (vergl. Note 48 zu Seite 98) hätte keine Bedeutung gehabt, wenn bereits 1231 die Burg Delmenhorst bestanden hätte. Wie die Erwähnung des Ritter Meinhard von Altenesch, so weiset die ganze Zeugenreihe der Urkunde auf eine spätere Zeit hin. Genannt sind: Albernus de Stella, Steneke Mule, Martinus Fleckeschild, Volquinus et Olricus Kortelang et Albernus de Brema als Ritter und Thomas de Duwenworth als Knappe. Von den hier namhaft gemachten Persönlichkeiten erscheint keine in den dreissiger Jahren; sie gehören sämmtlich der zweiten Hälfte des dreizehnten Jahrhunderts an. Albero von Stelle wird 1289 und 1293 erwähnt (Hamb. Urkdb. Nr. 846 S. 708; Hoyer Urkdb. V. Nr. 58 S. 51 als dapifer des Grafen Otto von Delmenhorst, a. O. II. Nr. 28 S. 32); Steneke Mule erscheint urkundlich 1288 (Hoyer Urkdb. V. Nr. 35 S. 38); Ulrich Kortlang tritt zuerst 1244 in der Umgebung des Grafen Otto von Oldenburg auf (a. O. V. Nr. 18 S. 23), während sein Bruder Volquin erst 1278 nachzuweisen ist (a. O. III. Nr. 48 S. 34; vergl. V. Nr. 35 S. 35. Nr. 51 u. 52 S. 47); Martin Fleckschild, der Bruder des in Note 28 zu Seite 131 namhaft gemachten Nicolaus, tritt urkundlich 1294 auf (a. O. II. Nr. 28 S. 32), Albero de Brema 1292 (a. O. V. Nr. 56 S. 50); Johannes de Douenwarde, der erste der Duvenworths, der uns bekannt ist, erscheint im Jahre 1233 (Br. Urkdb. I. Nr. 172 S. 206; Hoyer Urkdb. III. Nr. 25 S. 18). — Die Annahme, dass das Kreuz im Oldenburger Wappen nach der Erbauung der Burg Delmenhorst von der Delmenhorster Linie zum Andenken an die Stedingischen Kreuzzüge angenommen sei, bedarf keiner Widerlegung, da jenes Schildzeichen weit jüngeren Datums ist.

[23]) Ueber die Erbauung der Burg zu Berne, deren Vorhandensein in der Zeit der Stedingerkriege oder in den diesen vorangehenden Jahren nicht anzunehmen ist, melden die Rasteder Jahrbücher nebenbei, um so die Ausstellungszeit eines Diplomes zu bestimmen: Anno domini MCCXLII post destructionem terrae Stedinegorum Otto comes de Aldenborgh, castro in Berna edificato, privilegium confirmavit (a. O. S. 276). Hieraus ist deutlich, dass die Gründung der Feste in die Zeit nach der Altenescher Schlacht versetzt wird. Das von den Annalen erwähnte Diplom endet mit den Worten: Datum in novo castro. Eine Urkunde des folgenden Jahres bestimmt Näheres über diese neue Burg, welche in Besitz der jüngeren Linie des Oldenburger Hauses sich findet; 1243 verpflichten

sich jener Otto III. und sein Neffe Johann I. von Oldenburg dem Rathe zu Bremen: Item nos castrum prope Bernam lapidibus penitus non debemus edificare, sed lignis et terra, quantum voluerimus, poterimus construere. (Br. Urkdb. I. Nr. 223 S. 258). Später trägt eine Urkunde von 1252 die Unterschrift: Datum in novo castro juxta Berna (Hoyer Urkdb. V. Nr. 19 S. 23), und auch 1255 wird das castrum Berne (a. O. VI. Nr. 20 S. 14) erwähnt, beide Male in Diplomen des Grafen Johann. 1261 wurde die Urkunde von 1243 aufs Neue unterzeichnet und die Bestimmung über die Burg zu Berne wiederholt. Der Bau lag „im jetzigen Garten der dortigen Pastorei da, wo sich ein Speicher und eine Anhöhe, der Rest des vormaligen Walles, finden und man in einer Graft den Burggraben erkennt" (Muhle a. O. S. 234). Auf der Höhe von Berne und Schlüte wurden nach einander mehrere feste Häuser von den Oldenburger Grafen erbaut, und die Spuren derselben zeigen sich noch an den Orten, die „Lauenburg" und „Grünenburg" genannt werden. Vergl. Note 5 zu Seite 54.

[24]) In dem päpstlichen Mandat vom 28. April 1237 (Br. Urkdb. I. Nr. 204 S. 238) heisst es: Consules et commune Bremenses sua nobis petitione monstrarunt, quod cum inter ipsos ex parte una et venerabilem fratrem nostrum archiepiscopum et dilectos filios capitulum Bremense ex altera super constructione quorundam castrorum et rebus aliis questio fuisset exorta, tandem... mediantibus decano et scolastico Bremensibus ac quibusdam aliis, amicabilis inter partes compositio intervenit, quam dicti consules et commune petierunt apostolico munimine roborari. Es ist hiernach ein Vergleich durch den Dechanten und Scholaster des Bremischen Capitels hergestellt, so dass nicht an den Vertrag vom März 1233 zu denken ist; dass jener Vergleich aber auf diesen sich bezog, ist zweifellos.

[25]) Br. Urkdb. I. Nr. 223 S. 258. Vergl. oben Note 23.

Seite 130. [26]) Die Rasteder Jahrbücher melden, nachdem sie davon geredet, dass nach der Resignation des Abtes Conrad Lambert an die Spitze des Conventes getreten sei (a. O. S. 277): Hujus abbatis temporibus Frisones Rustringiae, consilio quorundam Stedingorum, qui expulsi tempore subuersionis terrae Stedingorum fuerunt, ipsam terram ab ista parte Huntae ditioni suae attrahere nitebantur. Es ist hier deutlich nur von Niederstedingen die Rede; die Zeitbestimmung ergiebt sich aus dem Beginn der Regierungszeit des 1266 resignirenden Abtes Lambert; er besass seinen Abtsstab schon im November 1238. Eine falsche Datirung dieses Ereignisses ist bereits oben in Note 49 zu Seite 98 erwähnt worden.

[27]) Im Anschluss an die in vorstehender Note mitgetheilte Stelle sagen die Annalen von Rastede (a. O.): Sed cum comiti Johanni de Oldenborg fuisset secrete nunciatum, Frisonibus iam ad subjugandam terram expeditionem suam ducentibus, comes cum universis suis militaribus et ducatu obviam ipsis dedit inter pontem, qui Huntebruege dicitur, et Elsflete, ubi plures ex ipsis Frisonibus prostrati occubuerunt gladio Stedingorum (sic!) comitis triumphantis.

Seite 131. [28]) Vom Kampfe in Niederstedingen berichten die Rasteder Jahrbücher (a. O. S. 278): Hoc itaque bello commisso Frisones de occisione suorum dolentes, littus Wiserae prope Hamelnerden ad submergendam totam terram fossoriis effoderunt. Militares uero et precipue Nicholaus dictus Uleckeschilt, tunc tempore dapifer comitis, qui ad custodiam ipsius terrae fuerant deputati, multum strenue egerunt. Non enim aquam iam effossam verebantur, aggredientes ipsos Frisones iterato, eos amoverunt pluresque ex eis occiderunt. De occisione istorum Frisonum commota est universalis conuentio Rustringorum, collectis uiribus in grandi fortitudine, omnes aqueductus, quae proprie „Sile" dicuntur, confringentes, terram incendiis et rapinis uastantes, ita quod ipsa terra inculta absque inhabitatione hominum per septennium permaneret. Lupi etenim et alia animalia in ecclesia Elsflete fetum suum, sicut in desertis loculis, nutriuerunt. Dann heisst es:

Pro hujusmodi desolatione terrae Stedingorum istud monasterium in tantam inopiam est redactum, ut conventui alimentorum stipendia non darentur. Eine verkehrte Datirung dieser Vorgänge ist in Note 49 zur Seite 98 erwähnt. Der genannte Nicolaus Fleckschild erscheint 1252 als Sohn von Johannes Fleckschild (Br. Urkb. I. Note 260. S. 300, Hoyer Urkdb. V. Note 19. S. 21), dann 1260 (a. O. Note 25. S. 28) und öfter; Johannes Fleckschild tritt 1242 auf (Br. Urkdb. I. Nr. 223 S. 259); ein anderer Sohn dieses letzteren ist in Note 22 zu Seite 129 erwähnt. Die Nachricht, dass Wölfe in der öden Kirche zu Elsfleth gehaust hätten, ist unbegründeter Weise oft für Sage gehalten; es ist bekannt, dass noch im fünfzehnten Jahrhundert Wölfe in den Nordseemarschen häufig sich gezeigt haben und selbst später im Diepholzischen Wolfsjagden angestellt sind.

[29]) Es wird von den Rasteder Jahrbüchern gemeldet (a. O. S. 278): Militares igitur, quia dampnum non modicum de submersione terrae Stedingiac receperunt, ultionem in Frisones facere decreverunt, ad ducendam rapinam in Boytwerden se armis praeparantes, quasi omnes ipsi militares in pallude, quae Boytwerder mor dicitur, a Frisonibus sunt occisi.

[30]) Der Vertrag von 1258 ist in Lappenberg's Geschichtsquellen S. 179 abgedruckt; die dem Verfasser vorliegenden Lieferungen des Br. Urkdb. enden mit 1257.

Seite 132. [31]) Detmar (a. O. S. 136) berichtet: Darna in sunte Pantelionis dage (27. Juli) starf de Biscop Gherard van Bremen, de sin stichte vromeliken vorstunt. Simon von der Lippe, der Sohn Hermanu's, seit 1249 Bischof von Paderborn, erscheint als Sancte Bremensis ecclesie tutor zuerst in einer Urkunde vom 10. August 1257, die bei Sudendorf, Braunschw.-Lüneb. Urkdb. I. Nr. 43 S. 29 abgedruckt ist; am 25. April jenes Jahres schloss er aber schon mit den Bürgern von Bremen einen Vertrag, vergl. Br. Urkdb. I. Nr. 277 S. 319.

[32]) Die Nachricht, dass auch auf Simon von der Lippe die Wahl gefallen, wird noch von Muhle (a. O. S. 374) wiederholt; allein schon J. M. Lappenberg (Geschichtsquellen S. 73 Note 35) hat darauf hingewiesen, dass Rynesberch die Angabe der Erzbischofshistorie missverstanden habe.

[33]) Die Historia archiepiscoporum erzählt (a. O. S. 12): Demum Symon episcopus consilio usus, Stedingiam intravit et cum ipsis conspirationem fecit; multa mala intulit hominibus Bremensis ecclesiae. Die Datirung dieses Factums ist nur annähernd festzustellen; es geschah entweder in der zweiten Hälfte des Jahres 1258 oder in der ersten des Jahres 1259, da es nach dem Tode von Gerhard II. und vor dem Tode seines Neffen Gerhard stattgefunden haben muss.

Seite 133. [34]) Die Angabe von Krantz (Metropolis VIII. c. 20), Emmius (a. O. X. S. 415) und Muhle (a. O. S. 375), dass ein Zweig des Oldenburger Grafenhauses auf Seiten der Stedinger gestanden hätte, ist lediglich aus der Luft gegriffen. Vergl. Scharling a. O. 126, Note 1).

[35]) Den Ausgang des Kampfes zwischen Hildebold und dem von den Stedingern unterstützten Simon berichtet die Historia archiepiscoporum folgender Maassen (a. O. S. 12): Tandem collecto exercitu versus Wildeshusen est profectus, quod intelligentes comites de Aldenborg et comes Hinricus Bogenarius contra ipsos simul processerunt armata manu, in loco, qui dicitur Munderlo pugnaverunt et plurimos ex ipsis occiderunt, propter quod Symon episcopus confusus de terra furtive recessit, indutus capa monachali. Ein genaues Datum für die Schlacht bei Munderloh ist bis jetzt nicht zu ermitteln gewesen. Wolter's Bremische Chronik (a. O. S. 60) copirt nur die obige Stelle; vergl. Kohli a. O. S. 263; Scharling a. O. S. 124; Muhle a. O. S. 375; Wiedemann a. O. S. 212.

[36]) Die Historia archiepiscoporum Bremensium (a. O.) erzählt: Tandem procedente tempore discordia inter episcopum et burgenses est exorta, ita

ut episcopus cum consilio quorundam ministerialium edificavit castrum Versflete, pro qua edificatione magna guerra est facta, ita ut plurima loca incendiis et rapinis devastarentur. Maxima etiam strages Frisonum facta est. Ueber Warfleth vergl. Note 9 zu Seite 55, sowie Note 41 und 43 zu Seite 135.

Seite 134. [37]) Die Urkunde, die am 24. Februar 1260 unter der Ortsbezeichnung „Rustringia" ausgestellt wurde, ist abgedruckt in der Urkundensammlung der Schleswig-Holstein-Lauenburgischen Gesellschaft für vaterländische Geschichte (Kiel 1842) II. S. 101 als Zusatz zu einer Urkunde von 1337: Consules sedecim et tota terra Rustringie heisst es, scire volumus, quod Stedingi trans Huntam habitantes, cum ad gratiam venerabilis domini nostri Hildeboldi, sancte Bremensis ecclesie archiepiscopi, et ecclesie redirent, juraverunt, quod nunquam se archiepiscopo Bremensi et ecclesie opponerent, juraverunt eidem archiepiscopo et ecclesie fidelitatem perpetuam servare, juraverunt Stedingos Transhuntanos, qui obedire contempnerent, tamquam inimicos cum archipiscopo et ecclesia Bremensi usque ad exstirpare. Eine Deutsche Uebersetzung findet sich bei Cassel, Sammlung ungedruckter Urkunden (Bremen 1768) S. 130, deren Echtheit v. Wersebe (Archiv I. S. 304) mit haltlosen Gründen zu bezweifeln sucht. Vergl. v. Halem a. O. S. 210, Muhle a. O. S. 376.

[38]) Bei Cassel a. O. S. 214 ist der am 12. März 1250 zwischen den Rustringern, den Bremern und dem Erzbischofe abgeschlossene Landfriedenvertrag veröffentlicht.

[39]) In Bezug auf den in vorstehenden Note angeführten Vertrag sind zwei annalistische Quellen von Bedeutung. Die Historia archiepiscoporum sagt in Anschluss an die bei Note 36 mitgetheilten Worte (a. O. S. 13): Et ista discordia multo tempore perduravit. Tandem favente Dei gratia episcopus, usus consilio discretorum, cum burgensibus et Frisonibus concordiam fecit et magna pecunia data fuit Frisonibus pro homicidiis ipsorum, ita ut qui fratrem vel cognatum suum amiserat, vix fertonem vel dimidium reciperet pro eodem. Aehnlich sprechen die Rasteder Jahrbücher in Anknüpfung an die Notiz von dem Boitwarder Siege (a. O. S. 278): Frisones autem, quia hujismodi dampnum in recompensationem dampni sui fecerant, placati placatis domini Hillebaldi, sanctae Bremensis ecclesiae archiepiscopi, cum Oldenburgensibus persoluta ipsis pro suis occisis modica pecunia (pro unoquoque videlicet Frisone quinque fertonibus solutis) compositionem amicabilem admiserunt. Wiedemann (a. O. S. 213) bezieht diese Angaben fälschlich auf die Stedinger; für ihre Stellung ist es gerade charakteristisch, dass sie bei den Verträgen Hildebold's nicht direct erwähnt werden.

[40]) Der Erzbischof sagt in dem Vertrage vom 12. März 1260: Nos de consilio et voluntate capituli nostri et ministerialium cum civitate Bremensi et terra Rustringiae in eo concordavimus, quod nullus omnino hominum inter villam Bleketen et civitatem Bremensem ex utraque parte Wisere castrum aut municionem nisi de consilio et voluntate civitatis Bremensis et terre Rustringie construere debebit.

Seite 135. [41]) Noch am 20. December 1261 stellte Hildebold zu Warfleth eine Urkunde aus; sie betraf die Gründung der in Note 11 zu Seite 127 genannten Kirche zu Huntdorf; beachtenswerth ist es, dass auch im Jahre 1271 ein Ludolfus advocatus archiepiscopi in Warenflethe auftritt (Vogt, a. O. II. S. 232).

[42]) Der Vertrag vom 1. März 1261 ist bei Cassel, a. O. S. 43, abgedruckt unter Hinweis auf die im Br. Urkdb. I. Nr. 260 S. 300 veröffentlichte Urkunde von 1254; auch bei v. Halem a. O. S. 457.

[43]) Der Vertrag vom 14. August 1262 ist noch nicht gedruckt; er ist abgeschlossen zwischen dem Erzbischofe einerseits und der Stadt Bremen, sowie Heinrich Bogener andererseits wegen der discordia et controversia,

postquam castrum Versflete incepimus construere; es heisst in ihm: Item nec castrum Versflete funditus destructum nec aliquod castrum inter salsam lacum et civitatem Bremensem debet aliquatenus aedificari. Unter den Zeugen finden sich an erster Stelle die Freunde des Erzbischofs, die Grafen Ludolph von Rhode, Burchard von Wölpe und Moncke von Spiegelberg, sowie Edelherr Rudolf von Diepholz.

⁴⁴) Zur Regierungszeit des 1281 zuerst erwähnten Abtes Albrecht von Rastede erzählen die Annalen dieses Klosters (a. O. S. 285): Primo anno istius abbatis quidam miles nomine Luderus Mundel, natus de Linebroke, rebellare comiti de Oldenborgh per eversiones terrae Stedincgorum intendebat; propter quod, cum comes hoc perciperet, ipsum cum sua tota cognatione eiiciens de dominio, rebus et omnibus bonis suis ablatis, profugum satis turpiter expellebat. In einer Urkunde, die Graf Burchard von Wölpe, der Schwager von Ludolf II. von Oldenburg, am 24. Juli 1278 ausstellte, erscheint Luderus Mundel unter den Zeugen (Hoyer Urkdb. II. Nr. 24 S. 28). Im Jahre 1290 wird in einer Urkunde vom Grafen Johann von Oldenburg Johannes famulus noster, filius Alberonis militis dicti Mundel erwähnt (Ehrentraut, Fries. Archiv II. S. 318). Hiernach wäre die Angabe der Jahrbücher über Vertreibung des ganzen Geschlechtes der Mundel vielleicht einzuschränken.

Seite 136. ⁴⁵) Landesherrliche Rechte beanspruchen die Grafen Otto und Johann von Oldenburg hinsichtlich Oberstedingens bereits in dem am 2. Octbr. 1243 mit Bremen geschlossenen Vertrage (Br. Urkdb. I. Nr. 223 S. 258).

⁴⁶) Wichtig ist der Vertrag vom 1. September 1306, den Consules sive judices ac universi cives et incolae totius terre Stedingie ultra Huntam mit dem Erzbischof gegen die Grafen von Oldenburg schlossen; Archiepiscopum in verum dominum et protectorem perpetuum eligentes, facturi sibi et suis successoribus unanimiter omnem justiciam, quam dicti comites in terra nostra a retroactis temporibus habuerunt (Ehrentraut a. O. II. S. 353). Es ist bedeutungsvoll, dass diese Urkunde in Elsfleth ausgestellt ist, dessen Wichtigkeit für die Niederweser auch aus dem Br. Urkdb. I. Nr. 119 S. 141 hervorgeht.

Seite 137. ⁴⁷) Die Rasteder Jahrbücher erzählen zur Regierungszeit des Grafen Otto des Dritten, der 1272—1301 herrschte (a. O. S. 280): Temporibus comitis Ottonis quidam de Stedingia rurenses voluissent per traditiones subuertisse ipsam terram et comites cum militaribus occidisse; sed hoc proditum fuit per quendam rusticum, qui vocabatur Jacobus, scriptor ex hac proditione dictus. Qui rurenses ad examen ferri igniti ducti, ex quibus rei subpensi sunt in Huntebruege et innocentes dimissi sunt. Eine spätere Hand setzt hinzu: Duo incendarii Aricus et Meynricus primo occurrentes primitus suspensi sunt. Eine falsche Datirung dieses einfachen Factums und eine falsche Deutung des Gottesurtheils ist in Note 49 zu Seite 98 erwähnt. Mit der angeführten Nachricht ist eine andere über die Regierungszeit des Grafen Johann II. (1278—1294) zu verbinden, dessen schlechte Herrschaft auch die Stedinger spürten. Es heisst (a. O. S. 286): cujus temporibus Stedingei volentes evertere terram de potestate comitum, quia eis injuriae et multa incommoda inferebantur.

⁴⁸) Die St. Veitskapelle zwischen Ochtum und Altenesch gehört jedenfalls zu den in Note 11 zu Seite 127 erwähnten Kirchen, die nach dem Altenescher Siege errichtet wurden. Steinfeld (a. O. S. 27) berichtet, auf dem Schlachtfelde habe der Abt von Korvei zwei Kapellen erbauen lassen und dafür den ganzen Bezirk, wo jetzt die Dörfer Ochtum und Büren liegen, erworben; „die eine Capelle stand bei Ochtum, wo der Kampf begann und die andere bei Sannau, wo derselbe endete. Die erstere war dem St. Veit, die andere dem St. Martin geweiht; beide sind aber schon vor 200 Jahren in Trümmer zusammengesunken. Der Platz der Capelle

bei Sannau ist vorlängst bebauet, der Hügel St. Veit schaut aber noch immer einsam und ernst in das grausige Schlachtfeld". Dass diese beiden Kirchen bestanden, ist keinem Zweifel unterworfen. Vollers erzählt, dass er die Bauten noch gesehen habe: „die eine St. Viti, kurz an dieser Seite der Ochtum, so zu meiner Zeit noch gestanden, auch den Predigtstuhl darin oft gesehen; die andere zu Sannave, so anitzo noch stehet, darin Gottes Wort nach der päpstlichen Weise geprediget". Die Zeit der Gründung beider Kirchen ist nicht anzugeben; ihre Erbauung durch den Abt von Korvei aber nicht zu bezweifeln. Die Benedictiner in Korvei besassen nicht unbedeutende Landcomplexe in der näheren Umgebung der erzbischöflichen Residenz, in der mehrere Brüder ihres Ordens geherrscht hatten. Man hat die Entstehung dieser Besitzthümer in frühe Zeit zurückverlegen wollen, aber auf Grund unächter oder dieselben gar nicht betreffender Documente (v. Wersebe, Gaubeschreibung S. 258, 259). In dem Registrum Sarachonis ist Landbesitz des Klosters in Mittelsbüren, Niederbüren und Ochtum angeführt (Falke a. O. Nr. 677, 678), während die Traditiones Corveyenses von letzterem Orte gar nicht reden, aber mehrere Localitäten mit der Bezeichnung „Buriun" kennen (Wigand a. O. Nr. 88, 131; Falke a. O. Nr. 349, 392), deren Lage nicht deutlich ist. Da die Untersuchungen über Alter und Werth jenes jedenfalls durch Zusätze entstellten Güterverzeichnisses noch nicht beendet sind, so ist diese Angabe für jetzt nicht zu verwerthen; 1301 erscheinen aber Besitzungen des Korveier Klosterspitals in den beiden Büren und in Ochtum (Urkunde bei Falke a. O. S. 565); die Kirche in Ochtum wird dann auch im Stader Copiar erwähnt, wo es heisst: ad ecclesiam in Ochtmunde, quae est ad praesentationem abbatis Corbeyensis. Es ist dieselbe, die dem Schutzpatrone von Korvei gewidmet war und auf dem Platze stand, der 1834 Stedingsehre getauft ward, dicht hinter dem Deiche, an einsamer Stelle zwischen den Oertern Ochtum und Altenesch. „Die grossen Findlingsblöcke ihrer Wände bilden jetzt das Fundament des Stedinger-Denkmals; vor dessen Errichtung bezeichneten einiger Schutt und vier grosse Quadersteine, als Nachlass ihrer Seitenmauern, die Stätte, wo sie stand". Vergl. Bokel, Evangelisches Kirchen- und Schulblatt für das Grossherzogthum Oldenburg (Oldenb. 1847) III. S. 99.

[49]) Schon im Vertrage, der 1261 zwischen Johann I. von Oldenburg und der Stadt Bremen geschlossen ward, verpflichtet sich der erstere: De navibus, si opus fuerit, terram Stedingie intrantes contra quoslibet, praeter archiepiscopum Bremensem et Frisones, debet abjuvare. (Abdruck bei v. Halem a. O. S. 459).

[50]) Auch nach den Stedingerkriegen ist Manches dunkel, was die aus ihnen hervorgegangenen Grafen von Stotel betrifft. Der erste Graf, Gerbert von Stotel, verschwindet, wie in Note 20 zu Seite 128 angegeben ist, im Jahre 1260. Der Name seines Nachfolgers ist bis jetzt nicht bekannt; Johann von Stotel, der 1282 zum ersten (Calenb. Urkdb. V. Nr. 86 S. 76) und 1326 zum letzten Male auftritt, wird der dritte Graf von Stotel gewesen sein. Von seiner Gattin Althurgis hatte er zwei Söhne; der jüngere, Johann, starb früh, der ältere, Rudolph, der vierte und letzte Graf von Stotel, starb 1350. — Das Land Würden erscheint zuerst als staatsrechtliches Ganzes im Jahre 1285. Vergl. Cassel, Von der Reichsstadt Bremen ehemaliger Verbindung mit dem Lande Würden (1770) S. 10 Urkd. Nr. 1.

Anhang.

I. Die ersten Bewegungen der Stedinger.

Das plötzliche Auftauchen der Stedinger in den annalistischen Quellen hat oft dazu veranlasst, ihre Vorgeschichte in Widerspruch mit der Entstehung der Weserflussmarschen auf mancherlei Weise auszuschmücken. Mit den Stedingern sind Begebenheiten des elften und zwölften Jahrhunderts in Verbindung gebracht, die nichts mit ihnen zu schaffen haben, und Ereignisse, die ihre Geschichte wirklich kennt, hat man in jene frühere Zeit zurückdatirt.

Unter den Erzählungen der ersten Art verdienen hier drei der Beachtung.

Zunächst hat Hamelmann (a. O. S. 44) von einem Aufstande der Stedinger gesprochen, welcher gegen die Grafen Huno und Friedrich gerichtet gewesen sein soll, die er als Oldenburgische Grafen aufführt. Ihm haben seit Mushard (a. O. S. 56) manche Schriftsteller nachgeschrieben, ohne daran zu denken, dass zur Zeit jener Grafen, im elften Jahrhunderte, noch gar keine Weststedinger existirten, dass die Colonisation der Lechterinsel, des Ollener Bruches, wie des Wüstenlandes erst ein Jahrhundert später in Gang kam. Hamelmann hat, wie Manches in seinem Bericht über die ältere Zeit der Oldenburgischen Lande, so auch jene Erzählung ohne allen Grund lediglich zur grösseren Verherrlichung jener beiden Grafen erfunden; allein es ist ihm gelungen, auch v. Wersebe zu der Annahme zu verleiten, „der Graf Huno möge auf die Oberherrschaft über die Stedinger eben solche Ansprüche gemacht haben, als später der Graf Christian"; „es sei nicht unwahrscheinlich, dass die Stedinger damals schon sich an das Erzstift Bremen anzuschliessen gesucht hätten" (Colonien I. S. 101, Note 86). v. Wersebe hat selbst in seiner Darstellung des Anbaues der Stedingerlande den Anachronismus, der in diesen Worten sich ausspricht, nachgewiesen. Die Quellen kennen den Grafen Huno und dessen Sohn Friedrich nur als die Stifter des Klosters Rastede; jener wird nicht einmal als Graf im Ammerlande bezeichnet; er gründete bloss in dem Gau um 1059 eine stattliche Kirche, neben der 1091 die Benedictiner-Abtei errichtet wurde; Graf Friedrich, der unbeerbt blieb, ist vollens eine von der Sage verdunkelte Erscheinung, über die historische Angaben nicht zu machen sind. (Vergl. Lappenberg, Fries. Archiv II. S. 229 ff.):

Andere Fabeln melden nicht von einem Aufstande der Stedinger, wohl aber von einer Theilnahme derselben an Fehden der Nachbarschaft. Abermals hat v. Wersebe Irrthümliches berichtet; er erzählt (Archiv I. S. 281 ff.) von Kämpfen gegen Heinrich den Löwen, die sie theils im Bunde mit Hartwig I., theils in Gemeinschaft mit dem Grafen Christian von Oldenburg geführt haben sollen. Von dem Sachsenherzoge heisst es: „Insbesondere kam dieser im Jahre 1156, da er mit dem Erzbischofe im Streite war, mit einem Heere nach Bremen, um die Rustringischen Friesen, worunter hier die Stedinger zu verstehen sind, anzugreifen, musste aber bald wieder abziehen". „Ob hierbei der Graf Christian von Oldenburg, wie man vermuthet, als Verbündeter des Herzogs und wegen eigener Ansprüche an das Stedingerland, mit im Spiele gewesen sei: das ist mir, obgleich derselbe ein Anhänger des Herzogs war, doch zweifelhaft, weil er gar nicht genannt wird und in der Folge mit den Stedingern fest verbunden war". Weiter heisst es, der Graf von Oldenburg sei 1167 mit einem starken Heere von Stedingern nach Bremen gezogen, habe eine feste Stellung am Getheflusse eingenommen und den Herzog zum Rückzuge genöthigt, der dann aber mit verstärkter Heeresmacht Bremen genommen und die Oldenburger zur Flucht gezwungen habe. „Bei diesen Begebenheiten spielten die Stedinger eine Hauptrolle". Die Quellen dieser Mittheilung sind die Stader Weltchronik (a. O. S. 346) und Helmold's Slavenchronik (I. S. 83; II. S. 7 und 8). Die angegebenen Thatsachen sind richtig, nicht aber die behauptete Theilnahme der Stedinger. In jenen Quellen findet sich kein Wort von diesen (vergl. Br. Urkdb. I. Nr. 51, S. 56); ebensowenig werden sie in der Darstellung jener Kriegszüge erwähnt, die in der Jever'schen Chronik erhalten ist (Ehrentraut a. O. S. 407 ff.). v. Wersebe erklärt selbst für den Grund seiner Erzählung die Identificirung der Stedinger mit den Rustringern und den Friesen; die Unrichtigkeit dieser Identificirung liegt auf der Hand. Dass die Stedinger zu den Rustringern nicht gezählt und nicht als Friesischen Stammes angesehen werden dürfen, ist bereits in Note 9 zu Seite 27 und in Note 29 zu Seite 33 besprochen. Eine Betheiligung derselben an den Kämpfen, die Heinrich den Löwen auf der Höhe seiner Macht zeigen, ist daher nicht anzunehmen. Die beiden erwähnten Kriegsfahrten, welche die Geltendmachung seiner herzoglichen Hoheitsrechte an der Weser und seiner gräflichen Befugnisse in einzelnen norddeutschen Gebieten bezweckten, mögen bald störend, bald fördernd, den Anbau in den Ufermarschen beeinflusst haben; allein als sie geschahen, waren die neuen Ansiedler noch nicht in der Lage, an den Fehden der Nachbarschaft Theil zu nehmen. Die Moore schützten sie vor Angriffen, und aus jener Darstellung v. Wersehe's mag der Satz als richtig angenommen werden, dass „die abgelegenen Sümpfe der Stedinger einen sicheren Zufluchtsort für die auswandernden Bremer und Oldenburger abgaben", wie Helmold von jenen berichtet: Transfugerunt cives ejus (d. h. Bremae) in paludes, eo quod peccassent adversus ducem et jurassent Christiano.

Ebenso verkehrt, wie die Erzählung von der Theilnahme der neuen Anbauer an dieser Fehde des Sachsenherzogs, ist dann ein anderer Bericht, welcher von ihrer Betheiligung an einem Streite redet, den die Machtenstedter mit dem Grafen von Oldenburg geführt haben sollen. Muhle (a. O. S. 310) spricht von einem solchen; er verlegt ihn in's Jahr 1180 und weist die Hauptrollen dem Friedrich von Machtenstedt und dem Grafen Moritz zu, „welcher zu Berne wohnte." Jener Ministerial, der sich nach dem Orte Machtenstedt nannte, erscheint urkundlich in den Jahren 1171 bis 1189 (Hoyer Urkdb. V. Nr. 1 ff. S. 1 ff.); von einer Fehde mit dem Oldenburger Grafen oder von einem Eingreifen in die Wirren des Erzstiftes, die bei Heinrich des Löwen sinkender Macht zur Zeit von Erzbischof Balduin und Siegfried sich ereigneten, wissen die Quellen nichts. Während die urkundliche Geschichte nur jenen Machtenstedter und seinen Sohn kennt, fabelt Hamelmann von einem Freiherrn Heinrich von Machtenstedt, einem Zeitgenossen des schon erwähnten Grafen Huno, und erzählt, dieser habe es mit den rebellischen Stedingern gehalten und sei vom Grafen gezwungen, dass „er ihm die Stedinger habe bleiben lassen müssen" (a. O. S. 44 und Opera genealog. hist. S. 735). Die Mittheilung gehört zu Hamelmann's Fabeln; wie Mushard nicht berechtigt war, sie zu wiederholen (a. O. S. 56), so hätte Muhle nicht den Versuch machen sollen, durch Aenderung des Jahrhunderts und der Personen die Fabel in historische Zeiten zu verrücken.

Noch manchen anderen Zug hat Laune und Willkür der Vorgeschichte der Stedinger eingefügt; schon das Angeführte wird den Werth solcher Ausschmückungen ins rechte Licht stellen.

Von weit grösserer Bedeutung, als diese willkürlichen Zusätze, die von der neueren Literatur der Geschichte der Stedinger angehängt wurden, ist die ältere falsche Datirung jener Ereignisse, bei deren Erwähnung die annalistischen Quellen zum ersten Male den Namen der Stedinger nennen. Die Chronologie der älteren Chroniken ist in Note 1 zu Seite 52 besprochen; ihr steht die Angabe der Rasteder Jahrbücher gegenüber, welche die frühesten Bewegungen der Stedinger in die Regierungszeit des Abtes Donatian versetzt, also in die Jahre 1150—1180 (a. O. S. 265). Seitdem ist diese Datirung von der Stedingerliteratur trotz der Angaben der Stader Annalen und der Sachsenchronik meistens bewahrt worden. Wolter schrieb in der Rasteder Chronik (a. O. S. 58) jene Worte ab: Schiphower (a. O. S. 141) ward durch sie veranlasst, aufs Geradewohl oder mit Rücksicht auf die falsch datirte, bei Wolter bald nachher erwähnte Rückkehr des geächteten Herzogs Heinrich des Löwen das Jahr 1187 herauszugreifen, und ihm sind blindlings spätere Schriftsteller gefolgt: Ritter (a. O. S. 18); Lappenberg (Krenzzug S. 9); v. Halem (a. O. S. 193); Luden (a. O. S. 518); Wachsmuth (a. O. S. 343); Muhle (a. O. S. 312); Wiedemann (a. O. S. 166) und Andere. Schiphower verlegte die Begebenheit in das dritte Regierungsjahr Hartwig's des Zweiten; Hamelmann fand in der Rasteder Chronik jene Zeitangabe nicht und setzte auf eigene Faust, nachdem er die Erhebung von 1180 erdichtet hatte, die Jahreszahl 1159 (a. O. S. 58, 59), welche seitdem als die zweite Lesart sich erhalten hat, angenommen von Vollers, Kohli (a. O. S. 90), Allmers (a. O. S. 305).

Die Zeitangabe der Rasteder Jahrbücher hat bei näherer Betrachtung keinen eigenen Werth, und damit verlieren diese Datirungen, die aus ihr entlehnt sind, jegliche Bedeutung.

Dass jene Benedictiner Annalen, die mindestens hundert Jahre nach den Stedingerunruhen zusammengestellt wurden, von keiner anderen Begebenheit erzählen wollen, als von der, die Albert von Stade im Sinne hat, ergiebt sich daraus, dass sie zweimal die Worte desselben wiederholen: Ceperunt Stedingi suis dominis rebellare, und dass in ihrem Bericht über die Regierungszeit des Abtes Meinrich (1180—1230) eine den genauen Angaben Albert's und der Sachsenchronik entsprechende Nachricht über die Stedinger fehlt. Ihre Schilderung von der ersten Erhebung der Bauern gedenkt der Zerstörung der Burgen, welche auch die Erfurter Jahrbücher erwähnen, deren Erinnerung von der Geschichte der Weserflussmarschen sicher nicht bis an das zwölfte Jahrhundert zurückreicht. Es wäre sodann ganz unerklärlich, wie der Stader Chronist, der im Bremischen Domkapitel über die Begebenheiten der früheren Zeiten sich Raths erholte, die Geschichten des Jahres 1187 übersehen haben sollte; gehörte doch zu seinen Gewährsmännern jener Domscholaster Heinrich, welcher bereits in den letzten Decennien des zwölften Jahrhunderts Mitglied des Bremischen Domcapitels war und die wichtigste Begebenheit, die dicht von Bremens Thoren sich ereignete, gewiss nicht übersehen hätte. Endlich harmonirt jene Erzählung weder mit der Entstehungsgeschichte der Stedinger, noch mit den gleichzeitigen Berichten über ihre ersten Unruhen; denn zwei auf einander folgende Erhebungen sind nicht zu verstehen, und in den Jahren, welche jene Datirung ergiebt, war der Anbau der Moraste und Brüche kaum in Angriff genommen; damals bildete sich erst das Volk und Land der Stedinger.

Ist aus diesen Gründen die Jahresangabe für willkürlich zu halten, welche die Rasteder Annalen ihrem Bericht über die Anfänge der Stedingerunruhen voransetzen, so fehlt uns jeder Grund, die Verbindung zu respectiren, welche von ihnen unter jenem falschen Datum zwischen verschiedenen Begebenheiten hergestellt wird. Bei jeder einzelnen bleibt zu untersuchen, welche Datirung ihr zu geben ist.

Nach dem Ausgeführten fallen alle Angaben über Fehden und Siege dieses Bauernvolkes, die ins zwölfte oder gar ins elfte Jahrhundert zurückgreifen, in Nichts zusammen; das dreizehnte ist die Zeit seiner ersten Erhebung, wie seines Unterganges.

II. Hartwig II. und die Stedinger.

Leicht erklärt es sich, dass die Nachrichten von den späteren Kreuzzügen gegen die Bauern der Wesermarschen die Darstellung von dem ersten Kampf, den dieselben mit der Hierarchie auszufechten hatten, in mancher Beziehung beeinflusst haben. Wie es verführerisch war, der kurzen Erzählung von den Stedingern eine Vorgeschichte beizufügen, so fand man es auch angemessen, dem Religionskriege gegen sie ein Vorspiel zu geben. Die Person Hartwig's des Zweiten schien ganz geeignet zu sein, um als Vorläufer Gerhard's hingestellt zu werden; in sein schicksalvolles Leben liessen sich bedeutendere Unternehmungen gegen die Stedinger leicht hinein verflechten.

Die Quellen reden indessen kurz und bestimmt, sodass die späteren Aenderungen leicht sich ausscheiden lassen. Die irrigen Angaben führen auch hier uns zunächst ins zwölfte Jahrhundert. Die Grundlage der bisherigen Darstellungen bilden Wolter's Arbeiten. Von diesen erzählt zunächst die Rasteder Chronik (a. O. S. 99) über Hartwig: Profectus Romam, honorifice a Papa susceptus, deplanxit peccata sua et impetravit praedicationem crucis contra Stedingos et ipse ulterius Hierosolymis properavit et hic gladium sive cultrum S. Petri secum produxit et multas alias reliquias ad suam ecclesiam legavit. Der Nachricht, welche Albert von Stade (a. O. S. 353) uns giebt über die Fahrt Hartwig's nach dem Morgenlande und über die von dort mitgebrachten Reliquien, fügt Wolter jene Angabe bei, dass der Erzbischof in Rom dem Papste sich vorgestellt habe; es wird wohl an Innocenz den Dritten gedacht und an die Thronbesteigung desselben im Februar 1198. Bei solcher Gelegenheit soll Hartwig gebeten haben, gegen die Stedinger das Kreuz predigen lassen zu dürfen. Um ein solches Gesuch zu motiviren, erzählt Wolter von Ungebührlichkeiten, welche die Stedinger schon in jenen Jahren gegen Geistliche sich erlaubt hätten, während in den gleichzeitigen Schriften hiervon keine Rede ist. Seine Angabe über Gewaltthaten, welche die Stedinger vor jener Fahrt verübten, ist auch keiner älteren Quelle entlehnt, sondern selbstständiger Bericht (vergl. Note 11 zu Seite 83), welchem Excerpte aus den Rasteder Jahrbüchern beigegeben sind.

Beide Erzählungen verdienen keinen Glauben.

Wäre die erste Angabe von Wolter begründet, so wäre Hartwig der Zweite von Bremen der Mann, welcher den dämonischen Gedanken zuerst gefasst und ausgesprochen hätte, dieselbe Waffe im Abendlande gegen Ketzer zu gebrauchen, welche gegen die Heiden zur Befreiung des heiligen Landes angewendet wurde; so hätten die Religionskriege, welche in Mitteleuropa gegen Christen unter dem Zeichen des heiligen Kreuzes geführt wurden, nicht mit dem ersten Kreuzzuge gegen die Albigenser begonnen, wie Emo von Werum berichtet, sondern mit des Bremischen Erzbischofs erster Fahrt gegen die Stedinger.

Allein Albert von Stade weiss von einem Aufenthalt Hartwig's in Rom nichts; geschweige denn etwas von jenem Gesuche bei Innocenz dem Dritten. Ebenso wenig deutet Arnold von Lübeck dieses oder jenes Factum an. Solchem Stillschweigen der ächten Quellen gegenüber kann auch nicht das Chronicon Egmundanum angeführt werden, welches, von dem Römischen Stuhle redend, die Angabe hat: a quo (Apostolico) ad Bremensis episcopi instantiam, qui etiam personaliter aderat..., indulgentia tribuitur. Es ist freilich an sich unklar, was diese Worte bedeuten sollen; aber die Nachricht von einer persönlichen Anwesenheit in Rom, die nur auf Hartwig den Zweiten sich beziehen kann (vergl. Note 22 zu Seite 89), ist nach dem Stande unserer Quellen lediglich für ein Missverständniss des Mönches Wilhelm von Egmond zu halten, der seine Chronik fast anderthalb hundert Jahre nach der fraglichen Zeit zusammenschrieb. Vergl. de Wind, Bibliotheek der Nederlandsche Geschiedscrijvers I. S. 49. Die Angabe dieser Chronik beruht auf einer im Anhang V. besprochenen Nachricht; die Wolter'sche Notiz fusst bloss auf der durch die Datirung der Rasteder Annalen hervorgerufenen Voraussetzung, dass bereits vor Anfang des 13. Jahrhunderts die ersten Stedingerunruhen geschehen seien. Diese Voraussetzung ist im vorigen Abschnitt als unbegründet zurückgewiesen, und damit fallen die Angaben über Gewaltthaten gegen Geistliche, die Wolter anführt, in Nichts zusammen. Wolter hat ohne jeden Anhalt die 1232 geschehene Gestattung der Kreuzpredigt um vierzig Jahre antedatirt und die Auflehnung gegen die Hierarchie mit den ersten Unruhen gegen die Oldenburger Grafen in Verbindung gebracht. Arglos wird von Hartwig's Feindschaft gegen die Bauern gesprochen, obwohl er noch 1201 als Beförderer der Landbevölkerung der Wesermarschen sich gezeigt hat (Br. Urkundenbuch I. Nr. 92 S. 106), und unbedenklich wird eine bewaffnete Ketzerverfolgung angenommen, die ein Jahrzehnt früher geschehen sein soll, als der Beginn der Albigenserkämpfe.

Trotz solcher in die Augen fallender Unrichtigkeit ist die Angabe Wolter's getrost nachgeschrieben und das Reliquiengeschenk in der Weise mit der Kreuzfahrt in Verbindung gebracht, dass dasselbe als ein Unterpfand des Sieges dienen sollte. So berichten Lappenberg (Kreuzzug S. 11); v. Halem (a. O. S. 196); Muhle (a. O. S. 315); Klopp (a. O. S. 168); Klippel (a. O. S. 25); Wiedemann (a. O. S. 167). Auch v. d. Decken hat solches in seine Biographie Hartwig's aufgenommen (N. Vaterl. Archiv Niedersachsens 1840 S. 291).

Mit dieser ersten irrigen Angabe über Hartwig's Verhalten zu den

Flussmarschen der Niederweser steht ein anderer falscher Bericht in Verbindung.

Nach dem Inhalt der Quellen war der Zug des Erzbischofs, der gegen die Stedinger sich richtete, wie von geringem Erfolge, so auch von untergeordneter Wichtigkeit; er erschien aber als bedeutsam, wenn er mit dem Papste bereits überlegt war, wenn er als Ausführung einer lange durchdachten Idee geschah. Er erhielt in den Augen der Schriftsteller unberechtigter Weise ein ähnliches Gewicht, wie Gerhard's Kämpfe. Dazu kam dann ein Weiteres. Wurde den Erfindungen von Wolter Glauben geschenkt, so musste man schicklicher Weise Hartwig bald nach seiner Rückkehr von der Fahrt nach dem mittelländischen Meer gegen die aufsätzigen Bauern zu Felde ziehen lassen. Demgemäss änderte Wolter schon die Quellenangaben in seiner Bremischen Chronik um; er spricht von einem Zuge des Erzbischofs, der im Jahre 1203 geschehen sei (a. O. S. 55): Archiepiscopus fecit expeditionem contra Stedingos, sed parum lucratus est; dann fährt er fort: In anno MCCVII cepit archiepiscopus Stedingos XX, sed accepit ab eis thesaurum, ut non deleret ista vice eos.

So kennt die Bremische Chronik zwei Züge, die Hartwig gegen die Stedinger unternommen haben soll: der von 1203 hat geringen Erfolg gehabt, der von 1207 führte dazu, dass die Stedinger, nachdem zwanzig von ihnen gefangen genommen waren, zu Geldzahlungen sich verstanden.

Ein Blick auf die Quellen lehrt das wahre Sachverhältniss. Albert von Stade erzählt zum Jahre 1207: Hartwicus archiepiscopus impugnat Stedingos et pecunia accepta rediit et post breve tempus mortuus est (a. O. S. 354). In der Erzbischofshistorie (a. O. S. 97) und in den Bremischen Jahrbüchern (a.O. S.858) findet sich dieselbe Nachricht ohne die Worte: pecunia accepta (a. O. S. 857). Rynesberch hat sie übersetzt und meldet daher (a. O. S. 68). In deme jare des Heren MCCVII dar vorvolgede aver Hartwicus de Stedinge unde starff in deme sulven jare, wobei hinzugefügt wird: in der teinten indiction III nonas Novembris. Hartwig's Zug geschah also nach diesen Quellen nicht lange vor dem 5. November 1207, vielleicht im Sommer dieses Jahres.

Etwas anders lauten nun Nachrichten, die auch die ersten Stedingerunruhen einige Jahre früher ansetzen, als Albert von Stade. Die Sachsenchronik spricht zunächst von der Eroberung Lauenburg's durch die Dänen, also vom Jahre 1203 und von der Erbauung Riga's, die nach Albert in dasselbe Jahr fällt; dann meldet sie (Massmann S. 448; Schoene S. 81): In den silven tiden vor de biscope Hartwich van Bremen uppe de Stedinge unde irwarf dar kleine unde starf darna; dieselbe Nachricht hat die Lüneburger Chronik (a. O. S. 1399) angenommen. Die letzten Worte dieser beiden Angaben, ihre sonstige, auf Eine gemeinsame Urquelle hinweisende Fassung des Berichtes lehrt, dass der Verfasser der Sachsenchronik und Albert von Stade an ein und dasselbe Ereigniss dachten. Für die Datirung zeigt sich hier eine ähnliche Unbestimmtheit, wie bei den ersten Stedingerunruhen (Vergl. Note 1 zu Seite 52). Beide

Quellen lassen etwa drei Jahr seit diesem verfliessen, bis der Erzbischof die Waffen ergreift; für Albert ergiebt sich in Folge dessen das **Jahr 1207**, für die Sachsenchronik das **Jahr 1203**.

Hiernach kennen die Quellen nur Einen Zug, den Hartwig gegen die Stedinger geführt haben soll, und der Hinweis auf den ihm folgenden Tod des Erzbischofs berechtigt, die Chronologie Albert's vorzuziehen und ihn ins Jahr 1207 zu setzen. Somit muss das erste Datum der Wolter'schen Chronik, selbst wenn es aus der Sachsenchronik stammen sollte, verworfen werden.

Die dunklen, auch durch diese Chronik nicht aufgeklärten Worte der Stader Annalen „pecunia accepta rediit" haben die Erdichtung Wolter's veranlasst, dass vom Erzbischofe Gefangene für hohes Lösegeld zurückgegeben seien, einen wenig ansprechenden Versuch, sie zu deuten. Mit Recht weisen Muhle (a. O. S. 324) v. d. Decken (a. O. S. 292) darauf hin, dass diese Worte auf die rückständigen Zinse und Zehnten und sonstigen Abgaben zu beziehen sind. Die Erwähnung zweier gegen die Stedinger gerichteten Züge erklärt sich hiernach aus der unbedachten Abschrift sowohl der Nachricht Albert's, als auch der Angabe der Sachsenchronik.

Jedenfalls verflossen zwischen der Erhebung der Stedinger und Hartwig's Zuge mehrere Jahre; dies war mit Rücksicht auf den angeblichen Aufenthalt in Rom und auf die Absicht, gegen die Bauern das Kreuz predigen zu lassen, unerklärlich. Die bisherigen Darstellungen haben daher gesucht, das Säumen des Erzbischofs zu erklären. Man sprach davon, der aus Uthlede stammende Kirchenfürst sei selbst ein Stedinger gewesen und habe darum gegen seine Landsleute nicht scharf und schnell vorgehen wollen. Diese Annahme ist schon in Note 13 zu Seite 56 widerlelegt. Sodann hat von einem im Anfange des dreizehnten Jahrhunderts zwischen Hartwig und dem Oldenburger Grafen geführten Streite gesprochen, der um Hude sich gedreht und den ersten gehindert habe, für die letzteren gegen die Stedinger einzuschreiten; so Muhle a. O. S. 315; Lappenberg Grundriss S. 312). Jener Streit hat aber, soweit unsere Quellen reichen, niemals stattgefunden, und auch dieser Weg das Zögern Hartwig's zu deuten muss daher als verfehlt gelten.

Bei einfacher Auffassung der Nachrichten bedarf es keiner besonderen Conjecturen, um zu erklären, dass ein Mann, wie Hartwig II. nicht sofort, nachdem die Grafen aus den weststedingischen Landen vertrieben waren, gegen diese zu den Waffen griff, sondern den Fortgang der Ereignisse zunächst unthätig abwartete.

Meistens ist die Angabe von Wolter noch weiter ausgeschmückt worden. Neben dem Irrthum wegen der in Rom getroffenen Abrede und der Gewaltthätigkeiten gegen Priester und Mönche, wegen der zwei Heerfahrten und der Gefangennahme von zwanzig Stedingern finden wir noch eine andere, die Erwähnung verdient.

Bei Muhle (a. O. S. 324) heisst es: „Hartwig rüstete sich ehrenhalber gegen die Stedinger; er verzieh auch einigen Mördern des Olden-

burger Grafen Christian, des Kreuzfahrers, als sie versprachen gegen die
Stedinger zu ziehen". Diese Angabe ist völlig werthlos; sie stammt aus
einer in der Bibliothek zu Oldenburg befindlichen handschriftlichen Chronik, welche als ihre Quelle Schiphower bezeichnet; dieser erzählt aber,
die Rasteder Chronik ausschreibend, von den Mördern jenes Christian
bloss: aliquibus pro emenda et adhaesione Stedingorum archiepiscopus injunxit constructionem ecclesiae in Hatten (a. O. S. 145) und verlegt dieses
in die Regierungszeit Gerhard des Zweiten. Die Beziehung auf die Stedinger ist indessen Schiphower's Erfindung; die Rasteder Jahrbücher
erzählen beide Begebenheiten, die Ermordung des Grafen und die Stiftung
der Kirche zum Seelenheil desselben, ohne der Stedinger Erwähnung zu thun.

III. Gerhard des II. erster Kampf mit den Stedingern.

Wenn man den Religionskrieg gegen die Stedinger bereits unter
Hartwig dem Zweiten beginnen liess, so lag es nahe, sofort nach Beendigung der Wahlstreitigkeiten im Erzstifte und besonders gleich nach dem
Regierungsantritte Gerhard des Zweiten eine Fortsetzung jenes Kampfes
anzunehmen.

Diese falsche Annahme musste die Geschichte der Stedingerkriege
noch mehr verwirren, als die in Note 49 zu Seite 98 erwähnte irrige Datirung der Kämpfe zwischen den Oldenburger Grafen und den Stedingern
oder als die in Note 52 zu Seite 99 hervorgehobene und auch in Note 63
zu Seite 107 besprochene irrige Chronologie in jener Fehde Otto's von
Lüneburg und Gerhard's, die mit den Kämpfen der Ketzer zusammenhängt.

Auch hier sind Ereignisse, die keine Beziehung zu den Stedingern
haben, mit ihnen in Verbindung gebracht; ausserdem sind aber auch
Momente aus ihrer Geschichte unrichtig datirt worden.

Zunächst hat man zwischen der Fehde, die der Erzbischof wider den
Pfalzgrafen Heinrich von Stade führte und einem gegen die Stedinger
gerichteten Kampfe Zusammenhang herstellen wollen, indem man die
Bauern zu Bundesgenossen des Welfen machte. Diese Erzählung beruht
auf einem krassen Irrthume.

Die Stader Chronik berichtet zum Jahre 1221: Castrum Otternberge
a Bremensi archiepiscopo obsidetur et capitur (a. O. S. 357); die Sachsenchronik (Massmann S. 463; Schoene S. 84) nennt dann als Gerhard's Gegner den Grafen Bernhard II. von Wölpe (Heinrich's von Hoya-Stumpenhausen Schwiegervater, und Bischofs Iso von Verden Bruder), der
im Jahre 1221 starb. Die Ursache dieser Fehde kennen wir nicht; allein
es ist zunächst kein Grund vorhanden, die Grafschaft Wölpe oder die Feste

Ottersberg für Bestandtheile der Lande des Pfalzgrafen Heinrich zu halten und jene Notiz auf einen schon vor 1225 stattfindenden Kampf zwischen dem Erzbischofe und den Welfen zu beziehen, obwohl es gewiss ist, dass erst in jenem Jahre die Feindseligkeiten begannen (Spilker, Geschichte der Grafen von Wölpe S. 40). Noch haltloser ist aber die Annahme, dass die Stedinger in diese Fehde verwickelt worden seien. Lerbeke erzählt freilich zu den zwanziger Jahren des dreizehnten Jahrhunderts (a. O. S. 510): Idem Gerhardus archiepiscopus Bremensis contra Stedingos viriliter dimicans, juxta Hoyam multa bella vicit et castrum Ottersberg, quod fuerat Bernhardi comitis de Welpe, capit. Diese Worte nahm Erdmann in seine Osnabrücker Chronik (a. O. S. 213) auf mit Berufung auf Lerbcke's Arbeit, und Aehnliches schrieb dann auch Renner zum Jahre 1221 (a. O. Fol. 188,b.). In Folge solcher Angaben hat man nun von einem Feldzuge gesprochen, den Gerhard gegen Ottersberg zugleich wider den Wölper Grafen, wider Otto von Lüneburg oder dessen Ohm und wider die Stedinger geführt haben soll; die Bauern lässt man denn bald als Verbündete der beiden Fürsten, bald als Hülfstruppen in der Schlacht bei Hoya geschlagen werden. So Scharling (a. O. S. 77); Lappenberg (Kreuzzug S. 12, Grundriss S. 534); Muhle (a. O. S. 328); Wiedemann (a. O. S. 182).

Wir haben es hier mit einer Verwirrung zu thun, welche aus jener Verwechslung der beiden Erzbischöfe Gerhard hervorgerufen ist, die durch die Osnabrücker Chroniken bekanntlich mit eigenthümlicher Consequenz sich hindurch zieht; man hat Gerhard I. mit Gerhard II. verwechselt. Die Kritiklosigkeit jener Schriftsteller hat die Note übersehen, die Meibom (a. O. S. 533) der obigen Stelle Lerbeke's beifügt; denn schon Meibom hat auf jene Verwechslung hingewiesen. In Note 42 zu Seite 64 ist von dem fälschlich herangezogenen Treffen bei Hoya gesprochen worden, das während der Waldemar'schen Wirren stattfand. Es ist jene ganze Erzählung eine Vermengung von Willkürlichkeiten und Missverständnissen, bedarf daher keiner weiteren Widerlegung. Dafür dass nicht bereits 1221 die Fehde Gerhard's mit den Stedingern begann, könnte auch noch der Umstand angeführt werden, dass der Erzbischof am 12. Januar 1222 über den Zehnten zu Hörspe im Stedingerlande verfügte, ohne feindselige Verhältnisse zu den Stedingern anzudeuten (Hamb. Urkdb. Nr. 454 S. 399).

Wenn einerseits durch das Heranziehen der Ottersberger Fehde Gerhard's erster Kampf mit den Stedingern um mehrere Jahre zu früh gesetzt ist, so hat man ihn andererseits um ein Jahr zu spät verlegt durch offenbar unrichtige Datirung des Zuges, den Hermann von der Lippe gegen die Weserflussmarschen unternahm.

Während die älteren Schriftsteller, Krantz (a. O. VII. S. 47), Staphorst (a. O. I. 2. S. 17). Wiarda (a. O. S. 199) jenes Unternehmen ins Jahr 1229 versetzen, während auch Luden (a. O. S. 522) und Winkelmann (a. O. S. 438) diese Angabe festhalten, geben die meisten neueren Schriftsteller die Jahreszahl 1230; so Klopp (a. O. S. 111); Muhle

(a. O. S. 333); Kohlmann (a. O. S. 1); Krause (Stader Archiv I. S. 107); J. M. Lappenberg (Geschichtsquellen S. 184 Note 7); Boehmer (Regesta imperii S. 383); Ehmck (a. O. S. 196 Note 1).

Die Quellen sprechen bei genauer Betrachtung für die erste Angabe. Der Tod des Edelherrn von der Lippe, der Schluss des fraglichen Zuges, muss 1229 eingetreten sein, da die Gründung des für sein Seelenheil bestimmten Klosters nach dem in Note 16 zu Seite 87 angeführten Documente in den Frühling des Jahres 1230 fällt. Sein Tod im Jahre 1229 ergiebt sich sodann daraus, dass er in keiner der Urkunden des Jahres 1230 auftritt, in diesen vielmehr allein sein Sohn und Nachfolger Bernhard III. erscheint (Vergl. Aspern a. O. Nr. 13 S. 12, Note 4). Dann weiset der Bericht der Sachsenchronik deutlich auf das Jahr 1229 hin (Massmann S. 478; Schoene S. 87); nachdem von der Eroberung Jerusalems (17. März 1229), von der Befreiung Otto's von Lüneburg aus der Schweriner Haft (vor Nov. 1228), von den Kämpfen desselben mit dem Bischofe von Halberstadt, dem Friedensschluss und der Zerstörung von Walbeck geredet ist, heisst es: darna in den winachten dage, und zweifellos deutet dies auf das Christfest 1229. Nicht so klar ist der Gang der Darstellung, den die Stader Chronik einschlägt. Nachdem über die Ereignisse in Livland gesprochen ist, die 1229 einsetzen, handelt eine kurze Notiz vom Frieden zwischen Kaiser und Papst, der im Anfange des Jahres 1230 sich anbahnte und im Sommer desselben abgeschlossen wurde, dann folgt die Nachricht über den fraglichen Zug und endlich die Angabe über den am 18. April 1230 erfolgten Tod des Bischofs Berthold von Lübeck. Hieraus ist deutlich, dass die Nachricht über den Zug des Lippischen Edelherrn jedenfalls an unrichtiger Stelle steht, mag man für 1230 oder für 1229 sich entscheiden. Weihnachten 1230 ist aber nach unserer Rechnung des Jahresanfangs Weihnachten 1229; denn mit dem Weihnachtstage begann die frühere Zählung das neue Jahr. Diese Sitte herrschte im Bremischen lange Zeit; das Privileg des Schmiede-Amtes zu Bremen ist vom 31. December 1315 datirt, nennt aber die Rathsherren des Jahres 1314; Krause hat dieselbe Art der Berechnung noch für das sechszehnte Jahrhundert nachgewiesen (Stader Archiv II. S. 158).

Dass Albert von Stade in anderer Weise gerechnet habe, ist an sich unwahrscheinlich und bei der Art, wie die chronologischen Daten der mittelalterlichen Chroniken entstanden sind, sicher nicht zu constatiren. Die Weise, in der dieselben die verschiedenen Begebenheiten an einander fügten, der Weg, auf dem selbst Gleichzeitigen erst spät die Kunde von eingetretenen Ereignissen zukam, die Differenz in der Datenbezeichnung, diese Verhältnisse erklären es leicht, wenn das in den letzten Monaten des einen Jahres Geschehene nicht scharf von dem gesondert wird, was in den ersten Monaten des anderen sich ereignete. Die in den Noten zum Mekl. Urkdb. I. auf S. 327, 330, 473 ausgesprochene Vermuthung, dass Albert das Jahr nicht mit Weihnachten, sondern mit dem 25. März, dem dies incarnationis, begonnen habe, spricht nach den angeführten Beispielen wenig an. Wenn die Stader Chronik zum Jahre 1237 den erst am 14. Januar 1238 eingetretenen Tod des Bischofs Brunward von Schwerin berichtet (a. O. S. 363), so erklärt sich solche Jahresangabe von selbst; dasselbe gilt von den zum Jahre 1226 gestellten Notizen über das Ableben der beiden Borwine von Meklenburg (4. Juni 1226 und 28. Januar 1227). Die Angabe, die hierauf folgt, dass die Nordalbingier Albrecht's von Sachsen Hülfe angerufen hätten (a. O. S. 359), ist desshalb nicht irrig zum Jahre 1226 gestellt, weil im Februar des folgenden Jahres ein wichtiger Vertrag mit demselben abgeschlossen ist. Dass die Nachricht über die am 12. März 1241 geschlagene Tartarenschlacht von den anderen Mittheilungen über die Tartarenzüge, die beim Jahre 1240 stehen, nicht losgetrennt ist, sollte nicht als Fehler aufgefasst werden, und wenn die am 25. Januar 1252 geschehene Hochzeit König Wilhelm's zum Jahre 1251 berichtet wird (a. O. S. 373), so steht dieser irrigen Angabe die richtige Datirung des am 17. Februar 1247 eingetretenen Todes vom Landgrafen Heinrich gegenüber (a. O. S. 371).

Aus so verschiedenen Angaben lässt sich kein festes Resultat entnehmen, und für die Chronologie bleibt es desshalb das Richtige, daran festzuhalten, dass Albert von Stade, dem einfachen Verstande seiner Angabe nach, wie die anderen Quellen, das Jahr 1229 als die Zeit des ersten Kampfes zwischen Gerhard und den Stedingern bezeichnet.

Mit der Frage nach der Datirung des Zuges, den Hermann von der Lippe gegen die Bauern führte, hängt aufs Innigste die andere zusammen, wann die Synode zu Bremen gehalten sei, auf der die Stedinger für Ketzer erklärt wurden.

Die Jahreszahl, welche jetzt von dem betreffenden Documente geführt wird, erledigt diese Frage nicht. Dasselbe ist bei Sudendorf (Registrum II. S. 156) abgedruckt und trägt die Unterschrift: Actum Breme incarnacionis domini MCCXIX in synodo lactare Jerusalem; es scheint also am 17. März 1219 ausgestellt zu sein. Diese Zeitangabe ist aber jedenfalls verkehrt. Freilich hat Sudendorf keinen Argwohn, freilich erzählt Winkelmann (a. O. S. 437, 438), Gerhard der Erste, der am 14. August 1219 in Frankfurt starb, habe wenige Monate vor seinem Tode die Verketzerung der Stedinger vorgenommen; allein schon Ehmck (a. O. S. 197) hat erklärt, dass an diese Combination der Thatsachen gar nicht zu denken sei. Das Original der fraglichen Urkunde ist längst verschwunden, und die Abschrift im zweiten Copiar des ehemaligen Stader Archives kann keineswegs massgebend sein. Gerhard I., dem im März 1219 der Krieg mit dem Pfalzgrafen Heinrich drohte, konnte unmöglich die Fehde mit den Stedingern wünschen; bei der Annahme jener Datums bliebe es unerklärlich, wie die päpstlichen Bullen der dreissiger Jahre aus jener schon veralteten Urkunde ihre Phrasen über die Stedingische Ketzerei entlehnen konnten und wie Gerhard II. den Religionskrieg sollte ins Werk gesetzt haben.

Wenn aber das Datum einen Schreibfehler enthält, so kann es sich nur darum handeln, ob MCXXIX oder MCXXX gelesen werden soll. Wäre Wiedemann's Angabe (a. O. S. 189) richtig, dass im ehemaligen Stader Archive „das Protokoll einer am Sonntage Laetare 1229 gehaltenen Synode noch vorhanden sei", so erledigte sich diese Frage leicht; aber das Aktenstück, auf das verwiesen wird, ist nichts als eine sehr junge Abschrift der fraglichen Copie, die noch dazu, gleich dieser, die Jahreszahl 1219 trägt. Die Entscheidung ist nur nach Muthmassungen zu treffen. Ein Cyclus von Provinzialsynoden, wie er in der Urkunde von 1221 (Hamb. Urkdb. Nr. 445 S. 392) festgesetzt ist, lässt sich nicht erkennen. Urkundliche Anhaltspunkte stehen uns nicht zu Gebote; denn aus den Monaten zwischen dem letzten Vertrage mit Waldemar von Dänemark (Juli 1228) und der Ankunft des Cardinallegaten Otto (November 1230) sind uns nur sehr wenige Urkunden erhalten. Die annalistischen Quellen aber, die von jenem Kriegszuge reden, erwähnen erst nach ihm die Verketzerung und die Kreuzpredigt. Schwerlich hätten sie die Synode vergessen, wenn Hermann von der Lippe als ihr Vollstrecker gefallen wäre; schwerlich hätte sein Bruder bei der Stiftung Lilienthal's von ihm bloss gesagt: qui pro libertate Bremensis ecclesiae interiit, wenn der Edelherr von Ketzern erschlagen wäre. Der Beschluss, jenes Cistercienserkloster zu Lilienthal zu gründen, lässt sich am Besten verstehen, wenn die Synode in das Jahr dieser Gründung gefallen ist, und die Anwesenheit des päpstlichen Legaten am Einfachsten deuten, wenn ihr die Verketzerung voranging. Je näher die Synode der ersten Bulle gelegt wird, die der Papst gegen die Stedinger schleudert, desto leichter erklärt sich die Uebereinstimmung ihres Inhaltes mit dem des erzbischöflichen Verdammungsurtheils.

Hiernach erschien es als das Richtige die Synode ins Jahr 1230 zu verlegen und also nicht in ihrem Beschlusse den ersten Angriff zu sehen, den Gerhard II. gegen die Bauern richtete.

IV. Die Ketzerei der Stedinger.

Oft und mit Vorliebe hat man die Kreuzzüge gegen die Stedinger mit denen gegen die Albigenser verglichen; die Aehnlichkeiten liegen auf der Hand; der bedeutungsvollste Unterschied ist aber meistens ausser Acht gelassen. Die Albigenser waren in der Wirklichkeit Ketzer; sie huldigten einer Lehre von Gott und Christus, von der Sünde und vom heiligen Geiste, welche den herrschenden Lehren der Römischen Kirche widersprach; sie hatten Begriffe von Kirche und Priesterthum, welche mit den feststehenden Institutionen der Hierarchie nicht harmonirten. Solche Haeresien fehlten bei den Stedingern völlig; sie waren keine Ketzer im wirklichen Sinne des Wortes; sie wurden nur behandelt, als wären sie solche; um sie verketzern zu können, suchte man bedeutungslose Dinge heraus oder erfand allgemein und dunkel lautende Anklagen.

Obwohl eine dogmatische Ketzerei bei den Stedingern nicht erscheint, finden wir den Namen derselben in den Ketzerregistern der katholischen Kirche. Freilich geben diese oftmals ziemlich deutlich an, dass von wirklicher Häresie bei den biederen Bauern der Weserflussmarschen keine Rede sein könne; so sagt Grossi, Catalogo degli eretici e delle eresie d'ogni secolo (Padova 1817) S. 53 Nr. 99: Stadingbi, eretici della diocesi di Brema avendo concepito un odio mortale contro li sacri ministri della Chiesa, ne massacravano quanti potevano, violavano i sacri ministri, davano il sacro alle chiese, praticavano le opere piu nefande e piu abbominevoli, e al solo tempo di Pasqua ricevendo per mano del loro pastore la s. Eucaristia, la conservavano in bocca senza inghiottirla per geterla poi nelle fogne o nel fango. Hier ist von keiner wahren Häresie die Rede, sondern nur von Aufsätzigkeit und Unfug. Um aber zu sehen, wie weit die Darstellung sich verirrt hat, stelle man dieser Angabe des Italieners die Worte gegenüber, die in Fritz, Ketzerlexicon (Würzburg 1838) III. S. 328 sich finden. Hier heisst es: „Die Stadhings nahmen die Lehre von den zwei Grundwesen der Manichäer auf und erwiesen dem Lucifer göttliche Verehrung bei ihren Versammlungen, wo die schandbarsten Ausschweifungen sich in gottesdienstliche Uebungen umwandelten. Unvermerkt wuchs diese Secte an; man schickte Missionare gegen sie; diese wurden aber beschimpft und getödtet. Solche Verbrechen führten endlich diese Schwärmer zu der allgemeinen Ueberzeugung, dass sie durch Ermordung aller christlichen Priester dem Lucifer oder dem guten Grundwesen einen angenehmen Dienst erwiesen". —

Die quellenmässigen Angaben über die Häresien, die in dem Flussgebiete der Niederweser geherrscht haben sollen, sind einestheils dadurch verwirrt worden, dass man Ketzerbullen, die nichts mit den Stedingern zu schaffen haben, auf dieselben bezogen und aus ihnen Folgerungen gemacht hat, und anderentheils dadurch, dass den Nachrichten späterer Chronikanten unberechtigter Weise Glauben geschenkt ist.

Besonders ist durch den ersten Missgriff die wirkliche Lage der Sache sehr verdunkelt. Während die Quellen nur in ganz allgemeinen Phrasen, die in allen Stedingerbullen von 1232 und 1233 sich wiederholen, von ruchlosem Thun und Treiben der Bauern reden, hat man auf Grund zweier päpstlicher Schreiben eine detaillirte Erzählung von ihrer Conventikelwirthschaft geben wollen und einen Zusammenhang zwischen ihrer Verketzerung und den dogmatischen Häresien des dreizehnten Jahrhunderts ausfindig zu machen gesucht.

Die eine Bulle des Papstes, welche fälschlich mit den Stedingern in Verbindung gebracht ist, ward am 11. Juni 1233 unterzeichnet und beginnt: O altitudo divitiarum, vollständig abgedruckt bei Ripoll a. O. Nr. 80, S. 50); sie ist an Konrad von Marburg, den Ketzermeister gerichtet, erwähnt Berichte über Ketzergreuel — super abominationibus quorumdam hereticorum, welche vom Ketzermeister, vom Bischofe von Hildesheim und vom Erzbischofe von Mainz in Rom abgestattet seien, belobt den ersteren wegen seines bisherigen Eifers und enthält die Worte: Qui crucis assumpto charactere ad eorundem hereticorum exterminium accinxerint, illam indulgentiam idque privilegium elargimur, quae accedentibus in Terrae Sanctae subsidium conceduntur.

Von diesem Schreiben meldet Raynaldus, Annales ecclesiastici XIII. S. 406 Nr. 41, es sei gegen die Stedinger gerichtet, und dasselbe wiederholt Ripoll (a. O. Nr. 52 Note 2).

An diese Bulle schliesst sich nun eine andere, welche mit den Worten: Vox in Roma audita beginnt. Ihr Datum ist der 13., auch der 14. Juni 1233; von ihr finden sich nämlich zwei Hauptausfertigungen, eine für den Mainzer Erzbischof und zwei Konrade: den Hildesheimer Bischof und den Ketzermeister; diese Ausfertigung ist vollständig abgedruckt bei Ripoll a. O. S. 52 Nr. 81, wo das Schreiben an den Ketzermeister zum Grunde zu liegen scheint. Es folgt nämlich bei Ripoll (a. O. S. 54, Nr. 82) dieselbe Bulle mit einem Zusatz, welcher auf die bereits in den Diöcesen der Adressaten begonnene Kreuzpredigt sich bezieht: quatenus singuli vestrum per dioceses suas contra praedictos haereticos praedicantes u. s. w. Die andere Hauptausfertigung derselben Bulle ist an König Heinrich gerichtet und in Martene und Durand, Thesaurus anecdotarum I. S. 950 ff. bis auf den Schluss vollständig veröffentlicht. In ihr bezieht sich der Papst ebenfalls auf Berichte der drei genannten Personen; diese meldeten ihm, so sagt Gregor, es sei inter diversas haeresum species, quae peccatis exigentibus Allemanniam infecerunt, una sicut detestabilior ceteris, sic et generalior universis, quae... in nobilibus membris ecclesiae et valde potentibus jam erupit. Es folgt dann eine Schilderung von dem Thun und Treiben, dem diese Ketzerart in ihren Schulen und ihren Conventikeln sich hingebe, von ihrer Organisation unter einem Meister, von der Eintheilung ihrer Mitglieder in „Vollkommene" und „Unvollkommene, von den bei der Aufnahme von Novizen gebräuchlichen Riten; die Theilnahme des Teufels an ihren Versammlungen, sein Erscheinen in Gestalt einer Kröte, eines bleichen Gespenstes, eines schwarzen Katers wird geschildert und endlich über die Unzucht und Sodomiterei geklagt, die bei den Gelagen der Teufelsgenossen getrieben werde. Das Schreiben schliesst mit der Aufforderung, auch das weltliche Schwert gegen solche Greuel zu ziehen. Der Hauptinhalt der wichtigen Bulle findet sich im Auszuge mitgetheilt bei Raynaldus a. O. S. 406 u. 407 Nr. 42—45, bei Mansi, Collect. conc. XXIII S. 323—326 und Gieseler, Lehrbuch der Kirchengeschichte (Bonn 1848) III. 2. § 89 S. 600, Note 37.

Detaillirte Besprechungen der einzelnen Angaben beider Schreiben sind im Anschluss an die Geschichte der Stedinger zuerst von Schminke versucht, der hinsichtlich der Frage wegen der Häresie der Bauern ebenso wenig Aufklärung schaffen konnte, wie später Scharling im letzten Capitel seiner Monographie. Lappenberg (Kreuzzug S. 17) weiset zur

Erklärung jener Vorwürfe auf die mittelalterlichen Ansichten über die Geschichte von Saul's Aberglauben hin und ausserdem (Grundriss S. 545) auf die gegen die Waldenser gerichteten Beschuldigungen, wobei sogar die Vermuthung nicht gescheut wird, dass Petrus Waldus in den Stedingerlanden sich aufgehalten habe. v. Halem (a. O. S. 202) erwähnt bei jener Gelegenheit der schmutzigen, gegen die Templer gerichteten Anklagen, welche jetzt in Havemann's Schrift über den Ausgang des Templerordens (Stuttgardt und Tübingen 1846) S. 208, 223, 239, 255, 259, 275, 283 u. s. w. näher aufgeführt sind.

Von den genannten Schriftstellern werden die Anschuldigungen den Stedingern gegenüber einfach als Lüge und Erdichtung hingestellt; indessen sind sie bisweilen auch für keineswegs werthlos gehalten. So erklärt Hahn (a. O. S. 403, 404), aus dem „abentheuerlichen und wohl grossentheils unwahren Berichte gehe jedenfalls unwiderleglich eine Verwandschaft der Stedinger mit den Manichäern, besonders auch mit denen bei Trier hervor." Hausrath (a. O. S. 8, 44) denkt an „Ansteckung durch die montanistische Richtung", die in den Niederlanden herrschte. Höfler lässt sich in seiner Schrift über Kaiser Friedrich II. (a. O. S. 65) zu dem Ausspruche verleiten: „Welches Schicksal aus den Angriffen gegen die Kirche und deren Einrichtungen, in denen die zahllosen Secten jener Zeit eins waren, für Deutschland erwachsen wäre, erhellt aus der scheusslichen Verwilderung der Stedinger, von welcher wenigstens so viel als unumstösslich wahr angenommen werden muss, dass diejenige Secte, welche alle ihre Consequenzen zu entwickeln vermochte, zuletzt in einen so gräulichen Zustand verfallen musste, als aus der bekannten Bulle Papst Gregor's IX. über die Stedinger hervorgeht". Dazu kommt eine Note über die Staat und Kirche gefährdenden Grundsätze der Trierer Ketzer.

Nur von diesen und überhaupt von den Rheinischen und mitteldeutschen Haeresien ist in beiden Schreiben des Papstes die Rede.

Unbegreiflich ist, dass dies bisher übersehen werden konnte, dass nur ein einziger Bearbeiter der Stedingischen Geschichte das klare Sachverhältniss erkannte. Moehlmann (a. O. S. 72) sagt von der Bulle: „Vox in Roma audita" mit vollem Rechte: „So unbedächtig man auch oft diese Bulle auf die Stedinger bezogen hat, so ist sie doch gegen eine ganz andere Secte erlassen." Scharling (a. O. S. 93) erkennt, dass die Angaben beider Schreiben, auf die Stedinger bezogen, sehr viel Zweifel hervorrufen, hält aber fest an der alten Annahme. Neben Moehlmann steht allein Winkelmann (a. O. S. 440, Note 4.), der die Beziehung jenes Schreibens auf die Stedinger wenigstens bezweifelt.

Die beiden Bullen vom Juni 1233 können auf die Stedinger nur von Jemandem bezogen werden, der weder die in Note 65 zu S. 107 erwähnte, am 17. Juni 1233 ausgefertigte ächte Stedingerbulle kannte, noch auch von dem päpstlichen Schreiben wegen der mitteldeutschen Ketzer irgend etwas wusste. Dass die Bulle: „Vox in Roma audita" auf die

Stedinger sich beziehe, behauptet Ripoll ohne einen Grund anzugeben, lässt Raynaldus durchleuchten. Woher dieser Presbyter Congregationis Oratorii von Trevigo, der in der Mitte des 17. Jahrhunderts ohne weitere historische Einsicht päpstliche Erlasse und Schreiben zusammenstellte, die Notiz genommen hat, dass das andere, „O altitudo divitiarum" beginnende päpstliche Schreiben von Stedingischer Ketzerei handle, ist eben so wenig ersichtlich.

Es fragt sich, welcher Werth dieser Behauptung von Raynaldus und jener von Ripoll beizulegen ist, deren Aussagen die einzige Stütze der Conjectur bilden.

Zunächst muss es auffallen, dass zwei Schreiben, welche mit den beiden Bullen durchaus in innerer Verbindung stehen, von jenen beiden Editoren nicht mit den Stedingern in Zusammenhang gebracht werden. Die eine ist an demselben Tage ausgestellt, an welchem der heilige Vater die Bulle gegen die Mörder des Ketzermeisters schleuderte, am 21. October 1233; sie beginnt: „Dolemus et vehementi commotione" und ist ebenfalls an jene beiden Kirchenfürsten gerichtet, während an die Stelle des Ketzermeisters ein anderer Konrad tritt, der Provincial des Predigerordens; (abgedruckt bei Ripoll a. O. S. 64 Nr. 103). Ihr folgt eine vierte für dieselben Personen bestimmte Bulle vom 31. October 1233: „Quaerit assidue perfidia" (Ripoll a. O. S. 65 Nr. 104). Beide beziehen sich offenbar auf dieselbe Ketzerart, wie die Bullen vom 11. und 14. Juni; in beiden ist so wenig, wie in diesen, der Name der Stedinger gebraucht. Welches Recht hatten Ripoll und Raynald bei den erst erwähnten Schreiben an diese zu denken, bei den beiden letzteren nicht? Keiner von ihnen hat solch eine Autorität, dass seiner Angabe ohne ersichtliche Gründe geglaubt werden dürfte.

Beziehungen auf die Ketzerei an der Unterweser fehlen den Bullen „Vox in Roma audita" und „O altitudo" völlig. Dass diese das Kreuzpredigen gestatten, ist nichts Eigenthümliches; es ist schon erwähnt, dass in Holländischen und Friesischen Landen die Kreuzpredigt gegen Ketzer florirte; das Gleiche gilt von den Oesterreichischen Landen, besonders von den Rheingegenden, von ganz Thüringen. Bei näherer Betrachtung zeigt sich die Unmöglichkeit, ohne positive Beweise die Verbindung mit der Stedingischen Ketzerei anzunehmen; es heisst in der oben mitgetheilten Stelle der Bulle „Vox in Roma audita", dass die Haeresie, von der sie redet, unter allen Secten die ausgedehnteste und gefährlichste sei; dies kann von dem Treiben der Bauern an der Niederweser nicht gesagt werden, und noch weniger ist daran zu denken, dass von ihnen der Ausspruch gelte, die Irrthümer der fraglichen Ketzer hätten schon hochangesehene Glieder der Kirche und Grosse im Reich angesteckt.

Endlich widersprechen auch die Persönlichkeiten, an die jene Bullen gerichtet sind, der Beziehung auf die Stedinger, die man ihnen giebt. Es ist geradezu unglaublich, dass Siegfried von Mainz, in dessen Diöcese die ärgste Ketzerei getrieben wurde, um die fernen Stedinger sich kümmerte; ebenso wenig hatte Konrad von Hildesheim hierzu Anlass, der in seinem Sprengel wider die Brüder des heiligen Geistes einschreiten musste (vergl. Note 58 zu Seite 100); Konrad von Marburg endlich hat sich an der Kreuzpredigt gegen die Stedinger gar nicht betheiligt.

Freilich hat man mit ihr den Ketzermeister fast immer in Verbindung gebracht. So erzählt Gieseler (a. O. § 89 S. 600): „Da die Kreuzpredigt keinen rechten Erfolg hatte, mischte sich Konrad von Marburg in die Sache und meldete dem leichtgläubigen Papste von den Stedingern dieselben Ketzereien, die er allen seinen Schlachtopfern aufzwang". Gleiche Annahmen finden sich bei den Biographen Konrad's. Hausrath (a. O. S. 17) erwähnt dessen „infamen Bericht über die Stedinger, dem dennoch eine gewisse brutale handgreifliche Beredtsamkeit nicht abgesprochen werden kann". Er sagt sodann (a. O. S. 44): „Den Bericht über ihre Häresien an den Papst hat Konrad von Marburg unter Autorisation des Erzbischofs von Mainz und des Bischofs von Hildesheim angefertigt, und sie haben sich alle drei mit demselben ein unvergessliches Denkmal gesetzt". Bald darauf heisst es (a. O. S. 46): „Wie weit Konrad bei diesen Dingen (den Zügen gegen die Stedinger), die er hauptsächlich mit hatte anregen helfen, persönlich betheiligt war, lässt sich nicht mehr ermitteln". Etwas vorsichtiger geht Henke zu Werke; allein er kommt doch, wenngleich zweifelnd (a. O. S. 24 und Note 41), zu einem ähnlichen Resultate, indem er sagt: „In Oldenburg scheint Konrad nicht selbst gewesen zu sein und über die dortigen Stedinger nur an den Papst berichtet zu haben; aus seinem Bericht über die Stedinger scheint die Darstellung in dem Antwortschreiben Gregor's IX. herzurühren".

Diese besten Arbeiten über Konrad von Marburg gehen von zwei verkehrten Conjecturen aus; einmal nehmen sie ohne Grund an, dass die beiden erwähnten Bullen von der Stedingischen Ketzerei reden, sodann setzen sie voraus, dass der in jene Bullen aufgenommene Bericht aus der Feder Konrad's von Marburg stamme. Allein selbst wenn man diesen Conjecturen einigen Werth beilegen könnte, bliebe der Sachverhalt räthselhaft. Nimmt man an, die fraglichen Berichte handelten von den Stedingern und gingen vom Ketzermeister aus, so gilt es in der Lebensgeschichte desselben eine Zeit ausfindig zu machen, in welcher er der Verfolgung der Bauern an der Unterweser sich gewidmet haben könnte. Dass Konrad in den Niederlanden wirkte, was Schlosser (a. O. S. 130), Kuchenbecker (Hessische Geschichte I. S. 154) und Andere angenommen haben, ist längst als Missverständniss dargethan. Vergl. Hausrath a. O. S. 46; Henke a. O. S. 60, N. 42.

Wie in Note 43 zu Seite 97 besprochen, begann die Kreuzpredigt gegen die Stedinger im Winter 1232 und 1233. Am 30. Juli 1233 wurde der Ketzermeister bei Marburg erschlagen; seine Thätigkeit als Kreuzprediger wider die Bewohner der Weserflussmarschen müsste also in den Winter und den Frühling fallen, die seinem Tode vorangingen. In dieser Zeit betrieb er aber die Heiligsprechung der unglücklichen Elisabeth von Thüringen (Oct. 1232); gerade damals installirte er aufs Neue seine Ketzergerichte im mittleren Deutschland, suchte er seine Opfer in den Hessischen Gegenden nicht allein unter dem Pöbel, sondern auch unter dem Adel, ja unter jenen Fürsten des Reichs, von denen die erwähnte Bulle spricht, und agitirte in den Rheinischen Städten von Köln bis Mainz, in denen zahlreiche Ketzerconventikel sich befanden. Es ist hiernach ein Räthsel, wann er die Agitation gegen die Stedinger betrieben haben sollte.

Trotz aller dieser Unwahrscheinlichkeiten und Unmöglichkeiten, trotz der Halt- und Grundlosigkeit der ganzen Annahme hat die Stedingerliteratur unermüdlich von Konrad's Unterstützung der Pläne Gerhard's II. erzählt. Ausser den angeblichen Berichten, die man jenen beiden päpstlichen Bullen hat entnehmen wollen, sind auch andere Relationen fingirt, welche Konrad über die Stedinger verfasst haben soll.

Lappenberg (Kreuzzug S. 17 ff.), v. Kobbe (Archiv S. 70), v. Halem (a. O. S. 201) behaupten, einem Berichte Konrad's die Worte entnommen zu haben: „Die Stedinger glaubten mit den Manichäern an ein zwiefaches höchstes Wesen, verehrten sogar den Bösen Asmodi unter einem abscheulichen Ammonsbilde u. s. w."; doch giebt es einen solchen Bericht gar nicht. Klopp spricht ohne zu prüfen nach (a. O. S. 113) und stellt es ebenfalls so dar, als existire ein Bericht des Ketzermeisters, in welchem von solchen Ketzereien gehandelt würde. Auch Wiedemann folgt blindlings der Angabe v. Halem's (a. O. S. 190, 191): „es musste Konrad sehr lieb sein, bei den Stedingern einmal in ausgedehntem Masse wirken zu können; er schrieb: die Stedinger verachteten ohne Scheu vor Gott und Menschen die Kirchen" u. s. w.

Alle diese Erzählungen über Berichte Konrad's von Marburg, die von den Stedingern reden sollen, widersprechen der urkundlichen Geschichte. Sie hängen zum Theil mit den späteren Nachrichten der Chronikanten zusammen, die keinen Glauben verdienen.

Es sind zunächst drei Erzählungen hervorzuheben. Nach Wolter's Rasteder Chronik soll ein Hauptstück der Stedingischen Ketzerei darin bestanden haben, dass die Bauern aus ihrer Mitte einen Papst und einen Kaiser, Bischöfe, Aebte und Pröpste sich erwählten. Wolter erzählt nämlich: Nam Stedingorum tanta erat protervitas, quod etiam in derisionem sanctae sedis apostolicae et sacri imperii de numero suorum atrocissimos nequam quosdam Caesaris nomine appellabant, quosdam papali, quosdam archiepiscopali et episcopali, quosdam praepositorio nomine nequam appellabant, dicentes: tu sis Caesar, tu Papa, tu Archiepiscopus, tu Praepositus, in vilipendium ecclesiasticae disciplinae hujusmodi de se titulos scripserunt et, cum scripta mittebantur, hujusmodi dignitatis nomina habentia in ironiam acceptabant (a. O. S. 101, 102.)

Eine weitere Beglaubigung hat diese angebliche Aeusserung der Stedingischen Ketzerei nicht; die Wolter'sche Nachricht mag auf späterer Tradition beruhen, und diese auf der im 13. Jahrhundert gewöhnlichen Erscheinung, dass Ketzergemeinden grössern Umfangs eine ähnliche Verfassung sich gaben, wie die der Römischen Kirche war. Vergl. Hahn a. O. S. 80.

Gläubig wird Wolter nachgesprochen; Klopp (a. O. S. 116) verlegt getrost die Wahl jener Aftergeistlichen auf „Fastnacht 1234", also kurze Zeit vor der Niederlage bei Altenesch und setzt hinzu: „es war im trotzigen Scherze ein furchtbarer Ernst."

Eben so verbreitet, wie diese Sage, ist eine andere, die ebenfalls nur Wolter zum Gewährsmann hat. Die Stedinger sollen nicht bloss heidnische Wachsbildchen verfertigt, sondern eine Bildsäule des Teufels, d. h. des Asmodeus oder des Ammon, errichtet haben. Diese Sage ist auf sehr kurzem Wege in die Geschichte hineingeschmuggelt. Albert von Stade sagt (a. O. S. 362) bei Gelegenheit der Altenescher Schlacht: In suo Asmodet ponentes fiduciam, non diffiderunt, se resistere potenti bracchio posse domini Sabaoth. Wolter, der wohl etwas von Ketzereien gehört haben mag, in denen nach einer falschen Lesart der schwarze Kater nicht an einer Leiter, scala, sondern an einer Bildsäule, statua, herabläuft, verschönert dies in seiner Bremischen Chronik (a. O. S. 59), indem er ebenfalls von jener Schlacht redend, sagt: Ante victoriam posuerunt idolum Asmodei ad occidentem et in contentum Dei adoraverunt.

Noch wirksamer wird die Erzählung in der Rasteder Chronik desselben Wolter; da heisst es, ohne dass auf jene Schlacht Bezug genommen wird: Idolum etiam Ammon in ecclesia S. Egidii in Berna statuerunt in occidentem post eorum maledictionem a sede apostolica (a. O. S. 98, 99); es entsteht also plötzlich aus der Phrase des Stader Abtes eine Götzenverehrung ausgeprägtester Art, die von den neueren Schriftstellern auf alle Weise ausgebeutet und sehr verschieden erklärt wird, wie denn Muhle (a. O. S. 314) auf eine bildliche Darstellung des Eheteufels (!) verfällt.

Hiermit sind die Entstellungen, welche die Chronikanten mit der Ketzerei der Stedinger vornehmen, noch nicht abgethan; es sind besonders noch zwei hervorzuheben, deren Entstehung ziemlich dunkel ist. Man hat hinzugedichtet, dass gegen die Stedinger die Beschuldigung erhoben sei, jenem Götzen zu Berne Kinder geopfert zu haben. Vollers erzählt dieses zuerst und beruft sich auf keine andere Autorität, als Hamelmann, der aber von jenem Greuel gar nicht berichtet.

Noch weiter geht endlich Westendorp, der im Jaarboek van und vor der Provinc in Groningen (1829) S. 295 erzählt, die Stedinger hätten eine Capelle errichtet, in welcher der Cultus des Lucifer als vierten göttlichen Wesens durch einen Priester Burchard verwaltet worden, der später gefangen genommen und mit grosser Feierlichkeit verbrannt wäre, wobei viele Augenzeugen die Anwesenheit seines Gottes in Gestalt einer grossen Kröte constatirt, die ihn begleitet hätte vom Beginn des Verhöres bis zum Anzünden des Scheiterhaufens. Woher diese Sage stammt, ist nicht mehr zu ergründen. Ein Priester Burchard ist in den Quellen nicht erwähnt; die Verwandlung des Teufels in eine Kröte erinnert aber an die oben besprochene bedeutsamste Verzerrung, die mit den Berichten über die Stedingische Ketzerei vorgenommen ist, an die Erzählungen der Bulle: „Vox in Roma audita".

Alle diese Berichte von einem Cultus des Lucifer als dem eigentlichen Kern der in den Weserflussmarschen grassirenden Häresie sind unrichtig; die einzige von der Ketzerei der Stedinger zeugende Quelle ist das Verurtheilungsdecret der Synode von 1230 und was aus ihm in päpstliche Schreiben und in die Darstellung Albert's von Stade aufgenommen ist.

V. Die Sage vom Beichtgroschen.

Neben dem Vorwurfe, dass die Stedinger bei Plünderung von Kirchen die Hostien aus den Monstranzen herausgerissen und mit Füssen getreten hätten, findet sich der andere fort und fort wiederholt, dass die Ketzerei der Bauern besonders beim Genusse des heiligen Abendmahles sich gezeigt habe. In den Stedingerbullen wiederholen sich die Worte: „Viaticum salutis aeternae horribilius quam deceat exprimi pertractant". Es kann unter dieser Umschreibung kaum etwas Anderes verstanden werden, als ein Vorwurf, der gegen Ketzer ebenso häufig gemacht wurde, wie gegen Juden die Anklage wegen Missbrauch der Hostien; es ist der Vorwurf einer Verhöhnung des Sacramentes, welche, wie auch Grossi anführt, darin bestand, dass die Hostie nicht verzehrt, sondern zunächst im Munde behalten und dann auf Düngerhaufen, in Latrinen oder in Kothlachen ausgespieen wurde.

Mit dieser Anklage hängt offenbar die Geschichte vom Beichtgroschen zusammen, welche im Chronicon Egmondanum zuerst sich findet. In diesem heisst es (a. O. S. 501, 502): Anno MCCXXXIV inter Henricum ducem Brabantiae et Florentium supradictum comitem Hollandiae ex una parte, nec non homines, qui Stedigni dicuntur, ex altera, belli certamen concipitur, in quo post longam concertationem praefatae gentis plurima turba dictis principibus suffocatur. Sed quum prudentis auctoritate ignoratis principiis necesse est silere et artem ignorare, hinc est, quod praesentis belli caussam et occasionem breviter praeponimus tangere, et quare praedicti principes hanc terram invaserint explicare. Noveritis itaque mulierem quandam nobilem et in dicta patria cujusdam militis uxorem, in die sancto Pascae oblationem denarii ad manum sacerdotis facere, qui contra eam propter denarii insufficientiam stulte non timuit murmurare. Completo autem ex more officio dicta mulier cum ceteris ad communicandum progreditur, cui a sacerdote stultissimo non oblata dominici corporis, verum oblatus per ipsam denarius praesentatur. Qui clausis ab ipsa oculis summa devotione suscipitur, quum vera suscipi eucharistia credebatur. Illa vero masticare incipiens, et in masticando duritiam seutiens, dolore tangitur, mente confunditur, metuens culpis propriis existere causam, quare susceptam a sacerdote substantiam non poterat deglutire. Haec itaque, clauso ore ab ecclesia subito recedens, nec non cum festinatione ad hospitium veniens, linteum mundissimum studet promere, et in illud quod susceperat apertis labiis reclinare, quae mox viso denario magis timuit, quum in Paschali gratia proficere desperavit. Hujus insuper tristitia pullulante et coloris facie se mutante (difficile enim quod corde geritur vultu non cernitur), ecce vir nobilis dictae videlicet conjugatus prope domum aderat, qui faciem conjugis mutatam solito percunctabat, unde ipsam severius studet inspicere et causam tristitiae postulare. Cujus petitionem variis negationibus nititur flectere, et vultus imaginem excusare. Porro praefata militis matrona contra virum excusationibus declinante, ipso quoque quaestionem quaestionibus cumulante, ipsa ad confessionem compellitur, dictusque tenor coram viro per singula denudatur. Qui audito negotio saepedictam jubet refici, et doloris materiam a mentis suae terminis elongari, et quum saepedictus presbyter in ejus ecclesia erat vicarius sibique extitit praelatus, dictus miles majorem suum studet allicere, et in ejus praesentia dicti negligentiam accusare. Quorum uterque non ad emendationem humiliter flectitur, sed verbis minus decentibus contumaciter elevatur. Qua propter dicti militis iracundia magis accenditur, ad amicos proceditur. Quorum consilio dictus presbiter suffocatur. Quo facto dictus miles ab ecclesia ad emendationem impetitus excommunicationi subditur, cujus ab ipso sententia amicorum etiam consiliis irridetur. Fato itaque milite anno et amplius in dampnationis sententia perdurante, totaque illius patria ipsum in stultitia confortante dicta transgressio Apostolico scribitur. A quo ad Bremensis episcopi instantiam, qui etiam personaliter aderat, omnibus dicti militis patriam infestantibus transmarina indulgentia tribuitur, crucisque ignominia contra illam publice praedicatur. Sic itaque a dictis principibus ad saepedictam terram manu armata tenditur. Quae per ipsos licet non gratis in majori parte destrui perhibetur.

    Anno mileno centeno bis duodeno
    Bis jungat denum, qui carmen vult fore plenum.

Die anecdotenartige Färbung dieser Erzählung fällt ins Auge; Wilhelm von Egmond gefällt sich in der Ausmalung der Einzelnheiten. Er legt darauf Nachdruck, dass er die wahre Ursache der Stedingerkriege melden werde, während man bisher über diese geschwiegen habe. An die Stelle des oben erwähnten Sacramentunfuges tritt nun das scharfe Gegentheil: die Hostie wird nicht verzehrt, weil sie ungeniessbar ist, sie wird zu Hause ausgespieen, aber auf ein weisses Tuch; die Gewaltthaten gegen Geistliche sind durch Niederträchtigkeiten derselben provocirt.

Die Glaubwürdigkeit dieser dem vierzehnten Jahrhundert angehörenden Nachricht ist jedenfalls sehr gering und das Maass der Wahrheit, die in ihr steckt, nicht mehr zu ermitteln. Wäre die Geschichte so, wie sie berichtet wird, wahr, so würde das Stillschweigen unerklärlich sein, das Emo von Witt-Werum beobachtet, der sonst den Stedingern nicht abgeneigte Schriftsteller. Hätte eine allgemeine Tradition solcher Art existirt, so würden Ryuesberch und Wolter sie schwerlich vergessen haben. Der in Note 25 zu Seite 9 abgedruckte Bericht der Clevischen Chronik, der auf Wiedertäuferunfug der Stedinger anspielt, lehrt, wie schon früh je nach der Liebhaberei der Chronikanten die Frage wegen der Häresie der Stedinger behandelt ist. Es lag für die Friesen des vierzehnten Jahrhunderts sicherlich nahe, die Unterdrückung der freien Stedinger als Werk der Ungerechtigkeit und Bosheit darzustellen. Detailgründe gegen die Echtheit der Nachricht liegen in der Verbindung, welche dieselbe mit der unrichtigen Angabe hat, dass Hartwig der Zweite nach Rom gereist sei, in der Supposition, dass die Mordthat nicht durch Wergeld zu sühnen gewesen wäre und dass wegen der Nichtauslieferung eines Todtschlägers der Papst die Kreuzpredigt gestattet haben soll.

Gegenüber dem Berichte der wirklichen Quellen kann die Anecdote, die Wilhelm von Egmund vorträgt, von der urkundlichen Geschichte nur in's Gebiet der Sage verwiesen werden.

Die Nachricht wird dadurch nicht werthvoller, dass sie fort und fort nachgesprochen ist. Sie ist aufgenommen in das Chronicon Egmundanum, das der Harlemer Karmeliter Johann de Leidis († 1504) verfasste, du Plessis d'Argentré, Collectio judiciorum de novis erroribus I. S. 139 a. a. 1230) und besonders in Holländischen Chroniken abgeschrieben. So beruft sich hernach Pontanus in seiner Historia Gelrica (lib. VI. S. 137) auf ein vetus et vernaculum Hollandiae chronicon, das nicht näher zu ergründen ist, aber so wenig, wie andere Quellen dieses Gelehrten, Bedeutung haben wird. Hamelmann (a. O. S. 98) brachte die Beichtgeldsgeschichte in die besondere Stedingerliteratur hinein, und in dieser haben sich wieder verschiedene Lesarten gebildet. Muhle (a. O. S. 319), Wiedemann (a. O. S. 187) und Andere haben sie noch dadurch ausgeschmückt, dass sie die beleidigte Stedingerin zur Gattin Bolke's von Bardenfleth machen. Einige Schriftsteller behaupten, die Geschichte spiele im Jahre 1204; z. B. Ritter (a. O. S. 22), welchem Lappenberg (Kreuzzug S. 11) zweifelnd folgt. v. Halem a. O. I. S. 95), Havemann (a. O. S. 371) und Andere verlegen sie in spätere Zeiten der Fehden; Lappenberg (Grundriss S. 550) in die letzten zwanzig Jahre. Schminke (a. O. S. 12), Emmius (a. O. S. 144), Scharling (a. O. S. 77), Klopp (a. O. S. 109) setzen sie ebenfalls in die Zeit bald nach der Stuhlbesteigung Gerhard's II. Wieder Andere halten 1229 (Luden a. O. S. 521) oder 1230 für das richtige Jahr (Allmers a. O. S. 307).

Nur wenige Schriftsteller, wie z. B. Wiarda, haben die Beichtgeldsgeschichte ganz unberücksichtigt gelassen; bloss v. Wersebe hat ihr (Archiv a. O. S. 295) jeden Werth abgesprochen. Lappenberg, der ihre Glaubwürdigkeit wegen der Erwähnung des Beichtgeldes bezweifeln wollte, erklärte (Grundriss S. 543), die Begebenheit werde „von ein Paar auswärtigen Schriftstellern erzählet, aber von allen Bremischen Geschichtsschreibern sorgfältig verschwiegen"; Wiedemann (a. O. S. 187) änderte dies dahin, „sie werde von allen einheimischen Schriftstellern verschwiegen, aber von so vielen auswärtigen bestätigt, dass sie nicht wohl bezweifelt werden könne".

Es ist nicht zu verwundern, dass seit Hamelmann die Tradition den verhängnissvollen Beichtpfennig noch weiter verfolgte. Ihn sollte die Bardenfleth'sche Familie aufbewahrt und ein Glied derselben in dem Deckel eines uralten Bierkruges angebracht haben; dann sollte er mit dem Bardenflether Gut in Berne in den Besitz des Conferenzraths Mentz in Oldenburg gekommen und von diesem durch Vermächtniss der Sammlung des Grossherzogs einverleibt sein. v. Halem hat dem fraglichen Krug eine besondere Untersuchung gewidmet (Old. Blätter 1833 Nr. 22) und in dem Geldstück einen Englischen Silberpfennig aus der Zeit Heinrich's des Vierten von England gefunden.

VI. Die Verschanzungen der Stedinger.

Der Hasberger Pass, an dessen einem Ende das Treffen beim Hemmelskamper Walde geschlagen ward, während am anderen das Schlachtfeld von Altenesch lag, war jedenfalls durch die Hand der Bauern gegen Ueberrumpelung geschützt.

Unter den Schriftstellern über die Stedinger haben zwei der Oertlichkeit kundige Männer, Steinfeld und Bulling, die Schutzwehren besonders besprochen (vergl. Note 53 zu Seite 17); beide haben drei Fortificationslinien unterschieden, eine am Anfange, eine in der Mitte und eine am Ende des schmalen Marschstriches, der hinter den Hasberger Dünen zwischen dem Ochtumflusse und dem Moore bis zum Zusammentreffen der Ochtum, Weser und Ollen sich hinzieht.

Nur über die mittlere Fortification sprechen die annalistischen Quellen, die beiden anderen werden von jenen Schriftstellern aus sonstigen Gründen angenommen.

Steinfeld redet zunächst (a. O. S. 329, 339) von Verschanzungen, welche bei Hemmelskamp angelegt worden seien. Diese Annahme beruht zwar lediglich auf Vermuthung; als solche ist sie aber nach den Localitätsverhältnissen nicht zurückzuweisen. Man hat indess wohl nicht bloss an Verhacke im Hemmelskamper Walde und in den benachbarten Holzungen zu denken; eine bessere Vertheidigungslinie bot dort nämlich ein alter Deich, auf dessen Spuren Bulling hingewiesen hat; er zog sich hinter dem Hemmelskampe herum von Hasbergen nach Schoenemoor und grenzte unmittelbar an die Felder von Sandhausen; er war die natürliche Schutzwehr des Tieflandes, von dem er die Geestwasser abhielt.

Wichtiger als die Position an diesem äussersten Punkte, wo Marsch und Geest zusammen treffen, war das Vertheidigungswerk, das in der Mitte des Passes hergestellt wurde. Von ihm sagen die Rasteder Jahrbücher (a. O. S. 265, 266): Unde pro suis propugnaculis fossatum magnum, Stengrave dictum, ab Oghtmunde euntem usque Lintow fodientes ad instar magnae domus in altitudine, littus ejus intrinsecus posuerunt feceruntque pontem supra Oghtmnndam valde fortem. Dann heisst es: Per portam etiam lapideam unum tantum de sua terra exitum habuerunt. Obwohl die anderen Quellen von solchen Verschanzungen nichts erzählen, trägt doch diese Nachricht, die im Rasteder Kloster sich erhielt, keine Spur innerer Unwahrheit an sich; v. Wersebe (Archiv a. O. S. 294) bezweifelte ihre Glaubwürdigkeit einzig und allein desshalb, weil er die Hamelmann'sche Chronik für ihre Quelle ansah. Indessen hat man Mancherlei der quellenmässigen Darstellung beigefügt, was dieselbe verdächtigen konnte.

Zunächst hat man die Worte „usque Lintow" nicht genug gewürdigt. Es ist eine der Ungenauigkeiten Klopp's (a. O. S. 108), wenn es in seinem Buche heisst, die Landwehre sei bis zur Hunte gegraben worden. Aehnliches mag Wiedemann vorgeschwebt haben, als er schrieb (a. O. S. 166): „Weil der letztere Ort (Lintow) nicht mehr da ist, streitet man über dessen Lage; einige meinen, der Graben sei von der Ochtum bis Neuhuntedorf gegangen, andere verlegen das Werk in die Nähe von Deichhausen". Kenner der Stedingerlande haben niemals Ansichten dieser Art aufgestellt; bereits in Note 18 zu Seite 29 ist vom Laufe der Lintow die Rede gewesen. Dort ist schon erwähnt, dass ein Theil des Flussbettes wieder aufgegraben sein werde, um die Landwehr herzustellen, die „stengraven" hiess und noch in dem dort angeführten Dokumente von 1404 diesen Namen trug, in welchem die Grenze des Wüstenlandes beschrieben wird durch die Worte „de sik beginnen unde angahn van der Lindove unde kehrt unde endet sik to dem Stengraven". Noch heutigen Tages zeigt sich der Rest dieser Fortification an der Lintow. Beim Gute Weihausen findet sich ein nach Schoenemoor hinlaufender, in gerader Linie auf die Ochtum stossender Graben, der den Namen „Landwehre" trägt, mehr als 700 Fuss lang ist und in den 1588 angelegten grossen Abzugsgraben der neuen Ollen ausläuft. Der Name „Steingraben" hat zu der Sage Veranlassung gegeben, dass der haushohe Wall vor dem Canale von Stein aufgemauert gewesen wäre, so v. Halem (a. O. S. 194); Muhle (a. O. S. 322); Klopp (a. O. S. 108) nennt den Bau „die erste, damals noch seltene Steinmauer". Man hat dann vergebens nach Resten des Gemäuers gesucht und in diesem Zusatz ein Moment gefunden, welches die ganze Nachricht des Rasteder Klosters verdächtige. Bisweilen hat die Vermuthung zur Aushülfe dienen müssen, dass die Ruinen von festen Häusern zu jenem Wallbau benutzt seien. Indessen wird ausdrücklich allein das Thor als steinernes Bauwerk bezeichnet; die Befestigungen der Ochtumbrücke, die an jenen Wall sich anschlossen, mögen zwar ebenfalls von Stein gewesen sein, und zu solchen Bauten mochten die Trümmer eines festen Steinhauses und die zahlreichen Findungsblöcke des Tieflands ausreichen; an eine grosse Mauer ist aber gar nicht zu denken; die Quellen sagen von ihr nichts und ergeben, dass in der fraglichen Zeit nicht einmal Burgen, wie die gräflichen zu Hoya und Berne, Steinbauten waren.

Den Ort des Thores und den der Ochtumbrücke hat man in einer Stelle wiederfinden wollen, die noch heute den Namen „Wachthaus" trägt, so in den Oldenb. Blättern (XII. S. 153), Steinfeld (a. O. S. 140 und Freiheitskampf S. 19), Muhle (a. O. S. 323). Diese Annahme muss auf sich beruhen, da weitere Anhaltspunkte für dieselbe nicht vorhanden sind.

Ausser der Position am Hemmelskampe und der Lintowlinie soll dann noch eine Verschanzung an der Ollen bestanden haben.

Es ist von mehreren Befestigungen geredet, die am Ende des Hasberger Passes errichtet seien. Die eine Annahme, zu der man sich berechtigt glaubte, ist jedenfalls irrig. In den Oldenburger Blättern (XII. S. 359 ff.) ist von Verschanzungen „bei Altenesch", wie von einer zweifellosen Thatsache gesprochen und darauf hingewiesen, dass ihre Ueberrumpelung die Hauptthat der 1234 geschlagenen Entscheidungsschlacht gegen die Stedinger gewesen wäre. Die „durch Natur und Kunst befestigte Stellung" ward dann durch einen Riss anschaulich gemacht, welcher die muthmassliche Erdverschanzung als einen Wall darstellte, der in gerader Richtung von der Weser quer über die Ollen unterhalb von Sannau nach der Lintow (neue Ollen) lief. Diese Angabe, die auch in Niebour's Weserkarte Aufnahme gefunden hat, ist nichts als leere Erfindung. Freilich spricht man noch jetzt im Stedingerlande von Sannauer Schanzen, die mit ihr in Verbindung zu bringen wären; allein selbst die genaueste Durchforschung des Terrains hat keine Spur derselben entdeckt, und Niemand weiss, wo sie des Näheren gewesen sein könnten.

Jene Nachricht veranlasste indessen Steinfeld zu Nachforschungen an einem anderen Orte, und das Resultat derselben schien ihm die Entdeckung dreier umfangreicher Befestigungswerke zu sein, die an einem sehr bedeutsamen Punkte liegen sollten, grade am Ende des Hasberger Passes: da, wo Weser, Ochtum und Ollen zusammentreffen und das Ollener Bruchland äusserst schmal beginnt. Steinfeld begleitete seinen leider sehr unklaren Bericht durch einen nach dem Augenmaass aufgenommenen und deshalb sehr verzeichneten Riss. Aus der erwähnten Monographie und den im Kirchenarchive zu Altenesch bewahrten von Steinfeld geschriebenen „Annalen des Kirchspiels Altenesch" a. 1825 S. 137 ff. lässt sich Folgendes über die angebliche, an sich für die Kriegsgeschichte beachtenswerthe Entdeckung zusammenstellen.

„Da die grosse Uebermacht der Feinde Besorgniss einflösste, dass sowohl die Verschanzungen im Hemmelskamper Walde, als auch der Steingraben genommen werden möchten, so dachte man darauf, hinter diesen noch andere, möglichst stark angelegte Vertheidigungswerke zu erbauen, und hierzu schien die Anhöhe südöstlich von Altenesch am geeignetsten zu sein. Diese war gleichsam der Schlüssel zum Stedingerlande. Die Marsch war hier gegen Nordosten durch die Mündung des tiefen Ochtumflusses, gegen Süden durch den Schönemoorer Sumpf gedeckt und hatte nur eine Breite von etwa 2000 Schritt. Hier musste der letzte, Alles entscheidende Kampf durch Vertheidigungsmittel erleichtert werden. Andere Verschanzungen, als von Erde aufgeworfene, konnte man nicht anwenden; aber diese suchte man durch ihre Form und Verbindung, durch Gräben und Ueberschwemmungen möglichst zu verstärken. Die Form dieser Verschanzungen bestimmte links die Lage des Deichs, rechts die Ollen".

„Ihre Spuren finden sich zwischen und neben den Dörfern Altenesch, Süderbrok und Brake. Hier liegen dicht bei einander drei Kämpe Landes als Gemeinheit unter den Namen: Strepel, kleine und grosse hohe Weide. Auf jedem dieser Kämpe scheint eine Befestigung gestanden zu haben, deren Grundform die des Dreiecks war".

„Zunächst finden sich auf dem Strepel in Nordosten von der jetzigen Kirche zu Süderbrok die Spuren ehemaliger Schanzen, die jedoch grösstentheils nur an ihrem aus grobsteinigem Weserkies gebildeten Fuss und ihrer scharfe Ecken bildenden Form kenntlich sind. Es scheint, als wenn hier in der Mitte zwischen der Kirche und dem Deiche eine grössere Schanze mit zwei Nebenschanzen erbaut war. Jene stand in Verbindung mit einer vor derselben liegenden kleinen, noch ganz kennbaren Befestigung in Quadratform, 25—30 Fuss im Durchmesser, von der ein an der Schanze abgeschnittener, gekrümmter und erhöhter Weg gegen Osten zu der zweiten auf der kleinen hohen Weide befindlichen Fortification führte. Jene auf der Mitte des Strepels befindlichen Schanzen verloren ihre Erhöhungen wahrscheinlich im Jahre 1478, als die Weser hier den Deich durchbrach, über die Schanzen ein Bette sich bahnte und die Nobelskuhle aushöhlte. Zwischen der Kirche und dem Deiche scheint die Basis aller Befestigungen gelegen zu haben; an den Endpunkten dieser 2000 Fuss langen Linie standen die erwähnten Nebenschanzen; die eine gab Veranlassung zum Bau der Süderbroker Kirche; die andere bezeichnet noch ein besonders erhöhter Platz am Fusse des Deiches, jetzt mit einem Hause bebaut und Maitagshörne genannt".

„An den Strepel grenzt die kleine hohe Weide, und auch hier finden sich Reste von Fortificationen. Neben den Dörfchen Brake und der Nobelskuhle zeigen sich die Spuren einer grösseren oblongen Schanze, die aus groben, steinigen Wesersande geformt war. Dicht bei der Nobelskuhle und am Deiche liegt hier eine bedeutende, aber wohl zum Theil 1478 weggeschwemmte Erhöhung, welche zwei von ihr auslaufende, fast parallele Dämme mit einer anderen, erst kürzlich mühevoll etwas geebneten Höhe an der Broker Strasse in Zusammenhang bringen. Dann kommt der Weg, der diese mit dem Deiche bei Brake verbindet und vormals auch ein Damm gewesen zu sein scheint. Zwischen jenen beiden Wällen und vor der erwähnten ersten Erhöhung sind Niederungen; in der Mitte findet sich ein durch solche Untiefen gesichertes Vorwerk. Auch in dem Vorlande zeigen sich hier hin und wieder Niederungen, vielleicht Fallgruben. Die andere Erhöhung wird nördlich und südlich von der Broker Strasse in einer Krümmung durchschnitten; der südliche Theil führt noch jetzt den Namen „Portenkamp", und sein Besitzer versichert, dass sein Grossvater viele Arbeit angewandt habe, die Höhen desselben in die Niederung herabzuschaffen. Hierin erkennen wir die südliche der drei Schanzen, welche die Befestigung auf der kleinen hohen Weide bildeten; sie lag an dem einem Endpunkte der Grundlinie, welche mit der der ersten Fortification parallel läuft. — Die grosse hohe Weide wird von der kleinen durch einen Weg („neuer Weg") getrennt, welcher vormals ein Wall gewesen sein wird; er führt vom Centrum dieser vorderen Verschanzungen an die Ollen; auf der entgegengesetzten Seite lief gleichfalls ein Wall („Feldstrasse"), welcher, wie der vorige, späterhin zum Wege benutzt ward. Vor jenem ersten Damme findet sich bis zur Hälfte des Weges eine Niederung, die aus der alten Ollen leicht unter Wasser gesetzt werden konnte; vor der andern Hälfte liegt ein ebener freier Platz, doch nur von der Breite, dass er von jenem Damm aus mit Pfeilen und Wurfspiessen leicht zu bestreichen war. Vor diesem Platze breitet sich eine zweite Niederung, und durch diese führt ein schief angelegter Weg zu einem anderen, grösseren, freien Platz, welchen eine Niederung vom Ochtumdeiche trennt und vorn ein starker Erdwall deckt, der von einem breiten, in die Ollen auslaufenden Graben begleitet wird; es zeigt sich hier der äussere Wall. Am Deiche wurde er durch zwei vor einander liegende Schanzen geschützt; die eine dient jetzt einem Bauernhause als Wurt, die andere ist wohl durch die Brake weggerissen. Gegen Süden deckten den Wall mehrere Schanzen, sowie der erwähnte breite Graben. Im Innern dieser Circumvallationslinie zeigten sich jene beiden freien Plätze, von denen der grössere beim Hauptangriffspunkte vorn lag, während weiter zurück die kleinere Fläche sich fand, mit der ersten durch jenen schief angelegten, schmalen Weg verbunden. Alles Uebrige ist Niederung, welche, gleich dem Graben vor den Schanzen, durch die hineingeleitete Ollen unter Wasser gesetzt werden konnte, wozu sich gleich vorn und in der Mitte bedeutende Oeffnungen im Walle fanden".

„In Verbindung standen diese Hauptverschanzungen bei Süderbrok mit den erwähnten, weiter gegen Osten liegenden, äussern Vertheidigungswerken: mit dem eine halbe Stunde entfernten Steingraben und dem Hemmelskampe, der wieder eine halbe Stunde entfernt ist, durch zwei Communicationswege, nämlich an der Ochtum durch den Deich und im Felde durch einen vielfach gebogenen Weg, die jetzige Feldstrasse, an deren stärkeren Krümmungen mehrere noch sichtbare Erhöhungen auf Schanzen hindeuten, sowie auch ein Seitendamm, jetzt der Brokdeichweg genannt, das Umgehen dieses Wegs verhindern zu sollen scheint. Wurden nun die Verschanzungen bei dem Hemmelskamper Walde genommen, ward auch der Steingraben überwältigt, so konnte der Stedinger auf dem Deiche und der Feldstrasse in seine Hauptverschanzungen sich zurückziehen. Gelangten die Angreifenden hieher, so mussten die breiten Gräben und der hohe Wall zuerst überwunden werden, dann stiess der Feind auf die Seitenlinien und endlich erst auf die beschriebenen stark verwahrten Schanzen".

„Die Herstellung dieser Werke erforderte eine ungeheure Anstrengung, ein Aufbieten aller Kräfte; allein es stand ja auch Alles auf dem Spiele; Gut und Blut, Freiheit und Leben".

So die Darstellung Steinfeld's, welcher genaue Lokalkenntniss Interesse verleiht. Bulling unterzog sie eingehender Revision und kam zu abweichenden Resultaten. Zunächst sind die angeblichen Schanzen auf dem Strepel seiner Ansicht nach nicht erfindlich; die fraglichen Erhöhungen sind vielmehr theils durch das wegen des Deichbaus nöthige Abgraben der Weide entstanden, theils künstlich angelegte Weidichte, theils Reste alter Flussdünen; der Strepel ist das ehemalige Flussbett der Ollen, wie er noch in alten Urkunden, die Bulling anführt, die Bezeichnung „Fluthbette" trägt. Die Reste der abgedeichten Ollen zeigen sich links von ihm in mehreren Wasserzügen.

Nur an ihrer linken Seite, also nicht auf der ehemaligen Lechterinsel, finden sich Fortificationen. Die zweite Befestigung, von der Steinfeld redet, ist nach Bulling noch zu erkennen. Auf der kleinen hohen Weide erstreckt sich neben dem Strepel eine Schanze bis an den Ochtumdeich und war durch diesen auf der einen Seite gedeckt, durch den Canal, der den Namen der Ollen trug, und durch die an ihm aufgeworfenen Wälle an der andern Seite; der Rücken dieser Stellung wurde wohl durch eine auf der Höhe der jetzigen Kirche zu Süderbrok aufgeworfene Schanze geschützt, und die Flanke durch die am Rande der grossen hohen Weide angebrachte Circumvallationslinie verstärkt, der einzigen Befestigung dieses dritten Kampes, auf dem die Höhen, von denen Steinfeld redet, nicht ersichtlich sind.

Somit wird auch von Bulling eine Befestigung am Ende des Hasberger Passes angenommen, an der Stelle, wo Ollen, Ochtum und Weser zusammentrafen. —

Die genaue Besichtigung der Oertlichkeit ergiebt, dass Bulling's Bemerkungen gegen die angebliche Fortification auf den beiden äussersten Theilen der fraglichen Gemeinweide völlig richtig sind. Durch die Annahme der Schanze auf der Höhe der Süderbroker Kirche und der „Circumvallationslinie" auf der grossen hohen Weide wird die einfache Sachlage verrückt. Längs der jetzigen Ollen zieht sich von Süderbrok aufwärts und abwärts ein alter Erdbau, welcher seit der Abdeichung des Weserarmes die ursprüngliche Bedeutung verlor, und diesen Erdbau haben Bulling wie Steinfeld für einen Wall gehalten, während er als Deich diente. Es zeigt sich in ihm eine feste Position, die jedenfalls sehr bedeutend sein musste.

Dieser Rest der früheren Gestalt des fraglichen Landes ist noch sichtbar; dagegen sind die Spuren auf der kleinen hohen Weide, von denen beide Schriftsteller sprechen, jüngst durch die Anlage der von Hasbergen nach Berne laufenden Landstrasse zum grössten Theile zerstört; besonders ist dies der Fall mit der an den Deich sich lehnenden Erhöhung bei der Nobelskuhle, die für den einen Endpunkt der Verschanzung gehalten worden ist. Schon zu Steinfeld's Zeit war die andere Erhöhung verschwunden; die beim sogenannten Portenkampe, der jetzt aber im Munde der Süderbroker und Altenescher „Brokkamp" geheissen wird und niemals jenen Namen getragen haben soll. Sichtbar sind nur noch Theile der beiden sogenannten Verbindungswälle, aus denen aber nichts zu entnehmen ist.

Eine genauere Controlle der einzelnen Angaben ist hiernach nicht mehr thunlich; indessen berechtigt der Umstand, dass Steinfeld's Muthmassungen wegen der Fortification auf dem Strepel und auf der grossen hohen Weide, sowie Bulling's Annahme wegen der „Circumvallationslinie" weit über das Ziel hinausschiessen, wohl zu dem Schluss, dass wirkliche Befestigungswerke an diesem Punkte nicht gestanden haben und das Auge beider Forscher getäuscht ist. Auch hier, wie beim Hemmelskampe, scheinen die Deiche zugleich als Verschanzungen gedient und wird in ihnen die alleinige Fortification bestanden haben. So erklärt es sich auch, dass diese in dem Bericht über die Altenescher Schlacht nicht erwähnt wird.

Als planmässige Befestigung bleibt aber das Werk beim alten Bette der Lintow bestehen, und es fragt sich, wann dieses ausgeführt wurde. Die Chronologie der Rasteder Jahrbücher bietet keinen Anhalt, da ihre Nachricht unter den falsch datirten Notizen über die erste Bewegung der Stedinger sich findet. Wir sind auf Muthmassungen beschränkt, und es erscheinen zwei Annahmen als möglich. Die erste verlegt die Befestigungswerke in die Zeit der frühesten Erhebung, die andere in die der Verketzerung. Für jene spricht nichts. Ihr steht der einfache Hergang des von Hartwig dem Zweiten unternommenen Zuges gegenüber und das Verhalten der Stedinger in den Jahren der Waldemar'schen Wirren; die falschen Annahmen von Fehden zwischen den Oldenburger Grafen und den Stedingern, die den Kriegszügen Gerhard's vorangegangen sein sollen, haben zu solcher Datirung verleitet. Erst in Gerhard des Zweiten Kriegserklärung lässt sich ein hinreichender Antrieb erkennen, das Land, wie durch jene Verschanzung geschah, geradezu abzuschliessen; erst als der letzte Kampf drohte, kamen die Stedinger in die Defensive.

VII. Die Schlacht bei Altenesch.

Drei Fragen, die beim Vernichtungskampfe der Stedinger ins Gewicht fallen, verdienen besondere Beachtung; es handelt sich um den Tag der Schlacht, um den Verlauf des Gefechtes und um die Zahl der Streiter.

Ueber das Datum der Schlacht stimmen die Quellen nicht überein. Es bieten sich aber zunächst drei feste Angaben in sonst treuen Chroniken. Zwei stellt Emo von Werum auf, indem er sagt (a. O. S. 97):

Terminus peregrinationis ad praeliandum constitutus est sextus kalendas Junii, sabbato ante ascensionem Domini. Die Sachsenchronik meldet sodann (Massmann S. 483; Schoene S. 88): Se voren in dat land des dritten dages na sunte Urbanes dage. Zunächst ergiebt die Kalendenberechnung den 27. Mai; der Himmelfahrtstag fiel dann im Jahre 1234 auf den 1. Juni und der ihm vorangehende Sonnabend also auf den 27. Mai; am 25. Mai beging man den Tag des heiligen Urban, und als der drittfolgende Tag ergiebt sich somit nach der früheren Rechnungsweise ebenfalls der 27. Mai. Dasselbe Datum ist aus den in Note 107 zu Seite 122 mitgetheilten Vorschrift über das Dankfest wegen des Altenescher Sieges zu entnehmen, die nach dem Sonntage Vocem jucunditatis rechnet; dieser fiel 1234 auf den 28. Mai, und der vorangehende Sonnabend trug das Datum des 27. Maies.

Diese Berechnungen sind oft unrichtig angestellt worden. Zunächst hat man das Wort: „Kalendas" übersehen und, andere Zeugnisse nicht beachtend, als Tag der Schlacht den 6. Juni angenommen. Vollers verstand die Kalendenrechnung nicht, und ihm sind v. Halem (a. O. S. 205), Oldenb. Blätter (XII. S. 80), Miesegaes (a. O. S. 357) und selbst noch Wiedemann (a. O. S. 196) gefolgt. Sodann hat man den dritten Tag nach dem Urbanstage falsch abgezählt und vom 28. Mai, dem Sonntage Vocem jucunditatis, als dem Tage der Schlacht gesprochen; so Wachsmuth (a. O. S. 347), Havemann (a. O. S. 372) und Andere, besonders auch Raumer und Souchay in ihren bekannten Werken.

Ein drittes unrichtiges Datum ist aus einer Lesart entstanden, die in den besten Handschriften der Stader Chronik sich findet. Es heisst dort (a. O. S. 362): Itaque Bremensis archiepiscopus, dux memoratus et comes peregrinorumque modica multitudo 6. kal. Julii die sabbathi processerunt unanimiter contra ipsos. Man hegte gegen diese Angabe keinen Zweifel, obwohl der 26. Juni im Jahre 1234 nicht auf einen Sonnabend fiel, sondern auf einen Montag. Dass die älteren Schriftsteller, wie Visbeck (a. O. S. 120), Lappenberg (Kreuzzug S. 15; Grundriss S. 545), v. Kobbe (Archiv S. 72) im Irrthume waren, dass bei Albert von Stade Juni statt Juli gelesen werden muss, ergiebt sich aus allen anderen Quellen, welche den Schlachttag nach der Kalendenrechnung bestimmen: aus den Annalen von Parkum (Note 89 zu Seite 118), der Chronik Heinrich's von Herford (Note 10 zu Seite 7), aus Emo's Angabe und selbst aus der Datirung der Quellen, die ein falsches Jahr angeben, wie die Erfurter Jahrbücher (Note 5 zu Seite 6) und die Hodenberger Chronik (Note 16 zu Seite 8). Das Gleiche beweisen die Denksprüche wegen des Sieges über die Stedinger, die sich im ältesten Copiarium des ehemals in Stade bewahrten Archives finden (vergl. Ehmek a. O. S. 217):

    Stedingi sexto Junii cecidere kalendas —
    Millesimus duocentenus quatus terdenus tunc fuit annus —
    Anno Gerhardi quinto decimoque secundi,
    Lippia pontificem quem tunc Brema...

Aehnliche Sprüche finden sich häufig; Wolter führt die drei ersten Zeilen in seiner Bremischen Chronik (a. O. S. 59) an; in der Rasteder (a. O. S. 101) lauten sie:

> Anno milleno bis ter decimoque quaterno
> Stedingi sexto Junii cecidere kalendas.

Auch Lerbeke verzeichnet Verse dieser Art (a. O. S. 511) und nach ihm Erdmann (a. O. S. 213); sie heissen:

> Stedingo sexto Junii cecidere kalendas
> Anno Gerhardi quinto decimoque secundi,
> Lippia pontificem quem tibi, Brema, dedit,
> Millesimus duocentenus quartus terdenus tunc fuit annus.

Vergl. auch Weidemann, Geschichte des Klosters Loccum (Göttingen 1821) S. 15.

Solchen gleichlautenden Angaben gegenüber verlieren andere Nachrichten jede Glaubwürdigkeit. Es ist lediglich ein Irrthum, wenn Boese (a. O. S. 124) den St. Veitstag als Datum der Schlacht anführt, also den 15. Juni. Allein schon in den Quellen finden sich ähnliche irrige Notizen. Crastino ascensionis, am Tage nach Himmelfahrt, also 1234 am 2. Juni, soll zu Folge der in Note 6 zu Seite 6 mitgetheilten Kölner Annalen die Schlacht stattgefunden haben, und Boehmer (Regesta imperii S. 383) legt dieser Nachricht einigen Werth bei, indem er den Auszug des Kreuzheeres auf den 27. Mai, die Schlacht selbst fünf Tage später setzen möchte. Die Einstimmigkeit, mit welcher der 27. Mai als Entscheidungstag bezeichnet wird, beseitigt diese Annahme. Ebenso wenig kann die Notiz der Tewkesburyer Annalen (Note 9 zu Seite 7) maassgebend sein, welche vom St. Barnabas-Tage redet, also vom 11. Juni. Wenn es auch unklar ist, wie dies Datum gedeutet werden muss, so wird es doch wohl keinem Zweifel unterliegen, dass die Angabe der Erfurter Annalen lediglich auf einem Missverständnisse beruht.

Es muss also am 27. Mai festgehalten werden.

Die Schlacht, die an diesem Tage das Schicksal der Stedinger entschied, beschreibt uns Albert von Stade genau; nachdem in Note 94—99 zu Seite 120 bereits einzelne Punkte angeführt sind, verdienen hier noch die Worte Hervorhebung (a. O. S. 362): „Transiverunt autem medio tempore Ochtmundam fluvium peregrini, pontem de navibus facientes et cum transirent, sapienter suas acies ordinabant. Stedingi... ordinata quidem acie, inordinata autem mente, processerunt obviam peregrinis. Dux Brabantiae et Comes Hollandiae primo congressu pestilentes illos super agrum Oldenesche, ubi convenerant, viriliter invasuerunt.

Den Ort der Schlacht bestimmen auch die Rasteder Jahrbücher (a. O. S. 275): Locus huius pugnae fuit inter Ogchmundam et Oldenesche. Ueber diesen kann daher kein Zweifel obwalten; wir finden ihn gleich oberhalb des im vorigen Abschnitte besprochenen Landstrichs an der Ollen; er lag zwischen diesem Fluss, der Lintow und der Ochtum; jene bestimmt der Steingraben, diese nennen die Quellen selbst, die Ollen war bereits abgedeicht und statt ihrer erwähnen die Chronik den gleich jenseits ihres früheren Bettes belegenen Ort Altenesch.

Abgesehen vom Ort der Schlacht steht indessen nur das Eine fest, dass unmittelbar vor dem Kampfe eine Schiffsbrücke über die Ochtum geschlagen wurde. Der Ort, wo dies geschah, ist nicht genannt und auch nur insoweit zu bestimmen, als er zwischen den Mündungen des Steingrabens und der Ollen gelegen haben muss.

Die Tradition hat dies Factum indessen sehr umgestaltet. Steinfeld (Freiheitskampf S. 20, 21) erzählt, nachdem er entwickelt hat, wie die Führer der Kreuzarmee darauf hätten sinnen müssen, die Bauern zu überraschen: „Als Mittel zur Erreichung dieses Zweckes wählte man nun zwei Brücken von Schiffen, von denen die eine bei Moorlosen das Heer über die Weser auf den Ochtumer Sand und die andere vom Lande über die Ochtum ans Stedinger Ufer führen sollte. Der Kern des Kreuzheeres zog in aller Stille bei Nacht aus Bremens nördlichen Thoren, am rechten Ufer der Weser herunter bis zu dem Punkte, wo bei dem jetzigen Moorlosen die Weser sich stark ins Stedingerland hineinkrümmt und die beiden Ufer nur etwa 3 bis 4000 Fuss von einander entfernt liegen". Von solcher Ueberbrückung der Weser, von einem Zuge auf dem rechten Ufer des Flusses erfahren wir in den Quellen gar nichts, ebensowenig ist dies in älteren Chronisten zu finden; jene Angaben sind vielmehr von Steinfeld ersonnen, dann von Muhle (a. O. S. 359) und seitdem mehr nachgesprochen worden.

Von dem Gang, den der Kampf nahm, nachdem das Stedingische Ufer vom Kreuzheere betreten war, ergeben die Quellen nur das in den genannten Noten Mitgetheilte. Renner (a. O. Fol. 199,b) erzählt indessen: „Hadden ohre schlachtordnung gemaket vorn spitz und achter breet, datt men se nich woll ankahmen konde, wente se hielden sick dichte tosamende". Dieser offenbar willkürliche Zusatz zu den Quellennachrichten ist dann von den späteren Schriftstellern nachgeschrieben, z. B. von Halem (a. O. S. 206) und Muhle (a. O. S. 36) und hat Wiedemann (a. O. S. 196) zu dem Ausspruch veranlasst: „Ihre tactische Aufstellung wird sehr gerühmt".

Zu diesen Irrthümern ist dann noch ein anderer gekommen. Bereits in Note 66 zu Seite 111 ist bemerkt, dass man das Treffen beim Hemmelskamper Walde irrig in das Jahr 1234 verlegt hat. Diese Annahme hat man noch weiter ausgesponnen und jenes Treffen mit der Altenescher Schlacht in Verbindung gebracht. Steinfeld (a. O. S. 17 und 21) erzählt: „Eine starke Abtheilung des Kreuzheeres rückte am 26. Mai gegen den Hemmelskamp und machte dort Vorbereitungen zum Angriff, um der Stedinger Aufmerksamkeit ganz auf diesen Punkt zu richten und ihre Hauptmacht hieher zu ziehen. Die Kräftigsten der Stedinger erwarteten dort die Erneuerung des Angriffs". Hier wird es als Plan hingestellt, dass zugleich ein Angriff auf Altenesch und auf den Hemmelskamp unternommen werden sollte. Muhle stellt dies anders dar (a. O. S. 356), indem er den Grafen auf dem Marsche sein lässt, um zu den übrigen Kreuzfahrern zu stossen, und dann erzählt, derselbe habe „Lust verspürt, schon vor der Entscheidung eine Heldenthat zu vollbringen". In den Oldenburger Blättern XII. S. 370 heisst es: „Während am Hemmelskampe der Sieg erfochten wurde, war das Kreuzheer am Mittage bei Altenesch über die Ochtum gegangen".

Der Ursprung dieser Erzählung, die mit den Quellen nicht harmonirt, liegt darin, dass man das scheinbare Räthsel lösen wollte, wie das Kreuzheer Angesichts der Feinde die Schiffsbrücke schlagen und über den Fluss rücken konnte. Dieses erklärt sich aber lediglich aus der Zahl der Streiter, die einander gegenüber standen.

Das Verhältniss zwischen den beiden kämpfenden Theilen wird zwar vom Mönche zu St. Albans (vergl. Note 8 zu Seite 6) so dargestellt, als sei das Kreuzheer in der Minderheit und der Sieg derselben wie ein Wunder gewesen; allein die bestimmten Worte Emo's widerlegen dies. Quid facerent pauci inter multos! Derselbe Emo berichtet dann (a. O. S. 98): „Fama fuit apud Stadingos fuisse XI. millia pugnatorum, sodass er die Schaaren der Kreuzfahrer als sehr bedeutend sich gedacht haben muss. Ueber diese fehlt bei Emo die Zahl; allein in der Sachsenchronik (Massmann S. 483; Schoene S. 88) heisst es: „Man prisede de pelegrime uppe vertich dusent". Dies ist die einzige Angabe über die Grösse des Kreuzheeres, die in den Quellen sich findet; die meisten Chroniken reden bloss in unbestimmten Ausdrücken. Hält man an jenen Zahlen fest, so hätten 11,000 gegen 40,000 gestanden; die erste Zahl begründet sich aber bloss auf ein Gerücht, das nach Witt-Werum drang und von Emo selbst als Gerede bezeichnet wird. Mit ihm sind die Angaben zu vergleichen, welche von den Quellen über die Zahl der erschlagenen Stedinger gemacht werden. Beachtet man, dass beim Blutbade des 26. Juni 1233 400 Stedinger (vergl. Note 63 zu Seite 107), in der Hemmelskamper Schlacht 200 Kreuzfahrer getödtet sein sollen (vergl. Note 66 zu Seite 111), so erscheinen jene Zahlen als sehr bedeutend; sie schwanken nämlich zwischen 2000 und 6000. Die erstere Zahl findet sich in den Kölner Jahrbüchern, welche hinzusetzen, dass nur wenige Stedinger dem Tode entgangen seien (vergl. Note 6 zu Seite 6) die andere in der Stader Chronik, in der es heisst (a. O. S. 362): „Et ita manus Domini invaluit super illos, ut in brevi spacio eorum VI. milia interierunt. Die häufigste Angabe liegt zwischen diesen beiden Zahlen. Die Tewkesburyer Annalen sprechen von 5000 Todten und rechnen hierzu Weiber und Kinder (vergl. Note 9 zu Seite 6); die Sachsenchronik (Massmann S. 483; Schoene S. 89) meldet: „De Stedinge worden segelos unde worden vil na al geslagen, mer den ver dusent"; die Annalen von Rastede (a. O. S. 275) erzählen: „A Stedingis ipso die ceciderunt promiscui sexus fere quatuor milia".

Diese Zahl von 4000 Erschlagenen wird als die richtige anzusehen sein; unter jenen Tausenden waren aber nicht bloss die bei Altenesch Gefallenen, nicht bloss Waffenfähige, nicht bloss Männer, sondern auch

Frauen und Kinder; jene Zahl soll den Gesammtverlust an Menschenleben bezeichnen, der durch den fünften Kreuzzug den Stedingern zugefügt ist. Der wichtigste Posten jener Summe war aber die Schlacht an der Ochtum, da von denen, die in ihr fochten, nach den Quellenangaben nur wenige das Leben behielten. Rechnet man etwa 1000 ermordete Frauen und Kinder, und unter den 3000 Männern 2000 Waffenfähige, so ist die Hauptmacht der Bauern, die bei Altenesch zusammengezogen war, auf 2000 zu schätzen. Dies Resultat ist mit den Anbauverhältnissen Weststedingens vereinbar; umsonst haben Steinfeld (a. O. S. 23) und Muhle (a. O. S. 351) sich bemüht, die 11,000 Streiter zu erklären, von denen das Gerücht in Witt-Werrum sprach; selbst wenn der Zuzug, den die Stedinger aus anderen Theilen der Wesergegend erhielten (vergl. Note 13 zu Seite 84), höher angeschlagen wird, rechtfertigt er nur jene Zahl von etwa 2000 Streitern.

Wenn nun auch die Sachsenchronik das Kreuzheer vierfach überschätzt hat, so standen den Bauern doch noch 10,000 Mann gegenüber und zwar zum Theil wohlbewaffnetes und kriegsgeübtes Volk, angeführt von hochritterlichen Männern, angespornt von der Klerisei und unterstützt durch die Ortskenntniss der Bürger von Bremen. Angesichts solcher Macht nicht zu zagen, nicht zu weichen, das war die Heldenthat der Stedinger.

Tafel I.
Das Geschlecht der Oldenburger Grafen, der Stotler Edelherrn, der Grafen v. Hoya.*)

```
                                    ┌ Rudolf v. Stotel. — Gerbert v. Stotel.
                                    │   1202—28.              1223—1260.
Gerbert v. ┐ ? v. Warfleth ?        │ Kunigunde von           (s. u.)
Warfleth.  │ Gebhard v. Sto-        │   Stotel.            ┌ Heinrich V. von
           │ tel. 1171.             │   (s. u.)            │   Neubruchhausen.
                                    │                      │   1232—1268.
                                    │ ? v. Stotel.         │ Ludolf III. v.
                                    │ Heinrich III. v.     │   Altbruchhausen.
                                    │ Bruchhausen.         │   1241—1301.
                                    │ 1199—1234.           │ Burchard II. Kan.
                                    │                      │   v. Verden. 1241—62.
                                    │                      │ Wilbrand III. 1241.
                                    │                      │ Sophie. 1226—1261.
                                    │                      │ Otto v. Ravensberg
                                    │                      │   (s. Taf. II.)
                   ┌ Beatrix v. Hat-│ Kunigunde v.         │ Elisabeth v.
                   │ termund.       │   Stotel.            │   Teklenburg.
                   │ Heinrich II.   │   (s o)              │ Heinrich IV. d.
                   │ (1189—1194)    │ Burchard I. von      │   Bogener.
                   │                │   Wildeshausen.      │   1230—70.
                   │                │ 1199—1233.           │ Wilbrand II. 1230.
                   │ Gerhard I.     │ Egilmar,             │ Ludolf II. Propst
                   │ Bisch. v. Osnabr.│ Propst zu Münster. │   zu Elste 1230—70.
                   │ Erzb. v. Bremen. │ 1212—17.           │ Otto IV. Kan. in Ver-
                   │                │ Wilbrand,            │   den. 1230—41.
                   │                │ Bischof v. Paderborn │ Thomas. 1241—68.
                   │                │ u. Utrecht. † 1234.  │
                   │ Tochter        │                      │ Bernhard.         ┌ Heinrich III.
                   │ Wedekind von   │ Heinrich I. v. Hoya  │ Propst in Büken   │ † 25. Jan. 1290.
                   │ Stumpenhau-    │ Stumpenhausen.       │ 1231—42.          │ 1) Hedwig. ?.
                   │ sen. 1137—80.  │ 1196. 1204 †.        │                   │ 2) Jutta v. d.
                   │ Otto I.        │ Burchard,            │ Heinrich II.      │   Lippe.
                   │ Bisch v. Münster.│ Propst in Bremen.  │ 1207—35/6 ?.      │   (Taf. II.)
                   │ 1191—1217.     │ 1180—1223.           │ Richenza v. Wölpe.│
                   │ Beatrix,       │                      │                   │
                   │ Abt. v. Bassum.│                      │ Christian V.      — Johann II.
                   │                │                      │ 1251—78.          │ (1278—1294.)
                   │ Moritz.        │ Christian IV.        │ Johann I. 1244—63.│ Christian VI. v.
                   │ 1167—1217.     │ 1209—44.             │                   │ Oldenburg.
                   │ Salome v.      │                      │ Richenza v. Hoya. │ † 1255.
                   │ Wickenrode.    │                      │ Moritz. † 1288.   │ Otto III. v. Del-
                   │                │                      │                   │ menhorst.
                   │                │ Otto II.             │ Salome.           │ 1272—1301.
                   │                │ 1209—51.             │ Gerbert v. Stotel.│ Johann v. Stotel.
                   │ Christian III. │                      │   (s. o.)         │ 1285—1320.
                   │ 1167—92.       │ Hedwig.              │ Hildebold v.      │
                   │                │ Hildebold III. v.    │ Wunstorf.         │
                   │ Otto I.        │ Wunstorf.            │ Erzb. v. Bremen.  │
                   │ Dompropst zu Bremen.│                 │ 1257—1273.        │
                   │ 1158—81.       │                      │                   │
                   │ Eilika.        │ Kunigunde.           │ Giselbert v. Brunk-│
                   │ Heinrich I. v. Tek-│ ? v. Brunkhorst. │ horst.            │
                   │ lenburg.       │                      │ Erzb. v. Bremen.  │
                   │ (Taf. II.)     │                      │ 1278—1307.        │
```

*) Für diese Stammtafeln waren frühere Angaben nicht zu benutzen, selbst nicht die bei Hopf, hist. geneal. Atlas (Gotha 1858) S. 370 befindlichen; die Daten sind meist dem Calenberger und dem Hoyer Urkundenbuche v. Hodenberg's entnommen; über die Hoyer Grafen vergl. Note 24 zu Seite 59, über die Edelherren, später Grafen von Stotel Note 43 zu Seite 65 und Note 50 zu Seite 137.

(Left margin, top to bottom:)
ältere Linie. — Heinrich I. ? v. Geldern. 1145—67. — Egilmar II. v. Oldenburg. 1108—1134. — Christian II. der Streitb. † 1167. Kunigunde v. ? — jüngere Linie.

Tafel II.

Das Geschlecht der Edelherrn von der Lippe, sowie der Teklenburger und Ravensberger Grafen *).

Heinrich I. v. Teklenburg 1150—54.
Elike v. Oldenburg
(s. Taf. 1.)
⎰ Simon v. Teklenburg 1150—1207.

⎰ Johann 1180.
Otto III. 1198—1262
Heinrich II. 1198—1226.
Oda

⎰ Otto IV. 1226—34.
Adolf 1232—34.
Heinrich III. 1226—48.
Elisabeth 1232—53.

Hermann I. v. d. Lippe.
— Bernhard II. seit 1197 geistlich, † 1223.

⎰ Hermann II. v. Lippe 1186—25. Dec. 1229.
Gerhard II. Erzbisch. v. Bremen † 28. Juli 1258.
Otto I. Bischof v. Utrecht † 28. Juli 1227.
Bernhard, Bisch. von Paderborn 1228—47.
Dietrich, Propst v. Deventer † 1227.
Hathelent, Aebtissin v. Bassum
Kunigunde. Aebt. v. Freckenhorst.
Adelheid. Aebt. von Elten.
Heilwig. Graf v. Ziegenhagen.
Beatrix Heidenreich v. Lutterberg.
Gertrud † 1236.

⎰ Bernhard III. 1221—60.
Otto II. Dompr. v. Bremen u Bisch. v. Münster. 1244.
Simon, Bischof v. Paderborn.
Gerhard, Dompr. zu Bremen † 1259.
Jutta.
Heinrich III. v. Hoya (s. Taf. 1)
Heilwig.
Adolf IV. v. Schauenburg 1225—1259, † 8. Juli 1261.

⎰ Johann I. 1239—63.
Gerhard I. 1239—90.

Hermann III. v. Ravensberg 1170—1207.

⎰ Ludwig I. v. Ravensberg † 1249.
Otto II. v. Ravensberg † 1245.
Sophie v. Oldenburg (s Tafel 1.)

⎰ Otto III. † 1306.
Hedwig v. d. Lippe.

---

*) Die Angaben in von Hodenberg's und Aspern's Urkundenbüchern liegen hinsichtlich der Genealogie der Lipper und der Teklenburger zum Grunde, wegen der Ravensberger die Stammtafel bei Lamey a. O.

Tafel III.
Die Hauptführer des fünften Kreuzzugs gegen die Stedinger und ihrer Verwandschaft*).

```
Dietrich III.      ┌ Dietrich IV. †1194.
von Cleve          │   Margaretha von
† 1172.            │   Holland (s. u.)
                   │
                   │ Arnold I. † 1212. — Dietrich V.   ┌ Dietrich VI. †1271?
                   │                      † um 1261.   └ Margaretha (s. u.)
                   │
                   │ Adelheid.       ⎱ Ludwig II. von
                   │ Dietrich VII.   ⎰ Loos  † 1218.
                   └   † 1203.

Florenz III.       ┌ Margaretha
von Holland        │ Dietrich IV. von
† 1190.            └ Cleve (s. o.)

                   ┌ Wilhelm I. † 1223. Florenz IV. ⎱
                   │   Adelheid von       † 1234.   ⎰ — Wilhelm II. † 1256
                   │     Geldern                          Römischer König.
                   │       (s u.)
                   │                   ┌ Mathilde
                   │ Heinrich I. † 1235.│
Gottfried IX.      │     Tochter.      │ Heinrich II. † 1248.
von Brabant        │ Heinrich I. von   │   Marie, T. Königs
† 1190.            │     Oldenburg     │   Philipps † 1239.
                   │     (s. Taf. 1.)  │
                   │                   │ Maria
                   │                   │   Otto IV. † 1218. ┌ Otto IV. 1229—71.
                   │                   │                    │   Margaretha von
                   │                   │ Margaretha    ⎱    │   Cleve (s. v.)
Heinrich I.        │                   │ Gerhard IV.   ⎰    │ Margaretha
von Geldern        │ Otto III. † um 1216.│   † 1229.        │   Wilhelm IV. v.
† um 1177.         │                   │                    │   Jülich 1247—57.
                   │                   │ Adelheid
                   │                   │   Wilhelm I. von
                   │                   │   Holland

                   ┌ Margaretha
                   │ Engelbert von    ⎱ Adolph VI. † 1218. Irmgard 1247.   ⎱ Adolf VII.
Adolf IV. von      │ Berg  † 1139     ⎰                    Heinrich von    ⎰   1247—57.
Berg-Altena        │                                         Limburg
† 1152.            │ Eberhard I. von
                   └   Altena  † 1180. Friedrich † 1178. — Adolf I. 1203—49.
```

*) Nach den Angaben und Stammtafeln bei Hopf a. O., Abel, König Philipp der Hohenstaufe, Loersch a. O. und l'art de vérifier des dates ves faits historiques etc. (Paris 1787) III.

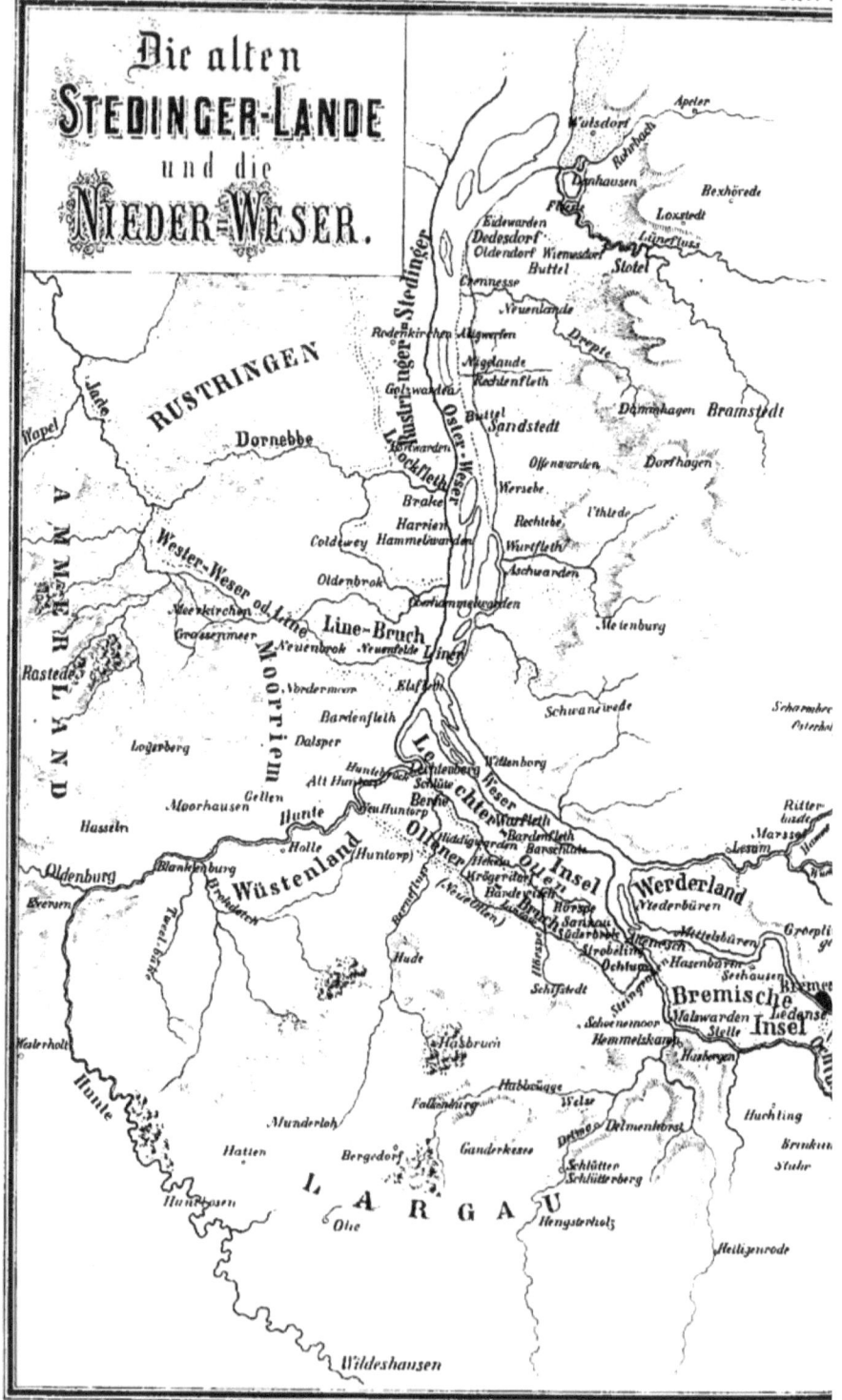

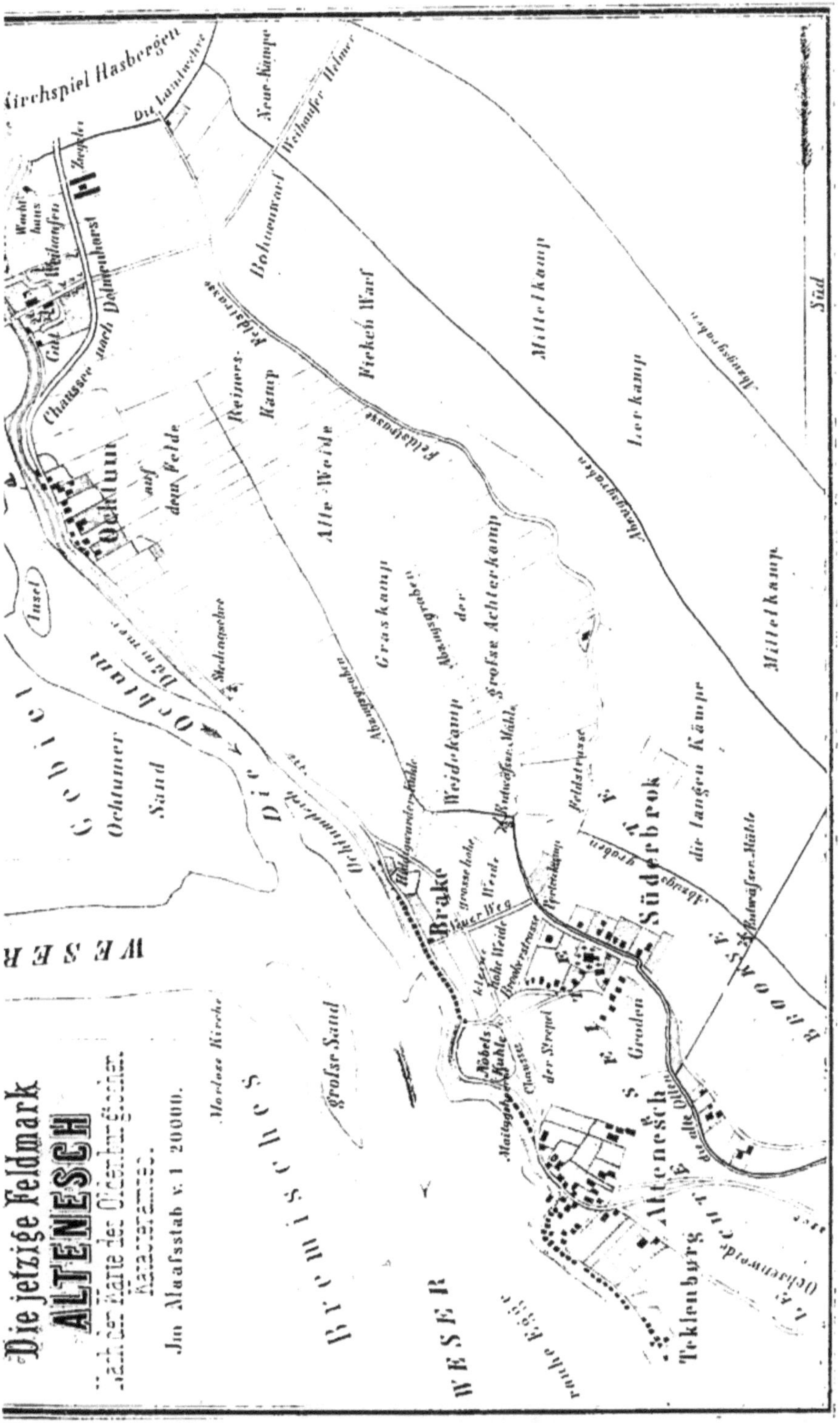

Taf. 2.

Die jetzige Feldmark ALTENESCH
nach der Karte des Oldenburgischen Katasteramtes.
Im Maafsstab v. 1:20000.